동아시아의
근대,
그 중심과
주변

**필자**
**김선민** 金宣旼 Kim, Seon-min_ 고려대학교 민족문화연구원 HK교수
**윤  욱** 尹煜 Yoon, Wook _ 고려대학교 민족문화연구원 HK연구교수
**조성산** 趙成山 Cho, Sung-san_ 성균관대학교 사학과 조교수
**홍윤희** 洪允姬 Hong, Yoon-hee_ 고려대학교 민족문화연구원 HK연구교수

문화동역학라이브러리 06
# 동아시아의 근대, 그 중심과 주변

**초판인쇄** 2013년 5월 15일 **초판발행** 2013년 5월 25일
**지은이** 김선민·윤욱·조성산·홍윤희 **펴낸이** 박성모 **펴낸곳** 소명출판 **출판등록** 제13-522호
**주소** 서울시 서초구 서초동 1621-18 란빌딩 1층 **전화** 02-585-7840 **팩스** 02-585-7848
**전자우편** somyong@korea.com **홈페이지** www.somyong.co.kr
값 30,000원    ⓒ 김선민·윤욱·조성산·홍윤희, 2013

ISBN 978-89-5626-806-4  94910
ISBN 978-89-5626-851-4  (세트)

이 책은 2007년 정부(교육과학기술부)의 재원으로 한국연구재단의 지원을 받아 수행된 연구임(NRF-2007-361-AL0013)

고려대학교 민족문화연구원
**문화동역학 라이브러리 06**

# 동아시아의 근대, 그 중심과 주변

*Modernities in East Asian Borderlands*

### 김선민 · 윤욱 · 조성산 · 홍윤희

**문화동역학 라이브러리** 문화는 복합적이고 역동적인 구성물이다. 한국 문화는 안팎의 다양한 갈래와 요소가 상호작용하는 과정을 통해 끊임 없이 변화해왔고, 변화해 갈 것이다. 고려대학교 민족문화연구원이 주관 하는 이 총서는 한국과 그 주변 문화의 복합적이고 역동적인 양상을 추적하 고, 이를 통해 한국 문화는 물론 인류 문화에 대한 새로운 통찰과 그 다양성 의 증진에 기여하고자 한다. 문화동역학(Cultural Dynamics)이란 이 러한 도정을 이끌어 가는 우리의 방법론적인 표어이다

 소명출판

이 책은 한국문화의 동역학이 전개되는 양상을 동아시아의 맥락에서 탐색하고 이를 통해 한국학의 시각을 중심에서 주변으로 확대함으로써 동아시아의 공간적·문화적 변경을 분석하기 위해 기획되었다. 한국문화가 동아시아의 여러 이웃과 접촉하고 교류하면서 형성된 관계의 산물임은 말할 나위없다. 이 가운데 특히 전통시대의 중국은 동아시아 문화의 중심지이자 가장 가까운 인접국으로서 정치, 경제, 문화 등 모든 방면에서 한국문화의 형성에 매우 중요한 역할을 끼쳐왔다. 청제국이 전성기를 구가하던 18세기는 전통시기를 통틀어 중국의 정치·경제·문화적 역량이 정점에 이르렀던 때라고 해도 과언이 아니다. 이 시기는 또한 조선의 문화가 각 방면에서 만개한 때이기도 했다. 그러나 청제국의 압도적 권위와 영향력은 19세기에 이르러 서구 열강의 등장과 함께 큰 변화를 맞게 되었다. 중국을 중심으로 하는 제국질서의 위기와 근대를 향한 새로운 변화의 조짐은 제국의 증심과 주변에서 모두 시작되었다. 주변은 중심과의 관계를 근대적 질서에 따라 재설정하고자 했고, 반면 중심은 이탈하는 주변을 장악하기 위해 스스로의 정체성을 새롭게 구축해야 했다. 그리고 그 여파는 청제국이 몰락한 이후 신중국이 스스로를 정립하기 위한 진통을 겪어야 했던 20세기 전반까지도 지속되었다. 동아시아의 근대는 이렇게 중심과 주변의 긴장과 갈등 속에서 탄생하고 있었다.

우리는 동아시아의 중심과 주변을 이해하기 위한 하나의 시각으로서 변경에 주목하였다. 여기에서 제기하는 변경적 시각은 지리적 공간이자 동시에 문화적 개념이다. 변경은 복수의 정치세력, 혹은 여러 사회·문화적 집단이 공존하는 경계가 모호한 공간을 의미하며, 또한 이곳에서 발생하는 다양한 형태의 접촉, 교류, 충돌, 혼종을 가리킨다. 변경적 시각은 중심에서 구축된 제국의 지배질서가 주변에 미치는 양상을 드러내고, 역으로 주변이 중심의 지배질서를 이해하고 수용하는 과정을 보여준다. 또한 중심이 주변을 설정하고 이를 학문적 연구의 대상으로 삼는 것은 궁극적으로 중심 스스로의 정체성을 재구성하는 작업임을 알 수 있다. 무엇보다 변경적 시각은 중심과 주변의 관계에 주목함으로써 중심과 주변이라는 설정이 상대적이며 가변적인 것임을 드러낸다는 점에서 의미가 있다. 동아시아의 맥락에서 지리적·문화적 변경이 지닌 특징에 주목함으로써 한국문화가 지닌 동역학을 구체적으로 설명할 수 있게 해 주는 것이다.

이 책은 시간의 흐름에 따라 3부로 구성하였고 각각 18세기, 19세기, 20세기를 다룬다. 제1부는 전통시대 동아시아의 제국질서가 중심과 주변에서 발현되는 양태를 고찰한다. 먼저 윤욱은 청의 통치질서가 제국의 중심에서 논의되고 구체적으로 운영되는 방식을 탐색하였다. 일반적으로 18세기 말은 청제국이 번영의 정점에서 점차 쇠퇴하는 시기로 묘사되어 왔다. 특히 제국의 부패와 몰락의 핵심적인 요소로 지적되어 온 청의 관료기구는 건륭 말기 和珅이라는 인물을 통해 그 내적 모순을 가장 극적으로 노출했다고 여겨져 왔다. 윤욱은 화신에 대한 학계의 기존 평가를 비판적으로 재검토하고, 화신의 청 조정에서의 역할, 그가 저질렀다고 여겨지는 여러 가지 활동을 실증적으로 규명함으로써 건륭제가 화신을 등용한 정치적 배경을 분석한다. 18세기 후반에 이르러 청의 핵심기관인 군기처를 중심으로 관료들의 부패가 만연하면서 제국의 통치가 위협을 받게 되자 건륭제는 화신 집단을 정책적으로 등용하여 과거출신 관료들을 견제하였던 것이다. 다시 말해 관료 내부의 상호감시와 힘의 균형으로 북경의 중앙정치에 활력과 긴장감을 일으키기 위한 황제의 전략적 선택이었다. 화신의 등용과 역할에 대한 윤욱의 재평가는 18세기 후반 제국의 통치 질서에 대한 새로운 이해를 가능하게 한다. 이 시기는 단순히 제국이 서서히 몰락해가는 과도기가 아니었다. 화신의 등장과 활동에 의해 중앙정치와 관료기구 내에서 힘의 균형과 견제가 이루어지면서 관료의 부패를 상당히 억제할 수 있었을 뿐만 아니라 대외팽창과 재정지출 등 제국의 대외정책에서도 적극적인 기능을 발휘했다. 화신은 몰락하는 제국의 탐관오리가 아니라 중앙정치에 활력을 가져온 새로운 바람이었던 것이다.

이어 조성산은 청의 제국질서가 주변에서 이해되고 수용되는 과정을 조선 지식인들의 대청인식을 중심으로 분석한다. 18세기 후반 이후 조선의 많은 지식인들은 청의 힘과 존재를 인정하기 시작했고, 특히 19세기 전반에 이르러 더욱 적극적으로 제국의 번영하는 실체를 받아들이게 되었다. 청의 번성은 그들의 조상이 선정을 베푼 결과이자 자연스러운 순환의 이치로 인식하게 되었던 것이다. 청제국에 대한 이러한 적극적이고 긍정적인 인식이 확산되면서 과거 조선을 지배했던 대명의리론은 점차 비판의 대상이 되어 갔다. 청 중심의 제국질서를 현실로 인정하고 새롭게 중화와 이적을 분리하는 인식의 틀을 찾고자 하는 노력이 확대되었던 것이다. 조선 후기 지식인들은 중화와 이적이 고정불변의 것이 아니라 변화할 수 있는 대상으로 파악했다. 뿐만 아니라 중화 역시 忠·質·文 등 다양한 양태로 표현될 수 있는 것으로 고정적인 것이 아니라 '형성되어가는' 존재로 인식하기 시작했다. 이처럼 중화와 이적에 대한 새로운 관점을 발전시킴으로써 양자를 대등한 시각에서 바라볼 수 있게 된 것이다. 나아가 조선 후기 지식인들은 중화 관념을 人道라는 개념에서 파악하기 시작했다. 중화와 이적에 대한 새로운 논의구조에서 중화는 五倫五性을 내용으로 하는 인류 공통의 보편성으로 그 의미가 변화하고 있었다. 이러한 새로운 중화관념에 따라 조선 후기 지식인들은 중국 그 자체를 객관적인 분석의 대상으로 여기기 시작했다. 이 시기 청에서 전해진 다양한 학문을 접하고 그 속에서 비균질적인 내용을 발견하면서 중국 문화에 대한 일방적인 숭상이나 중국 문화의 단순한 모방은 점차 의미를 잃게 되었다. 조선 후기 지식인들이 중국을 객관적 분석의 대상으로 여기게 되면서 조선에 대한 객관화와 탐구도 새롭게 시작될 수 있었던 것이다.

마지막으로 김선민은 청 중심의 제국질서에 근거한 중심과 주변의 관계가 청과 조선의 접경지대에서 구체적으로 표현되는 양상을 고찰한다. 18세기 중반 청과 조선 양국은 압록강 근처에 청의 초소를 설치하는 문제를 둘러싸고 첨예하게 대립하였다. 국경지대에 초소를 설치하는 문제와 관련하여 벌어진 논쟁은 청-조선 양국의 국경지대가 지닌 경계의 모호성과 이를 뒷받침하는 조공관계의 특수성을 잘 보여준다. 당시 청과 조선의 접경지역은 경계가 모호한 변경은 아니지만 동시에 명확한 국경선도 아닌, 일종의 중간적인 성격을 띤 '국경지대'였다. 이 지역에 청의 군사가 주둔하는 것이 부당하다는 조선의 완강한 반대에 직면하여 청은 마침내 초소 설치를 중단하기로 결정했다. 청의 국경관리에 필요한 초소 설치를 포기하는 과정에서 공순한 조공국인 조선의 요구를 묵살할 수 없는 황제의 제국 통치질서에 대한 인식이 엿보인다. 동시에 외국을 아끼는 종주국의 역할을 강조함으로써 주변세계의 조공국인 조선은 오히려 자신들의 요구를 관철할 수 있었다. 망우초 사건은 18세기 청과 조선의 국경지대 통제와 관리는 청 중심의 제국의 질서가 조선과 같은 주변세력에 수용되고 경계지역에서 타협하는 구체적인 양상을 보여준다고 할 수 있다.

제2부는 전통적인 제국질서가 19세기 말 겪게 되는 연속과 단절의 양 측면을 다루고 있다. 여기에 모인 세 편의 글은 청제국을 지탱하던 중요한 축이었던 주접제도, 역참제도, 기인의 지배체제, 조공제도가 어떻게 유지되었으며 변화를 겪게 되는가를 보여준다. 윤욱의 첫 번째 글은 淸末에 도입된 철도, 윤선과 같은 근대적인 교통수단과 근대적인 우정제도가 奏摺의 전달에 끼친 영향을 검토하고 있다. 윤욱은 1838년에 발송된 285통의 주접과 1906년의 575통의 주접의 속도를 비교함으로써 근대적인 수송수단이나 우정제도가 도입되었음에도 불구하고 청조가 멸망하기 직전까지도 주접의 전달에는 이들이 거의 사용되지 않았고 주접은 여전히 역참을 통해 전달되었음을 밝혔다. 그 이유는, 우선 대청우정국의 우편업무가 주접과 같은 중요한 문건을 전달할 만큼 안전하지 않았기 때문이었다. 둘째로, 대청우정국이 중국의 우정주

권을 훼손하고 자신들의 기득권을 방해함으로 말미암아 지방관들이 대청우정국을 이용하는 데에 반감을 갖고 있었기 때문이었다. 셋째로, 급한 용무가 발생했을 때, 총독, 순무들은 무료로 電報를 통해 소식을 전달할 수 있는데, 구태여 자신의 비용으로 철도와 기선을 사용해 인편으로 소식을 전달할 필요가 없었기 때문이었다. 1906년 이후 청 정부는 공문서 전달방식에 부분적인 개혁을 단행했다. 하지만 이러한 조치들도 주접의 전달방식에 거의 영향을 끼치지 않았다.

이어지는 글에서 윤욱은 주접제도와 마찬가지로 기인의 지배체제도 적어도 훈춘이란 변방에서는 커다란 동요없이 지속되었음을 증명하고 있다. 청말北京이나 다른 지역의 滿洲駐防에 살던 旗人들은 정치적 지도력의 상실, 경제적 곤궁 등의 문제에 직면하고 있었다. 辛亥革命과 더불어 이들은 사회적 특권층에서 갑자기 漢族의 기시와 차별을 받는 민족으로 전락하게 된다. 하지만 이 글은 이 시기 훈춘 지역의 엘리트들은 다른 경험을 겪었음을 보여준다. 청대 대부분의 시기에 걸쳐 훈춘의 지배 엘리트들은 기인 관원들이었다. 이들은 훈춘 기인들 가운데 명망이 있는 가문들에서 배출되었다. 이들은 종종 대규모 토지와 재산을 소유하고 관직을 통해 공권력을 행사했다. 청말 이들은 외부로부터 이민자의 유입과 청말의 정치개혁을 통해 더욱 자신들의 기득권을 공고히 할 수 있었다. 이 시기 기인관료들은 이민자들을 고용해 기존의 황무지 상태로 방치해두었던 토지를 개간했으며 외부에서 온 상인들에게 자신의 땅, 가옥을 임대해주고 임대료를 받게 되었다. 또한 청말의 정치개혁은 이들에게 새로운 보수가 좋은 관직을 제공했다. 1909년 훈춘 駐防의 官廳들이 폐지되었다. 하지만 기존의 기인 관원들은 새로 생긴 신식 교육기관에서 정치학, 행정학 등 근대적인 학문을 재교육받고 지방의회, 교육회 등을 장악함으로써 신해혁명에도 불구하고 훈춘지방에서 엘리트로서 사회적 지위를 유지하는데 성공했다.

한편, 김선민의 글은 조공체제에 입각한 전통적인 외교질서가 서구의 충격과 근대적인 외교질서의 도래와 함께 변화할 수밖에 없었음을 보여주고 있다. 대국과 소국 간의 전통적인 조공체제하에서 변경은 어느 한쪽의 배타적인 점유의 대상이 아닌 타협의 여지가 있는 공간이었다. 하지만 19세기 말 근대국가의 형성과정에서 양국에서는 외세의 위협 속에서 자국의 변경을 안전하게 지키고 상대방으로부터 영역범위를 명확히 하고자 하는 움직임이 등장하면서 이 공간은 소멸되게 된다. 청은 동북에 대한 정책을 虛邊에서 實邊으로 전환함으로써 변경을 방어하고자 했고, 조선은 토지를 찾는 개간민이 국경지대로 이주하는 것을 처음에는 묵인하다가 나중에는 자국의 영토를 확인하는 계기로 삼고자 했다. 변경을 지키고 영토를 확보하고자 하는 두 국가의 근대적 욕망은 결국 두만강의 국경지대에서 충돌했다. 영토를 확브하기 위해 청이 의지한 것이 전통적인 조공관계에 입각한 종주권이었다면, 조선은 19세기 말부터 동아시아 세계에 강압적으로 소개된 이른바 근대적인 외교관행을 이용하고자 했다. 두 차례의 국경협상을 거치면서 청의 절대적 권위로 유지되고 있던 양국의 국경지대는 사라지고 근대적 외교관계가 매개하는 국경선이 등장하게 되었다.

제3부는 20세기 전반 동아시아의 근대학문과 변경의 문제를 다룬다. 본서에서 다루는 18, 19세기의 제국질서와 변경의 문제가 주로 淸朝와 조선의 관계 및 동북 지역에 집중했다면, 3부에서 다루는 20세기

전반은 제국질서가 붕괴된 이후 변경에 대한 인식이 주요 테마이다. 또한 공간적으로도 동북뿐 아니라 20세기에 새롭게 포착되는 서남부를 포괄한다. 특히 이 부에서는 근대학문이 주조해내는 변경과 민족의 표상에 초점을 맞춘다.

김선민의 '만선사, 만학 그리고 만주학'은 일본과 중국에서 만주학의 발전과정과 그 시대적 배경을 검토함으로써 동아시아 만주학에 공통적으로 내재된 민족주의적 시각을 분석한다. 19세기 말 일본에서는 '동양'과 '동양사'라는 새로운 개념이 등장했고 이후 일본의 제국주의적 팽창과 함께 조선과 만주에 대한 연구로 이어지면서 일본 만주학의 기원인 '만선사'가 형성되었다. 같은 시기 중국은 만주족과 청에 대한 비판과 계승을 통해 근대를 모색했고 이 과정에서 '중국'과 청을 분리시켰다. 그러나 21세기에 이르러 중국의 청대사와 만학은 대청제국의 영토와 유산을 계승하기 위해 '중국'과 청을 다시 일치시키기 시작했다. 일본의 만선사와 중국의 만학에 내재된 근대 동아시아의 민족주의를 비판적으로 검토하기 위한 대안으로 김선민은 변경지역에서 이루어지는 교류와 혼종에 주목하는 변경사적 관점을 제시한다. 그가 제시하는 변경사적 관점의 만주학은 복수의 정치집단이 만나고 접촉하는 공간, 그리고 그 지역의 사회·문화적 혼종성에 주목하는 것이다. 이런 관점은 동아시아 민족주의의 정치성에 함몰되는 대신 민족주의가 등장하고 발전한 바로 그 공간을 대상화하는 하나의 유용한 시각이 될 수 있으리라 기대된다.

이어지는 두 편의 글에서 홍윤희는 근대학문으로서 인류학이 중국 서남부 소수민족 신화에 적용되었을 때 생성되는 '민족' 표상과 또 다른 '중심과 주변' 구도를 포착한다. 우선 '20세기 초 중국의 인류학과 묘족 신화연구'는 1920년대에 중국에 들어온 인류학이 1930년대 후반에 들어서 중국 서남부 신화연구에 적용되는 양상을 고찰한다. 이 시기는 일본군의 침입을 피해 北京과 上海 등지 주요 대학과 학자들이 서남부로 피신하여 '서남연합대학'을 형성한다. 따라서 인류학과 민족학의 시선 역시 자연스레 서남부로 향하게 된다. 흥미로운 점은 이들의 시선이 특히 '묘족'에 그리고 그들의 '홍수남매혼 신화'에 집중되었다는 점이다. 이 글은 바로 이들 묘족의 홍수남매혼 신화에 대한 1930년대 후반의 담론에 대한 검토를 통해, 그들이 왜 이 테마에 그토록 치중하였는지, 그리고 이를 통해 그들이 표상한 '민족' 개념은 무엇인지를 살폈다. 1930년대 서구 인류학의 주류를 이루었던 기능주의학파의 현지조사 방법은 중국내 민족통합의식이 강하게 자극되던 시기에 중국소수민족 신화연구에 지대한 영향을 미쳤고, 그것은 서남소수민족 중에서도 한족과의 연관성을 논의하기에 가장 적합한 묘족에 대한 관심집중을 야기했다고 본다. 그리고 여기에서 한족과 묘족 사이에는 관찰자와 대상, 주체와 타자, 문명과 야만의 구도가 민족지학의 태성적인 식민적 구도와 맞물려 작동하고 있었다고 할 수 있다.

이 1930년대 후반의 성과를 집대성 한 것이 마지막 글에서 다루는 聞一多의『伏羲考』이다. 이 당시 苗族 홍수신화에 대한 연구 성과들은 대부분 대홍수 후에 유일하게 살아남아 부부가 되어 인류를 재창조하는 남매 이야기를 漢族 신화의 伏羲・女媧와 관련짓거나 동일시한다. 이런 성과들을 확장한『伏羲考』를 통해 聞一多는 苗族이 漢族의 한 지류라는 주장과 중화민족은 용 토템 부족이라는 주장을 도출해 낸다. 홍윤희는 이 글에서 聞一多 신화학에 대한 기존의 평가를 살펴본 후,『伏羲

考』를 이루고 있는 일련의 논고들에 대한 면밀한 검토를 통해 그 논리적 취약점이나 오류 등을 짚어낸다. 하지만 그런 오류들에도 불구하고 진짜 문제는 현재 『伏羲考』가 지니는 영향력이다. 한·묘의 민족관계나 신화연구, 용 토템론 등에 있어서 聞一多의 주장은 이후 수많은 학자들에 의해 꾸준히 수용되고 있다. 『伏羲考』를 하나의 언어행위話行, speech act로 파악할 때, 그 화행을 통해 발화자는 이미 방향성이 함축된 대상을 설정함으로써 그 대상은 실체화되고, 해석에 선행하여 특정한 인식의 틀을 고정시킨 것이라 할 수 있다. 내전과 국가의 존망 위기에 놓였던 항전기 중국 지식인들에게 서남부에서 마주친 내 안의 타자들은 이렇게 한 가족으로 끌어들여야 할 대상들이었다. 하지만 그들은 생소한 타자들, 내부에서 이른바 문명의 시선인 漢族을 중심으로 포획되어야 할 타자들이었다. 홍윤희는 聞一多를 비롯한 항전기 신화연구자들이 '민족 통합'과 그 중심에 漢族이 놓인 동일 기원성의 방향에 기꺼이 동참했으며 그들이 설정한 방향성은 아직도 그 힘을 잃지 않고 있다고 보았다.

18세기에서 20세기 걸쳐 중국은 많은 변화를 겪었다. 불과 200여 년 사이에 '五族'이 '共和'하던 청제국은 사라지고 56개 민족으로 구성된 중화인민공화국이 등장했다. 이 과정에서 전통적인 화이관에 입각한 청 중심의 세계질서가 붕괴하면서 중국은 자국의 이익을 위해 '夷狄'과 타협해야 했고, 변화하는 국제 정세 속에서 생존하기 위해 국내의 사회구조와 정치질서를 개편해야 했다. 이 책은 현재의 중국이 탄생하는 이 시기를 다각도로 분석하고, 청제국이 중화민국으로 변모하는 과정에서 중심과 주변으로부터 발생한 다양한 변화의 양상을 검토한다. 이 시기 조선은 전통적인 중화관을 벗어버리고 중국을 새로운 학문의 대상으로 인식하기 시작했다. 또한 청과의 관계에서도 중화제국을 중심으로 하는 위계적 조공질서에서 벗어나 점차 근대적인 외교관계와 국경선을 정립해 갔다. 하지만 이 시기의 변화가 반드시 미래지향적이었던 것은 아니다. 20세기 초 만주족이나 묘족과 같은 이른바 소수민족에 대한 연구가 독자적인 학문분야로 성장하지 못하고 민족통합의 목적에 이바지하는 종속적인 성격의 학문이 되었음은 신중화주의가 학문의 영역에서 강한 영향력을 끼치고 있었음을 잘 보여준다.

이 책에서 우리는 동아시아의 근대와 관련하여 분명한 해답보다는 앞으로 계속 검토해야 할 다양한 문제의식을 제시하고자 했다. 중국을 하나의 학문적 대상으로 인식하기 시작한 19세기 이래 조선의 중국학 연구는 어떻게 진행되어 왔는가? 조선시대 중국학 연구의 전통은 오늘날 한국의 근대적 중국학 연구와 어떤 연속성을 갖고 있는가? 전통적인 조공관계가 붕괴된 지 100여 년이 지난 오늘날 북한과 중국의 관계는 과거의 조공관계와 어떤 연속성과 차별성을 갖고 있는가? 중국에서 절대다수를 차지하는 한족이 소수민족인 묘족을 자신의 계보 속으로 포섭하려고 시도하는 동안 묘족은 한족을 어떻게 인식하고 있었는가? 주접이나 역참과 같은 청대의 정보전달체계는 현재 중국의 국가 운영 체계에 어떤 유산을 남겼는가? 18세기 말 화신의 몰락과 함께 사라진 청제국의 팽창정책은 21세기 세계의 강국으로 부상한 중국의 외교정책에서 다시 부활할 것인가? 우리는 이러한 문제의식을 이 책의 독자들과 공유하고자 한다. 우리의 조심스러운 제안이 앞으로 더욱 진전된 논의를 향한 디딤돌이 되기를 기대한다.

2013년 필자 일동

# 제국의 중심과 중앙정치의 양상*
### 和珅集團과 건륭 말기(1776~1799)에 대한 재평가

윤욱

## 1. 머리말

乾隆帝(1711~1799, 재위 1735~1795)가 사망한 지 14일 만인 1799년 2월 22일 건륭제의 만주족 총신이었던 和珅(1750~1799)은 자결을 강요받고 스스로 목메 죽었다. 和珅의 등장은 그의 몰락 못지않게 극적이었다. 1776년 그는 三等侍衛에서 1년 만에 軍機大臣에 올랐던 것이다. 그는 중국 역사상 가장 부패한 관리였고, 정직한 관원들과 백성들에게 갖가지 비행을 자행했으며, 청조를 전성기에서 쇠퇴로 내몬 장본인으로 간주된다.[1] 그는 중국에서는 종종 드라마의 소재가 되기도 하여 일반인

---

\* 이 글은 *T'oung Pao*(Brill, 2012(vol.98), issue 4 · 5)의 "Prosperity with the help of "Villains" 1776~1799 : A Review of the Heshen Clique and Its Era"을 요약 · 번역한 것이다.

1 이러한 입장을 갖는 대표적인 저술로는 孟森, 『淸代史』, 臺北 : 正中書局; 蕭一山, 『淸代通史』, 臺北 : 商務印書館, 1967; 唐文基, 羅慶泗, 『乾隆傳』, 北京 : 人民出版社, 1994; 李景屛 · 康國昌, 『乾隆與和珅』, 西安 : 陝西人民出版社, 1998 등이 있다.

에게까지 악인의 대명사로 널리 알려져 있다.[2] 하지만 학문적인 입장에서 볼 때 和珅과 관련하여 현재까지 여러 가지 풀리지 않은 수수께끼가 있다. 예를 들면, 왜 건륭제가 和珅과 같은 악인을 24년간이나 측근에 두었을까? 그 기간 조정에서 和珅이 담당했던 역할은 무엇이었을까? 그가 저질렀다고 알려진 수많은 악행과 어마어마한 양의 재산축적은 얼마나 진실에 가까울까? 하는 것 등이다. 이 글은 이러한 문제들에 답하고 아울러 和珅과 청조의 쇠퇴가 시작되었다고 알려진 건륭 후반기를 재평가하려는 작업이다.

이 글에서 필자는 和珅의 등장과 그의 정치활동을 건륭시기의 정치에 관한 장기적인 시각에서 바라보고자 한다. 건륭 전반기는 여러 가지 중요한 과업이 성취되던 시기였다. 청조는 이 시기에 康熙帝(1654~1722, 재위 1661~1722)때부터 추진되어 왔던 준가르와의 전쟁에 종지부를 찍고 新疆을 병합함으로써 청나라의 영토를 두 배로 확대시켰다. 하지만 이 시기는 조정 내부에서 腐敗라는 새로운 위협이 배태되는 시기이기도 했다. 두 번째 절에서 지적하려는 바와 같이 건륭 중반에 이르면 당시 조정내의 부패는 일반 관리들이 아니라 황제의 최측근이었던 軍機處의 관원들을 중심으로 전개되고 있었다. 따라서 황제는 이를 심각하게 받아들일 수밖에 없었다. 세 번째 절에서 필자는 和珅의 등장은 바로 이러한 부패를 방지하려는 황제의 노력과 연관되어 있다고 주장할 것이다. 네 번째 절에서 필자는 和珅이 축적한 재산을 믿을 만한 사료를 근거로 재구성하고 아울러 그의 비행이 어떻게, 그리고 어느 시점부터

---

2    최근 和珅을 소재로 한 드라마로는 2009년에 대만에서 방영된 텔레비전 드라마 〈嘉慶遊臺灣〉이 있다.

시작되었는지 검토하려고 한다. 和珅의 비행과 부패는 건륭 말기의 부패상의 중요 증거로서 항상 膾炙되므로 이는 건륭 말기를 재고하는데 필요한 작업이라고 생각된다. 결론부분에서는 본론에서 진행한 和珅에 대한 재평가에 근거하여 그간 청조의 몰락의 시점이라 일컬어지는 건륭 말기를 바라보는 새로운 시각을 제시하고자 한다.


## 2. 건륭 중반의 위기

和珅의 등장을 이해하기 위해서는 나중에 그와 그의 당파들의 세력 근거지가 된 軍機處의 건륭 연간의 변화에 대해 알아볼 필요가 있다. 軍機處는 雍正 연간(1722~1735)에 처음 등장했는데 원래는 황제의 소수 親臣들로 구성된 관청으로 이들은 황제를 도와 군무를 처리했다. 하지만 건륭 연간에 오면 軍機處는 원래의 임무 이외에도 人事, 토목공사, 과거시험, 심지어 황제의 개인적인 문제에 이르기까지 사실상 황제의 모든 관심사를 처리하게 되었으며 이에 따라 규모도 확대되어 여러 부속기관과 수백 명의 관원을 거느리게 되었다.[3] 하지만 이러한 변화에도 불구하고 軍機處는 비공식적인 기관으로 남았으며 따라서 정규관료기구에 적용되는 관리체계로부터 벗어나 있었다. 즉 가족이나 師生이 동일한 지역이나 관청에서 근무하지 못하게 하는 回避制가 적용되지 않았다. 軍機處에 임명은 오로지 황제의 의사와 전임자의 추천에

---

**3**    Beatrice Bartlett, *Monarchs and Ministers : the Grand Council in Mid-Ch'ing China, 1723~1820*, University of California Press, 1991.

의해 결정되었다. 그 결과 軍機大臣 전임자와 후임자 사이에는 자연스럽게 師生關係가 형성되었다.[4] 그리고, 軍機大臣의 조수인 軍機章京은 軍機大臣들의 후원에 의해 임명되었다.[5] 뿐만 아니라 軍機處는 都察院의 감시로부터도 벗어나 있었다.[6] 관리들 간의 비리를 밀고하는데 쓰이는 奏摺 역시 軍機處가 奏摺의 처리자라는 점에서 그 기능은 제약될 수밖에 없었다.[7]

결국 제국의 가장 중요한 막강한 권력기관이 관료기구를 감시하는 주요 통제장치에서 벗어난 가운데 정실주의와 당파주의에 노출되게 된 셈이었다. 건륭 초년 軍機大臣이 일군의 문생들을 거느리거나 후임 軍機大臣이 자신의 스승이던 전임자에게 황제의 거동을 누설하는 등의 사건이 있었지만, 커다란 물의를 야기시킬 정도는 아니었다.[8] 하지만 건륭 중반 軍機大臣이었던 劉統勳과 于敏中은 비밀히 당파를 형성했고, 특히 이들 당파들은 부패와 연루되게 된다.

劉統勳은 옹정제의 총신이던 張廷玉이 會試의 고관이었던 1724년 進士에 급제했으므로 장정옥의 문생이었다. 하지만 그는 1741년 장정옥

---

4   사생관계는 주로 과거시험을 통해 형성되었다. 과거시험에서 시험관은 합격한 거자들의 스승이 되었으며 擧子들은 자신을 그들의 門生이라고 불렀다. 하지만 이외에도 상관이 부하직원을 발탁하거나, 추천해도 이들 사이에는 사생관계가 형성되었다. 심지어 고관에게 선물을 보내는 것으로도 사생관계를 주장할 수 있었다. 徐珂,『淸稗類鈔』권8, 北京 : 中華書局, 1986, 3579쪽.

5   Bartlett, Op .cit., p.247.

6   Pei Huang, Autocracy at Work, Bloomington : Indiana University Press, 1974, p.155.

7   Ibid., pp.132~133.

8   軍機大臣 汪由敦이 건륭제가 자신의 스승, 張廷玉에게 노했던 사실을 스승에게 고자질한 사건은『淸實錄』권13, 北京 : 中華書局, 1987, 898쪽, 1750년 1월 19일 참조. 汪由敦은 또한 일군의 문생을 거느린 장본인이기도 했지만 이들은 대부분 가난한 선비들이었다. 昭槤,『嘯亭雜錄』, 北京 : 中華書局, 1980, 207쪽.

의 친척이 관계에 너무 많이 포진해 있으므로 일정기간 이들의 승진을 막아야한다고 상주를 올려, 당시 장정옥의 세력을 억제하고자 했던 건륭제의 인정을 받게 되었다.[9] 그리고 그 후 빈번히 과거시험의 고관으로 나갈 기회를 얻게 되었는데,[10] 이로써 그 자신이 수많은 문생들을 거느리게 되었고 또한 이들이 조정에서 중요한 위치를 차지할 수 있도록 도왔다. 이 가운데에는 朱筠, 朱珪, 翁方剛, 紀昀 등 건륭 말년의 주요 대신들이 포함되었다.

이 劉統勳의 네 명의 주요 제자들이 劉統勳을 만난 것은 1747년 順天鄕試에 응시했을 때였는데, 당시 劉統勳은 副考官이었고, 主考官은 만주대신 阿克敦이었다. 따라서 이들 네 명은 阿克敦의 문생이기도 했다. 阿克敦은 만주인으로는 드물게 進士출신(1709)이었는데, 젊은 학자들을 배양하는데 열심이어서 생전에 이미 '儒宗'이라고 호칭될 정도였다.[11] 이 阿克敦의 아들이 바로 나중에 和珅의 당파에 반대하는 관원들의 우두머리가 되는 阿桂(1717~1797)였다. 제2차 金川征伐 도중 총사령관이었던 溫福이 전사하는 군사적 위기상황이 닥쳤을 때 劉統勳이 溫福의 후임으로 阿桂를 천거함으로써 양자는 師生關係를 맺게 된다.[12] 이 劉統勳, 阿克敦, 그리고 阿桂와 이들의 친척, 문생들은 건륭 후반기 조정 내 주요 당파로 등장하게 된다.

劉統勳이 자신의 스승을 탄핵함으로써 정계에서 부상한 반면, 于敏

---

9  『淸史稿』권35, 10463쪽.
10  劉統勳은 1773년 그가 사망하기 전까지 鄕試考官 4번, 會試 同考官 4번, 會試考官 1번, 殿試 讀卷官 7번을 지냈다.
11  錢儀吉, 『碑傳集』권3, 北京 : 中華書局, 1993, 862쪽.
12  『淸史稿』권35, 10467쪽.

中은 그의 스승이던 張廷玉의 정치적 후계자였다. 비록 于敏中은 劉統勳만큼 빈번히 考官으로 임명되지는 못했지만 1760년 이후 于敏中이 모든 건륭제의 諭旨를 혼자서 맡아서 쓸 정도로 황제의 총애를 받게 되자 많은 관원들이 그를 추숭하고 접근했다. 이러한 상황은 1773년 劉統勳이 사망한 후 더욱 강화되었다.[13] 이들 양 파벌 간에 긴장이 있기는 했지만, 양자는 과거라는 공통된 배경을 갖고 있었으며 또한 과거를 통해 師生, 同年關係로 밀접히 얽혀 있기도 했다.

劉統勳과 于敏中이 차례로 軍機處에 들어온 후 건륭제는 곧 이들을 중심으로 형성된 사생관계의 위험을 경험하게 되었다. 1761년 軍機章京인 眭朝棟이 그해 回避制에 연루되어 시험을 보지 못하는 擧子들을 위해 특별 시험을 열기를 간청하였는데 그 혜택을 보게 되는 사람들 가운데 이 해 과거를 주관하는 劉統勳과 于敏中의 친척들이 있었다. 게다가 이해 殿試에서 壯元으로 劉統勳과 于敏中이 천거한 사람은 軍機章京이자 전임 軍機大臣 汪由敦의 문생이었던 趙翼이었다. 건륭제는 眭兆棟을 상관에게 아부했다고 처벌하고 趙翼의 등수를 삼등으로 떨어뜨리는 것으로 이 사태를 마무리했다.[14]

劉統勳, 于敏中과 이들을 중심으로 한 문생관계는 이후 계속해서 부정부패와 연루되어 모습을 드러냈고, 사안은 갈수록 중대해졌다. 1768년 劉統勳이 軍機大臣으로 근무하던 중 兩淮鹽印案이 발생했다. 1746년에서 1767년까지 20여 년간 兩淮지역의 염상들이 정부에 보고한 것

---

13 昭槤, 『嘯亭雜錄』111, 207쪽.
14 이 사건에 대한 보다 상세한 설명은 Man Cheong, "Chapter 4, Fair Fraud and Frandulent Fairness", *The Class of 1761*, Stanford : Stanford University Press, 2004.

이외에 9백만 냥에 달하는 염을 초과로 판매하고 이 수입을 정부에 보고하지 않았다. 그리고 鹽運使 등 염무를 맡은 관원들이 이들 염상들에게 90만 냥에 달하는 뇌물을 받았다는 것이 발각되었다. 이때 양회염운사 盧見曾도 연루되었는데, 이때 그와 친분이 있던 阿克敦-劉統勳의 문생들이자 軍機章京이기도 했던 王昶, 趙文哲이 그에게 몰래 그의 가산을 몰수하는 상유가 내릴 것이란 정보를 은밀히 알려줬다. 이러한 사실은 곧 밝혀졌으며 두 사람은 파직되었다.[15]

劉統勳이 사망하고 于敏中이 軍機處와 조정을 좌지우지하는 상황이 되자 軍機處 내의 부패는 더욱 심해졌다. 그리고 이러한 부패의 중심에는 于敏中이 있었다. 1774년 于敏中은 환관을 통해 황제의 비밀인사기록을 몰래 훔쳐본 사실이 적발되었다. 于敏中의 문생인 觀保, 蔣錫棨, 吳檀 등이 조정에서 공공연히 그 비밀인사기록을 토론하다가 발각되었던 것이다. 건륭제는 于敏中을 革職留任시키고 觀保 등은 모두 파직했다.[16]

1780년 于敏中 사후 于敏中이 생전에 저질렀던 비행들이 속속 밝혀졌다. 그 이듬해 于敏中의 유족들 간에 유산분쟁이 발생하자 건륭제는 于敏中의 유산을 조사하게 했다. 그 결과 그의 재산이 9만 냥이 넘는다는 사실이 밝혀졌다. 황제는 이 가운데 3만 냥을 그의 적법한 상속인에게 물려주고 나머지는 합법적으로 얻은 것이 아니라고 內務府에서 몰수하게 했다.[17] 이 조사 과정에서 于敏中의 문생이었던 지방관원이 우

---

15  錢儀吉, 『碑傳集』 권3, 1067쪽; 권10, 3534쪽.
16  『乾隆朝上諭檔』 권7, 北京 : 檔案出版社, 1997, 652쪽, 1774년 9월 5일; 『淸實錄』 권20, 1064쪽.
17  『淸實錄』 권22, 839쪽, 1978년 8월 1일.

민중의 고향에 스승을 위해 정원을 세운 사실이 밝혀져 이 지방관원이 혁직되기도 했다.[18] 하지만 이러한 것은 아직 사소한 것에 속했다. 于敏中은 1781년과 1782년에 각각 甘肅과 山東에서 있었던 두 커다란 탐오안에 연루되어 있었다.[19]

건륭제가 于敏中이 집권하고 있던 시기를 軍機處가 위기에 직면한 시기였다고 여겼음은 그의 회고를 통해 알 수 있다. 1786년 건륭제는 그 시기를 돌아보며 "당시 軍機大臣 중에 경험이 풍부한 사람이 없었고, 福康安은 于敏中에 대항하기 너무 어려서 于敏中이 기세를 떨치게 되었다"라고 회고했다.[20] 그리고 같은 해 오랫동안 軍機章京으로 있었던 王昶이 北京에 오자 그에게 于敏中이 軍機大臣이었을 당시 軍機處의 정황이나 軍機處의 기밀에 관해 탐문했다.[21] 시간이 지나도 건륭제의 于敏中에 대한 거부감은 줄어들지 않았다. 1795년 국사관이 于敏中의 비행을 기록한 于敏中의 列傳을 작성해 올리자 건륭제는 부패한 관원에 대한 일벌백계 차원에서 于敏中의 아들이 세습하게 했던 작위를 박탈해버렸다.[22]

---

18 『淸史稿』 권46, 13884~13885쪽.
19 이 탐오안들에 대한 자세한 내용은 Pierre-Etienne Will, pp.333~334.
20 東方學會 編, 『國史列傳』, 臺北 : 新文豊出版社, 1975, 권3, 1934쪽.
21 梁章鉅, 『樞垣紀略』, 北京 : 中華書局, 1984, 335쪽.
22 『淸實錄』 권27, 759쪽, 1795년 7월 7일.

## 3. 和珅集團의 기용과 견제와 균형

권력을 장악한 대신들의 부패에 대한 염려는 건륭제만이 느끼는 고민이 아니었다. 역대 청조의 황제들은 모두 비슷한 경험이 있었고, 이러한 문제를 해결하기 위해 이들은 빈번히 자신의 친신으로 구성된 새로운 파벌을 조성하여 권신들을 억제하게 하는 방법을 취했다. 多爾袞이 北京에 들어왔을 때 그는 陳名夏 등 양자강 하류 출신 관료들로 구성된 南黨을 견제하기 위해 만주족에 비교적 우호적이었던 馮銓 등 북방의 사대부들을 지지했다.[23] 康熙帝는 輔政大臣이었던 鰲拜를 견제하기 위해 索額圖의 당파를 지원하고, 다시 索額圖를 견제하기 위해 明珠의 당파를, 나중에는 다시 明珠에 대항하는 徐乾學의 南派를 지지한 바 있었다.[24] 강희제는 말년에 황태자의 당파를 견제하기 위해 이들과 반대하는 관료들을 지원하기도 했다.[25] 따라서 軍機處 내부 부패의 문제가 발생했을 때 건륭제도 자연스럽게 이러한 방법에 의존하게 되었다. 건륭제의 이러한 의도는 (자신의 처조카이기도 했던) 친신 福康安이 당시 너무 어려 于敏中을 견제할 수 없었다는 회고에서 이미 언뜻 보이고 있다. 于敏中이 황제의 비밀인사기록을 훔쳐보다 적발되었던 1774년부터 건륭제는 자신의 친신으로 구성된 당파를 軍機處에 배치하기 시작했다.

1774년 阿思哈이 비밀인사기록을 논하다가 처벌된 于敏中의 당파인

23  周遠廉, 趙世瑜, 『皇父攝政王多爾袞』, 長春 : 吉林文史出版社, 1993, 358~366쪽.

24  Harold Lyman Miller, "Factional Conflict and the Integration of Ch'ing Politics, 1650~1690", George Washington University Ph.D. dissertation, 1974.

25  Silas H. L. Wu, *Passage to Power : Kang-hsi and his heir apparent, 1661~1722*, Cambridge : Harvard University Press, 1979, pp.61~64.

觀保를 대신해 左都御使에 임명되었다. 阿思哈은 正黃旗 출신이었는데 별로 유능하지 않음에도 불구하고 오래전부터 황제의 총신이었다. 1760년 그는 뇌물수수와 가렴주구로 탄핵되어 사형을 언도받았지만 나중에는 면죄되었다. 1769년에는 버마 정벌에 참여했다가 실패한 책임을 지고 小官으로 강등되었지만 몇 해 지나 이전의 관직을 회복했다. 하지만 곧이어 그가 올린 상주문 상의 실수로 이리로 유배당했다. 하지만 1774년 상기한 사안이 발생하자 곧바로 軍機大臣겸 左都御使에 임명되었다.[26]

阿思哈의 등장은 軍機處의 인적변동의 시작이었다. 1776년에는 삼등시위였던 和珅이 軍機大臣에 임명되고, 제2차 금천정벌을 마치고 개선한 豊昇額, 福康安, 明亮, 阿桂가 역시 軍機大臣으로 軍機處에 들어왔다. 1778년에는 미관으로 있었을 때부터 황제의 총애를 받았던 李侍堯가 軍機處에 합류했고,[27] 1779년과 1780년에는 董誥와 福長安이 각각 軍機大臣에 임명되었다.

그런데 이들에게는 주목할 만한 공통점이 있었다. 이들 가운데 阿桂와 董誥를 제외한다면 모두 侍衛로써 황제의 측근에서 벼슬을 시작한 사람들로써 건륭제와는 친밀한 관계였다. 둘째 이들은 황제와 혼인관계로 이미 연결되어 있었거나 곧이어 황실과 혼인관계를 맺게 되었다. 가령, 和珅은 그의 아들이 건륭제의 10공주와 결혼할 예정이었고, 豊昇額은 康熙帝의 황후의 조카의 아들, 福康安과 明亮은 건륭제의 황후인 孝賢皇后의 조카, 李侍堯는 건륭제의 9공주의 시아버지, 福長安은 역

---

26  『淸史稿』 권36, 11051쪽.
27  위의 책, 10822쪽.

시 孝賢皇后의 조카였다.[28] 또한 이들은 한인이었던 董誥를 제외한다면 모두 황제가 직접 지휘하는 上三旗(正黃, 鑲黃, 正白旗) 소속이었다. 이런 점을 본다면 당시 있었던 軍機處의 인적변화는 건륭제가 자신의 친신으로 구성된 당파를 軍機處에 세우기 위한 것이었음이 분명하다.

하지만 이들이 모두 오랫동안 軍機處에 남아있지는 않았다. 이들이 지방관직을 맡고 있었기 때문이기도 했지만 이들 간에 서로 갈등이 있었던 것도 한 원인이었다. 가령 和珅은 李侍堯나 福康安 등과 사이가 좋지 않았다. 심지어 이들을 탄핵하기조차 했다.[29] 軍機處의 구성이 안정되게 되는 1780년부터는 황제의 친신 가운데 和珅, 福隆安, 福康安이 軍機處에 남게 되었다. 그리고 福隆安이 사망한 1784년부터 和珅과 福長安은 軍機處 내에서 하나의 당파를 형성하게 된다. 和珅과 福長安뿐만 아니라 和珅의 동생이었던 和琳, 그리고 福長安의 형제인 福康安도 서로 가깝게 지냈다.[30] 이 글에서는 和珅형제, 福長安 형제 그리고 이들의 문생으로 구성된 관료집단을 和珅集團이라고 칭하기로 한다.

이 和珅集團의 등장으로 말미암아 1780년부터 건륭제가 사망하는 1799년까지 軍機處에는 和珅集團과 阿克敦-劉統勳의 문생으로 구성된 阿克敦-劉統勳集團 간에 새로운 힘의 균형과 상호견제 국면이 형성되었다. 이 시기 동안 軍機大臣으로 봉직했던 17인 가운데 12명이 두 당파 중 한 파벌과 관련이 있었다〈표 1〉 참조). 이 기간에 軍機大臣의 숫

---

**28** 이상의 혼인관계는 『淸史稿』의 公主表와 外戚表 참조. 다만 李侍堯의 경우는 『正祖實錄』 권5, 세종대왕기념사업회, 1992, 265쪽 참조.

**29** 和珅의 李侍堯의 탄핵에 관해서는 『淸史列傳』 권9, 北京 : 中華書局, 2005, 2693쪽 참조. 和珅이 동생 화림을 시켜 福康安을 탄핵한 사안은 2701쪽 참조.

**30** 『嘯亭雜錄』, 474쪽.

자는 평균 5명 내지 6명이었는데 두 파벌은 각각 2자리 내지 3자리씩을 차지했다. 즉 軍機大臣의 숫자에서 양 파벌은 거의 동등했다고 할 수 있다〈표 2〉 참조). 인원수에 있어서 뿐만 아니라 軍機處의 운영면에서도 건륭제는 이 양자가 견제할 수 있도록 했다. 예컨대 건륭제나 阿桂와 和珅에게 다른 관아에 보내는 문서에 함께 서명하도록 했다.[31]

〈표 1〉軍機大臣과 和珅集團, 阿克敦‒劉統勳集團의 관계, 乾隆45~嘉慶4 / 1(1780~1799)

| 軍機大臣 | 재임기간 | | 관계 | | |
|---|---|---|---|---|---|
| | 시기 | 연월수 | 阿克敦 | 劉統勳 | 和珅 |
| 阿桂 | 乾 45년 1월~嘉 2년 8월 | 17년 10개월 | 아들 | 문생(1) | |
| 福隆安 | 乾 45년 1월~49년 윤3월 | 4년 4개월 | | | 당여 |
| 梁國治 | 乾 45년 1월~50년 12월 | 6년 1개월 | | | |
| 和珅 | 乾 45년 1월~嘉 4년 1월 | 19년 1개월 | | | 본인 |
| 董誥 | 乾 45년 1월~嘉 1년 10월 | 16년 11개월 | | 문생(2) | |
| 福長安 | 乾 45년 5월~嘉 4년 1월 | 18년 11개월 | | | 당여 |
| 福康安 | 乾 48년 4월~49년 5월 | 1년 3개월 | | | 당여 |
| 慶桂 | 乾 49년 5월~50년 9월 乾 52년 10월~58년 4월 | 6년 11개월 | | | |
| 王杰 | 乾 51년 12월~嘉 1년 10월 | 8년 11개월 | | 문생(3) | |
| 孫士毅 | 乾 54년 6월~54년 11월 | 5개월 | | 문생(4) | 자칭문생 |
| 松筠 | 乾 58년 4월~59년 7월 | 1년 3개월 | | | |
| 台布 | 乾 60년 9월~嘉 2년 1월 | 1년 4개월 | | | |
| 沈初 | 嘉 1년 10월~4년 1월 | 2년 3개월 | | 문생(5) | |
| 傅森 | 嘉 2년 윤6월~3년 2월 | 9개월 | | | |
| 吳熊光 | 嘉 2년 윤6월~2년 12월 | 7개월 | 阿桂의 문생(6) | | |
| 戴衢亨 | 嘉 2년 윤6월~4년 1월 | 1년 8개월 | | 王杰의 문생(7) | |
| 那彦成 | 嘉 3년 2월~4년 1월 | 11개월 | 손자 | 王杰의 문생(8) | |

31 劉錦藻, 『淸朝續文獻通考』 권2, 杭州 : 浙江古籍出版社, 2000, 8774쪽.

(1) 阿桂는 劉統勳의 천거로 제2차 금천정벌 중 총사령관에 임명됨.

(2) 董誥는 劉統勳이 殿試 讀卷官이었던 1763년 진사가 됨.

(3) 王杰은 劉統勳이 會試 正考官이자 殿試 讀卷官이었던 1761년 진사가 됨.

(4) 孫士毅는 王杰과 마찬가지로 1761년의 진사이지만 자칭 和珅의 문생
    이라고 했으므로 和珅集團으로 분류.

(5) 沈初는 劉統勳이 殿試 讀卷官이었던 1763년 진사가 됨.

(6) 戴衢亨은 王杰이 會試 副考官이었던 1778년의 장원.

(7) 那彥成은 王杰이 會試 正考官이었던 1789년의 장원.

〈표 2〉軍機處 내 두 당파의 분포, 乾隆45~嘉慶4 / 1(1780~1799)

| | 총인원 수 | 재임기간의 합계 | 매년 재임한 인원수의 평균 |
|---|---|---|---|
| 阿克敦-劉統勳集團 | 7 | 49년 1개월 | 2.5명 |
| 和珅集團 | 5 | 44년 | 2.3명 |
| 양집단에 속한 軍機大臣의 합계 | 12 | 93년 1개월 | 4.8명 |
| 軍機大臣의 총수 | 17 | 109년 5개월 | 5.6명 |

　　양자 간의 관계를 살펴본다면, 昭槤에 따르면 阿桂와 和珅이 1781년
무슬림반란을 진압하기 위해 甘肅으로 파견되었을 때 用兵에 상대적
으로 열등했던 和珅이 阿桂에게 무안을 당하면서 양자는 앙숙이 되었
다고 한다.[32] 이 고사는 양자 간의 관계가 악화되는 계기로 자주 언급
되지만, 사실 두 집단은 반목관계는 이들이 출사할 시점부터 이미 정
해져 있었다. 和珅集團의 주장인 和珅과 福康安 형제들은 모두 侍衛로
써 출사했으며 과거출신이 아니었다. 한편 阿桂를 비롯한 그의 동료들

---

32 『嘯亭雜錄』, 331쪽.

은 대부분이 과거출신이었다. 이들 과거출신은 다른 경로를 통해 출사한 관원들에 대해 일종의 우월의식을 갖고 있었고 비록 고관이라도 과거출신이 아니면 무시하는 경향이 있었다.[33] 자연스럽게 비과거출신자들은 과거출신자들에 대해 불만을 갖게 되었다. 이들 가운데는 "왜 우리가 科場을 설치해 관리를 뽑는가? 과거출신자들은 백성에게 재앙과 국가의 재난을 가져올 뿐"이라고 비아냥거리는 사람도 있었다.[34] 이러한 과거와 비과거출신자들의 반목이 결국 건륭제에 의해 이용당하게 된 것이었다.

　건륭제는 자신이 和珅集團과 阿克敦-劉統勳集團을 대립시켜 정국을 운영해나가겠다는 자신의 의도를 공개적으로 천명한 적은 절대로 없었다. 이것은 공공연한 사실일망정 발설해서는 안 되는 금기이기도 했을 것이다. 하지만 그의 이러한 정국운영 전략은 양 당파가 연루된 부패안을 다루는 그의 방식을 보면 분명히 드러난다.

　1783년 건륭제는 판결이 집행된 형사안건들을 재검토하다가 이미 범인에 대해 사형이 집행된 한 안건에 대해 의문을 갖고 和珅, 福長安, 福隆安에게 그 범인이 거짓으로 범행을 자백한 것은 아닌가 의문을 제기했다. 和珅 등은 이미 사형이 집행되었고, 그 내막을 알 수 없다고 답했다. 그런데 갑자기 阿桂가 그 사안에 대해 의문을 제기하는 상주를 올렸다. 건륭제는 和珅, 福長安, 阿桂, 그리고 劉墉(劉統勳의 아들)에게 함께 그 사건을 다시 수사하도록 했는데, 놀랍게도 그 사안의 진범은

---

33　과거출신 관료들의 기타관료들에 대한 계급적 혹은 문화적 우월주의class chauvinism or cultural chauvinism에 관해서는 James Polachck, *Inner Opium War*, Harvard University Press, 1991, p.285.
34　『嘯亭雜錄』, 54쪽.

福隆安의 노복이었다. 福隆安은 革職留任되었다.[35]

이 양 파벌 간의 입장이 뒤바뀐 경우도 있었다. 1785년 阿桂의 친척이기도 했던 軍機章京의 아내가 목을 맨 일이 있었다. 하지만 그녀의 형제가 그녀가 자결하지 않았다고 주장하며 和珅이 수장으로 있는 步軍統領衙門에 재수사를 요청했다. 형부의 관원과 이 수사를 위해 특별히 파견되었던 阿克敦과 劉統勳의 문생이기도 했던 紀昀이 부검을 행했으나 역시 그 여자는 자살했다고 보고했다.[36] 하지만 그녀의 친족이 여전히 부검의 결과를 인정하지 않고 步軍統領衙門 역시 軍機章京이 阿桂의 친족이므로 형부의 관원들이 軍機章京의 편을 들고 있다고 항변했다.[37] 사실 당시 阿桂는 刑部를 총괄하는 管理刑部事務에 임명되어 있었고 형부의 滿漢尙書인 喀寧阿와 胡季堂은 모두 阿桂와 친분이 있었다.[38] 또한 형부에서 파견된 관원 네 명 중 두 명은 阿克敦-劉統勳 集團과 연관된 인물들이었다.[39] 건륭제는 異議를 받아들이고 마침내 和珅과 阿桂가 함께 가서 재부검을 실시하도록 했다. 和珅의 엄격한 감시하에 행해진 부검에서 자살을 입증할 만한 단서가 사실 존재하지 않음이 밝혀졌다. 그 軍機章京은 마침내 자신이 아내를 타살하고 자살한

---

**35** 이 사건에 관해서는 『嘉業堂鈔本淸國史』 권7, 北京：中華書局, 1993, 254~255쪽; 『淸史稿』 권33, 952~953쪽, 1783년 12월 12일.

**36** 『淸實錄』 권24, 471쪽, 1785년 5월 26일.

**37** 위의 책, 472쪽, 1785년 5월 26일.

**38** 胡季堂은 阿克敦-劉統勳集團의 성원이던 洪亮吉과 가까운 사이였다. 洪은 과거에 합격하기 전에 그에게 식량을 구하기도 했다. 呂培, 『洪北江先生年譜』, 臺北：廣文書局, 1971, 20쪽. 喀寧阿는 阿桂가 1768~1769년 雲貴總督으로 근무할 때 그의 직속 부하였다.

**39** 당시 파견된 인물은 景祿, 杜玉林, 王士芬, 慶興이었는데, 이 가운데 杜玉林과 王士芬은 劉統勳이 讀卷官으로 임명되었던 1752년 殿試출신이었으므로 劉統勳의 문생이었다. 게다가 王士芬은 和珅의 노복들의 비행을 처벌한 바 있어서 和珅과는 사이가 안 좋았다. 『淸史稿』 권36, 10786쪽.

것처럼 위장했다고 자백했다. 이 사건으로 阿桂는 향후 5년간 봉급을 박탈하는 징계를 당하고 軍機章京을 두둔했던 紀昀과 형부의 관원들 모두 죄의 경중에 따라 처벌을 받았다.[40] 이제 軍機大臣들은 자신들이 부패나 과오를 자행하게 되면 상대 당파의 탄핵이 있을 것임을 의식하지 않으면 안 되게 된 것이다.

이러한 상호감시 체계가 비교적 잘 작동하고 있었음은 충분한 증거 없이도 양자 간에 탄핵이 발생한 경우를 통해서 짐작할 수 있다. 1786년 御史 曹錫寶가 和珅의 管家家人인 劉全을 탄핵했는데 그 이유는 유전이 崇文門에서 부가세를 거두고 사치한 치장을 하고 돈을 물 쓰듯 쓰고 다닌다는 것이었다.[41] 하지만 이 탄핵안은 증거를 제시하지 못해 실패하고 말았다. 이는 『淸史稿』 등에 따르면 관에서 조사하기 전에 劉全이 미리 정보를 듣고 사치품들을 숨겼기 때문이라고 한다.[42] 이 사건이 발생하자 당시 열하에 있던 건륭제는 北京의 대신들에게 和珅을 이유로 劉全을 감싸지 말라고 여러 번 경고했다.[43] 그는 曹錫寶에게 劉全의 저택과 阿桂 등 다른 대신들의 관가가인의 저택을 방문하고 서로 비교하도록 명하기까지 했다. 방문 후 曹錫寶는 劉全의 저택과 재산이 예외적으로 크거나 많은 것이 아님을 발견했다. 결국 曹錫寶는 "본인은 劉全이 제멋대로 부가세를 거둔다든가, 부패했다는 이야기를 들은 적이 없습니다. 단지 그의 저택이 크고 화려하다는 것을 들었으며 길

---

40　『淸實錄』 권24, 471~474쪽, 1785년 5월 26일.
41　曹錫寶의 탄핵에 관해서는 『淸實錄』 권24, 885~888쪽, 1786년 6월 10일.
42　『淸史稿』 권36, 10795쪽; 『嘯亭雜錄』, 112쪽; 陳康祺, 『郎潛紀聞』, 北京 : 中華書局, 1997, 81쪽 등.
43　『淸實錄』 권24, 886~887쪽, 1786년 7월 10~11일.

을 가다가 그의 저택을 보았을 뿐입니다"[44]라고 했다. 결국 이 사건은 무고죄로 曹錫寶를 처벌하는 것으로 마무리되었다.

이 曹錫寶의 탄핵안에서도 관리들 간의 사생관계나 軍機處 내부 양 파벌의 대립관계를 엿볼 수 있다. 曹錫寶 자신은 劉統勳의 문생이었고 劉統勳의 다른 문생들과 밀접한 관계에 있었다.[45] 그는 阿桂에게 개인적으로 큰 신세를 진 적도 있었다.[46] 따라서 曹錫寶의 탄핵은 양자 간의 대립과 갈등의 산물로 간주되어야 한다. 건륭제 역시 曹錫寶와 阿克敦-劉統勳集團의 관계와 이들의 和珅에 대한 적대감과 이 사건의 관계를 잘 알고 있었다. 건륭제는 曹錫寶의 탄핵은 전해에 있었던 阿桂의 친척인 軍機章京이 처를 타살한 사건으로 처벌을 당한 紀昀이 꾸며낸 반격이었다고 언급했다.[47]

건륭제는 과거제의 운영에 있어서도 軍機處 내 두 집단의 상호견제 시스템을 이용했다. 軍機大臣들은 과거의 試題를 선출하거나 시험관에 임명됨으로써 과거제의 운영에 밀접하게 관련되어 있었다. 그런데 이들은 이러한 기회를 통해 자신들의 부하나 지인들을 기용하고자 했다. 1780년부터 1796년 사이에 모두 9차례 과거가 실시되었는데 阿克敦-劉統勳集團에서는 阿桂, 王杰, 董誥가 빈번히 會試 主考官이나 殿試 讀卷官에 임명되었다. 이들은 이런 기회를 이용해서 자신들의 기인들

---

44  『淸實錄』 권24, 888쪽, 1786년 7월 13일.
45  曹錫寶는 劉統勳이 會試 副考官이던 1757년의 진사였다. 曹錫寶는 죽기 전 자신의 묘비명을 朱珪에게 부탁했다. 曹錫寶는 또한 劉統勳의 유명한 문생인 陸錫熊의 인척이기도 했다.
46  曹錫寶는 유전을 탄핵하기 전 살인사건에 연루되어 山東穀糧道에서 小京官으로 좌천된 적이 있었다. 이때 阿桂가 曹錫寶를 천거해 四庫全書館에 들어갈 수 있었다. 그는 사고전서가 완성된 후 한림원의 관원으로 승진하게 된다. 『國史列傳』 권3, 2004쪽.
47  『淸實錄』 권24, 887쪽, 1786년 7월 11일.

을 기용했다. 洪亮吉과 孫星衍이 대표적인 경우였다.

洪亮吉과 孫星衍은 산서순무 畢沅의 幕友로 있을 때 무슬림반란을 진압하러온 阿桂와 처음 만났다. 그 후 1786년 孫星衍은 강남에서 鄕試에 응시했는데 이때는 이미 阿克敦-劉統勳集團의 관원들에게 잘 알려져 있었다. 이 해 朱珪가 江南鄕試 主考官에 임명되자 같은 당파에 속했던 彭元瑞에게 孫星衍과 汪中을 얻어 돌아오겠다는 말을 남기고 떠났다. 하지만 채점을 다 마쳤을 무렵 자신이 합격시킨 답안지 중에 어느 것도 孫星衍이나 汪中의 것처럼 보이는 것은 없어보였다. 부랴부랴 그는 落卷 가운데서 汪中의 것으로 보이는 것을 집어들었다. 糊名을 뜯어보니 그것은 다름 아닌 孫星衍의 답안지였다.[48]

朱珪의 착오(?)로 향시를 통과한 孫星衍은 다음해 會試와 殿試에 응시했다. 殿試에서 그는 榜眼(2등)으로 급제했다. 하지만 이해 會試와 殿試에 시험관으로 참여한 인물들을 돌아볼 필요가 있다. 會試에서 主考官과 副考官은 王杰과 王杰의 문생인 瑞保였다. 그리고 殿試의 수석 讀卷官은 다름 아닌 阿桂였다.[49]

洪亮吉 역시 阿克敦-劉統勳集團의 주요인물들인 紀昀, 朱筠, 王昶, 阿桂, 王杰, 董誥 등과 밀접한 친분을 갖고 있었다. 이들은 향시에서부터 洪亮吉이 거인 학위를 따도록 하기 위해 치열하게 노력했다.[50] 하지만 그는 그들의 도움에도 불구하고 會試에서는 운이 없었다. 20년간 네 번의 會試에서 실패한 후 1790년 그는 다섯 번째 會試에 응시했다.

---

48 『碑傳集』 권7, 2515쪽.
49 錢實甫, 『淸代職官年表』 권4, 北京 : 中華書局, 1980, 2825쪽.
50 呂培, 『洪北江先生年譜』, 臺北 : 廣文書局, 1971, 33~37쪽.

그 해 會試에서는 王杰과 朱珪가 각각 主考官과 副考官이었으며 阿桂가 역시 수석 讀卷官이었다. 朱珪는 洪亮吉을 幕友로 데리고 있던 그의 형 朱筠을 통해 洪亮吉을 알고 있었다. 朱珪는 채점을 하다 洪亮吉의 것처럼 보이는 답안지를 발견하고 일등으로 올렸다. 하지만 조금 후 洪亮吉의 답안지임이 틀림없어 보이는 것을 발견하고 앞서 골랐던 것은 6등으로 내렸다. 하지만 답안지의 호명을 뜯어보니 실제 洪亮吉은 26등이었다.[51] 하지만 곧이어 열린 殿試에서 阿桂는 洪亮吉의 답안지를 일등으로 올렸다. 건륭제는 채점 결과를 받아보고 洪亮吉을 이등으로 내렸다.[52]

阿克敦-劉統勳集團이 孫星衍과 洪亮吉을 급제시키려고 힘들게 노력했던 것은 그 보람이 있었다. 매년 和珅의 생일이 되면 翰林院의 관원들은 생일축하연에 가는 것을 피하기 위한 핑계로 松筠菴에서 모임을 개최했는데, 이때 이 모임을 주도한 사람들이 바로 孫星衍과 洪亮吉이었다.[53]

1788년부터 건륭제는 과거시험의 종종의 부정한 관습을 척결하기 위해 일련의 개혁을 단행했다. 그리하여 科場에서 답안지를 바꾼다거나 좋은 자리를 차지하기 위해 관원을 매수하는 행위를 엄벌하는 등의 규정이 신설되었다. 그리고 擧子들은 이제 답안지를 정해진 시간 내에 제출하고, 두 번째 장의 시험에서는 첫 번째 장의 시험에서 자신이 썼던 내용의 일부를 베껴 적었다. 이는 동일인물인지를 확인하기 위한

---

51 위의 책, 43~44쪽.
52 『碑傳集』 권3, 933쪽.
53 劉禺生, 『世載堂雜憶』, 北京 : 中華書局, 1960, 23~24쪽.

제국의 중심과 중앙정치의 양상 | 37

방법이었다.[54] 그리고 이 해부터 시험의 결과를 재확인하기 위한 復試라는 시험이 추가되어 會試나 殿試에 앞서 실시되었다. 和珅集團은 이러한 시험제도의 개혁에 중요한 역할을 수행했다.[55]

그리고 阿克敦-劉統勳集團이 과거의 시험관을 독점하던 상황에도 변화가 왔다. 1789년부터는 이 집단의 성원뿐만 아니라 和珅이 시험관으로 참석했다. 和珅은 1799년 권력에서 물러나기 전까지 4차례 殿試 讀卷官을 역임했는데, 1795년과 1796년에는 수석 讀卷官이었다. 비과거 출신이 과거시험에 간여하는 것의 매우 드문 일이었다. 더군다나 건륭 말년에는 和珅의 어린시절 교사였던 吳省欽과 그의 동생 吳省蘭이 빈번히 會試의 主考官이나 讀卷官으로 활약했다.[56] 和珅集團의 과거제 운영에의 간여는 이들이 과거제를 통해 관료들과 사생관계를 맺음으로써 자신들의 영향력을 확대시킬 수 있었을 뿐만 아니라 양 집단의 상호감시를 통해 과거제가 보다 건전하게 운영될 수 있도록 했다고 할 수 있다.

阿克敦-劉統勳集團과 和珅集團이 서로를 견제하는 상황은 北京의 정치뿐만 아니라 지방의 정치에도 영향을 끼쳤다. 1782년 劉統勳의 문생이었던 錢灃(1771년 進士)은 和珅의 부하로 알려진 國泰이 부하들에게 뇌물을 요구했으며 省庫에는 비축된 은이 없다고 그를 탄핵했다. 건륭

---

54 『淸實錄』권25, 392쪽, 1788년 1월 31일.

55 復試를 처음 건의한 사람은 和珅의 문생이었던 吳省蘭이었다. 商衍鎏, 『淸代科擧考試述略』, 北京 : 三聯書店, 1956, 94쪽. 당시 北京을 방문했던 조선의 사신들은 和珅이 과거시험 절차를 재조정하는데 和珅이 주도적인 역할을 하고 있다고 조선왕에게 보고했다. 『同文彙考』, 국사편찬위원회, 1978, 3767쪽. 당시 科場에서 생겨난 갖가지 까다로운 조례를 만든 장본인은 和珅의 또 다른 문생이자 吳省蘭의 동생인 吳省欽이었다. 청말까지도 擧子들이 실수로 법금을 어겨 科場에서 쫓겨나면 吳省欽을 욕했다고 한다. 小橫香室主人, 『淸人逸事』권1, 臺北 : 中華書局, 1959, 187쪽.

56 錢實甫, 『淸代職官年表』권4, 2828~2830쪽.

제는 和珅과 劉墉, 그리고 錢灃을 산동성의 성고를 조사하라고 파견했다. 국태는 和珅으로부터 미리 그 소식을 듣고 은을 상인으로부터 빌려서 채워놓았지만 결국 錢灃과 劉墉의 조사로 성고에서 2백만 냥의 은이 부족한 사실이 발각되었다. 결국 國泰는 체포되어 자진하도록 명을 받았다.[57]

양 집단이 처지만 바꾼 비슷한 경우가 1793년에 발생했다. 이 해 和珅의 부하가 兩淮鹽運使가 양회의 은을 浙江으로 이송한 사실을 탄핵했다. 후속된 조사에서 전임 절강순무였던 福崧이 이 양회염운사를 포함한 자신의 부하들에게 재물을 요구했으며 성고에서 은을 횡령한 사실이 발각되었다. 이 결과 福崧은 사형에 처해졌다. 그런데 福崧은 阿桂와 밀접한 관계가 있었던 인물이었다. 그는 두 번 절강순무에 임명되었는데, 모두 阿桂의 추천에 의한 것이었다. 그가 절강순무로 있는 동안 阿桂는 계속 그를 보호했다. 福崧의 실수를 은닉하려다 阿桂가 처벌을 당한 적도 있었다. 한편 福崧은 和珅에게 아부하려하지 않아 和珅과 사이가 좋지 않았다. 건륭제가 福崧을 경사로 압송하게 하자 和珅은 福崧이 자신의 비행을 폭로할까 두려워 福崧의 供述을 조작해 건륭제를 격노하게 한 나머지 건륭제가 그를 오는 도중에 사형에 처하게 했다고 한다.[58]

이상에서는 이제까지 간과되었던 和珅集團이 건륭 말기 조정에서 행한 공헌에 관해 살펴보았다. 아래에서는 和珅과 관련된 부정적인 선입견을 해체하기 위해 그가 저질렀다고 하는 비행들을 분석하기로 한다.

---

57  陳康祺, 『郎潛紀聞』, 516~517쪽; 錢泳, 『履園叢話』, 北京 : 中華書局, 1979, 133쪽.
58  昭槤, 『嘯亭雜錄』, 505~506쪽.

## 4. 和珅의 범죄에 관한 재고

和珅은 그가 저지른 엄청난 양의 부정축재 때문에 건륭 말기 부패상의 상징이자 증거가 되었다.[59] 그의 관리와 백성들에 대한 가렴주구가 결국 가경 초년의 白蓮教徒의 반란을 가져왔다고까지 주장되고 있다.[60] 和珅의 재산은 최고 8억 냥까지 언급되기도 하지만,[61] 선행연구 가운데 최소한의 추정치에 따르더라도 그의 재산 중 換錢할 수 있는 재산, 즉 금, 은, 토지, 주택 등의 가치총액은 1천만 냥에서 2천만 냥 사이이다.[62] 사실 그가 체포되었을 때도 北京에서는 그의 몰수한 재산이 고적과 골동품을 빼고도 수천만 냥에 달한다는 소문이 돌았다.[63]

和珅이 목을 매기 이틀 전인 2월 20일 가경제는 20개조에 달하는 和珅의 악행을 공포했는데 이는 和珅의 비행이나 재산이 그 후 눈덩이처럼 불어나기 이전 그의 죄상에 대한 공인된 견해라는 점에서 눈여겨볼만하다. 이 범행리스트는 和珅의 불손한 행위에 관한 것이 4항, 그의 거대한 재산과 사치에 관한 것이 8항, 그리고 권력남용과 관련된 것이 8항이었다.[64] 이 리스트에 따르면 和珅이 몰수당한 재산은 200개의 보주, 수십 개의 보석정, 수천만을 헤아리는 銀과 옷, 金 3만 2천 냥, 땅굴

---

59 唐文基, 羅慶泗, 『乾隆傳』, 北京 : 人民出版社, 1994 등.
60 蕭一仙, 『淸代通史』 권2, 臺北 : 商務印書館, 1967, 267쪽.
61 위의 책.
62 馮佐哲, 『和珅評傳』, 301쪽.
63 徐有聞, 『戊午燕行錄』 권7, 燕行錄選集, 196쪽. 서유문은 冬至使의 書狀官으로 1799년 1월 24일에서 1799년 5월 12일까지 北京에 머물고 있었으므로(和珅의 처형은 2월 22일), 和珅의 몰락에 관한 소식을 현장에서 들을 수 있었다. 그는 和珅의 몰락과 관련하여 자신이 수집한 기록들을 나중에 『戊午燕行錄』에 실었다.
64 이 上諭는 『史料旬刊』 권2, 1930~1931, 398~401쪽에서 찾을 수 있다.

에 숨겨둔 銀 1백만 냥, 시가 1백만 냥에 상당하는 北京지역의 전당포와 가게였다. 和珅의 관가노복이었던 劉全도 2십만 냥의 재산을 축적하고 있었다고 했다. 하지만 가경제의 이러한 주장은 실질적인 조사에 근거한 것이라기보다는 당시 풍문에 기초한 것이었다고 보인다. 가경제의 발표가 있은 후 2주일이 지난 후에 비로소 內務府는 和珅으로부터 몰수한 재산의 총액을 황제에게 보고할 수 있었다. 이에 따르면 和珅의 총재산 중 화폐로 환산 가능한 것은 총액이 280만 냥이었다.[65] 3월 초까지 약 은 20만 냥 상당의 12개의 전당포, 은 15만 냥에 해당하는 토지, 금 3만 3천 냥,[66] 2만 6천 냥에 달하는 채권과 이자, 9천 6백 냥어치의 80대의 수레가 새로 발견되었다.[67]

1799년 5월 한 副都統이 "듣건대, 和珅으로부터 몰수한 재산이 불과 3백만 냥이라고 한다. (…중략…) 和珅의 재산이 수천만 냥에 달한다고 널리 알려져 있다. 그런데 현재 몰수한 재산은 전체의 십분의 일도 채 되지 않는다"라고 하며 조사결과에 의문을 표시했다.[68] 그리고 황제의 허락을 받아서 和珅의 재산을 관리했던 네 명을 시녀들을 內務府에 연행해서 네 명을 따로따로 위협하고 다른 한 편으로는 달래면서 심문했다. 이 시녀들은 반복해서 심문을 당했지만 한결같이 和珅이 숨겨놓은 재산이 있다는 이야기를 듣지 못했다고 진술했다.[69] 步軍統領

---

65 『史料旬刊』 권5, 1070~1071쪽.
66 건륭 연간 금과 은의 환율은 1 : 10에서 1 : 15였다. 따라서 대략 은 33만 냥에서 48.5만 냥에 해당한다.
67 『史料旬刊』 권3, 521~522쪽.
68 薩彬圖 주접(1799년 5월 26일), 소장번호 녹부주접 03-1476-047, 중국제일역사당안관 소장.
69 영랑, 포언달뢰, 살빈도 주접(1799년 5월 29일경), 소장번호 녹부주접 03-2408-057, 중국제일역사당안관 소장.

衙門 역시 皇城 남쪽에서 和珅의 재산을 찾는다고 소란을 부렸지만 아무것도 찾지 못했다.[70] 그 후, 1800년 1월 內務府는 열하, 北京 근처에서 새로 和珅의 주택들을 찾아냈다고 보고했는데,[71] 그 가치는 약 20만 냥에 달했다. 그리고 별도로 열하에서 和珅의 주택과 토지를 찾아 보고했는데,[72] 그 가치는 각각 4만 냥과 4만 6천 8백 냥이었다. 결국, 和珅의 환전할 수 있는 재산 — 금, 은, 전당포, 가게, 토지, 주택, 차량, 채권 등 — 은 모두 약 4백만 냥 정도였다.

4백만 냥이 많은 액수의 재산임에는 틀림없지만, 이는 和珅의 부에 관한 전설이나 이제까지 제시된 가장 작은 추정치보다도 형편없이 적은 것이다. 건륭 말기 건륭제가 제국의 재정을 和珅에게 일임할 만큼 和珅은 이재에 재간이 있었다.[73] 그리고 그가 거의 4반세기 동안 內朝와 外朝의 가장 수입이 좋은 자리를 여러 개나 겸직하고 있었던 사실을 감안한다면 이 정도는 그가 충분히 거둘 수 있는 금액이었다. 사실 가경제가 和珅을 처형한 이유는 그의 막대한 재산 때문이 아니었다. 가경제는 "내가 和珅을 처형한 이유는 그가 軍國機務를 잘못 다스렸기 때문이다. 그의 횡령이나 이재활동은 사소한 범죄에 속한다"라고 했다.[74] 가경제는 和珅이 저질렀던 가장 큰 잘못을 구체적으로 황제에게 올라가는 주접을 가운데서 가로채고, 조정의 정치를 독점한 것이었다

---

70  『史料旬刊』 권3, 520~521쪽.
71  馮佐哲, 『和珅評傳』, 275쪽.
72  위의 책, 282쪽.
73  和珅은 1776년 戶部侍郎, 1780년 戶部尚書에 임명되고, 1781년에는 管理戶部三庫를 맡았다. 그리고 그는 1786년과 1797년 管理戶部를 명받았다. 한편 그는 관리들에게 벌금으로 거액을 거두던 특수 관청인 密記處를 1776년부터 그가 사망하는 1799년까지 맡았다.
74  『嘉慶朝上諭檔』 권4, 桂林 : 廣西師範大學, 2000, 33쪽, 1799년 2월 23일.

고 지적한 바 있었다.[75] 아래에서는 언제부터 그리고 어떻게 和珅이 이런 잘못을 저지르게 되었는지 검토하기로 한다.

건륭 말년 和珅의 영향력은 갈수록 강화되고 있었다. 메카트니는 그를 황제의 수석 대신the emperor's principal minister이라고 불렀고, 조선의 사신들은 국왕에게 올리는 보고서에서 和珅을 제2황제라고 칭했다. 이러한 상황에 이르자 건륭제는 和珅을 견제하기 위한 갖가지 조치를 취하는데 이러한 조치들은 그가 수립한 상호견제체제의 연장선상에 있었다.

1795년 건륭제는 軍機章京이던 吳熊光과 戴衢亨을 軍機大臣으로 올렸다. 三品官 이상만 軍機大臣으로 임명하는 것이 관례임을 감안하다면 이는 파격적인 인사였다. 그런데 주목할 만한 것은 吳熊光과 戴衢亨은 모두 和珅의 정적들이었다는 점이다. 吳熊光은 阿桂의 문생이었다. 阿桂는 자신이 정벌을 나가거나 부패안을 조사하러, 혹은 토목공사를 감독하러 지방으로 나갈 때 항상 吳熊光을 동반했다. 따라서 吳熊光이 軍機章京에 임명되었을 때 和珅은 阿桂와 언쟁을 벌인 바 있었다. 和珅은 건륭제에게 吳熊光이 軍機大臣에 임명되어서는 안 되는 갖가지 이유를 나열했지만 황제의 결심을 돌이키지 못했다.[76] 戴衢亨은 和珅과 사이가 안 좋았던 于敏中의 수제자였다. 戴衢亨은 문체나 서체까지도 于敏中과 비슷해 和珅이 증오했으며 和珅은 여러 차례 그의 승진을 막은 바 있었다.[77] 2년 후인 1797년 和珅의 라이벌이었던 阿桂가 사망하

---

75  『淸實錄』 권28, 575쪽, 1799년 7월 19일.
76  梁章鉅, 『浪跡叢談』, 北京 : 中華書局, 1997, 41쪽.
77  昭槤, 『嘯亭雜錄』, 540쪽.

자 건륭제는 阿桂의 손자인 那彦成을 軍機大臣으로 임명했다. 그리고 몇 달 후에는 阿桂 사후 和珅이 단독으로 廷寄에 서명하던 것을 막고 앞으로는 이름대신 軍機大臣이라고 표기하도록 했다.[78]

하지만 이러한 조치들이 和珅의 권력을 제압하기에는 역부족이었다. 무엇보다도 軍機處에서 和珅을 견제할 만한 노련한 대신들이 하나 둘 사라졌다. 1796년에는 和珅이 유일하게 두려워하던 인물인 阿桂가 노쇠를 호소하며 軍機處를 떠나 같은 해 사망했고,[79] 같은 해 72살의 王杰이 역시 병으로 은퇴했다. 그리고 다음해에는 1780년 이래 16년간 軍機處에서 일했던 董誥가 모친상으로 軍機處에서 나갔다. 그리하여 가경 초년에는 阿克敦-劉統勳集團의 노련한 軍機大臣들이 모두 떠나고 그 자리에 吳熊光, 戴衢亨, 那彦成 등 이 집단의 경험이 없는 젊은 성원들이 들어오게 되었다.

또한, 양위한 후에도 가경제 뒤에서 실제 제국을 지배하고 조정 내에서 견제와 수평의 중심추 역할을 해왔던 건륭제의 노쇠증상이 양위 시점부터 현저해지기 시작했다. 건륭 말기부터 조선 조정은 건륭제의 건강과 다음 황제가 누가 될 것인지에 대해 깊은 관심을 갖고 있었다. 그래서 사신들은 돌아가면 거의 빠짐없이 이 주제에 관한 보고를 올렸다.[80] 그런데 양위시점부터 조선 사신들은 건륭제의 노쇠, 특히 망각 증상을 빈번히 지적했다.[81] 건륭제가 사망하기 1년 전 건륭제를 배알한 조선 사신은 건륭제의 망각증상으로 말미암아 和珅이 권력을 휘두

---

78 『淸朝續文獻通考』 권2, 8774쪽.
79 『淸史列傳』 권7, 1964쪽.
80 『正祖實錄』 권21, 114쪽, 1795년 4월 6일 등.
81 『正祖實錄』 권20, 290쪽, 1795년 5월 12일 등.

르고 있다고 지적했다.[82]

　건륭 말년에 和珅은 조정에서 분명 가장 영향력 있는 대신이었다. 하지만 그가 조정을 좌우하고 권력을 남용하기 시작한 것은 阿克敦－劉統勳集團의 노련한 라이벌들이 軍機處를 떠나고 건륭제가 이미 노쇠해버린 건륭제의 양위 이후의 일이었던 것처럼 보인다. 앞서 언급한 和珅의 20죄의 죄목 중 권력의 남용과 관련된 범죄 8건은 모두 건륭제의 양위 무렵이나 양위 이후에 발생한 것들이었다. 이 8건의 범죄는 다음과 같다.

1. 건륭제가 가경제를 후계자로 지명한 사실을 和珅이 선심을 쓰는체하며 미리 알려준 일. (1795년)
2. 1796년 백련교도의 반란이 일어난 후 황제에게 가는 軍書를 황제에게 즉시 올리지 않고 보류한 일.
3. 和珅이 건륭제가 작성한 상유문을 제멋대로 고친 일. (1798년)
4. 和珅이 호부를 관리할 때, 다른 당관들과 상의하지 않고 일을 독단적으로 처리한 일. (1797년)
5. 1798년 비적들이 달라이라마의 상인을 살해하고 물건을 약탈한 사실을 보고하지 않은 일.
6. 건륭제 사망 후, 몽골귀족들이 北京으로 문상오는 것을 막은 일.
7. 자신의 사돈이나 가정교사들을 고관에 임명한 일. (이들의 임명은 모두 1795년 이후임.)

---

[82] 『正祖實錄』 권24, 80쪽, 1798년 4월.

8. 승진 예비자 명단에 올라와있던 후보자들의 이름을 제멋대로 삭제한
일(1795년경).

분명 和珅에게 다른 권력형 범죄가 있었을 것이다. 하지만 그를 처
형할 구실을 찾기 위해 필사적이었던 가경제나 그의 조수들조차도
1795년 이전의 그의 활동 중에는 상유에서 지적할 만큼 중요한 범죄행
위를 머리에 떠올리지 못했던 것이다.


## 5. 맺음말

1776년 和珅의 갑작스런 등장과 백련교의 난 발발(1796) 사이에 놓인
20년간은 청 조정이 부패로 인해 기울기 시작하는 전성기에서 몰락으
로 넘어가는 과도기로 간주되어왔다. 하지만 바로 이 시기, 즉 이 글에
따른다면 조정 내에서 지배적인 두 당파 간에 견제와 균형이 이루어지
고 있던 이 시절에 건륭제가 후대에까지 이익을 가져다주게 되는 중요
한 성과들을 이룩하고 있다는 사실에 주목할 필요가 있다.

우선 1773년부터 시행되었던 四庫全書 사업이 和珅의 지도하에 1784
년 완성을 보게 되었다. 그리고 건륭제의 十全武功 가운데 넷 — 대만
의 林爽文 반란의 진압(1787~1788), 베트남 정벌(1786~1789), 두 차례의 구
르카 정벌(1790, 1792) — 이 바로 이 시기에 작성되었다. 이들 정벌은 종
종 건륭제의 好大喜功하는 성격의 발로로 언급되기도 했다. 하지만 이
는 청제국에게 영속적인 평화를 안겨다 주었다. 林爽文 반란 진압 이

후 대만에서는 1895년 대만이 일본에 할양될 때까지 대규모의 반란이 다시는 발생하지 않았으며, 베트남과 네팔지방의 변경도 청말까지 안정되었다. 이 두 나라는 각각 1884년, 1908년까지도 北京에 조공을 보내왔다.

이 시기에 빈번했던 조세 면제 조치를 통해서도 이 시기가 매우 번영했던 시기였음을 알 수 있다. 건륭제는 자신의 제위 동안에 다섯 차례 전국의 조세를 면제한 바 있는데, 이 가운데 3번(1777, 1790, 1795~96)이 바로 이 시기에 있었다. 그리고 건륭제가 그의 생전에 내린 3번의 漕糧면제 중 두 번(1780, 1794)도 이 시기에 있었다. 특히 1794년 조정은 地稅를 제외한 모든 종류의 연체된 세금을 면제시켰다.

이러한 건륭 후반기의 업적과 번영이 건륭 중반의 위기 이후에 있었던 점은 눈여겨 볼만하다. 건륭 중반 제국의 심장부라고 할 수 있는 軍機處의 大臣들과 章京들은 이 글의 앞에서 지적했던 바와 같이 각종 貪汚案에 연루되어 있었다. 그리고 이 시기에 건륭제는 밖으로는 네 차례에 걸친 버마 원정의 실패(1767~1771)와 건륭제의 十全武功 중 가장 비싼 대가를 치렀던 제2차 金川정벌을 경험했다.[83]

건륭제가 和珅集團을 기용한 이후 이들의 공헌은 컸다. 건륭제는 이들을 이용해 조정에서 관리들이 상호견제할 수 있는 체제를 구성할 수 있었다. 曹錫寶의 예에서 보았듯이 당시 두 당파는 상대파의 대신은 물론이고 그의 하인들에게까지도 감시의 눈길을 늦추지 않았다. 이러

---

[83] Michael Chang도 건륭 중반의 위기를 지적한 바 있다. *A Court on Horseback : Imperial Touring and the Constitution of Qing Rule, 1680~1785*, Cambridge : Harvard University Press, 2007, pp.378~379.

한 상황에서 청의 관료기구가 和珅의 등장 이후 더 부패해졌다고 할 수 없다. 사실 건륭제 재위의 마지막 20년 동안 탄핵을 받는 대신들의 수는 전보다 줄어들었다. 또한 이 시기에는 관리의 수뢰로 인한 탄핵안이 건륭 초년에 비한다면 현격하게 감소하기도 했다.[84] 건륭 연간에 총독과 순무가 연루된 수뢰안이 건륭 연간에 30건이 있었고 이 가운데 8건은 건륭제 제위기간의 마지막 20년간에 발생했다. 이 8건 가운데 3건은 和珅集團의 내부고발(李侍堯案)이거나 한 당파가 다른 당파의 탐오안을 밝혀낸 것(國泰案, 福崧案)이다. 따라서 건륭 말년의 일부 탐오안은 조정 내에서 작동하고 있던 견제와 균형 시스템에 의해 밝혀지게 된 것이었다.

뿐만 아니라, 和珅集團은 건륭 후반기의 군사적 팽창정책의 주동자들이었다. 1785년 이후에 있었던 주요한 군사작전들(臺灣 林爽文 반란의 진압, 베트남원정, 제2차 구르카원정, 苗族의 반란 진압 등)은 모두 和珅集團의 성원이자 유능한 장수였던 福康安, 和琳, 孫士毅 등이 이끌었다. 그리고 和珅은 北京에 남아 이들 군사작전의 재정적 지원을 맡았다. 和珅의 20개 죄목을 담은 상유에서 가경제 역시 和珅이 군사와 관련된 재정문제를 처리하는데 유능해서 건륭제가 題本으로 올라오는 군사관련 재정보고서를 그에게 일임하도록 했다고 언급하고 있다.[85]

무엇보다도, 和珅이 국가의 재정을 장악하고 있었으리라 짐작되는 건륭 연간의 마지막 20년간 제국의 재정은 어느 때보다 건전했다.[86]

---

84  馬起華, 『淸高宗朝之彈劾案』, 臺北 : 華崗出版部, 1974, 201 · 239쪽.
85  『史料旬刊』 권2, 398~401쪽.
86  史志宏, 『淸代戶部銀庫收支和庫存統計』, 福州 : 福州人民出版社, 2008, 107~108쪽.

이 기간 동안 호부의 은보유액은 거의 매년 7천만 냥을 넘었다. 또한 內務府는 매년 1백만 냥씩 여분의 은을 호부로 넘기고 있었다.[87] 당시 청조가 국고에 은을 보유하려고 하지 않고 오히려 백성에게 은을 방출하고 유통시키려는 정책을 취하고 있음을 감안할 때 호부가 이렇게 많은 양의 은을 보유하고 있었다는 사실은 더욱 놀라운 것이다. 조정은 빈번하게 행해진 세금면제 조치이외에도 1782년부터 매년 4백만 냥을 방출해 군관에게 양렴은을 지급하고 병사들의 결혼 및 장례식 비용을 보조했다.[88]

만일 和珅集團이 존재하지 않았다면 건륭 말기는 매우 달라졌을 것이다. 강력한 대항세력이 없는 가운데 과거출신 관료들은 건륭 중반 이후 더욱 부패해졌을 것이다. 더구나 阿克敦-劉統勳集團의 지도자들의 정치적 지향은 和珅集團이 추구했던 군사적 팽창정책과 적극재정정책과는 판이하게 달랐다. 이 집단의 수장인 阿桂는 베트남 원정을 적극 반대했으며, 福康安과 和琳의 구르카정벌을 못마땅하게 여겼다.[89] 그는 국고에 저장된 은을 밖으로 유출시키는 것을 거부했다. 그리고 무관들에게까지 養廉銀 지급을 확대하는데 반대했는데 그 이유는 이 조치가 국가의 재정에 부담을 가져다준다는 것이었다.[90] 한편, 阿克敦-劉統勳集團에 속하는 錢灃, 尹莊圖, 謝振定,[91] 曹錫寶 등은 모

---

87  賴惠敏,「乾隆皇帝修建熱河藏傳佛寺的經濟意義」,『歷史語言研究所集刊』권80) 4기, 臺北 : 中央研究院, 2009, 637~643쪽.
88  『清會典事例』권8, 北京 : 中華書局, 1991, 894쪽 상, 895쪽 하, 896쪽 상.
89  莊吉發,『清高宗十全武功研究』, 北京 : 中華書局, 1987, 347~351쪽; 昭槤,『嘯亭雜錄』, 461쪽.
90  『清會典事例』권8, 893쪽 상.
91  尹莊圖는 1766년의 진사로 劉統勳의 문생이고, 謝振定은 1780년의 진사로 阿桂의 문생이었다.

두 고관들의 사치스런 생활에 반대하고 지방 각성의 창고에 있는 은과 곡식의 비축이 줄어드는 것을 염려하고 있었다.

阿桂를 위시한 阿克敦-劉統勳集團에 속한 관원들의 주장이 받아들여지고 조정에서 국가의 지출을 줄이고 각성의 은과 곡식창고를 충실하게 하는 조치가 있었다고 할지라도 청제국이 다음 세기에 찾아올 사회, 정치적 위기에 성공적으로 대처했을 가능성은 적다. 왜냐면 이러한 위기는 인구의 폭발적 증가, 경작 가능한 토지의 감소, 상업화 등 중국사회의 총체적인 변화가 낳은 것이었기 때문이다. 하지만 보다 분명한 것은 和珅과 그의 동료들이 없었다면 청조는 건륭 중반에 이미 팽창정책을 포기하고 관료제가 활력을 잃게 되었을 것이란 점이다.[92] 和珅이 처형되자마자 건륭 연간까지 빈번하게 있었던 군사원정 중 대본영의 역할을 맡았던 軍機處가 이전과 달리 갖가지 외조의 규율에 의해 구속되게 되었다.[93] 이 현상은 다름 아닌 청조 관료제의 경직화의 표시였다고 할 수 있다.

하지만 공교롭게도 和珅이 권력의 정점에 서게 된 다음부터, 즉 건륭제와 阿桂등 그의 정치적 라이벌들이 軍機處를 떠난 후, 그에게 불운이 연이어 발생했다. 가장 어려웠던 문제는 청조의 건국 이래 가장 큰 농민반란이었던 백련교의 난을 진압하는 일이었다. 이 백련교 반란의

---

92  Peter Perdue 역시 제국의 팽창의 종결이 청조의 관료제의 역동성을 감했다고 주장했다. Perdue는 그 전환점이 준가르전쟁(1756~1757)이었다고 지적했다. Perdue, Peter C., *China Marches West : The Qing Conquest of Central Eurasia,* The Belknap Press of Harvard University Press, 2005, p.549. 하지만 Perdue는 건륭 중반 이후 和珅集團의 집권시기에 있었던 일련의 대외정벌과 팽창정책을 간과했다.

93  Beatrice Bartlett, "Part Three : Denouement", *Monarchs and Ministers,* Berkeley : University of California Press, 1991.

발발, 확산과 청조 관료기구의 부패나 청조의 군사력의 쇠퇴와는 별다른 직접적인 관련을 찾아볼 수 없다. 그보다는 백련교의 난 바로 앞서 일어났던 苗族의 반란과 백련교의 난이 일어났던 곳의 험준한 之형이 백련교의 난의 발전에 훨씬 더 직접적인 영향을 끼쳤다고 할 수 있다. 청조는 건륭 연간 앞서 거의 비슷한 지형에서 일어났던 金川 부족의 반란을 정복하는데 8년의 기간을 소요했다. 비록 백련교의 난이 참가한 반도의 수나 전화를 입은 지역의 면적으로 따진다면 金川征伐보다 훨씬 규모가 컸지만 청조는 9년 만에 진압할 수 있었다. 이는 건륭제 말년의 청조의 군사력이 이전에 비해 별 차이가 없었다는 것을 보여준다. 백련교의 난 동안에 나타났던 團練은 종종 太平天國의 난 동안에 조직된 鄕勇의 선구적인 형태였다고 주장된다. 하지만 백련교의 난 동안 단련의 역할은 자기 고장을 방어하는데 한정되어 있었다. 백련교의 난을 진압한 것은 정부군, 특히 八旗였다.[94]

백련교 난이 발생했을 때 관군은 아직 호남-귀주-사천 변경에서 발생한 묘족반란을 진압하고 있었으므로 조정은 백련교의 난을 초기에 제압하기 위해 병력을 파견할 수 없었다. 게다가 기병을 위주로 한 청군은 산악지형에 숨어서 게릴라전을 벌리는 반란군을 상대하는데 익숙해지기 전까지는 시간이 필요했다.[95]

정부군을 더욱 곤경에 빠뜨렸던 것은 和珅集團의 지도자들이자 유능한 장군들이었던 福康安, 和琳, 孫士毅가 반란 직전에 또는 반란 초기에 모두 전사한 것이었다. 이들은 건륭 말기 치러진 여러 차례의 원

---

[94] 黃立儀, 「嘉慶初年川陝楚白蓮敎之役」, 國立臺灣大學校, 碩士論文, 2007.
[95] 위의 글.

정과 수많은 전투에서 청군을 이끌던 총지휘관들이었다. 결국 백련교의 난이 발생했을 때, 청군은 대규모 원정을 스스로 지도하고 조직해본 경험이 없는 2급에 속하는 장군들의 영도하에 있었다. 청군이 역량 있는 군사적 인재가 나타나길 기다리고 게릴라전에 대항할 새로운 전술을 개발하는 동안 그동안 국고에 쌓여있던 재고는 급속히 줄어들었다. 결국 和珅이 자결을 강요당했을 무렵 번영의 시기는 이미 사라져버린 상태였다.

이 글이 결국 강조하려는 것은 종래 역사학자들을 포함해 和珅을 아는 사람들은 和珅이 저질렀다고 주장되는 비행에만 초점을 맞추고 있지만, 사실 건륭제가 자신의 재위 중반의 정치적 위기를 극복하고 재위 마지막 20년 동안 빛나는 성취를 거두는데 和珅集團이 지대한 공헌을 했다는 점이다.

# 참고문헌

『乾隆朝上諭檔』, 北京 : 檔案出版社, 1997.

『國史列傳』, 臺北 : 新文豊出版社, 1975.

『正祖實錄』, 서울 : 세종대왕기념사업회, 1992.

『淸史稿』, 北京 : 中華書局, 1977.

『淸史列傳』, 北京 : 中華書局, 2005.

『淸實錄』, 北京 : 中和書局, 1986.

『淸朝續文獻通考』, 杭州 : 浙江古籍出版社, 2000.

『淸會典事例』, 北京 : 中華書局, 1991.

徐　珂, 『淸稗類鈔』, 北京 : 中華書局, 1986.

昭　槤, 『嘯亭雜錄』, 北京 : 中華書局, 1980.

小橫香室主人, 『淸人逸事』, 臺北 : 中華書局, 1959.

梁章鉅, 『樞垣紀略』, 北京 : 中華書局, 1984

呂　培, 『洪北江先生年譜』臺北 : 廣文書局, 1971.

劉禺生, 『世載堂雜憶』, 北京 : 中華書局, 1960.

錢　泳, 『履園叢話』, 北京 : 中華書局, 1979

錢儀吉, 『碑傳集』, 北京 : 中華書局, 1993.

陳康祺, 『郎潛紀聞』, 北京 : 中華書局, 1980.


唐文基, 羅慶泗, 『乾隆傳』, 北京 : 人民出版社, 1994.

馬起華, 『淸高宗朝之彈劾案』, 臺北 : 華崗出版部, 1974.

孟　森, 『淸代史』, 臺北 : 正中書局, 1984.

賴惠敏, 「乾隆皇帝修建熱河藏傳佛寺的經濟意義」, 『歷史語言研究所集刊』, 臺北 : 中
　　央研究院, 2009.

史志宏, 『淸代戶部銀庫收支和庫存統計』, 福州 : 福州人民出版社, 2008.

商衍鎏, 『淸代科擧考試述略』, 北京 : 三聯書店, 1956.

蕭一仙, 『淸代通史』, 臺北 : 商務印書館, 1967.

李景屛, 康國昌, 『乾隆與和珅』, 西安 : 陝西人民出版社, 1998.

莊吉發, 『淸高宗十全武功硏究』, 北京 : 中華書局, 1987.

錢實甫, 『淸代職官年表』, 北京 : 中華書局, 1980.

周遠廉, 趙世瑜, 『皇父攝政王多爾袞』, 長春 : 吉林文史出版社, 1993.

黃立儀, 「嘉慶初年川陝楚白蓮敎之役」, 國立臺灣大學校, 碩士論文, 2007.

Bartlett, Beatrice, *Monarchs and Ministers : the Grand Council in Mid-Ch'ing China, 1723~1820*, University of California Press, 1991.

Chang, Michael, *A Court on Horseback : Imperial Touring and the Constitution of Qing Rule*, 1680-1785, Cambridge : Harvard University Press, 2007.

Huang Pei, *Autocracy at Work*, Bloomington : Indiana University Press, 1974.

Iona, Man cheong, The Class of 1761, Stanford, Stanford University Press, 2004.

Miller, Harold Lyman, "Factional Conflict and the Integration of Ch'ing Politics, 1660~1690", George Washington University Ph.D. dissertation, 1974.

Perdue, Peter C., *China Marches West : The Qing Conquest of Central Eurasia*, The Belknap Press of Harvard University Press, 2005.

Wu, Silas H. L., *Passage to Power : Kang-hsi and his heir apparent, 1661~1722*, Cambridge : Harvard University Press, 1979.

# 제국의 주변과 중화의식의 성장 *

### 18세기 후반~19세기 전반 조선 지식인의 대청인식

조성산

## 1. 머리말

18세기 후반에서 19세기 전반은 조선의 안과 밖으로부터 다양한 사조가 등장함으로써 전통적인 지식체계가 해체되고 새로운 사유들이 형성되어 가는 시기였다. 안으로는 湖洛論爭과 星湖學派, 江華學派 등을 통하여, 밖으로는 西學을 포함한 明末과 淸代 서적들의 다수 유입으로 조선에는 새로운 문화조류가 형성되었다. 藏書家들의 출현과 叢書類와 같은 다양한 서적들의 전래와 편찬은 당시 문화적 상황을 잘 보여준다. 이러한 가운데 당시 지식인들은 새로운 사유를 만들어감과 동시에 상당한 혼란도 겪어야 했다.

이렇게 안과 밖으로부터 다양한 사조가 들어오고 형성되는 과정에서

---

* 이 글은 『한국사연구』 145집(한국사연구회, 2009)의 「18세기 후반~19세기 전반 對淸認識의 변화와 새로운 中華 관념의 형성」을 일부 수정한 것이다.

도 여전히 보수적인 의리론을 지키려고 하는 움직임도 있었다. 이것은 北學派와 같이 신사조에 민감하게 반응했던 사람들도 마찬가지였다. 새로운 사유들이 보수적인 사조들과 함께 불안정하게 동거하고 있었던 것이 18세기 후반에서 19세기 전반기 조선 사상계의 중요한 특징이라고 할 수 있다. 그러한 측면에서 보면, 18세기 후반에서 19세기 전반은 서구문명을 통하여 근대화가 진행되기 이전 조선사회 속에서 벌어진 복잡한 사유들의 쟁투들을 조망할 수 있는 중요한 시기라고 할 수 있다.

이 글은 당시 발생한 다양한 사유 가운데, 對淸認識의 변화와 그 과정에서 발생한 중화에 대한 새로운 인식체계가 어떻게 형성되었는가를 살펴보고자 한다.[1] 대청인식과 중화 담론은 이전 시기와 뚜렷한 변화의 단서들을 보여준다는 점에서 이 시기 사유의 양상들을 가름하는 데 중요하다. 나아가 이를 통하여 당대 지식인들이 가졌던 자기정체성 문제도 살펴볼 수 있다. 대청인식의 변화와 새로운 중화주의 담론의 형성은 대외적인 의제임과 동시에 자기인식과 정체성 문제와도 깊은 관련성을 가졌다. 이 글에서 다룰 18세기 후반에서 19세기 전반 지식인들은 朴趾源 (1737~1805)과 그의 사상적 영향 관계에 있었거나, 혹은 비슷한 고민을 공유했던 인물들인 洪吉周(1786~1841), 洪翰周(1798~1868), 徐有本(1762~1822),

---

[1]  이 시기 대청인식과 관련한 논문으로는 유봉학, 「明・淸 교체에 따른 對外意識의 추이」, 『燕巖一派 北學思想 研究』, 一志社, 1995; 노대환, 「19세기 전반 지식인의 對淸 危機認識과 北學論」, 『韓國學報』76, 1994 등이 있다. 앞서 논문들은 대명의리와 대청인식을 상충적인 성격의 것으로 파악하거나 대청 위기인식을 주로 논하였다. 이에 반해 이 글은 초점을 달리하여 대명의리와 대청인식을 이 시기 새롭게 형성된 중화 담론의 하위에 놓아 유기적으로 파악하고자 하며, 대청 위기인식보다는 청나라와의 상호의존 관념과 또 이를 통하여 중국과 조선을 객관화하고자 했던 사유들을 집중적으로 살펴보고자 한다. 그럼으로써 조선이 새롭게 형성된 중화 관념 속에서 어떻게 자신의 위상을 만들어갔는가 하는 부분에 주목하고자 한다.

洪義俊(1761~1841), 成大中(1732~1812), 南公轍(1760~1840) 등이다.[2]

  그들은『燕巖集』을 접하면서 박지원의 사상에 많은 영향을 받았으며, 그 밖에 많은 선진적인 정보와 지식들을 통하여 새로운 사유를 발전시켜 나갔다. 따라서 본 연구는 조선 후기 일반적인 지식인들의 사유라기보다는 어떤 의미에서는 몇몇 소수 인물들의 특수한 사유를 살펴본다는 점을 미리 밝혀두고자 한다. 하지만 이들은 19세기 전반 사유의 질적 변화를 보여주었던 인물들이라는 점에서 중요하게 인식해야 한다. 19세기 전반에는 다양한 사유들이 착종되어 있었고, 여전히 북벌론적 사유를 가지고 있는 이들도 있었다. 하지만 가장 민감하고 중요한 변화를 보여주었던 이들의 사유를 살펴봄으로써 18세기와는 구별되는 19세기 사상사의 문제들을 고찰할 수 있을 것이다.

---

[2]  洪吉周는 洪奭周(1774~1842)의 동생이었으며 洪翰周는 그의 從弟였다. 홍석주는 당대 대표적인 문장가였으며 홍길주도 형에게서 많은 영향을 받았다. 徐有本, 徐有榘(1764~1845) 등 대구서씨 가문은 徐命膺의 후손들로서 많은 典籍을 소유하였고 다양한 저술활동을 전개하였다. 풍산홍씨와 대구서씨 가문은 19세기 경화세족의 문화를 이해하는 데 무척 중요하다. 洪義俊은 洪良浩의 아들로서 홍양호의 북학론과 실용적인 경세론의 영향을 받았다. 成大中은 洪大容, 朴趾源, 李德懋, 朴齊家, 柳得恭 등과 교유하면서 북학사상을 발전시켰다. 南公轍 또한 박지원 및 여러 북학파 인사들과 교유하였다. 이 가운데에서 홍길주는 특히 박지원을 흠모하였다(洪吉周,『縹礱乙幟』권6「與李醇溪書」; 洪吉周,『縹礱乙幟』권5「讀燕巖集」). 또한 홍길주는 서유구가 박지원의 글을 몹시 좋아했다는 기록을 남기기도 하였다(洪吉周,『沆瀣丙函』권9「睡餘瀾筆續 下」"楓石徐奉朝賀 酷好燕巖文"). 박지원이 당대와 이후 문인들에게 끼친 영향관계에 대해서는 김윤조, 「연암 문학의 계승 양상에 대한 한 고찰」,『한문학연구』10, 1995; 「實學派文學의 繼承樣相에 관한 硏究」,『大東漢文學』8, 1996을 참조할 수 있다.

## 2. 조선의 대청인식 변화

조선 후기 대청인식은 明淸交替 이후 北伐論, 尊周論, 北學論의 흐름 속에서 전개되었다. 명청교체 이후 宋時烈(1607~1689)·尹鑴(1617~1680) 등에 의해서 북벌론이 우세하다가 吳三桂의 亂(1672)이 평정되고 중국을 회복할 수 없다는 인식이 싹트면서 이는 존주론과 조선의 중화계승 인식의 형태로 전환되었다.[3] 이러한 의식들은 다시 18세기 중·후반을 거치면서 새로운 논의로 전환되었다. 이것은 청나라의 국정운영이 안정화되고,[4] 각종 서적편찬 사업 등이 대외적으로 효과를 발휘하면서 청나라의 지배질서에 조선의 일부 지식인들이 공감하면서부터 비롯되었다. 18세기 후반 그러한 인식의 단초를 가장 명확하게 보여준 이는 洪大容(1731~1783)·朴趾源 등 北學派 인물들이었다.

박지원은 우선 청나라가 이룩한 정치적 안정과 문화적 결과물을 인정하고자 하였다. 이는 망하지 않고, 100여 년간의 번성을 이어가는 淸나라의 實存에 주목한 것에서 비롯되었다. 청나라의 정치적 안정을 목도한 지식인들은 이제 그 이유를 진지하게 사유할 수밖에 없었던 것이다. 청나라의 정치적 안정과 四庫全書(1782) 등 문화사업에 대한 자극, 그리고 조선에서도 18세기 후반 이후 의리론이 점차 퇴조하면서 이러한 사유가 나올 수 있었다. 박지원은 하늘은 말없이 성과로서만 보여

---

3  이 문제에 대해서는 이영춘, 「尤菴 宋時烈의 尊周思想」, 『淸溪史學』 6, 1985; 허태용, 『조선 후기 중화론과 역사인식』, 아카넷, 2009, 113~243쪽 참조.

4  청나라는 天山 산맥의 남북 양측 지역을 新疆으로 명명한 1759년(乾隆 14년)을 기점으로 최대 판도를 형성하였다(石橋崇雄, 홍성구 역, 『대청제국』, 휴머니스트, 2009, 83쪽). 이후 仁宗 嘉慶帝(재위 1796~1820)로부터 점차 국세가 기울기 시작했다.

주므로 청나라가 결국 四代를 거쳐 안정된 국정운영을 이룬 것은 하늘의 뜻이라고 하였다.[5]

19세기 이후 박지원의 학문적 세례를 받은 다수의 지식인들에게서 이전보다 더욱 진전된 대청인식이 나타나고 있었다. 그들은 박지원의 사유를 계승하면서 더욱 적극적인 대청인식을 전개하였다.[6] 박지원은 중화와 이적 왕조 청나라를 분리하거나 '북벌을 위한 북학'을 주장하는 등 북벌론적 사유를 의식하지 않을 수 없었으나,[7] 19세기 이후 일부 지식인들은 더욱 직접적으로 청나라의 번성을 이야기하였다. 가령, 南公轍은 청나라의 번성은 그 선대 조상이 善을 쌓고 質實하고 소박함을 잃지 않아 하늘이 취한 것이니 中國의 운이 쇠하고 外夷의 운이 성한 것은 순환하는 자연스러운 이치라고 하였다.[8] 洪義俊은 여진족이 어진 이유

---

**5** 朴趾源, 『燕巖集』 권12, 別集 熱河日記 關內程史, 「虎叱」 "天下有志之士 豈可一日而忘中國哉 今淸之御宇纔四世 而莫不文武壽考 昇平百年 四海寧謐 此漢唐之所無也 觀其全安扶植之意 殆亦上天所置之命吏也 昔人嘗疑於諄諄之天而有質於聖人者 聖人丁寧 體天之意 曰 天不言 以行與事示之"

**6** 청나라의 번영을 현실로서 인정하는 것은 보수적 입장에 서 있었던 인물이라고 해서 예외는 아니었다. 하지만 그 이유를 청나라의 주자학 신봉으로 설명하는 것은 이 글에서 서술한 이들과 차이를 보이는 부분이다(洪直弼, 『梅山雜識』 권1 "建虜家生康熙 關天地氣數 豈人力之所可容哉 康熙文章經術 開荒闢陋 非唐宋以下 羣辟之所可比擬者也 此崇儒重道 維持世敎 輕徭薄賦 鎭安民心 厭享國二百年 卽以此也"; 洪直弼, 『梅山雜識』 권1 "淸人入主中國 以尊信朱子 爲治法之第一義諦 用此爲賺得英雄之術 以毛奇齡之工訐朱子 罪其人 毁其書 厭享國數百年 卽是崇奬正學之功也").

**7** 박지원은 「許生傳」(『燕巖集』 권14, 別集 熱河日記)에서 보이듯이, 北伐을 위해서라도 北學을 해야 함을 주장하는 방식으로 자신의 북학론을 펼쳤다. 당시 전개된 북학의 주요 논리는 청나라와 중화 문물을 분리하는 것이었다(朴趾源, 『燕巖集』 권7, 別集 「北學議序」; 朴齊家, 『北學議』 「進北學議」). 청나라는 이적으로서 미워하되, 그 중화 문물은 수용하자는 것이었다. 이는 18세기 후반이라는 시점에서도 북학은 북벌과 함께 제시될 만큼 북벌 담론이 여전히 사회적으로 우세하였음을 보여주는 증거라고 할 수 있다.

**8** 洪直弼, 『梅山雜識』 권1 "金陵南相漫筆曰 宋明之世 士皆裒冠濶袖規行矩步 而其斃爲虛僞輕薄 天心厭之 北虜則其祖先多積善質實 有大樸未散之意 上天之所取者在此 曰天醉 曰胡無百年之運者 皆寃痛迫不得已之辭 中國運衰 外夷運旺 亦循環之理" 이 부분에 대한 지적은 유득공, 김윤조 역, 2005 『누가 알아주랴』, 태학사, 2005, 56~58쪽 참조.

가 東方에서 태어나서 그렇다고 하였고, 청나라는 小康의 정치를 이루었으며 심지어 청나라가 중국에 들어간 것은 '中國의 否運'이 아니라고 하였다.[9] 洪敬模(1774~1851) 또한 淸의 치세는 漢唐 시대에도 없었던 것이라고 하면서 그 全安扶植의 뜻을 보면 上天이 둔 命吏라고 하였다.[10]

남공철과 홍희준, 홍경모 만큼은 아니더라도 이 시기를 전후해서 많은 지식인들은 청나라에 대해서 이전과는 분명 다른 사유를 보여주고 있었다. 李海應(1783~1871)의 경우에는 연행 과정에서 淸 제국의 성대함을 보고 "지금 중국은 서북은 甘肅까지, 서남은 緬甸까지 남쪽은 雲貴까지 동쪽은 兀喇船에까지 있다고 하면서 皇明이 통일한 지역 이외에 西城, 吐藩, 突厥 등의 지역이 다 판도로 들어왔으니 영토의 큼이 前古에 으뜸이고 朝貢하는 나라도 전대에 비해 배나 된다"[11]고 하였다. 洪錫謨(1781~1857)는 백 년에 걸친 康熙와 乾隆의 兩世는 그 幅員의 광대함과 外夷의 通함이 三代 이후 일찍이 없었던 것이라고 하였다.[12] 李憲明(1797~1861)은 "오랑캐로서 중국에 나아가면 중국으로 대한다(夷而進於中國則中國之)라고 하는 것에 청나라가 해당된다"라고 하여 청나라의 통

---

9  洪義俊,『傳舊』4「淸國創業君臣論」"今觀淸人爲人柔順寬厚 非如匈奴之頑悍猾賊 是盖生於東方稟得仁善之性而然也 (…중략…) 然則非但今皇帝之賢也 盖當今之時景運重回熙風廣被天方 啓小康之時 故今皇帝自是福厚之人 又値適來之時 能享六十年太平也 淸人之入中國 夫豈偶然乎哉 上觀天意 下考人事 固不可以淸人之入中國爲中國之否運也"

10  洪敬模,『冠巖存藁』7책「皇都記」"淸之御宇 今爲六世 而休養昇平 四海寧謐 此漢唐之所未有者 觀其全安扶植之意 殆亦上天所置之命吏也 以外夷而主中國者 近二百年 則風氣相混 習俗亦變 而盖自上古唐虞夏后 更迭而王焉 其爲神明之所過化流風餘韻 尙可想見"

11  李海應,『薊山紀程』권5「胡藩」"今中國地方西北至甘肅 西南至緬甸 南極雲貴 東有兀喇船 厥乃其發跡之地 在皇明一統之外 西城吐藩突厥之地 盡入版圖 幅員之大 甲於前古 朝貢之國亦倍前代"

12  洪錫謨,『游燕藁』中「燕京懷古八首」"康熙乾隆兩世在位過百年 而幅員之廣 外夷之通 自三代後未始有也"

치를 크게 인정하는 모습을 보였고,[13] 중인 趙秀三(1762~1849)의 경우에도 「外夷竹枝詞」에서 청 황제의 조상인 愛新의 천하는 오래도록 升平하리라는 시를 짓기도 하였다.[14]

이렇게 변화된 청에 대한 인식과 더불어 심지어 청나라의 입장에서 청나라를 걱정하는 모습까지 보였다. 金景善(1788~?)은 1832년(순조 32) 연행과정에서 청나라의 城이 퇴락한 것을 보고 청나라의 시각에서 걱정하는 모습까지 보였다. 그는 燕京의 동쪽에서 瀋陽까지의 城이 퇴락하였는데도 청나라 정부가 보수하지 않는 이유를 난이 일어날 경우 청나라가 연경을 버리고 만주로 이동하려는 생각에서 비롯된 것이라고 진단하였다. 하지만 뜻하지 않게 요나라 때 금나라, 금나라 때 원나라의 경우처럼 塞外에서 난이 발생한다면 오히려 중원을 굳건히 지켜야 할 것인데, 이때 성을 보수하지 않으면 어찌 이에 대비할 것인가 하면서 청나라의 입장에서 우려하는 뜻을 보였다.[15]

이렇듯이 그들에게 이전 시대의 적극적인 反淸 인식은 거의 찾아보기 힘들었다. 이는 洪敬模가 지적했듯이 以小事大를 자연스러운 것으로 보려는 의식과 관련이 있었다.[16] 더욱이 그들 중 일부는 비현실적

---

**13** 李憲明, 『淸史提要』권3, 癸巳 南明 永曆 七年 "按淸自太祖以來 樂聞讜言 痛革黨習 至于順治 尤眷眷於開言路 混滿漢 無一人以言獲罪者 若此者 庶不愧都兪吁咈矣 繼有康熙之聖神 夷而進於中國則中國之者 淸其當之矣"

**14** 趙秀三, 『秋齋集』권7 「外夷竹枝詞」 女眞 "愛新天下久升平"

**15** 金景善, 『燕轅直指』권6, 留館別錄 「城郭市肆」 "自燕京以東 至瀋陽諸城堡墩臺皆明時所築 今淸甲申以來 不惟不增築 任其崩毁 無一修改 人見之 以爲中國政衰財竭 不遑慮及城池 此是不然也 噫 余知之矣 今淸人視中原爲逆旅 徒見元人已然之跡 一朝有緩急 將棄北京如脫屣 挈歸塞外 如順帝之走開平 爲休養生息捲土重來之計 於斯時也 惟恐城池之不頹毁 卽其情也 而但自古天下之事變 每生於意慮之外 安知不如遼之於金 金之於元耇 奮起塞外 席捲而南 然則信臣精卒皆化爲敵國 而又無堅城深池 以爲之捍禦 然則今視以藩籬之內 不加修築 得不爲自壞長城耶 吾於此不能不爲之危"

인 對明義理論에 대해서도 매우 비판적이었다. 洪吉周는 큰 나라를 배척하여 오랑캐라고 업신여겨 욕하며 崇禎 몇 번째 갑자라고 일컬으면서 스스로 높은 절개라고 여기는 당대 풍조를 지적하였다. 그는 이러한 행위는 肅宗 이전이라면 괜찮지만 지금에는 아무 의미가 없다고 생각하였다.[17] 그는 조선이 중국에 조공을 바쳐서 태평성세를 구가한 지가 오래되었으며 이에 큰 나라와 작은 나라가 서로 사이좋게 지내고 있다고 당대 조선과 청의 관계를 파악하였다.[18] 洪翰周 또한 청나라 통치는 왕왕 전대보다 탁월하며 孔孟도 지금 태어났더라면 出仕했을 것이고, 尊攘論을 주장하는 이들은 中庸의 道를 알지 못하는 것이라고 하면서 기존과는 명확히 다른 대청인식을 보여주었다.[19]

홍길주의 對明義理論에 대한 비판은 그가 가지고 있었던 君臣之義에 대한 인식과 깊은 관련성을 갖는 것이었다.

자신에 이르러서는 청나라 세상에서 태어나 父祖가 이미 대대로 청나라의 祿을 받고 대대로 청나라의 땅에서 밥을 먹어 5, 6世 이백여 년에 이르렀

---

16  洪敬模, 『冠巖全書』 12책 「燕槎彙苑總叙」 "夫以小事大有國之常也"

17  洪吉周, 『沆瀣丙函』 권9 「睡餘瀾筆續 下」 "及夫歲月滋深 觀記寢遠 皮幣之貢 亦旣五六世而二百有餘年矣 今之士大夫 其先世之及見崇禎時者 其廟主 皆已祧矣 世豈有奉年號正朔恪勤貢 至五六世二百餘年 而猶自以舊國之遺黎 內懷忠慎而外忍痛含冤 迫不得已事之者乎 大報之壇 雖至百世不可廢也 至於斥大邦爲胡虜 士大夫言語文字 恣意慢詈 私刻書籍猶稱崇禎幾回甲 以是而自標爲高節 在肅廟以前則可 今時則恐沒義諦"

18  洪吉周, 『縹礱乙㰥』 권4 「送柳參判使燕序」 "我邦歲遣使中國 修朝貢 時久平寧 小大交好銜命者無辱之懼"

19  洪翰周, 『智水拈筆』(아세아문화사, 1984) 권4, 193쪽. "無論中原與我國 其時君子當秉義尊攘 自是堂堂正正之大節 在今日則服事已數百年 且淸之治敎 往往卓越前代 雖曰左袵 生乎其地者 今皆爲淸之遺黎也 雖使孔孟在今日 必出而仕矣 此眞素夷狄行乎夷狄 今日反爲尊攘之論者 不識中庸之道也"

는데, 갑자기 죽음으로 스스로 盟誓하여 머리를 깍지 않고 과거에 응시하여 정치에 종사하지도 않는다면 이것은 과연 무슨 의리를 이루고자 하는 것인가![20]

　사실 여기에는 박지원의 영향이 있었던 것으로 보인다. 박지원 또한 君臣之義를 강조한 바 있었다. 그는 "중국의 인사들은 康熙 이전에는 모두가 明나라의 遺民들이었으나 康熙 이후는 청나라 황실의 신하요 백성들이니 당연히 지금 왕조에 충절을 다하고 법제를 준봉해야 할 것"[21]이라고 하였다. 조선 후기 중화・이적의 분변(華夷之辨)과 군신의 의리(君臣之義)는 서로 경쟁하면서 상충하였던 중요한 두 가지 윤리체계였다. 군신지의는 박지원을 비롯하여 17세기 漢黨 세력과 鄭齊斗(1649~1736) 등이 주장한 것이었다.[22] 반면에 宋時烈을 중심으로 한 山黨과 老論 측은 화이지변을 더욱 중시하는 경향이 있었다. 韓元震(1682~1751)은 '華夷之辨이 君臣之義보다 크다는 논의는 진실로 確論'[23]이라고 말하였다.

　요컨대, 18세기 후반에서 19세기 전반 많은 지식인들은 청나라의 실재를 인정하였고 특히 19세기 전반 지식인들은 18세기 후반보다 더욱 적극적으로 청나라의 번영을 인정하고자 하였다. 그러한 가운데 청나

---

20　洪吉周, 『沆瀣丙函』 권9 「睡餘瀾筆續 下」 "至於其身 生於淸之世 其父祖已世受淸之祿 世食淸之土 至五六世二百餘年 忽以死自失而不薙髮不應擧從政 此果成何義理耶"
21　朴趾源, 『燕巖集』 권14, 別集 熱河日記 「審勢編」 "中州之人士 康熙以前皆皇明之遺黎也 康熙以後卽淸室之臣庶也 固將盡節本朝 遵奉法制 若造次談論 輸情外藩 是固當世之亂臣賊子也"
22　이와 관련해서는 조성산, 『조선 후기 낙론계 학풍의 형성과 전개』, 지식산업사, 2007, 98~136쪽 참조.
23　韓元震, 『南塘集』 권17 「答李子三台重」 丁卯 二月 "晚村所謂華夷之辨大於君臣之義者 誠是確論"

라의 번성은 선대 조상이 善을 쌓은 결과로서 자연스러운 순환의 이치이며 청나라의 통치를 小康과 관련하여 이해하려는 경향까지 생겨났다. 이러한 적극적인 대청인식과 함께 지나친 대명의리론에 대한 비판 작업도 함께 있었다. 숭정 연호의 사용에 대해서 비판하거나, 군신지의를 강조하려는 경향이 형성되었던 것이다. 이러한 논리는 화이지변을 모든 가치의 우선순위에 두려고 하는 경향과는 대조되는 것이었다.

## 3. 새로운 中華와 夷狄

앞서 살펴보았듯이 18세기 후반에서 19세기 전반 대청인식은 기존과는 확연한 차이를 보이면서 새로운 관점들을 만들고 있었다. 이처럼 변화된 대청인식에는 18세기 후반 이래 새롭게 형성된 중화·이적 질서에 대한 논의가 중요한 배경으로 작용하였다.

> 인간의 처지에서 본다면 중화와 오랑캐는 진실로 나눔이 있겠지만 하늘이 명한 것으로부터 본다면 殷나라의 哻冠이나 周나라의 冕旒冠이나 다 각기 당시의 時制를 따른 것이다. 어찌 반드시 유독 淸人의 붉은 모자에만 의심을 두려 하는가![24]

박지원은 인간의 입장에서 본다면 중화와 오랑캐의 구분이 있겠지

---

[24] 朴趾源, 『燕巖集』 권12, 別集 熱河日記 「關內程史 「虎叱」 "自人所處而視之 則華夏夷狄誠有分焉 自天所命而視之 則殷哻周冕各從時制 何必獨疑於淸人之紅帽哉"

만, 하늘의 관점에서 보면 殷나라의 哻冠이나 周나라의 冕旒冠, 淸人의 붉은 모자는 모두 時制를 따른 것이라고 주장하였다. 즉 어느 것이 우월하다고 할 수 있는 것이 아니라 각기 자신의 시제를 따르는 과정에서 이루어진, 그 자체로서는 우열을 따질 수 없는 균등한 것이라는 설명이다. 이는 시대적 상대성을 인정했다는 측면에서 중요하다. 이러한 인식은 洪大容에게서도 보였다.

실옹(實翁)이 말하기를, "하늘이 내고 땅이 길러주는 무릇 혈기가 있는 자는 모두 같은 사람이며, 여러 사람들 사이에서 뛰어나 한 나라를 맡아 다스리는 자는 모두 같은 君王이며, 문을 거듭 만들고 해자를 깊이 파서 강토를 삼가 지키는 것은 모두 같은 국가이요, 章甫이건 委貌건 文身이건 雕題건간에 모두 같은 習俗인 것이다. 하늘에서 본다면 어찌 안과 밖의 구별이 있겠느냐? 그러므로 각각 제 사람들을 친히 여기고 제 임금을 높이며 제 나라를 지키고 제 풍속을 편안히 여기는 것은 중화나 오랑캐가 한 가지이다" 하였다.[25]

홍대용은 章甫이건 委貌건 文身이건 雕題건간에 다 같은 자기들의 습속이며 제 풍속을 좋게 여기는 것은 중화나 오랑캐가 한 가지라고 하였다. 그러면서 '하늘에서 본다면 어찌 안과 밖의 구별이 있겠는가'라고 하였다. 이처럼 중화와 이적의 차별 문제를 '하늘의 관점'이 아닌 '인간의 관점'으로 돌리는 것은 이제 중화와 이적의 문제를 하늘이 정

---

25 洪大容,『湛軒書』內集 권4「醫山問答」"實翁曰 天之所生 地之所養 凡有血氣 均是人也 出類拔萃 制治一方 均是君王也 重門深濠 謹守封疆 均是邦國也 章甫委貌 文身雕題 均是習俗也 自天視之 豈有內外之分哉 是以各親其人 各尊其君 各守其國 各安其俗 華夷一也"

한 고정불변의 것이 아니라 변화 가능한 인간의 문제로 전환시킴으로써 분석의 대상으로 삼고자 하는 것이었다.[26]

이러한 의식을 바탕으로 중화와 이적 개념을 분석하고 해체하는 작업을 단행할 수 있었다. 중화와 이적은 각기 時制와 時俗을 따른 것이기에 그 사이에서 우열을 부여할 수 없다는 논리는 중화 개념의 역사적 범주를 고정적인 것이 아닌 유동적인 것으로 파악할 수 있는 시야를 마련해주었다. 우선 역사 속에서 보였던 중화의 모습들은 일률적인 것이 아니었다. 박지원은 각 나라의 특수성과 고유성을 인정해야 한다며 다음과 같이 말했다.

> 나는 말했다. "귀국의 文敎가 四海로 퍼져 우리나라는 비록 東으로 퍼져오는 교화를 입고 있지마는 중국과 외국이 이미 다르니 즉 나라를 창건하는 규모와 전수하는 心法 같은 것은 알 수 없습니다. 저는 중국과 문자가 같은 지역에 살면서 이에 대해서 알지 못함을 깊이 한스럽게 여겼습니다." 곡정은 말했다. "나라를 세우는 원칙이란 무엇을 가리키는지요?" 나는 말했다. "五帝는 음악이 달랐고 三王은 예절이 각각 달랐으니 곧 夏나라는 忠을 숭상하고 殷나라는 質을 숭상하고 周나라는 文을 숭상했음과 같은 것입니다."[27]

---

**26** 물론 이러한 흐름만 있었던 것은 아니었다. 安鼎福(1712~1791)은 이러한 설에 대해서 다음과 같이 반대하였다. 安鼎福, 『順菴集』 권12, 雜著 「橡軒隨筆」 "說者曰 以人觀之 雖有華夷之分 自天視之 豈有彼此之別乎 元淸直可繼宋明之統 而不可以陰削之也 此亦有不然者 夫天之生物 中夏人物爲首 夷狄次之 禽獸次之 夷狄在半人半獸之間"

**27** 朴趾源, 『燕巖集』 권14, 別集 熱河日記 「鵠汀筆談」 "余曰 上國文敎訖于四海 敝邦雖被東漸之化 而中外旣殊 則卽如立國規模 傳受心法 莫得而知也 鄙人無不悵恨於同文之域 鵠汀曰 立國規模指得甚麼 余曰 五帝不同樂 三王不同禮 卽如夏尙忠 殷尙質 周尙文"

이와 같은 논리대로 보면 五帝는 음악이 각각 달랐고 이상적인 시대인 夏·殷·周 三代조차 일률적이지 않아 忠·質·文으로 중화가 구현되는 모습은 다양했다. 중화의 다양성에 대한 인식은 다음에서도 확인할 수 있다. 박지원은 『詩經』을 말하는 대목에서 "패국과 회국 사이에는 지리적으로 풍토가 같지 않고 강수와 한수 유역에는 백성들이 그 풍속을 각기 달리하므로 시를 채집하는 사람이 列國의 國風으로 만들어 그 지방 백성들의 성정을 고찰하고 그 풍속을 파악하였던 것"[28]이라고 언급한 바 있었다.

일정하고 통일적인 중화가 있다고 사유하는 입장에서 볼 때, 이처럼 중화의 모습이 다양하다는 인식은 적지 않은 혼란을 줄 수 있었다. 이러한 언급들은 중화가 단일한 실체가 아니라 복수로서 존재하고 있음을 말해주고 있었기 때문이다. 그러한 시각에서 본다면 앞서 언급했듯이 오랑캐의 풍속도 각기 자신의 時俗을 따르는 것으로서 중화와 상대하여 어떠한 우열을 부여하기 힘든 것이 될 수 있었다.[29] 洪義俊은 "左

---

28 朴趾源, 『燕巖集』 권7, 別集 「嬰處稿序」 "邶檜之間 地不同風 江漢之上 民各其俗 故采詩者 以爲列國之風 攷其性情 驗其謠俗也"

29 그렇지만 여기에서 한 가지 유념해 두어야 할 것이 있다. 그가 중화와 오랑캐의 범주를 기존에 비해서 유동적인 것으로 바꾸었지만 그렇다고 이를 구분 없이 뒤섞은 것은 아니라는 점이다. 이는 그가 중화의 의복제도를 고수하고자 한 점에서 확인할 수 있다. 그는 조선의 부인복에 원나라의 유습이 있음을 비판적으로 지적하였으며, 평복으르 고대 중국의 鶴氅衣를 만들어 입고 知印童子(通引) 가운데 머리를 땋은 자는 모두 풀어서 쌍상투를 틀게 하였다(박종채, 김윤조 역주, 『역주 과정록』, 태학사, 1997, 137~139쪽). 여기에서 그 또한 중화의 제도를 답습하고자 했음을 알 수 있다. 그의 이러한 행동은 辮髮과 左袵 등 淸의 강제적인 정책에 대한 반감으로 보는 것이 가장 합리적이라고 생각한다. 따라서 의복제도에서 보이는 박지원의 보수적인 태도는 時俗을 중시한 그의 입장과 완전히 상반되는 것은 아니었다. 그가 중화와 이적의 경계를 유동적으로 파악했다고 해도 굳이 몽골의 유습을 따를 필요는 없었고 분명 좋은 중국의 제도가 있는데 이를 버려 둘 필요도 없었다. 본문에서 언급한 洪吉周의 표현을 빌리자면 중국의 제도를 반드시 따를 필요도 없지만 그렇다고 반드시 무시할 필요도 없는 것이다. 특히 의복제도의 문제는 당

袵이 어찌 夏나라의 弁冠, 殷나라의 哻冠, 周나라의 冕旒冠과 다르겠는가! 세상에 따라 損益하는 것"[30]이라고 직접적으로 말하면서 오랑캐의 좌임과 중국의 제도를 같은 선상에서 파악하고자 하였다.

중화의 다양성을 통하여 중화와 이적의 본질적 차이를 무화시키고자 하는 사유가 마련되는 동시에 중화가 역사적으로 '형성되어간' 존재라는 인식도 생겨났다. 지금의 중화는 처음부터 중화가 아니었으며 이적 또한 중화가 되기도 하였던 것이다. 곧 중화와 이적 사이에는 출입이 가능하였다. 成大中은 이점을 다음과 같이 서술하였다.

대저 중화와 오랑캐의 구분은 사람이 한 것이니 하늘은 똑같이 균등한 아들로 여긴다. 오랑캐가 중화를 어지럽힌다는 걱정은 舜 임금 때부터 시작되어 『春秋』는 오로지 오랑캐를 물리치는 것을 法으로 삼았으니 吳나라 季札 또한 중화의 반열에는 끼지 못하였다. 그러나 氣數가 돌고 도는 것은 성인도 어찌할 수가 없으니 초나라와 오나라와 월나라가 번갈아 돌아가며 중국의 맹주가 되었고, 진나라가 천하를 합병하고 五胡가 중국을 어지럽혔다. 宋 · 明 이후로는 마침내 중국 전역이 오랑캐에게 복속되었으니 오랑캐가 본래 강하긴 하지만 중국이 바로 또한 그들의 보복을 초래한 것이다.[31]

---

시로서는 변발문제와 더불어 무척 예민한 사안이었으므로 여기에는 더욱 보수적인 측면이 강하게 나타났던 것으로 보인다. 그러한 점에서 의복제도의 문제만을 가지고 박지원의 사유를 판단하는 것에는 신중을 요한다고 하겠다. 단, 의복제도에 대한 박지원의 보수적인 태도는 새로운 화이론에 담겨있는 그의 의도를 좀 더 폭넓은 견지에서 이해하는 데 도움을 줄 수 있다.

30  洪義俊,『傳舊』4「淸人不復衣冠論」"且淸帝當刱業之時 宜乎其改正朔而易服色 則左袵何以異於夏之弁殷之哻周之冕 隨世而損益也"

31  成大中,『靑城雜記』권3 "夫華夷之別人也 天則等是子也 猾夏之憂 始於舜時 春秋則專以攘夷爲法 吳札亦不齒矣 然氣數之迭變 聖亦無如之何矣 楚與吳越 迭主夏盟 秦並天下 五胡亂華 宋明以後 遂以全局付之 夷固强也 中國正亦招其報也"

성대중은 초나라와 오나라, 월나라가 처음에는 중화의 반열이 아니었다가 이후 중화의 맹주가 되는 과정에 주목하였다. 이는 중화가 처음부터 단일한 실체가 아니었고, 역사적으로 그 외연이 확대되어 갔던 이른바 형성되어가는 존재라는 것을 말해주는 것이었다. 이는 중화의 역사적 범주를 기존과는 다르게 파악할 수 있는 중요한 인식의 전환이었다. 이러한 사유는 洪吉周에게서도 보였다.

> 德은 삼황오제 때보다 성했던 적이 없지만 그러나 그때의 땅은 荊楚와 吳蜀이 모두 아직 中國에 들어오지 못했습니다. 秦漢 이래로 영토가 점차 넓어져 근세에 이르러서는 거의 두 배가 되었습니다. 삼대 때의 중원을 원하십니까? 땅이 너무 좁습니다. 진한 이후의 중원을 원하십니까? 공덕이 보잘 것 없고 예악이 미미합니다.[32]

홍길주는 중화의 덕이 삼황오제 때보다 성했던 적은 없지만 荊楚와 吳蜀은 그 당시 중화의 땅이 아니었다고 하였다. 홍길주의 글을 통해서 보면 형초와 오촉이 삼황오제 때는 아니었지만 이후에는 중화가 되었듯이, 이적 또한 중화가 될 수 있는 가능성을 가질 수 있는 것이었다. 이는 중화와 이적을 통합 가능한 하나의 역사 속에서 다루고자 하는 것이었다. 그러한 시각에서 볼 때 이적을 적극 포섭하지 못한 중화의 책임을 묻지 않을 수 없었다.

성대중은 하늘의 입장에서 볼 적에는 중화와 이적의 차별은 존재하

---

32  洪吉周, 『沆瀣丙函』 권1 「釋夢」 "德莫盛於三五 然其地則荊楚吳蜀皆未入中國 自秦漢來 彊域寢廣 至近世殆倍之 欲三代之中原乎 地狹小矣 欲秦漢以後之中原乎 功德卑而禮樂微矣"

지 않으며, 이적 또한 사람임을 다음과 같이 분명하게 인식하고 있었다.

중화가 이적을 대한 것에는 필경 報復이 있을 것이 당연하였다. 이적이
비록 우리와 같은 부류는 아니지만 그들도 또한 사람이다. 하늘이 볼 때에
중화와 이적에 어찌 구별이 있겠는가? 聖人이 함께 양육하기를 바라지 않
은 것은 아니었지만 단지 지역이 멀어서 미처 중국과 같이 공평하게 베풀
지 못했을 뿐이다. 주나라는 오히려 名義로서 배척하였지만 兩漢 때는 오
로지 武力을 가하였다. 오랑캐로서 그들을 대하고 짐승으로 보아 반드시
섬멸한 뒤에야 그만두려고 하였다. 저들 또한 중국을 원수로 보고 대대로
이를 갈면서 반드시 한번 보복을 하려고 하였는데, 중국의 自修는 도리어
그들보다 못하였다. 하늘이 중국을 싫어한지 오래이니 어찌 이러한 보복
이 없겠는가! 다만 보복을 당한 자가 불행할 뿐이다.[33]

이적의 입장에서 이적을 변호하는 성대중은 이적을 아우르지 못한
중화를 오히려 비판하였다. 이적을 무력으로 배척하여 결국 복수를 초
래했다는 설명이다. 홍희준이 만리장성이 중화와 이적의 경계를 만들
었다고 하면서 北狄이 중국의 풍속에 교화되지 못한 것은 모두 이 만
리장성의 죄라고 지적하였던 것도 이적을 포섭하지 못한 중화에 대한
비판이었다.[34]

---

**33** 成大中, 『青城雜記』권3 "中華之待夷狄 畢竟合有其報 夷狄縱非我類 然亦人也 天之視之
華夷豈有別哉 聖人非不欲並育也 特以彊域之遐 未及與之陳常也 周猶以名義斥也 兩漢專
以武力加之 奴虜待之 禽獸視之 必欲勦絶而後已 彼亦仇視中國 世世磨牙 必欲一報 而中
國之自修 乃反不如也 天厭之久矣 安得無此報也 特當之者不幸爾"
**34** 洪義俊, 『傳舊』4「長城論」"長城雖小 夷夏之界限已分 北狄之尙未化中國之俗 蓋長城之罪也"

그렇다면 중화와 이적의 구분은 왜 나뉘게 되었는가. 성대중은 땅, 사람, 時俗이 나뉘는 이유를 다음과 같이 포괄적으로 설명하였다.

하늘은 같지만 땅이 다르고 땅은 같지만 사람이 다르고 사람은 같지만 시대가 다르다.

무엇을 가지고 하늘은 같지만 땅이 다르다고 하는가? 하늘이 둘러싼 곳은 中外가 균등하다. 그렇지만 대인국이 있고 난쟁이 나라가 있으며 팔이 긴 사람들이 사는 나라와 다리가 긴 사람들이 사는 나라가 있으며 가슴에 구멍이 뚫린 사람들이 사는 나라와 여인들만 사는 나라가 있다. 모습이 다르고 언어가 다르고 복식이 다르고 습성이 다르다. 중국의 오행으로 다스릴 수 없고 오성으로 거느릴 수 없고 오례로 가르칠 수 없고 오륜으로 바르게 인도할 수가 없음이 분명하다. 하늘이 어찌 그들로 하여금 다르게 하였겠는가! 地氣가 그것을 갈라놓은 것이다.

무엇을 가지고 땅은 같은데 사람이 다르다고 하는가? 땅은 만물을 생성할 따름이다. 해와 달이 비춰주고 서리와 이슬이 내려 초목과 곤충을 모두 길러 주지 않음이 없는데 하물며 사람에 있어서이겠는가. 오랑캐니 중화니 하는 것은 사람들이 구별한 것이지 땅이 어찌 일찍이 분별하였겠는가!

무엇을 가지고 사람은 같은데 시대가 다르다고 하는가? 장자는 그 시대를 거스르고 풍속을 거역하는 자를 簒夫라고 일렀고, 그 시대에 합당하게 하고 그 풍속에 순응하는 자를 의로운 무리라고 말했다. 이는 人道의 차이 때문이 아니라 時義의 차이 때문인 것이다. ― 이전에는 이런 논리가 없었다. 하나같이 얼마나 크고 정밀한가. 오직 서양인들이 이런 논리를 폈지만 그래도 이와 같이 공평하지 못했다. ― [35]

성대중은 하늘은 같지만 地氣가 달라서 인종의 차이가 생겼고, 땅은 같지만 사람들이 중화와 오랑캐라는 구별을 만들어냈고, 사람은 같다고 하더라도 時義의 차이 때문에 시대가 달라진다고 하였다(天同而地異 地同而人異 人同而時異). 하늘과 땅은 차별하지 않았지만 사람들이 중화와 이적의 구분을 만들어내었고, 사람은 같지만 時義의 차이 때문에 시대가 달라진다는 것은 중화·이적 논의와 관련해서 주목할 필요가 있다. '중화와 이적의 구분은 사람들이 만든 것이며, 사람은 같지만 時義에 따라서 시대가 달라진다는 것'은 성대중이 고정된 중화·이적의 관점과 풍속의 실체를 설정하지 않았다는 점에서 획기적이라고 할 수 있다. 이럴 경우 문화적 상대성은 중화와 이적의 범위, 시대의 범위를 넘어 확장될 수 있었다.

기존의 중화·이적 논의가 중화의 종족·지역적 속성을 강조하면서 이적을 주변으로 소외시키는 방향에서 이루어졌다면 새로운 중화·이적 논의는 이적에 대한 배타성이 상당 부분 제거되고, 오히려 이적을 적극적으로 포함하는 방향으로 전개되었다. 그것에는 중화와 이적을 하나의 역사 속에서 사유하고자 하는 의식이 중요한 배경으로 작용하였다. 그 과정에서 각 지역의 다양한 時俗과 風氣를 존중하고자 했다. 이러한 사유는 문화적 화이론의 주요 근거였던 '禮義가 중화'[36]라는 것

---

35  成大中,『青城雜記』권3 "天同而地異 地同而人異 人同而時異 何謂天同地異 天之所包 中外均爾 然有大人國焉 有僬僥國焉 有長臂國焉 有長脚國焉 有穿胸國焉 有女人國焉 狀貌異 言語異 服飾異 習性異 其不可以中國之五行治也 五性率也 五禮教也 五倫齊也 明矣 天豈使之異哉 地氣判之也 何謂地同而人異 地則生之而已 日月所照 霜露所墜 草木昆蟲 無不并育 則況其人乎 日夷日夏 人則異之 地豈嘗分別也 何謂人同而時異 莊生日 差其時 逆其俗者 謂之篡夫 當其時 順其俗者 謂之義之徒 非人道之異 時義之異也 一前無此論 一何博大 一何精微 惟大西洋人發此論 而猶不若此之公公平平 一"

36  黃景源,『江漢集』권5「答金元博茂澤書」"夫所謂中國者何也 禮義而已矣 禮義明則戎狄

에서도 한 단계 더욱 진전된 것이었다. 그들은 '예의가 중화'라는 인식을 더욱 발전시켜 그 예의를 고정적인 것으로 보지 않고 유동적으로 파악함으로써 이적의 문화와 다양한 풍속을 존중할 수 있는 인식체계를 마련하였다. 「醫山問答」에서 洪大容은 다음과 같이 말했다.

> 五倫五事가 사람의 예의라면 무리 지어 다니며 서로 불러 먹이는 것은 禽獸의 예의이며, 떨기로 나서 무성하게 죽죽 뻗어 가는 것은 草木의 예의이다.[37]

홍대용의 논리를 살펴보면 절대적인 내용을 갖는 예의가 존재하는 것이 아니라, 각 존재에 맞는 예의가 따로 존재하는 것이었다. 사람에게는 사람의 도가 있고 초목에게는 초목의 도가 있듯이 각각 사물에는 所以然의 도리가 있으며 그것이 바로 그 사물의 예의라는 주장이었다. 이상적이고 구체적인 행동지침이 마련되어 있는, 마땅히 그래야 한다는 所當然的 의미가 아닌 존재의 질서인 所以然을 禮義의 본질로서 설정할 때 고정적인 내용의 기존 禮義 관념은 무력화되었다. 홍대용이 슬퍼하고 정성껏 공경하는 대체를 분명히 세운다면 절차상의 昇降과 揖讓이 좀 다른 것은 크게 문제되지 않으며, 周公의 제도는 周나라의 편의에 따른 것이고 朱子의 예는 宋나라의 풍속을 따른 것이라 말하면서 고정된 법은 없다고 말했던 것은 이러한 맥락에서였다.[38]

---

可以爲中國 禮義不明則中國可以爲戎狄"

37  洪大容, 『湛軒書』內集 권4, 補遺「醫山問答」"五倫五事 人之禮義也 羣行呴哺 禽獸之禮義也 叢苞條暢 草木之禮義也"

38  洪大容, 『湛軒書』內集 권3「與人書 二首」"由此觀之 先立其大者 則凡升降之或爲或否 拜揖之或先或後 籩豆之或東或西 要不失哀戚誠敬之實而未必屑屑於旣往之迹也 來諭當升而不升 當降而不降 當拜揖而不拜揖 不害其爲不正 此言似矣 不可謂無此理也 雖然 升降拜揖

이는 앞서 성대중이 왜 시대의 고유한 풍속을 중시했는가와도 관련
이 있다. 성대중은 '人同而時異'를 설명하는 대목에서 莊子의 말을 빌
어 "그 시대를 거스르고 풍속을 거역하는 자를 簒夫라고 일렀고, 그 시
대에 합당하게 하고 그 풍속에 순응하는 자를 의로운 무리라고 말했
다"라고 하면서 시대에 순응하고 고유한 풍속을 존중해야 함을 말하였
다. 이것은 각각의 공동체에는 자신들에게 맞는 예의와 풍속이 있으며
이를 그 공동체의 소이연으로서 존중해야 한다는 입장으로 이해할 수
있다. 洪義俊이 禮에 있어서 參酌增益을 강조하면서[39] 東俗을 존중하
고 人情을 禮制의 근간으로 사유한 것과[40] 朴珪壽(1807~1877)가 "天下萬
古에 나라치고 어찌 禮義 없는 나라가 있겠는가"[41]라고 하였던 것도 이
러한 의식의 소산이었다.

이처럼 예의의 개념을 소당연이 아닌 소이연적 측면에서 더욱 분석
적으로 살펴보고자 했다는 점은 기존에 단순히 '예의가 중화'라는 주장
보다 한 단계 진전된 의견으로 볼 수 있다. '예의가 중화'라는 것은 보
수적이든 진보적이든 대부분의 조선 지식인들이 자신들을 중화와 동
일시하기 위하여 사용한 중요한 논리적 장치였다. 보수적인 성리학자
들의 입장에서 예의는 마땅히 이렇게 해야 한다는 소당연의 의미가 강

---

亦有大小焉輕重焉 周公之制 因周之宜也 朱子之禮 因宋之俗也 因宜因俗 損益無定法"

**39** 洪義俊, 『傳舊』4「五服隆厚錄序」"苟因於人情 則禮從以合焉 故後世遵用 人無異辭 而朱
子亦未嘗非其違禮焉 朱子若得位行道制禮陶世 則五服之制 亦必有參酌增益之道矣 然世
莫我用 其說徒長 後人未識家禮之因國制 而乃曰一字不可以加減 是盖不知朱子者也 今是
書之作 盖所以竊取朱子未就之志以補之"

**40** 洪義俊, 『傳舊』4「心喪墨衰辨」"凡心喪之服 白布直領衣黲布笠白纓白布帶繩屨 以終三年
則不失東俗 而庶得稱情制服之義也 (…중략…) 禮制苟安於心 則人情未嘗不同故也"

**41** 朴珪壽, 『瓛齋集』권8「與溫卿」"輒稱禮義之邦 此說吾本陋之 天下萬古 安有爲國而無禮
義者哉 不過中國人嘉其夷狄中乃有此 而嘉賞之曰禮義之邦也 此本可羞可恥之語也 不足
自豪於天下也 (…중략…) 今輒自稱禮義之邦 是不識禮義爲何件物事之口氣也"

했다. 宋時烈과 같은 이들이 주자학의 기계적인 구현에 전념했던 나머지, 결혼제도에서 보이는 것처럼 조선의 고유한 사정을 고려하지 않고 주자학적 예법을 무리하게 적용하고자 한 것은 이를 잘 보여준다.[42] 이처럼 '예의가 중화'라는 것을 함께 주장한다고 해도 그것의 함의가 소당연적인가, 아니면 소이연적인가에 따라서 그 의미망은 확연히 달라질 수밖에 없었다.

그렇다면 '예의를 소이연적인 의미에서 파악하는 것'은 중화 관념을 어떻게 변모시켜나갔는가. 앞서 성대중은 '人同而時異'의 이유를 人道가 아닌 時義의 차이 때문이라고 하였다. 이는 예의의 함의를 이해하는 데 중요한 단서를 준다. 그들에게 禮義는 번쇄하고 구체적인 禮 조목이 아니라 바로 人道의 의미였던 것이다. 人道는 사람이 사람이 되는 소이연이었다. 그러하기에 人道는 어느 세상이고 차이가 없는 것이었다. 그러한 점에서 人道를 인간이 되는 근거, 즉 '인류적 보편성'으로 정의할 수 있다. 성대중의 주장을 보면 '人道는 다르지 않으며 단지 時義에 따라 風俗이 생겨 時代가 달라진 것'이다. 中華 → 禮義 → 五倫五事 → 人道로 정의되는 가운데 중화는 그들에게 인도라는 인류적 보편성의 의미로 점차 설정되었다. 그것은 번쇄한 조목들이 아닌 소이연의 질서에 가까운 것이었다. 그들은 인도를 소이연적 의미로 규정하여 구체화시키지 않음으로써 오히려 인도를 더욱 풍부한 의미들로 채워나갈 수 있는 여지를 남겨놓았다.[43] 그러한 가운데 이적의 풍속이라고

---

42  조성산, 「宋時烈의 性理學 이해와 現實觀」, 『韓國史學報』 17, 2004, 95~98쪽 참조.

43  崔漢綺에게 있어서도 人道란 인류의 공유성·보편성을 설명할 때 무척 중요한 개념이었다. 그는 人道에 대해서 다음과 같이 설명하였다. 崔漢綺, 『氣學』 권1 "大而遠者 亘古亘今 不變不易 人道終始 當以此爲主爲先而身沒之前 不可不爲身當行之道 五倫四德 隨遇修

여겼던 것도 사실 인도에 기초한 나름의 禮義일 수 있다는 설정도 가능할 수 있게 되었다.

　요컨대, 19세기 들어 청나라 질서를 엄연한 현실로서 인정하면서 청나라 번영에 대한 새로운 분석 틀을 마련하고자 하는 사유들이 속속 등장하였다. 청나라가 역사상 유래를 찾기 힘들 정도의 번영을 구가하는 사실을 부인할 수 없으며, 이 또한 하늘의 뜻이라는 것이다. 그러한 과정에서 그들은 중화와 이적의 문제를 진지하게 고찰하였다. 그들은 중화·이적을 고정 불변한 것이 아닌 변화 가능한 인간의 문제라고 인식하였다. 그로부터 새로운 중화와 이적 논의가 가능할 수 있었다. 그들은 중화의 구현양태가 忠·質·文으로 다양하였고 중화 또한 고정적인 것이 아닌 형성되어간 존재라는 사유를 통해, 이적의 풍속을 이해하는 새로운 관점을 확보했다. 그러한 의식을 통하여 이적을 중화와 균등한 지점에서 파악할 수 있는 단서를 만들어갔다. 또한 이를 위하여 새로운 중화 관념을 마련하였다. 그것은 人道라는 인류적 보편성으로서, 所當然이 아닌 所以然에 가까운 개념이었다. 따라서 고정된 실

---

明 俾不違於大而遠者 敷敎化於小而近者 盡是人神運化氣之事也." 이처럼 인도는 시간과 공간을 넘어선 보편성을 갖는 것이었으며 五倫四德으로 규정되는 것이었다. 또한 그 인도는 소이연적인 의미도 갖는 것이었다. 그는 人道란 '백성을 運化에 통괄시켜 각자의 분수에 편안케 하는 도'라고 정의하면서 인도가 갖는 소이연의 측면에 주목하였다(崔漢綺, 『人政』 권6 「天下人道」 "人道者 統民運化 各安其分之道也"). 그러기에 一國의 人道와 天下의 人道는 구분될 수 있는 것이었다(崔漢綺, 『人政』 권6 「天下人道」 "各守彊域之限 拘束風土之異 國典有繁簡 敎文有誠僞 乃一國之人道 而就質於天下人道而得正矣"). 나아가 그는 殷나라의 세 어진 사람이 行事는 비록 같지 않았지만 각각 人道를 이루었음을 말하기도 하였다(崔漢綺, 『人政』 권6 「仁道大明」 "殷有三人 行事雖不同 各自成人道也"). 이는 殷나라의 세 어진 사람이 겉으로 보기에는 다소 차이가 있다고 하더라도 人道라는 所以然의 측면에서 보면 같음을 말한 것이었다. 결론적으로 최한기의 인도 개념 또한 당시 새롭게 변화된 인도 개념과 적지 않은 연관성을 갖는 것이었다고 할 수 있다.

체가 있는 것이 아니었고, 다시 그러한 이유로 다양한 변용과 변주가 가능할 수 있었다.


## 4. 청 중심의 보편세계

중화의 개념을 人道, 즉 '인류가 공유하는 보편성'으로 정의할 때 청 나라를 기존과 다르게 새롭게 바라볼 수 있었다. 즉 청나라에게도 인 도를 구현할 수 있는 기회가 주어진 것이다. 변화된 대청인식 가운데 가장 특기할 만한 것은 청나라의 통치를 小康으로서 파악하는 것이었 다. 洪羲俊은 夏나라, 殷나라, 周나라가 忠→質→文으로 하나의 흐름 을 갖듯이 청나라의 역사를 중국의 고유한 역사 발전의 한 부분으로 인식하였고, 청나라 영토의 광범위함과 주변 세계와의 교류를 보면서 청나라가 小康을 이루었다고 다음과 같이 서술하였다.

대저 中原은 곧 聖王이 거처하는 곳이요 천하 문명의 장소이다. 그러나 홀연히 左衽剃髮하는 야만인들이 천하를 다스리고 神人을 주관하게 된 것 이 지금에까지 150여 년이다. 하늘의 뜻은 진실로 알 수 없다. 그러나 대개 宋明 이래로 人文이 너무 번성하여 번거롭고 자질구레한 예절이 인심을 잃 게 하니 사물이 극에 이르면 반드시 되돌아온다는 것은 하늘의 도이다. 이 에 (하늘은) 淸人으로 하여금 중국에 들어가 천하를 다스리게 하여서 그 예 절을 간략하게 하고 그 문물을 간소하게 하니 천하로 하여금 다시 鴻荒의 세상으로 들어가게 하였다. 그 衣冠典禮는 마치 疏仡紀와 禪通紀와 같은 것이 있었다. 이때 세상은 번잡한 것을 제거하고 소박한 것으로 돌아가니 대개 이는 損益乘除의 이치이다. 또한 내가 淸國의 幅員을 보건대 生民 이래로 이와 같이 광대했던 적이 없었다. 안으로는 十九省의 길이 편안하고 外戶는 닫혀지지 않아 닭과 개는 놀라지 않고, 밖으로는 몽고와 서역이 분주히 入仕하고 東南의 島夷들은 매년 성실히 공물을 바치며 荷蘭 사람들은 멀고먼 서양으로부터 온다. 海外諸國 가운데 혹 亂이 있으면 水路가 반드시 막히는데 지금은 이에 무사히 왕래하여 마치 지척의 세상을 보는 것과 같으니 비로소 지금 천하에 日月이 비치는 곳과 霜露가 내리는 곳은 모두 小康의 시대에 들어가 그러한 것임을 알겠다.[44]

홍희준은 청나라가 이룩한 질서를 통하여 비로소 지금 천하에 日月이 비치는 곳과 霜露가 내리는 곳은 모두 小康의 시대에 들어갔다고 평가하였다.[45] 그는 심지어 荷蘭人(네덜란드인)조차 이러한 보편세계에 참여할 수 있다고 생각했다. 그는 1794년(정조 18년) 아버지 洪良浩(1724~1802)를 따라 연경에 가서 만난 荷蘭人들에 대한 인상을 문집에 남겼다. 그는 조선과 하란은 서로 떨어진 것이 삼사만리인데 중국에서 이처럼 서로 만났으니 얼마나 기이한 일인가 하면서 같은 사람으로서 갖는 인

---

44  洪義俊,『傳舊』4「淸國創業君臣論」 "夫中原卽聖王所居之地 天下文明之方 而忽使左袵剃 髮之人 御寰宇而主神人 于今百五十年 上天之意 固未可知也 然盖自宋明以來 人文太盛 繁 禮瑣節 牿喪人心 物極必反 天之道也 乃使淸人入中國御天下 略其禮節 簡其文物 使天下復 入鴻荒之世 其衣冠禮 有若疏仡禪通 時世除繁反樸 盖損益乘除之理也 且余觀淸國幅員 自生民以來 未有若如此之大 內以十九省路 寧謐乂安 外戶不閉 鷄犬不驚 外以蒙古西域奔 走入仕 東南島夷歲修職貢 以至荷蘭之人 自西洋重百譯而來 海外諸國 苟或有亂 則水路必 梗 而今乃無事往來 如視咫尺之世 始知今天下日月所照 霜露所墜 皆入小康之時而然也"

45  小康이라는 표현은 洪敬模에게서도 보였다. 洪敬模『冠巖存藁』7책「燕都世紀記」 "淸人 柔順寬厚 非如夷狄之頑悍 而剙業垂統 且近二百年 四裔賓服 民物小康 先王之舊物 有不 廢於其世者 今設官定疆 轉漕治曆 與夫科擧學校之制 因革損益 猶有取焉"

류적 보편성을 강조하였다.

　朝鮮과 荷蘭은 각각 日出의 지방에 있어서 서로 떨어진 것이 三四萬里인데, 중국에서 서로 만났으니 어찌 기이하지 않은가! 나는 하란 사람들에 대해서 더욱 깨닫는 것이 있었다. 하늘이 萬物을 내니 地上에 가득하다. 그 사이에 사물들은 둥근 뇌·모난 발·가지런한 눈이지만, 마음을 세워 오성을 갖추고 소리를 내어 언어를 이루어 사물 가운데 가장 영명한 것을 사람이라고 이름한다. 만물의 영장이 되니 사물이 이 형체를 갖추고 이 이름을 갖추기는 진실로 어려운 것이다. 천지의 사이에 땅이 있으면 사람이 있고 사람이 있으면 오성오륜이 있다. 해외만국이 모의하지 않아도 같아지는 것은 대개 이 형체와 이 마음, 이 이치가 같기 때문이다. 대저 중국이 개벽하여 가장 먼저 神聖이 출현하였으니 예악문물은 오히려 논할 것도 없었다. 기타 해외제국은 그다음에 開荒하여 아직 일찍이 堯舜의 교화, 周公의 도를 들을 수 없었지만 예악문물로 또한 나라를 만들 수 있었다. 대개 사람이 있으면 반드시 신성한 자가 먼저 나와 그들을 가르친다. 지금 하란 사람을 보니 海中에 살아 鱗介와 다를 것이 없지만 知覺運用은 인류와 같으니 또한 이 형체를 갖추고 이 이치를 받았기 때문이다. 그러니 사물 가운데 이 형체를 갖춘 자들을 어찌 귀하게 여기지 않을 수 있겠는가![46]

---

[46] 洪義俊,『傳舊』4「荷蘭國人記」"朝鮮與荷蘭 各在日出之方 相去爲三四萬里 而相遇於中國 豈不異哉 余於荷蘭之人 益有所悟者 天生萬物 盈於地上 而其間有物圓腦方趾橫目 而立心具五性 聲發爲言 最靈於物者 名之曰人 而爲萬物之長 物之具是形而得此名者 誠難矣 凡天地之間 有土則有人 有人則有五性五倫 海外萬國 不謀而同者 盖由此形同此心而 可此理也 夫中國開闢最先神聖首出 禮樂文物尙矣無論 其他海外諸國 次第開荒 未嘗聞堯舜之敎 周孔之道 而禮樂文物 亦能爲國 盖有人則必有神聖者首出而敎之也 今觀荷蘭之人 居於海中 無異鱗介 而知覺運用 齒於人類者 亦以其具是形而受是理也 然則物之具是形者 豈不貴哉"

그는 天地之間에 땅이 있다면 '사람'이 있고 '사람'이 있다면 五性五倫이 있으니 海外萬國이 도모하지 않아도 같은 것은 대개 이 형태를 같이하고 이 마음을 같이하고 이 이치를 같이 하기 때문이라고 하였다. 그는 海外諸國이 비록 堯舜의 敎와 周公의 道를 듣지 못했다고 하더라도 또한 나라를 이룰 수 있는 것은 대개 '사람'이 있으면 신성한 자가 나와 그들을 가르치기 때문이라고 하였다. 덧붙여 그는 해외제국이 服飾·稼穡·宮室·器用·書契·舟車·律曆·衣服의 법을 마련하고 있는 것은 상고시대 대동세계가 구현되었던 증거라고 생각하였다. 그는 상고시대를 대동세계라고 하면서 다음과 같이 설명하였다.

내가 생각하기에 大同世界는 上古만한 때가 없었다. 대저 상고의 때에는 처음에 君長이 없어 천하의 백성들은 杯로 마시고 동굴에서 살아 마치 鳥獸와 같았다. 그러나 神聖이 계속 나옴에 미쳐서 人文이 크게 밝혀져 이에 服飾·稼穡·宮室·器用·書契·舟車·律曆·衣服의 법이 모두 갖추어졌다. 神道로 敎를 설치하여 천하를 교화시키니 이에 舟車가 미치는 바와 人力이 통하는 바의 사람들은 본받아 행하지 않는 자들이 없었다. 그들이 즐거워하는 것을 즐거워하고 그들이 이롭게 여기는 것을 이롭게 여기니 천하 만국은 모두 하나의 세상이 되어 통하지 않는 것이 없었다. 그러므로 大同의 세상이라고 말하는 것이다. 지금 海外諸國이 모두 복식·가색·궁실·기용·서계·주거·율력·의복의 법을 가지고 있는 것을 보니 이를 추론하여 알 수 있겠다.[47]

---

47  洪義俊, 『傳舊』 4 「送姜校理百源奉使之燕序」 "余以爲大同之世 莫上古若也 夫上古之時 始無君長 天下之民 杯飮而穴處 若鳥獸 然及神聖繼出 人文大明 乃有服食稼穡 宮室器用

그는 상고시대에서 이상적인 대동세계를 발견하였다. 이러한 인식은 그가 사유하는 인류적 보편성이 어떠한 범위에서 설정되고 있었는가를 보여준다. 홍희준의 사유는 이 시기 '인류적 보편성'에 대한 고민이 확대되고 있었음과 그것을 설명하기 위하여 많은 노력들이 수행되고 있었음을 잘 보여준다.[48]

이러한 인류적 보편성에 대한 고민은 홍길주의 경우에서도 확인해 볼 수 있다. 종족적으로 중화든 이적이든 그것은 인류적 보편성의 하위개념으로서 존재하며, 오륜오성과 같은 인류적 보편성이야말로 가장 상위의 중화 개념이었다. 홍길주는 중화문화와 종족·지역을 다음과 같이 완전히 분리해서 인식하였다.

하늘이 덮고 있는 것은 수억만 구역이니, 중원이 그 안에 처하는 것은 진실로 광활한 벌판에 있는 집 한 채일 뿐이다. 또한 옛날에는 작았다느니, 지금은 넓다느니 할 것이 어디 있겠는가! 중원이 중원이 된 所以는 무엇인가? 익주·옹주·회수·대산 사이에 사는 사람들로 하여금 모두 머리카락을 풀어헤치고 이를 시커멓게 한다면 그들을 한꺼번에 오랑캐라 불러도 괜찮을 것이다. 하늘이 덮고 있는 수억만 구역의 사람들이 二帝三王의 法服을 모두 입고 二帝三王의 가르침을 모두 익힌다면 하늘이 덮고 있는 모든

---

書契舟車 律曆蓍卜之法 無不畢具 以神道設敎 而化天下 於是舟車所至 人力所逼 莫不效而行之 樂其樂 而利其利 天下萬國混爲一統 無所不通 故謂之大同之世 今觀海外諸國 皆能有服食稼穡宮室器用書契舟車律曆蓍卜之法 可推而知也"

**48** 崔漢綺 또한 이러한 점에 주목했음을 보게 된다. 그는 천하 사람이 기약하지 않아도 그렇게 되며 모의하지 않아도 그렇게 되니 이것이 天下의 人道라고 하였다. 崔漢綺,『人政』권6「天下人道」"仁爲政敎 義爲裁御 禮以導和 律以禁惡 承順天人運化之氣 提挈遠近綱維之張 雖欲增損 而增之則羨 損之則缺 又欲毀減而隨毀卽成 隨減卽起 天下之人 不期而然 不謀而同 是天下之人道也"

땅을 통틀어 중원이라 불러도 좋을 것이다.[49]

　홍길주는 중원 사람들이 오랑캐의 풍속을 하면 모두 오랑캐라고 하며, 세상의 사람들이 중원의 풍속을 행하면 모두 중원이라고 부를 수 있음을 말하였다. 즉, 이제 중국은 獨尊의 대상이라기보다는 人道라는 인류적 보편성 속에서 다른 세계와 균등한 입장에서 분석할 대상이 된 것이다. 중국지역이 가졌던 우월성이 사라져간 것이다. 그는 중화와 종족·지역을 분리시켜 인식하는 것에서 더욱 나아가 중화의 내용도 자유롭게 확장시켰다.

　순임금, 우임금, 은나라 탕왕, 주나라 문왕은 모두 옛날의 聖人이다. 그런데 孔子께서는 반드시 하나라의 曆法을 행하고 은나라의 수레를 타며, 주나라의 면류관을 쓰고 음악은 韶舞여야 한다고 하셨다. 은나라와 주나라에서 子와 丑을 正月로 삼는 것을 버리셨고, 虞나라와 夏나라의 皇과 收의 제도도 버리셨다. 대저 이것이 어찌 순임금, 우임금, 은나라 탕왕, 주나라 문왕이 모두 선하지 않아서였기 때문이라고 말할 수 있겠는가? 그러므로 中原을 가진 자는 영토나 속국까지 반드시 三代 때와 같을 필요가 없고, 또 삼대 때와 다를 필요도 없다. 秦漢과 같을 필요도 없고 진한과 다를 필요도 없다. 지금의 열 여덟 개의 성과 같을 필요도 없고 지금의 열여덟 개의 성과 다를 필요도 없다. 땅을 개척해 늘릴 필요도 없고, 깎아 내어 줄일 필요도

---

**49** 洪吉周, 『沆瀣丙函』 권1 「釋夢」 "天之所覆 幾萬億區 中原之處其內 眞曠野之一室爾 又何有乎昔之小而今之廣也 此中原之所以爲中原者 何也 使冀雍淮垈之間 被其髮而漆其齒 則擧而謂之夷 可也 使天之所覆幾萬億區 盡服二帝三王之法服 盡習二帝三王之彝訓 則是天之所覆 統而謂之一中原 可也"

82 　동아시아의 근대, 그 중심과 주변

없다. 덕교를 닦고 예악을 밝혀 사방 오랑캐를 통제한다면 그것이 바로 나의 중원인 것이다. 그러므로 문장을 짓는 자는 그 정도와 범위가 반드시 六經을 배울 필요도 없고 또 육경을 배우지 않을 필요도 없는 것이다. 좌구명, 순자, 장자, 태사공을 배울 필요도 없고, 또 좌구명, 굴원, 순자, 장자, 태사공을 배우지 않을 필요도 없다. (…중략…) 義理에 뿌리를 두고 光氣를 장하게 하여 百家로 하여금 두려워 엎드리게 할 수 있다면 이것이 곧 나의 문장인 것이다. 예전에 글을 짓지 못했던 것도 중원을 몰랐기 때문이며, 지금 글을 짓지 못하는 것도 중원을 모르기 때문이다.[50]

홍길주는 우리가 알고 있는 중화문화는 사실 고정적이지 않고 다양한 요소들로 구성되어 있다고 하였다. 그러한 이유로 그는 중원을 소유한 자는 영토나 속국까지 반드시 삼대와 같을 필요도 없고 또 다를 필요도 없다고 하였으며, 나아가 六經을 반드시 배울 필요도 없고 또 六經을 반드시 배우지 않을 필요도 없다고 하였다. '반드시 같을 필요'도 '반드시 다를 필요도 없다'는 식의 修辭는 그에게 '고정적인 중화'를 얻는 것보다 '중화적인 의미'를 획득하는 것이 더욱 중요한 과제였음을 말해준다. 이것은 中華의 의미를 所以然의 측면에서 규정하는 것이었다. 그러한 점에서 '중화'보다는 '중화적'인 것이 더욱 중요했던 것이다.

---

50 洪吉周, 『沆瀣丙函』 권1 「釋夢」 "舜禹殷周皆古聖人也 孔子必曰 行夏之時 乘殷之輅 服周之冕 樂則韶舞 于殷周子丑之正而舍焉 于虞夏皇收之制而舍焉 夫豈曰舜禹殷周未盡善歟 是故有中原者 其方興彊服不必與三代同也 不必與三代异也 不必與秦與漢同也 不必與秦與漢异也 不必與今之十八省同也 不必與今之十八省异也 不必有拓而增也 不必有削而損也 修德教明禮樂以統馭四夷 則吾之中原也 是故爲文章者 其度程範圍不必學六經也 不必不學六經也 不必學左邱屈騷荀莊太史公也 不必不學左邱屈騷荀莊太史公也 (…중략…) 根義理壯光氣 以讋伏百家 則吾之文章也 昔之不能爲文 不知中原故也 今之不能爲文 不知中原故也"

홍희준과 홍길주에게서 보이는 이러한 보편성에 대한 전망은 서양 세력에 대한 위기의식과 함께 변화해갔다. 兪莘煥(1801~1859)의 父 兪星柱(1760~1837)가 금일 儒家가 가장 경계해야 할 것으로 西學을 지목했던 것은 당시 지식인 계층이 가졌던 서양에 대한 위기의식을 잘 보여준다.[51] 홍희준과 같은 서양까지 포섭하는 낙관적인 보편세계에 대한 전망들은 대부분 19세기 전반으로 가면서 급격히 퇴조하고, 反西洋을 전제로 하는 중화질서가 그 자리를 차지하였다. 홍길주의 경우에도 西敎를 楊朱와 墨翟보다 더한 이단으로 파악하였다.[52] 또한 그는 앞으로 일어날 이단, 즉 서교는 倫常을 없애고 紀綱을 무너뜨려 백성들을 오랑캐로 만드는 것이 불교 · 도교보다 몇 곱절 심할 것이라고 하였다.[53] 이는 儒의 大統合이 사유될 만큼 서교 등 외부세력의 압박이 커졌다는 것을 시사해주는 부분이다. 홍길주는 陽明學과 象山學도 聖人을 부정하지 않는 한 儒學의 범위 안에 포섭해야 한다는 논리를 폈다.[54]

이러한 모습은 兪莘煥이 보여준 위기의식과도 통한다. 유신환은 顏

---

51  兪莘煥, 『兪莘煥全集』권8 「先考復元齋年譜後記」, 아세아문화사, 1978. "嘗曰吾儒之闢異端 亦須知所當先 其能爲害於當世者 是也 是以孟子之所距在楊墨 朱子之所觝在陸氏 今日爲害 之甚者 其有過於西洋之說者乎 餘姚西洋之窩窟也 學者不可以以攻斥餘姚 爲今日之急務"

52  洪吉周, 『沆瀣丙函』권2, 「貽柳展汝書」 "今之邪敎則果乎是 不君其君而私天主之奉 德敎 不能誘 刑戮不能畏 甚至結遠方異國之援 而規爲不軌 楊朱氏 曾有是乎 不父其父而立神父 之名 殄禋祀 瀆倫常 甘夷狄禽獸之所不爲 墨翟氏曾有是乎"

53  洪吉周, 『縹礱乙幟』권16 「名敎下」 "所謂異端者 如佛老楊墨 尙足以亂天下 吾又恐繼今而 作者 其戕倫斁紀 夷貊我烝黎 或將倍蓰是也 今其兆見矣 非吾之敢過憂也"

54  洪吉周, 『縹礱乙幟』권16 「名敎下」 "孔子之門 其言未嘗盡同也 荀卿揚雄之說 異於孟氏程 朱 釋經往往有大相牴牾者 陸子靜王伯安 其學微近乎釋氏 而不害其爲宏儒 夫學者因其所 見而建言 又何可不得於心 而疆從之說乎 今也其爲儒之學同 而言說有所未齊 則輒靡折之 甚於孟氏之距楊墨 (…중략…) 苟不能如吾之說 去儒之名而與天下公共之 不如盡弛言說 同異之禁 其能讀書誠身 自列乎堯舜孔氏之道者 無問其言之可否 咸加之以儒之名 使之幷 行而不相礙"

山農, 何心隱, 王陽明 등이 비록 異端의 학설을 제창했지만 聖人은 무시하지 않았는데 서양은 그렇지 않다고 말하면서 서양에 대한 위기의식을 강하게 피력하였다.[55] '성인의 존중'이라는 측면에서 유신환 조한 儒 사이에서의 공유점을 인지하였고 반면에 서양에 대해서는 강한 반감을 표출했던 것이다. 이뿐만 아니라 그는 청나라의 안위를 조선과 연계해서 파악하려는 의식도 보였다. 그는 중국이 편안해야 東方도 편안하고 중국이 불안하면 동방도 불안해진다고 하였다.[56]

　朴珪壽 또한 서양을 오랑캐로 인식하며 적대적인 자세를 가졌고, 그러한 과정에서 對明義理와 事大親淸의 태도를 동시에 보였다.[57] 박규수는 중화문화의 현실적 수호자로서 청나라를 염두에 두고 있었던 듯하며 또한 여기에는 현실적인 주종관계도 중요한 영향을 끼쳤던 것으로 보인다. 그와 동시에 중화문화의 기원으로서 명나라에 대해서도 존중하는 태도를 가졌다. 중화라는 보편성 속에서 보면 그의 대명의리 견지와 사대친청의 태도는 상호 모순적인 것이 아니었다. 박규수뿐만 아니라 당시 많은 지식인들이 대명의리와 사대친청의 태도를 동시에 가졌다는 사실은[58] 중화의 의미가 '인류적 보편성'의 차원에서 사유되

55　兪莘煥,『鳳棲集』권3「送尹侍讀穉沃塡如燕序」"歐羅巴之說 古今之所未聞也 矯誣迷惑 爲貉爲禽 此而不剗殄滅之無遺育 幾何不淪胥以亡也 夫顔山農 以欲爲道也 何心隱 以殺爲道也 王氏之禍仁義 若是其烈也 然猶不敢以聖人爲非也 以道則曰良知 以學則曰尊德性 何至如歐羅巴之道其所道也"
56　兪莘煥,『鳳棲集』권3「送尹侍讀穉沃塡如燕序」"余故以土黙特爲言也 以歐羅巴爲言也 其將奚暇於滿洲與姚江之言也 嗟乎 使中國而安也 東方亦安也 使中國而不安也 東方亦不安也 淸人之治亂興廢 吾邦之所不可不知也"
57　이 부분에 대해서는 김명호,『환재 박규수 연구』, 창비, 2008, 405~437쪽 참조.
58　위의 책, 433쪽, 각주 174)에 의하면 박규수뿐만 아니라 申錫愚(1805~1865) 등도 이러한 인식을 가졌다고 한다. 신석우는 박지원을 무척 존경하였다. 이에 관해서는 김윤조, 앞의 글, 235~238쪽 참조.

고 있었음을 보여준다.

이상의 사실들을 종합해 보면 서양을 포함하는 인류적 보편성에 대한 고민이 19세기 전반 들어 퇴조하면서 反西洋을 전제로 기존 가치와 이념들이 통합을 시도하고 있었음을 알 수 있다. 당시 유학자들 사이에서 일어난 勸善을 전제로 한 친불교적 성향과 도교에 대한 관심 확대도 이러한 사유의 연장선에서 이해할 수 있다.[59] 인도와 권선의 범위 안에서 그간 이단으로 배격했던 여타 사상에 대해서 개방적이 될 수 있었던 것이다. 그러한 과정에서 중화문화의 현실적 수호자로서 청제국을 사유할 수 있었다. 유신환이 청나라와 조선의 안위를 연계해서 사유하고, 홍석모가 청나라의 쇠퇴는 천하의 근심일 뿐만 아니라 우리나라의 근심이라고 한 것도 이러한 맥락에서 이해할 수 있다.[60]

물론 이러한 사상적 흐름 이외에 여전히 대명의리만을 숭상하는 지식인들도 있었다. 그리고 아주 예외적인 경우이기는 하지만 18세기 후반 서학 수용의 흐름을 낙관적인 방향으로 발전시킨 崔漢綺(1803~1877)와 같은 인물도 있었다. 이는 서양까지 포섭하는 보편성의 흐름이었다. 최한기는 東西 간 습속과 제도의 구체적 모습에는 차이가 있지만 治安政教는 같지 않음이 없다고 하였다.[61] 이러한 전제 속에서 그는 유교의 오류을 확대 해석함으로써 전 세계 인류의 화합을 위한 사상을

---

**59** 이 문제에 대해서는 조성산, 「19세기 전반 노론계 佛敎認識의 정치적 성격」, 『韓國思想 史學』 13, 1999 참조.

**60** 洪錫謨, 『陶厓詩文選』 土(六) 「拜送外舅丹山公使燕序」 "淸人之享國 已過百餘年 狃於宴 安 病於奢靡 財用漸耗 民力必窮 斯非但爲天下慮也 誠爲我國之慮深且切矣"

**61** 崔漢綺, 『人政』 권23 「萬國治安在用人」 "東西南北相距數萬里 諸國治安政教 無有不同"; 崔漢綺, 『氣學』 권1 "宇宙萬國小異者 風土物産 大同者 神氣運化 散處人民 因其小異者 以 爲細行習俗 承其大同者 以爲倫綱政教"

제시하고자 했다.[62]

요컨대, 새로운 중화·이적 논의를 통해서 중화는 오륜오성을 내용으로 하는 인류가 공유하는 보편성의 의미로 옮겨가는 양상을 보였다. 그러하기에 홍희준은 네덜란드인에게서조차 인류적 보편성을 발견하고자 하였다. 인간이 사는 곳은 어느 곳이나 성인이 있고 인류가 있을 수밖에 없다는 논리를 만든 것이다. 하지만 19세기 초반 이후 辛酉獄事(1801)의 여파와 서양의 침략적 모습에 경계하는 과정에서 서학에 대한 낙관적인 입장은 탈각되고, 오히려 서학에 대한 태도는 18세기 후반보다 더욱 보수화되는 경향마저 있었다. 그러한 과정에서 현실적 대안으로서 청제국 중심의 중화세계 수호라는 관념이 성장하였다. 한편, 이러한 흐름과는 구별되게 서학을 포함하는 보편학문의 구축을 염두에 둔 최한기와 같은 이도 있었다.

## 5. 중국 관련 지식의 객관화

19세기 전반 일부 지식인들은 청나라를 역사적 현실로서 인정하면서 중화와 이적에 대한 새로운 논의를 마련하고자 하였다. 새로운 중화·이적 논의과정에서 중국은 하나의 통일적인 구조물이 아닌 複數의 요소들로 이루어진 구성물이라는 인식이 형성되었다. 이 과정에서

---

62 崔漢綺, 『人政』 권18 「畎畝教法兆民有和」 "五倫之敎 至矣盡矣 以推廣天下 自有萬國咸和 父子有親 君臣有義 夫婦有別 長幼有序 朋友有信之下 添一兆民有和一句 以著五倫通行 兆民致和之實效 五倫之敎 各自勉行 與通行天下 自有大小之不同 各自勉行 一身運化也 通行天下 統民運化也"

명목적인 중화보다는 추상화된 중화인 人道라는 관념이 형성되었고, 이는 다시 西教 등의 위협으로 인해서 淸나라 중심의 보편세계 전망으로 변모되었다. 이러한 인식의 변화과정을 통하여 비로소 중국을 객관화시킬 수 있는 사유들이 마련될 수 있었다. 이 시기 중국에 대한 정보들은 西學을 통해서 마련된 세계인식과 名物度數之學, 考證學 등 중국에서 이루어진 다양한 학문방법론을 매개로 형성되었다. 다음 중국에 대한 지리정보와 학문체계를 중심으로 중국을 어떻게 객관적으로 인식했는지를 살펴보고자 한다.

우선 중국과 조선의 지리적 위치를 객관적으로 인식하고자 하는 움직임을 들 수 있다. 이는 주지하듯이 중국을 객관적으로 인식하고자 하는 가장 기본적인 작업인 동시에 조선을 객관적으로 바라보고자 하는 것이기도 했다. 洪義俊은 천하의 관점에서 중국을 보면 黑子小縣에 불과하다고 하였다.[63] 그는 중국에 사신 다녀온 사람들이 매번 遼東 땅을 크다고 하는데 여기에는 어폐가 있다고 하면서 요동 땅은 조선인의 관점에서 보면 크지만 중국인의 관점에서 보면 크다고 할 수 없다고 하였다.[64] 그러면서 그는 크고 작다는 것에 객관적인 기준을 설정해야 함을 주장하였다. 조선의 관점, 중국의 관점을 분리하여 조선인이 크다고 하는 것이 중국인의 관점에서 크다고 할 수 없으며 중국인이 크다고 하는 것도 세계적인 관점에서 보면 크다고 할 수 없다고 언급하였다. 그리고는 鄒衍과 西洋人의 말을 인용하여 중국도 세계의 한

---

**63** 洪義俊, 『傳舊』4「長城論」"從天下而視中國 則不過黑子小縣"

**64** 洪義俊, 『傳舊』4「遼野記」"東人每自中國歸亟稱遼野之大 余於甲寅冬 隨家大人 赴燕過石門嶺 始入遼東 茫茫大野 四顧無際 西行五六日 未見一點之山 此誠廣大之野也 然余則以爲遼野猶小 此盖東人之所大 非華人之所大也 抑亦華人之所大 非遊天下者謂之大也"

작은 부분임을 서술했다.[65] 이것은 이후 東人의 안목이 협소하다는 비판과 반성으로 이어졌다.[66]

또한 徐有本은 천문학적 지식을 바탕으로 지구와 중국, 조선을 객관적으로 인식하고자 하였다. 그는 지구는 天界 가운데 한 점과 같아 큰 연못의 작은 개미구멍뿐만이 아니라고 하면서 지구가 우주의 한 작은 부분이라고 전제한 뒤, 中國의 分野說은 자기의 입장에서 우주의 별들을 자신의 땅과 연관시킨 것이라고 하였다.[67] 이는 '사실의 체계'가 아닌 중국인들만의 '가상의 체계'라는 설명이었다. 이러한 사실의 근거로서 그는 중국만으로 28宿을 다하면 해외만국은 어디에 비정하겠느냐고 하였다.[68] 흥미로운 것은 이 때문에 28宿을 조선 각 지역에 배치한 『東國分野記』의 성립이 가능할 수 있었다는 사실이다. 조선은 중국의 변방, 즉 箕尾에 머무는 것이 아니라 조선의 소견으로 조선이 중심이 된 分野記를 마련해 볼 수 있다는 주장이다. 왜냐하면 중국의 분야설도 어차피 '사실'이 아닌 '가상'의 체계였기 때문이다.

이러한 사유는 지구·중국·조선에 대한 객관적인 인식을 통하여 가능할 수 있었다. 서유본은 柳僖(柳儋로 개명, 1773~1837)과 지구와 중국에 대해서 논의하면서 중국의 지리적 위치에 대해서 비교적 정확히 인지하고

---

65 洪義俊, 『傳舊』4 「遼野記」 "鄒衍有言曰 中國之於天下 乃八十一分之一 而名曰 神州環以 裨海 裨海之外 又有如神州者九 而大瀛海環 其外泰西人有言曰 天下有五大洲亞細亞洲 有 百餘國而中國居其一 然則天下之野 其大無量 從天下而視中國 則卽一旋馬之小庭 從中國 而視遼野 則亦猶掌上之一紋"

66 위의 글, "然則東人之不可以語大也 大猶不知 安知其小也 旣不知小大 亦何以論天地之壯 也 余於遼野重歎東人眼目之小也"

67 徐有本, 『左蘇山人文集』(李佑成 편, 아세아문화사, 1992) 권3 「與金泳書」 "地球一點在天 界大圜中 不翅礨空之於大澤 中國星野之分 各以其人目所見 方位所向 大槩分屬而已"

68 위의 글, "地球一點在天界大圜中 不翅礨空之於大澤 苟如是則周天三百六十度 盡於中國 十二州而海外萬國 並無與於大圜之天界也 此豈理也哉"

있었다.[69] 이와 흡사한 것을 鄭東愈(1744~1808)도 제시한 바 있었다. 그 또한 "온 하늘의 별의 도수를 중국에 분배할 수 있다면 조선이나 일본, 나아가 한 도에도 또한 분야를 배정할 수 있고, 심지어 한 고을 안에서도 분야를 배정할 수 있을 것"[70]이라고 하였다. 이를 통하여 중국을 객관화하는 과정에서 조선도 함께 객관적으로 인식해 간 정황들을 엿볼 수 있다.

다음, 중국 문화를 객관적으로 파악하고자 하는 움직임이 활발하게 일어났다. 17세기 후반까지 지식인들에게 명나라 문화는 일부 사람들을 제외하고는 널리 알려지지 못했다. 물론 명대 진한고문파의 저작들이 알려지고 많은 영향을 끼쳤지만,[71] 그럼에도 불구하고 양명학과 관련한 명나라 문화는 명나라 멸망의 주요 원인으로 지식인들에게 일반적으로 인식되고 있던 터라 전반적으로 부정적으로 이해되고 있었고, 따라서 그 정보의 폭과 양도 많지 않았던 것이다.

18세기 초반 이후 김창협·김창흡이 명대 당송고문파와 錢謙益(1582~1664) 등 명대 문인들의 저작들을 부분적으로 받아들이면서 이전 시대보다 명대 문화에 대한 좀 더 구조적인 이해가 가능하게 되었다.[72] 그

---

69  徐有本, 『左蘇山人文集』(李佑成 편, 아세아문화사, 1992) 권4 「與柳繼仲書」 "崇洛爲地中卽中國之中央 而中國偏在赤道之北 則固非天地之中也 然而中國界在於冷帶熱帶之間 天地冲和之氣 乃鍾於是 而聖賢豪傑炳靈毓秀 與天地參三 而爲一 所以爲天地之中也 (…중략…) 至於海外萬國 風氣人物 方殊種別 吊詭謠怪騷荒悠謬之事 皆不可以常理推求 俱載於西人所撰坤輿圖說 可案而考也"

70  鄭東愈, 『晝永編』一 "余始聞滋惑 更思之 原無足疑也 中國之於天 不過彈丸之一方 今朝鮮與日本 比中國爲小云爾 若自天視之 卽五十步百步之間也 旣謂以全天星度 可排於中國 則朝鮮日本 亦何異於是哉 然則一道之內 亦可排分野 一邑之內 亦可排分野也"

71  강명관, 「16세기 말 17세기 초 擬古文派의 수용과 秦漢古文派의 성립」, 『韓國漢文學研究』 18, 1995.

72  이 시기 김창협·김창흡 그룹의 명청문학 수용양상에 대해서는 고연희, 「17C 말 18C 초 白岳詞壇의 明淸文學 受容樣相」, 『東方學』 1, 한서대 동양고전연구소, 1996 참조

러던 것이 점차 그 이해가 확대되면서 18세기 후반에는 袁宏道(1568~1610), 金聖嘆(1608~1661), 張潮(1650~?) 등 明清小品을 포함한 다양한 작가들의 서적 등이 본격적으로 유통되었고 이와 함께 명나라 문화에 대한 이해가 더욱 심화될 수 있었다.[73] 그와 함께 四庫全書의 편찬 등 清代 考證學의 성과들이 속속 조선에 알려지면서 漢學의 존재를 통하여 기존 朱子學 중심의 중국 이해를 반성하는 계기를 마련할 수 있었다.

가령, 漢學과 宋學에 대한 논의는 중국의 학문을 객관적으로 인식하고자 했다는 점에서 중요하다. 학자들 사이에서 한학과 송학 문제를 놓고 다양한 의견들이 개진되었던 것도 이 시기이다. 학문의 전부라고 믿었던 朱子學이 宋學으로 범주화되는 것은 중국을 객관화하는 동시에 조선을 객관화하는 과정이었다. 박지원이 "나라를 이룩한 범절이나 식자들의 몸가짐으로 보아 옛날의 趙宋과 다를 바 없을 것이오"[74]라고 조선에 대해 말했던 것은 중국 문화와 관련한 조선의 문화적 위치를 정확히 비정해주는 것이었다.

이와 함께 주자학에 대한 비판도 활발해졌다. 홍길주는『朱子集註』에 대한 비판도 서슴지 않았으며,[75] 四書 중심의 공부에도 비판적이었다.[76] 또한 그는 주자학의 이기심성론에 대해서도 정면으로 비판하였

---

73 명청서적 유통에 대한 구체적인 자료에 대해서 김영진, 「朝鮮後期 明清小品 수용과 小品文의 전개양상」, 고려대 박사논문, 2003, 25~35쪽 참조.

74 朴趾源,『燕巖集』권12, 別集 熱河日記「大學留館錄」"土風國俗各有一代之制 至於敝邦 專尙儒敎禮樂文物皆效中華 古有小中華之號 立國規模 士大夫立身行己 全似趙宋"

75 洪吉周,『縹礱乙㡠』권12「睡餘放筆 上」"恥其言而過其行 當釋之曰 言過其行 君子恥之 夫子自道也 當釋之曰 三者 夫子雖自稱未能 而非夫子莫有能者 正夫子之自言其所能也 是 兩章 皆甚明且近 非有奧義 集註捨平易之解而別爲之說 反滋弟子之惑"

76 洪吉周,『沆瀣丙函』권8「睡餘瀾筆續 上」"近世儒林之自謂窮經者 終其身研鑽四書 而往 往不屑治詩書 甚或以爲無益於治心修身 嗚呼 何孔曾思孟之用力於無益之書 刪之述之 矻 矻以敎人爲哉"

다. 그는 주자학의 太極 개념이 지나치게 추상적인 것임을 지적하였고,[77] 주자학의 심성론에 대해서도 반기를 들었다.[78] 홍한주 또한 漢儒에 대한 이해가 부족한 현재의 경전 공부를 애석해 하였고,[79] 사서 중심의 경서 공부에도 비판적이었다.[80] 그 과정에서 중국을 따라가지 못하는 조선의 구태의연한 독서관행에 대해서도 비판하였다. 홍한주는 『史略』과 『通鑑節要』의 관행적인 독서를 비판하였다. 그는 이 책이 四庫全書 속에 들어가지 못한 책이었음을 언급하면서 우리 독서의 수준도 중국 수준에 맞추어야 한다는 의식을 피력했다.[81] 그가 생각하기에, 중국과 대등한 것을 요구하는 때에 중국에서 전혀 읽지 않는 책을 우리가 구태여 읽을 필요는 없었던 것이다. 새로운 독서문화와 텍스트에 대한 비판적 안목이 이 시기 생겨나고 있었다고 보아야 할 것이다.

이러한 중국 학술계에 대한 구조적 이해 속에서 비로소 중국을 일방적으로 모방하려는 행위에 대한 비판도 나올 수 있었다. 여기에는 중국의 학술계도 다양한 층위가 존재하며 나름대로 문제도 많다는 인식

---

77  洪吉周, 『縹礱乙韱』 권16 「明理」.

78  위의 책, 「明性 上」.

79  洪翰周, 『智水拈筆』(아세아문화사, 1984) 권1, 20쪽. "至今四百年 一從明典 故京鄕讀書作文之士 一生所聞見 不越乎此本 且鄕曲貧儒家 無他書 以此習熟 遂皆謂程朱宋儒外 都無註家 并不知十三經註疏 自在世間問之無不茫然 然其亦可悲也 程朱諸賢 始承孔孟絶學開來繼往 實有大功 然向非漢唐專門之先儒 雖有宋諸賢 亦無從以得其門路 今若盡廢前人 則何異於得魚兎而忘筌蹄也"

80  洪翰周, 『智水拈筆』(아세아문화사, 1984) 권8, 456쪽. "尹稷山顯路丈嘗語余曰 六經之文 函訓萬世如日月在天 孔孟之所尊奉也 至有宋諸賢及我東輩儒出而始謂近於身心 專尙四子 則又其下依樣於語錄者 相與往復難疑紛然不已者 盡在四子 於是六經反爲閏位矣 四子亦聖人之言 非不爲切問近思 而若以下學而上達言之 先四子後六經或可也 不然而視以爲主客則不亦過乎 尹丈此言足可救宋元末學支離之弊也"

81  洪翰周, 『智水拈筆』(아세아문화사, 1984) 권1, 40쪽. "是兩書皆不入乾隆時四庫全書 中國人不屑於書類 可知何足謂之書也 (…중략…) 如曾先之不過一無名鯫生也 不能餘於四庫之書者 何足取則而必爲繼此書以續之也"

이 전제되어 있었다. 홍길주는 중국의 문예학술을 정확한 이해 없이 무분별하게 수용하려는 조선의 학술계를 다음과 같이 비판하였다.

명나라 문인 중에 王世貞, 李攀龍, 徐中行, 袁宏道, 鐘惺, 譚元春, 錢謙益 등과 같은 부류들은 모두 서로 얼음과 숯과 같아 서로를 공격함이 마치 원수와 같다. 그러나 우리나라의 글하는 사람으로 스스로 중국을 사모한다고 말하는 자들은 종종 똑같이 추종하여 함께 본받고자 한다. 모기령의 패악스러움은 고증학을 전공한 자들 또한 깊이 배척하는 경우가 많은데, 우리나라의 선비들 가운데 신기한 것을 좋아하고 사모하는 자들은 도리어 혹 애호함이 마치 제 살과 살갗처럼 하니, 이는 모두 東人의 고루한 병통이다.[82]

여기에서 박지원이 비슷한 것을 구하는 것은 진실된 것이 아니라고 말한 대목을 떠올려볼 필요가 있다.[83] 중국에 대한 정확한 정보와 지식이 비로소 모방에 대한 비판과 반성으로 나타나기 시작한 것이다. 그러한 점에서 홍길주는 朴齊家(1750~1805)가 중국을 좋아하는 것에 대해서도 비판하였다. 박제가는 '唐魁'라고 불릴 정도로 지나치게 중국 문물을 좋아하여 동료들에게도 적지 않은 비판을 받고 있었다.[84] 홍길주는 "楚亭은 北學을 심히 좋아하여 우리나라 습속을 이처럼 비웃은 것이지만 우리나라 사람들이 篤로 號를 지은 것은 실제 얼마 없다"[85]고 하였다.

---

82　洪吉周,『沆瀣丙函』권9「睡餘瀾筆續 下」"皇明文人 如王李徐袁鍾譚及錢虞山之流 皆互相氷炭 迭攻擊如仇敵 而我東詞章之自謂慕中國者 往往均推而混效之 毛甡之悖 專考證者 亦多深斥 而吾邦之士好新慕奇者 反或愛護如肌膚 是皆東人固陋之病"

83　朴趾源,『燕巖集』권7 別集「綠天館集序」"求似者 非眞也"

84　李德懋,『雅亭遺稿』권7「與朴在先齊家書」"世俗所云 唐癖唐學唐漢唐魁之目 擧集於兄身 此是公案 兄亦自知矣"

이와 같은 중국에 대한 객관적인 지식은 조선에 대해서 자신감을 갖는 것으로서 나타났다. 홍길주는 1831년(순조 31년) 중국을 가는 이에게 다음과 같이 당부하였다.

> 금년 신묘년(1831)에 李君은 淵泉 선생을 따라 중국에 들어가게 되었다. 이군을 아는 사람들은 모두 그 유람을 축하하지 않음이 없고 이군 또한 득의하여 매우 스스로 기뻐하고 있다. 그러나 나는 그 축하함과 기뻐함이 어떠한 이유 때문인지 모르겠다. 중국의 이름난 산천은 모두 동남쪽에 있다. 대저 九連 이북으로부터 燕京에 이르기까지 산비탈과 벼랑, 파도, 모래섬의 관경들은 모두 이군이 사는 곳만 못하다. 천하의 걸출한 인재는 한 곳에만 편중되어 있지 않다. 여행을 하다 만난 사람들은 필묵으로 말을 대신해야 하고 비록 말을 아는 사람을 만난다고 하더라도 마음을 통하고 그의 재주를 판단하기에는 부족하다. 그러니 이군이 중국에 가서 사람을 만나 교유한다고 하더라도 반드시 평소에 종유하던 사람보다 현명한 사람을 만날 것을 기필할 수 없다.[86]

이는 중국에 대한 정확한 정보 속에서 이제 더 이상 중국여행은 흥분되는 것이 아니었음을 말해준다. 그러한 입장에서 홍길주는 중국에

---

85  洪吉周, 『縹礱乙幟』 권15 「睡餘演筆 下」 "朴楚亭 嘗曰 東國人 只慣坐窩述錄 盖謂東人多號某窩 而所著書 多名某錄也 楚亭癖於北學 其皆笑東俗如此 然東人窩號 實無幾 恐不若庵齋之多 中國書尤多名某錄者"

86  위의 책, 「送李生德箴入中國序」 "今年辛卯 李君從淵泉先生入中國 知李君者 無不賀其遊 李君亦翩翩甚自喜也 然吾未知其賀與喜何故爾 中國之名山川 皆在東南 夫自九連以北至于皇京 其陂崖濤波洲渚之觀 未有如李君所居者 天下之奇偉英俊 不偏于一隅 羈旅邂逅 以筆墨代吻舌 雖有知言者 不足以通其情而辨其材 李君適中國遇人而與之交 未必賢於平日所從遊者"

94  동아시아의 근대, 그 중심과 주변

대해서 객관적인 인식을 갖는 것이 중요함을 설파하였던 것이다.[87] 홍길주의 아들 洪祐健(1811~1866)도 중국을 오랑캐로 비하해서도 중국을 지나치게 숭상해서도 안 된다고 하면서 중국에 대한 객관적 입장을 강조하였다.[88] 이렇게 중국에 대해서 객관적인 인식을 가지게 되었다는 것은 무척 중요한 의미를 갖는다. 중국에 대한 정당한 객관화는 결국 조선을 객관적으로 인식하는 데 중요한 계기가 되기 때문이었다. 다음은 이러한 모습을 잘 보여준다.

지금 사람들은 조금 글 솜씨가 있으면 바로 베껴 써서 중국 가는 사신에게 부탁하여 중국에서 감상 글을 구한다. 생각건대, 우리나라에서 알아주는 자가 없음을 유감으로 여기기 때문이다. 하지만 중국 사람들이 우리나라 글을 높여 기리는 것은 기뻐할 것이 못된다. 또한 우리의 문학 작품 중에 비록 진실로 감상할 만한 것이 있다고 해도 반드시 중국 사람이 숭상하는 것과 합치되지도 않는다. 중국은 근세에 경학은 곧 鄭玄과 孔穎達을 祖宗으로 삼고 문장은 곧 고증에만 힘 쏟으며, 詩歌는 곧 韓愈와 蘇軾을 스승으로 삼는다. 그 습속이 오히려 明末淸初와 더불어 또한 크게 다를 뿐만이 아니다. 우리나라의 문학이 어찌 그들의 기호에 맞겠는가!!![89]

---

87 洪吉周, 『縹礱乙懺』 권5 「送卞士裕入中國序」 "是皆一國之中數百里之人也 至京都 多或十數值 其各得乎所見聞止此 況外邦人之於中國乎 然遐鄕之人 有學京態者 其冠帶言語動止 欲姸而彌醜 (…중략…) 卞君士裕 嫺文藝 幹事物 遇器用技巧之微 必究悉其夏 數出游於邦內 輒爲書以識其山川風土往還之槪畧 今年辛卯 隨淵泉先生入中國 意洋洋若將有所獲 余旣告之以鄕人之說 又繼以助之曰 觀乎物而得其一端 不害其爲善觀 雖七十子之學聖人 蓋鈔有具體者 子之歸 著有一部書 得如旅舍之夜譚者 吾必謂之善觀矣 吾子毋以是自病 唯求免乎中國人之餓焉 可也"

88 洪祐健, 『原泉集』 권4 「送族大夫省山居士赴燕序」 庚戌.

89 洪吉周, 『沆瀣丙函』 권5 「睡餘瀾筆 上」 "今人稍有文詞 輒鈔付燕价 求賞於中國 蓋恨吾邦之無知者也 然中國人獎譽東文 已不足喜 且吾之文學 雖眞有可賞 未必合於中國人所尙 中

근세에 우리나라 문사 중에 중국의 문체라고 일컬어지는 것은 대개 또한 중국에서는 수백 년 전에 숭상하던 것일 따름이다. 지금의 중국에서는 이미 그것을 버려 마치 썩고 더러운 것처럼 여긴다.[90]

위 인용문을 통하여 중국에 대한 정확한 정보가 조선의 문화 이해도 더욱 깊게 해주고 있었음을 확인할 수 있다. 홍길주는 우리가 숭상하는 것과 중국에서의 유행이 이미 매우 다르다는 사실을 인지해야 한다는 주장했다. 이러한 인식은 중국에 대한 이해가 심화되면서 나온 것으로 柳得恭(1749~1807) 또한 몇 세대가 지난 뒤 중국의 문집이 조선에 전래되는 상황을 지적한 바 있었다.[91] 이러한 인식은 중국에 대한 이해를 통하여 조선의 문화적 상황도 객관적으로 이해할 수 있었다는 점에서 중요한 의의를 지닌다.

그러한 맥락에서 홍길주는 당시 경화사족들 일부가 중국의 명사들과 교류하는 사실을 남들에게 자랑하려는 풍조를 비판하였다. 18세기 후반부터 조선의 문인들은 중국의 명사들과의 교유가 활발해지면서 詩文을 서로 교환하고 학문적 토론을 벌였다.[92] 1777년(정조 1년) 유득공의 숙부 柳琴(1741~1788)이 북경에서 李調元(1735~1803)과 潘庭筠(1742~?)을 만나 李德懋(1741~1793), 柳得恭, 朴齊家, 李書九(1754~1825) 4인의 시

---

國近世 經學則祖鄭孔 文章則專考證 詩歌則師韓蘇 其習尙與明末淸初又不啻大異 我東文學安能中其嗜好耶"

**90** 위의 글, "近世東人文詞之號爲中國體者 槩亦中國數百年前所尙耳 今之中國已棄之如圬穢矣"

**91** 柳得恭, 『泠齋集』권7 「幷世集序」 "至若有明一代 四傑七子 竟陵雲間 風聲振海內 而東土諸公 側耳而無聞 及至數世之後 刻集東來 然後始知某時有某人 是猶通都大邑 瓜果爛漫 而僻鄕窮村 坐待晩時也"

**92** 이 부분에 대해서는 김영진, 「조선 후기 중국사행과 서책문화」, 한양대 한국학연구소 편, 『19세기 조선 지식인의 문화지형도』, 한양대 출판부, 2006, 601~612쪽 참조.

를 묶은 『韓客巾衍集』의 서문을 받아온 것은 대표적인 경우이다. 그 가운데에는 중국 명사들의 인정을 받고, 이를 통해서 학문적 권위를 인정받으려는 지식인들도 상당수 있었다. 홍길주는 근래에 조선 사람들이 중국에 들어가 중국 문사들에게 자신의 글을 보이고 격려와 칭찬을 받게 되면 돌아와서 득의양양하는 것을 비판적으로 보았다.[93]

이렇게 중국문사들에게 아첨하려는 풍조에 대해서 비판적이었던 홍길주는 오히려 조선에 대해서 자부하였다. 그는 천하의 볼 만한 산수는 중국 남방에 있으니 燕行 길에서 보는 산수는 조선만 못하그 천하의 문장으로 六經 이하 훌륭한 것은 이미 조선의 사대부 집안에 갖추어져 있다고 하였다. 천하의 인물들도 연행 길에서 반드시 만날 수 있다는 보장이 없으니 중국 구경을 하지 못한 것이 어찌 한탄스러운 일이겠는가 하였다.[94] 그러면서 오히려 중국이 조선의 훌륭한 인물들을 보았으면 한다고 하였다.[95] 그는 조선이 이미 중국적인 문화수준에 도달해 있고, 앞으로 중국보다 훌륭한 문화유산을 만들어낼 저력이 있다고 생각하였던 것이다.

---

**93** 洪吉周, 『縹礱乙䰞』 권13 「睡餘放筆 下」 "近一卿宰嘗言 東國人入中國 以詩文示中國文士 得其奬譽 歸輒自得而詑諸人 是猶耽羅人 以文謁吾輩 吾輩以其遠人也 故奬之 而其人喜甚 眞以爲己作之可選也"

**94** 洪吉周, 『沆瀣丙函』 권2 「送李醇溪行臺及其弟稗舒北行序」 "士生海外小國 莫不以一寓目 中華爲大願 然中華之不可不觀者 顧何也 天下之可觀 稱名山水 中國之名山水 多在南方 鴨江以北至于順天 洪濤鉅嶺峭巖激瀨之勝 夐可与我邦之關東西侊者 天下之可觀 稱宮室 樓臺 今之中國 固爀然駁矣 顧君子不以貴也 天下之可觀 稱文章 中國之書 自六經以下 其 善者 我邦士大夫 固已家有之矣 其未及有者 亦非旬月之所可究也 天下之可觀 稱偉人奇士 今之士未遽及古人 設有之 豈外邦客使偶与之交者 所能必其遇哉 夫如是 雖謂之中國無可 觀 可也 海外之士 奚願乎一見中國 奚恨乎不一見中國"

**95** 위의 글, "吾邦雖小 固不患無是人焉 吾固未必願是人之一見中國 而願中國之一見是人也 吾固未必恨是人之不見中國 而恨中國之不見是人也"

이러한 의식은 19세기 전반 이후 청제국 질서의 점차적인 이완과도 관련이 있지만, 근본적으로는 중화 문화를 중국과 대등한 위치에서 만들어간다는 인식에서 비롯된 것이었다. 李德懋는 四庫全書가 천하의 서책을 망라했다면 朝鮮, 安南, 日本, 琉球의 서적도 포함되었는지를 潘庭筠에 물었다.[96] 이는 조선, 안남, 일본, 류구에도 중국과 대등한 정도의 서적들이 존재하며, 이 지역의 서적들도 四庫全書라는 중화 문화의 총집결체에 당당히 한 부분이 될 수 있음을 확인 받고자 함이었다. 이덕무는 이외에 중국에서 간행된 『高麗史』, 『東醫寶鑑』 등 조선의 서책에 대해서도 많은 관심을 보였다.[97]

홍희준의 경우에는 선비로서 태어나지 않으면 그만이지만 이왕 세상에 태어난다면 古今의 인물들과 天下의 서책, 천하 만국이 모여드는 중국에서 태어나야 한다는 생각을 가졌다.[98] 이는 적극적으로 중국에 참여하고자 하는 의식에서 비롯된 것이었다. 이를 증명하듯이 그는 『周易』에 관심이 많았는데, 다음과 같이 易에 대한 자신의 견해를 紀昀 (1724~1805)의 손자 紀樹蕤에게 알려 인정받고자 하였다.[99]

옛날에 서역에서 나온 韻書의 反切法은 중국에서 행해졌으니 지금에까

---

96  李德懋, 『靑莊館全書』 권19 雅亭遺稿 11, 「潘秋庫庭筠」 "旣包羅天下之書 則海外之書 如朝鮮安南日本琉球之書 亦爲收入耶 若然則略示其目錄如何" 이는 김문식, 「18세기 후반 서울 學人의 淸學認識과 淸 文物 도입론」, 『奎章閣』 17, 서울大學校 奎章閣, 1994, 20쪽.

97  李德懋, 위의 글, "朝鮮之書 開彫於中國者 如高麗史東醫寶鑑等書以外 復有幾種耶"

98  洪義俊, 『傳舊』 4 「送姜校理百源奉使之燕序」 "士不生于世則已 生則當於中國 夫中國古今人物之所咸萃也 經史子集之所藏修也 天下萬國之所會同也 故人有一才一藝者 皆能身縣於當時 名聞於後世 不與草木同腐焉"

99  洪良浩가 紀昀과 교유한 이래로 두 가문은 世交를 이어가 『斗南神交集』을 편찬하기도 하였다(洪錫謨, 『陶厓詩文選』 革(七) 「斗南神交集跋」; 洪敬模, 『冠巖全書』 12책 「斗南神交集序」 참조).

지 韻家의 要訣입니다. 이는 서역의 서적이라고 소홀히 여기지 않았기 때문입니다. 지금 다행히도 三圖가 이미 세상에 나왔으니 중화의 역학가들은 또한 마땅히 그 아름다움을 이룰 것을 즐거이 여겨 要旨를 초록하여 후세에 전해지게 해야 합니다. 그렇게 하면 조금한 보탬이 없지 않을 것입니다. 東國의 책이 어찌 서역의 서적만 못하겠습니까! 지금 동국에서 나온 것이라고 하여 소홀히 여겨 易家 諸書에 전해지지 못해서 이에 사라져 버리게 한다면 내가 그 의미를 밝힌 바의 것은 단지 헛된 공부가 되어 버리고 易經을 아직 모두 갖추지 못하게 되니 어찌 애석하지 않을 수 있겠습니까! 중화의 大方家들 가운데 易의 뜻을 발명하는 자는 많지 않은 것이 아니나, 이 三圖로써 또한 보완하고 아울러 전하게 할 수 있을 것입니다. 비록 聖人이 다시 일어나더라도 나의 말을 바꾸지 않을 것입니다.[100]

홍희준은 東國의 학문수준을 자부하면서 이것이 중화의 학문을 구성하는 데 도움이 될 수 있으리라고 생각하였다. 그는 동국의 책이 어찌 서역의 책만 못하겠느냐고 하면서 동국의 책이 易의 뜻을 보완하고 밝히는 데 기여할 것이라고 하였다. 그리고서는 비록 성인이 다시 일어나더라도 나의 말을 바꾸지 않을 것이라고 하며 강한 자신감을 보였다. 홍희준 이외에도 많은 조선의 지식인들이 중국의 명사들과 교류하면서 그들과 학문적으로 연대하고자 한 것은 자신들도 중화의 학문에

---

100 洪義俊,『傳舊』5「與紀茂林樹葵書」"昔者西域所出韻書反切之法 行于中國 至今爲韻家要訣 此不以西域之書而輕忽之也 今幸三圖旣闡發於世 中華之易學諸家 亦宜樂成其美 簡抄要旨 俾傳於後世 則不可謂無小補也 東國之書 何渠不若西域之書乎 今以東國所出輕忽之不得傳於易家諸書 仍爲泯沒 則僕之所以發其蘊奧者 徒爲虛閒工夫 而其於易經之未盡備亦豈不可惜哉 中華大方之家 發明易旨者 非不衆多 而以此三圖 亦可鋪張而並傳之也 雖聖人復起 不易吾言者也"

동참하고 있다는 의식을 갖고자 함이었다고 생각한다. 이것은 조선이 새로운 중화 질서를 창출하는 데 중국과 균등한 위치에 서있다는 의식의 반영으로 볼 수 있다. 그러한 가운데 조선이 비록 중국의 동쪽에 치우쳐 있지만 천하의 중심이 될 수도 있다는 자신감도 등장하였다.[101]

洪翰周가 당색을 의식하지 않고 丁若鏞(1762~1836)을 높이 평가하여 金正喜(1786~1856)보다 나으며 중국에 갖다 놓아도 손색이 없을 것이라고 극찬하였던 것은 이러한 자부심의 표현이었다.[102] 18세기 후반 黃胤錫(1729~1791)이 당시 지식인 사회가 당색이 다르면 서로 글도 읽지 않는다는 기록을 남긴 것을 생각해 보면, 그동안 있었던 많은 변화를 느끼지 않을 수 없다.[103] 물론 여전히 중국은 문화의 중심지로서의 성격이 강했다. 하지만 그것은 다음 인용문에서 볼 수 있는 것처럼 배타적인 독점성이라기보다는 세계만방의 국가들을 연결해주는 보편문화의 구현장으로서의 의미가 더욱 강했다.

중국은 천하문명의 땅이니 마치 사람에게 배꼽이 있어 四肢百脈이 모두 배꼽에 모이는 것과 같다. 이로부터 이후 風氣가 점차 열려 해외의 나라 모

---

101 洪錫謨, 『陶厓詩文選』 土(六) 「送經山鄭尙書充上价赴燕書」 "我國又偏在燕京之東 而我國之東海 卽天下之東海 日月之所出 江漢之所朝 潮汐之所不至 水歸之不盈 泄之而不虛 爲四海之宗 論天下之海者 莫我國若也"

102 洪翰周, 『智水拈筆』(아세아문화사, 1984) 권8, 431쪽. "丁洌水若鏞午人也 (…중략…) 此比之秋史高才實學 不啻過之 不但我國 近世一人 雖置之中國 當在紀曉嵐阮雲臺脚下有餘矣"

103 황윤석은 黨論이 있은 이후로 당이 다르면 서로 통하려 하지 않아 비록 詩文字畵의 말단적인 것이라도 또한 서로 보려하지 않았다는 사실을 전하고 있었다(黃胤錫, 『頤齋亂藁』 2(한국정신문화연구원, 1995) 권9, 丁亥(1767) 十二月 十一日(辛未) 53 "我國自有黨論以來 無論大義理是非關係處 一切不欲相通 雖詩文字畵之末 亦不欲相觀 此豈非痼疾也耶"). 즉, 西人으로 자처하는 자들은 東人의 문자를 보려하지 않았고 老論으로 자처하는 자는 少論의 문자를 보려하지 않았다는 것이다.

두가 통하게 되니 五大部洲 사람들이 오래지 않아 모두 장차 중국에서 통할 것이다. 이에 천지의 큼과 인물의 많음을 더욱 증험할 수 있을 것이니, 이는 작은 견식과 천박한 지식으로 예측할 수 있는 바가 아니다.[104]

그러하기에 조선은 수동적인 위치에서 벗어나 보편문화의 구현을 위해서 더욱 적극적으로 참여하고 분발해야 하는 입장이었다.

요컨대, 중국에 대한 정확한 지리정보와 문화정보는 중국을 객관화할 수 있는 매개가 되었다. 새로운 중화 · 이적 논의는 이러한 인식을 전제로 해서 형성될 수 있었고, 역으로 이러한 정보를 통하여 새로운 중화 · 이적 논의가 활성화될 수 있었던 것이다. 중국의 문화 자체도 불안전하고 통일적이지 않다면 일방적인 중국 문화에 대한 숭상은 사실 의미가 없는 것이었다. 중국을 객관화시킬 수 있는 순간, 동시에 조선에 대한 객관화도 가능하게 되었고 조선에 대한 진지한 탐구도 비로소 시작할 수 있게 되었다.


## 6. 맺음말

이상에서 19세기 전반 대청인식의 변화와 새로운 中華 관념의 형성에 관하여 살펴보았다. 이 시기 일어난 변화들은 19세기 일어난 대외인

---

104 洪義俊, 『傳舊』 4 「荷蘭國人記」 "中國爲天下文明之地 如人之有臍 四肢百脈皆會於臍 自此以後風氣漸闢 海外皆通則五大部洲之人 不久皆將悉通於中國 於是益驗天地之大 人物之衆 非譾見淺識所可測也"

식과 자기인식의 중요한 기틀을 마련하는 것으로서 중요한 의미를 갖는다. 이 글은 궁극적으로 19세기 전반 중화와 조선의 정체성 문제가 어떠한 방식으로 이해되고 있었는지를 찾고자 하였다. 그 과정에서 중화 관념이 어떻게 변모·해체되고 있었고, 동시에 중국의 객관화가 어떻게 조선의 객관화로 이어질 수 있었는지를 살펴보고자 하였다. 또한 이를 통하여 19세기 事大親淸과 對明義理의 유기적 연관관계를 규명하고, 나아가 이후 본격적으로 전개되는 東道西器論이나 西學 이해 등 다양한 현실대응론의 사상적 기원이 어디에 있었는지를 조망하고자 하였다.

18세기 후반에서 19세기 전반 많은 지식인들은 청나라의 실재를 인정하였고 특히 19세기 전반 지식인들은 18세기 후반보다 더욱 적극적으로 청나라의 번영을 인정하고자 하였다. 그러한 가운데 청나라의 번성은 선대 조상이 善을 쌓은 결과로 자연스러운 순환의 이치이며 청나라의 통치를 小康과 관련하여 이해하려는 경향까지 생겨났다. 이러한 적극적인 대청인식과 함께 지나친 대명의리론에 대한 비판작업도 함께 있었다. 숭정 연호의 사용에 대해서 비판하거나, 군신지의를 강조하는 경향이 형성되었던 것이다.

이처럼 청나라 질서를 엄연한 현실로서 인정하면서 새롭게 중화·이적의 분석 틀을 마련하고자 하는 사유들이 속속 등장하였다. 그들은 중화·이적을 고정 불변한 것이 아닌 변화 가능한 인간의 문제라고 인식하였다. 그들은 중화의 구현양태도 忠·質·文으로 다양하고 그러한 점에서 중화 또한 고정적인 것이 아닌 '형성되어가는' 존재라는 생각을 통해, 이적을 이해하는 새로운 관점을 확보했다. 그러한 의식을 통하여 이적을 중화와 균등한 지점에서 파악할 수 있는 단서들을 만들어갔다. 나아가 그들은 중화 관념을 단순화하여 人道라는 인류적 보편성으로서, 所當然이 아닌 所以然에 가까운 개념으로 바꾸어 나갔다. 새로운 중화·이적 논의를 통해서 중화는 五倫五性을 내용으로 하는 인류 공유의 보편성의 의미로 옮겨가는 양상을 띠었다.

이러한 이유로 洪羲俊은 네덜란드인에게서조차 인류적 보편성을 발견하고자 하였다. 인간이 사는 곳은 어느 곳이나 神聖한 사람이 있고 人倫이 있을 수밖에 없다는 논리를 만든 것이다. 하지만 19세기 초반 辛酉獄事의 여파와 서양의 침략적 모습에 경계하는 과정에서 서학에 대한 낙관적인 입장은 점차 탈각되고, 오히려 서학에 대한 태도는 18세기 후반보다 더욱 보수화되는 경향마저 있었다. 그러한 과정에서 淸 제국 중심의 중화세계 수호라는 관념이 성장하였다. 한편, 이러한 흐름과는 구별되게 서학을 포함하는 보편학문의 구축을 염두에 둔 崔漢綺와 같은 이도 있었다.

이러한 과정을 통해서 형성된 중화 관념은 중국 또한 객관화의 대상이 될 수 있다는 사유를 마련했다. 이 시기 급격하게 중국으로부터 들어온 다양한 학문들은 이러한 중국 객관화의 중요한 매개가 되었다. 중국 문예의 비균질적인 지점들이 발견되면서 일방적인 중국 문화에 대한 숭상이나 단순한 중국 문화의 모방은 의미가 없어졌다. 이제 창의적인 중화문화( = 보편문화)를 만들어내야 하는 과제가 새롭게 부여된 것이다. 중국을 객관화시키는 순간, 동시에 조선에 대한 객관화와 진지한 탐구도 시작될 수 있었던 것이다.

이 글은 18세기 후반 북학파 지식인들에 의해서 마련된 새로운 중화·이적 논의가 어떻게 19세기에 계승되면서 발전해갔는지를 밝혀보고자 했다. 중화의 의미가 人道로서 규정되면서 중국조차 인도를 지켜야 하는 하나의 대상이 되었다. 그러한 점에서 중화의 배치는 이적과 균등한 지점에서 마련되었다. 이러한 사유는 '중화는 예의'라는 관념에서 한 단계 더 나아간 것으로서 소당연보다는 소이연의 의미영역에서 파악되는 것이었다. 그러하기에 그 개념이 갖는 개방성은 더욱 컸다. 이것은 이 시기 중화·이적 논의에서 새로운 공간을 열 수 있었다. 그 과정에서 중국에 대한 객관화가 가능해졌고, 점차 조선에 대한 객관화도 이루어졌다.

# 참고문헌

金景善, 『燕轅直指』.

朴珪壽, 『瓛齋集』.

박종채, 김윤조 역주, 『역주 과정록』, 태학사, 1997.

朴趾源, 『燕巖集』.

徐有本, 『左蘇山人文集』(李佑成 편, 아세아문화사, 1992).

成大中, 『青城雜記』.

安鼎福, 『順菴集』.

柳得恭, 『泠齋集』.

俞莘煥, 『鳳棲集』.

_____, 『俞莘煥全集』.

李德懋, 『雅亭遺稿』.

_____, 『青莊館全書』.

李海應, 『薊山紀程』.

李憲明, 『清史提要』.

鄭東愈, 『晝永編』.

趙秀三, 『秋齋集』.

崔漢綺, 『氣學』.

_____, 『人政』.

韓元震, 『南塘集』.

洪敬模, 『冠巖存藁』.

洪吉周, 『縹礱乙幟』.

_____, 『沆瀣丙函』.

洪大容, 『湛軒書』.

洪錫謨, 『陶厓詩文選』.

_____, 『游燕藁』.

洪祐健, 『原泉集』.

洪直弼, 『梅山雜識』.

洪翰周, 『智水拈筆』(아세아문화사, 1984).

洪義俊,『傳舊』.

黃景源,『江漢集』.

黃胤錫,『頤齋亂藁』2(한국정신문화연구원, 1995).


강명관,「16세기 말 17세기 초 擬古文派의 수용과 秦漢古文派의 성립」,『韓國漢文學
　　　　研究』18, 1995.

고연희,「17C 말 18C 초 白岳詞壇의 明淸文學 受容樣相」,『東方學』1, 한서대 동양고
　　　　전연구소, 1996.

김문식, 1994「18세기 후반 서울 學人의 淸學認識과 淸 文物 도입론」,『奎章閣』17

김영진,「朝鮮後期 明淸小品 수용과 小品文의 전개양상」, 고려대 박사논문, 2003.

_____,「조선 후기 중국사행과 서책문화」, 한양대 한국학연구소 편,『19세기 조선
　　　　지식인의 문화지형도』, 한양대 출판부, 2006.

김윤조, 1995「연암 문학의 계승 양상에 대한 한 고찰」,『한문학연구』10, 1995.

_____,「實學派文學의 繼承樣相에 관한 硏究」,『大東漢文學』8, 1996.

노대환,「19세기 전반 지식인의 對淸 危機認識과 北學論」,『韓國學報』76, 1994.

유봉학,「明·淸 교체에 따른 對外意識의 추이」,『燕巖一派 北學思想 硏究』, 一志社,
　　　　1995.

이영춘,「尤菴 宋時烈의 尊周思想」,『淸溪史學』6, 1985.

조성산,「19세기 전반 노론계 佛敎認識의 정치적 성격」,『韓國思想史學』13, 1999.

_____,「宋時烈의 性理學 이해와 現實觀」,『韓國史學報』17, 2004.


김명호,『환재 박규수 연구』, 창비, 2008.

유봉학,『燕巖一派 北學思想 硏究』, 一志社, 1995.

조성산,『조선 후기 낙론계 학풍의 형성과 전개』, 지식산업사, 2007.

허태용,『조선 후기 중화론과 역사인식』, 아카넷, 2009.


石橋崇雄, 홍성구 역,『대청제국』, 휴머니스트, 2009.

# 중심과 주변의 경계 *
## 18세기 청과 조선의 국경지대

## 1. 머리말

明 萬曆 20년(朝鮮 宣祖 25년, 1592) 누르하치가 막 建州 여진을 통일하고 퍼알라Fe Ala, 興京에 근거하고 있을 당시, 그 휘하의 여진인들이 조선 영내에서 인삼을 캐다가 붙잡혀 머리가 베이고 가죽이 벗겨지는 처벌을 당하는 일이 발생했다. 분개한 누르하치가 조선 병사의 가혹행위에 항의하자 선조는 "천하의 封疆은 분명히 나뉘어 있는 것이며 天朝(명)의 허락 없이는 조선과 여진은 사사로이 통할 수 없다"는 뜻으로 夷狄을 다스리고자 했다. 3년 후 조선의 鄕通事 河世國이 명의 관리와 함께 퍼알라를 방문했을 때 누르하치는 명의 龍虎將軍이 되어 있었다. 명과 조선의 방문객을 맞이한 누르하치는 "명이 조선을 宣諭하였음을 고려

---

* 이 글은『중국사연구』71(중국사학회, 2011)의「雍正 : 乾隆年間 荐牛哨 事件과 淸−朝鮮 國境地帶」를 수정 · 보완한 것이다.

중심과 주변의 경계 107

하여" 우호적인 관계를 유지하기로 하고 소를 잡아 이들을 후대했다.[1]

後金 天總 2년(조선 仁祖 6년, 1628) 부친을 이어 후금의 칸에 등극한 홍타이지는 조선인들이 후금 영내를 침입하는 문제를 본격적으로 제기하기 시작했다. 조선에 보낸 국서에서 그는 "양국의 인민이 사사로이 경계를 넘어 수렵하는 것은 마땅히 엄금하여 멋대로 행동하고 사단을 일으키게 해서는 안 될 것"이라고 경고했다. 이듬해 후금 경내에서 인삼을 채취한 조선인 두 사람은 서울로 압송되어 후금 사신이 보는 앞에서 참수되었다. 이어 홍타이지는 조선인의 범월과 불법채삼을 근절하기 위해서 범월 당사자뿐만 아니라 해당 지역의 관리까지 처벌하라고 요구하기 시작했다. 淸 崇德 元年(인조 14년, 1636) 이후에는 청의 영내에서 불법채삼한 조선인은 압록강변에서 효시되고 해당 지역 관원은 혁직 또는 유배되는 것이 관례가 되었다.[2]

康熙 24년(肅宗 11년, 1685) 조선인들이 압록강을 건너 청 영내에서 인삼을 캐다가 三道溝에서 지리 측량을 하고 있던 청의 관리를 조총으로 쏘아 상해를 입히는 사건이 발생했다. 강희제는 사건의 책임을 추궁하여 숙종에게 罰銀 2만 량을 바치도록 명령했다.[3] 또한 이 사건을 계기로 압록강과 두만강의 수원을 조사하도록 지시하고 강희 51년(숙종 38년, 1712) 마침내 백두산정계비를 세웠다. 조선은 이후 정계비가 두만강의 수원을 잘못 비정하고 있음을 발견했으나, 이후 양국 어느 쪽도 다

---

1   『선조실록』 권28, 25b쪽, 선조 25년 7월 26일; 『선조실록』 권66, 8a쪽, 선조 28년 8월 13일.
2   홍타이지 시기 후금과 조선의 범월문제는 김선민, 「인삼과 강역 : 후금~청의 강역인식과 대외관계의 변화」, 『명청사연구』 30집, 명청사학회, 2008 참조.
3   三道溝 사건의 전말은 이홍렬, 「三道溝 사건과 그 先後策」, 『백산서당』 5집, 1968.12; 이화자, 『朝淸國境問題硏究』, 집문당, 2008, 91~108쪽 참조.

시 경계를 명확히 하려고 시도하지 않았다.[4]

16세기 말에서 18세기 초에 걸쳐 청과 조선 사이에서 발생한 이 범월사건들을 이해하기 위해서는 여러 가지 상황이 중첩되고 있음을 고려할 필요가 있다. 첫째, 위의 사건들은 변경의 만주족이 흥기하여 제국으로 팽창하는 과정을 상징적으로 보여준다. 16세기 말 누르하치는 명으로부터 받은 용호장군의 직함을 이용해 명과의 호시에서 주도권을 행사하여 부를 축적했고 이를 통해 자신의 정치기반을 구축해갔다. 그러나 이후 명의 권위가 보호가 아닌 간섭으로 작용하자 그는 후금을 건국하여 명군과 싸우며 요동으로 진출하기 시작했다. 17세기 초 누르하치를 계승한 홍타이지는 여진 전통의 부족적 분권통치를 타파하고 칸 일인에게 권력을 집중시킨 후 내몽골로 진출하여 차하르 부를 복속시킴으로써 大淸으로 나아가는 발판을 마련했다. 홍타이지는 만주족·몽골족·한족 왕공들의 추대를 받아 대청의 황제로 등극했지만 청이 중원으로 진입한 것은 그의 사후인 順治 元年(1644)이었다. 홍타이지의 대청은 강희·옹정·건륭 연간을 거쳐 청제국으로 팽창해갔다. 17세기 말 강희제는 三藩의 난을 진압하고 대만의 鄭成功 세력을 제거함으로써 중국 내지의 통일을 완수했고, 옹정제가 이룬 內治의 성과를 바탕으로 18세기 중반 건륭제가 신강 복속에 성공함으로써 청제국의 판도는 최대로 확장되었다.[5]

---

4  백두산정계비 설치에 관한 대표적 연구는 조광, 「조선 후기의 변경의식」, 『백산학보』 16집, 1974; 강석화, 『조선 후기 함경도와 북방영토의식』, 경세원, 2000; 안드레 슈미드, 정여울 역, 『제국 그 사이의 한국, 1895~1919』, 휴머니스트, 2007; 이화자, 앞의 책 등.

5  16세기에서 17세기 말까지 후금에서 청으로의 발전과정에 대한 개설적 설명으로는 Pamela Crossley, *The Manchus*, Blackwell Publisher, 1997; 이시바시 다카오, 홍성구 역, 『대청제국 1616~1799』, 휴머니스트, 2009가 유용하다.

둘째, 위에서 언급한 범월사건들은 여진족의 후금이 만주족의 청으로 발전하면서 조선과 여진의 상하관계 역시 청과 조선의 사대관계로 변화하고 있음을 상징적으로 드러낸다. 16세기 말까지 조선과 여진의 관계는 '人臣無外交'의 원칙하에 명을 매개로 이루어졌고 독자적인 관계를 맺을 수는 없었다. 그러나 조선은 여러 가지 방식으로 여진에게 事大를 종용했고 이들을 藩籬·藩屛으로 거느림으로써 명 중심의 중화질서 속에서 이와 유사한 형태로 조선-여진 간의 '중층적' 복속관계를 형성했다.[6] 여진을 열등한 야만 부족으로 여기는 인식은 앞서 소개한 것처럼 조선병사의 여진 불법 채삼자에 대한 가혹한 처벌로 표출되기도 했다. 그리고 이로 인한 조선과 여진의 갈등이 명의 중재로 해결되었다는 것은 16세기 말까지 명 중심의 질서가 안정적으로 유지되고 있었음을 의미했다. 조선 지배층의 성리학적 가치관과 조선왕조의 '再造之恩'에 대한 신념은 명에 대한 事大를 조선의 절대적인 지배 이데올로기로 만들었다. 내외적으로 對明 事大는 조선의 일관된 원칙이었다.[7]

그러나 후금의 건국은 명-조선-여진의 중층적 복속관계에 균열을 일으켰고 뒤이어 계속된 후금의 도전은 명과 조선의 사대관계까지 위협하기 시작했다. 홍타이지는 조선의 대명 사대에 끊임없이 도전했고 군사정벌을 통해 이를 전복시키는데 성공했다. 앞서 소개한 조선인 범월 문제는 홍타이지가 조선을 위협하고 굴복시키기 위해 범월문제를

---

6  정다함은 야인과 대마도에 대한 조선의 경차관의 파견을 분석하여, 조선이 명의 대외정책 모델을 여진과 대마도 정책에 적용하여 '중층적' 臣屬관계를 이루었다고 논증한 바 있다. 「朝鮮初期 野人과 對馬島에 대한 藩籬·藩屛 認識의 형성과 敬差官의 파견」, 『東方學志』 141, 2008, 256쪽.
7  조선의 대명 사대와 지배 이데올로기에 대해서는 대표적인 최근 연구는 계승범, 『조선시대 해외파병과 한중관계』, 푸른역사, 2009.

정치적으로 활용했음을 보여준다. 누르하치 시기의 건주 여진이 인삼을 찾다가 조선 영내를 침범한 것처럼 홍타이지 시기의 조선인 역시 인삼을 찾다가 후금 땅에 들어간 것이었다. 그러나 이는 더 이상 단순한 월경사건이 아니었다. 홍타이지에게 조선인의 인삼채취는 불법적인 범월이자 후금에 대한 심각한 도전이었다. 이를 근절하기 위해서는 궁극적으로 조선의 대명 사대를 끊어야 했고, 결국 조선은 두 차례의 전쟁 끝에 청과 조공관계를 맺었다.[8]

숭덕 원년(1636)에 시작된 청-조선의 조공관계가 19세기 말까지 유지되었던 것은 분명하다. 그러나 조공과 책봉의 관행이나 조선사행의 북경방문이 계속되었다고 해서 현안의 처리방식이나 상호인식에 변화가 없었던 것은 결코 아니었다. 홍타이지가 조선을 정벌한 이래 청과 조선의 관계는 줄곧 경색되어 있었고, 이러한 긴장관계는 강희제가 중국 내지의 통일을 완수할 때까지도 대체로 지속되었다. 청에서 삼번의 난이 일어났다는 소식은 반청의식에 사로잡힌 조선 조정을 자극했고, 조선의 불온한 움직임은 청 조정에서도 감지할 수 있을 정도였다.[9] 17세기 후반 조선에 대한 청의 불신과 의혹은 조선인 범월사건의 처리과정에 잘 드러난다. 앞서 소개했듯이 범월한 조선인이 청의 관리에게

---

8  후금-청 시기 조선과의 관계에 대한 대표적인 최근 연구는 한명기, 『정묘·병자호란과 동아시아』, 푸른역사, 2008.

9  이화자, 앞의 책, 75~80쪽. 삼번의 난 당시 조선 조정에는 청조의 패망에 대한 기대가 팽배했고, 이는 조선사행을 자주 접하는 만주인 예부시랑 뿐만 아니라 황제조차도 인식하고 있는 사실이었다. 삼번의 난이 진압된 후 청은 조선 조정이 올린 외교문서가 격식에 어긋난다는 이유로 여러 차례 조선국왕에게 罰銀을 부과했다. 夫馬進에 따르면 강희 연간의 이른바 '외교문서 違式 사건'은 중국이 조선을 다스리거나 견제하고자 할 때 사용된 방법으로, 14세기 말 명 초기부터 조선과의 관계에서 이미 여러 차례 등장하였다. 夫馬進, 「明淸中國の對朝鮮外交における「禮」と「問罪」」, 『中國東アジア外交交流史の硏究』, 京都: 京都大學學術出版會, 2007, 340~346쪽.

상해를 입힌 일과 관련하여 강희제가 전례없이 조선국왕에게 벌은罰銀이라는 조치를 내린 것은 조선에게 상당한 응징을 가한다는 의미로 볼 수 있을 것이다.[10] 그러나 18세기 초 백두산정계비 설치 당시 조선에 대한 강희제의 태도는 과거와 같이 강경하게 번국을 통제하려는 상국 황제의 모습은 아니었다. 무엇보다 조부인 홍타이지와 비교할 때 강희제의 대조선 정책은 매우 유화적으로 보인다. 이는 중국 내지의 통일에 성공하고 청의 중원 통치가 안정적으로 실시됨에 따른 자신감의 표현으로 보아야 할 것이다. 여기에서 중요한 것은 홍타이지의 강경책이나 강희제의 유화책은 모두 상국의 권위를 드러내는 방식으로 표현되었다는 점이다. 중원과 조선의 관계는 명에서 청에 이르기까지 그 내용의 변화나 부침과는 무관하게 늘 조공관계의 외피를 쓰고 있었다.

이 글은 18세기 청의 중국지배가 안정되어 가면서 청과 조선의 관계는 실제로 어떻게 전개되고 있었는지 파악하기 위해 옹정-건륭 연간에 양국의 외교현안으로 등장했던 망우초 수로초소 설치 시도에 주목한다. 압록강에 위치한 망우초라는 섬을 누가, 어떻게 관리할 것인가를 둘러싼 청 황제, 성경장군, 북경의 신료들, 그리고 조선국왕과 조선의 신료들이 주고받은 대화는 『동문휘고』에 생생하게 기록되어 있다. 『동문휘고』는 정조 8년(1784) 왕명에 따라 인조 이후 고종 18년(1881)까

---

10  강희제의 벌은에 대해 이화자는 "이는 삼번의 난 당시 조선의 태도에 대한 응징이라기보다 월경 행위에 대한 응징"으로 파악한다. 이화자, 앞의 책, 103쪽. 한편 김경록은 명대에는 조선인과 조선국왕에게 벌은을 부과한 사례가 없었던 사실에 주목하여 강희제의 벌은은 청이 조선을 "독립된 번국으로 인정하면서도 직접적인 통치의 영역의 일부로 인식"했다고 파악한다. 김경록, 「조선의 대청관계 인식과 외교체계」, 『이화사학연구』 37집, 2008, 157쪽. 강희제의 벌은에 대한 이화자의 평가는 다소 약하고, 김경록의 평가는 다소 과하다는 인상이다. 강희제는 조선에게 벌금을 납부하게 함으로써 조선에 대한 상국의 힘과 권위를 과시하고자 했을 것으로 보는 것이 타당할 것이다.

지 조선이 청·일본과 주고받은 사대-교린에 관한 외교문서를 정리한 것으로 1978년 국사편찬위원회에서 영인되었는데, 이 가운데 일부가 표점·번역되어 『국역 『同文彙考』 疆界 史料』와 『국역 『同文彙考』 犯越 史料』 1로 출판되었다.[11] 『동문휘고』에 실린 지방관리의 보고와 『淸實錄』과 『조선왕조실록』에 보이는 중앙의 논의과정을 함께 검토함으로써 18세기 중반 청과 조선의 상호인식과 변경인식을 이해할 수 있을 것으로 기대한다.


## 2. 청-조선 국경지대의 양상

17세기 말까지 청과 조선 사이에서 주로 문제가 되었던 것은 조선인이 청의 영내로 침범하는 일이었다. 그러나 18세기 초에 이르러는 청인들이 조선과의 국경지대에 출몰하는 일에 대한 보고도 잦아졌다. 청인들이 조선 영내를 침입하는 것은 대체로 인삼 채취와 관련된 경우가 많았다. 숙종 33년(1707) 청인 채삼자들이 평안도로 건너와 파수졸을 붙잡아 가고 魚鹽을 요구하는 일이 발생했다.[12] 청인 채삼인들이 변경

---

11  배우성·구범진 역, 『국역 『同文彙考』 疆界 史料』, 동북아역사재단, 2008; 구범진·배우성 역, 『국역 『同文彙考』 犯越 史料』 1, 동북아역사재단, 2008. 망우초 수로초소 설치에 이 글의 분석은 『국역 『同文彙考』 疆界 史料』에 크게 힘입었다. 이하 본문에서는 이를 『국역 강계 사료』로 약칭한다.

12  사건 발생 당시 조선 조정에서는 범월인들이 봉황성에서 보낸 채삼인이라는 사실 때문에 사건이 발생했다는 자문을 아예 청에 보내지 못했다. 봉황성은 조선사행의 출입을 관리하는 곳이었기 때문에 만약 봉황성 성수위가 조선 조정에 불만을 품게 되면 결국 조선 사행에게 불리한 일이 일어날 수 있다는 우려 때문이었다. 『숙종실록』 권45, 32a쪽, 숙종 33년 7월 20일.

에서 인삼을 채취하다가 조선 영내에 들어와 민가에 침입하는 경우도 있었다. 숙종 37년(1711) 咸鏡觀察使 李善溥의 보고에 따르면 청인 10여 명이 갑산의 古雲籠 일대에 장막을 치고 거주하면서 민가에까지 들어오는 일이 발생했다. 조선인 파수꾼이 이들을 붙잡아 심문하자 청인 범월자들은 자신들이 합법적인 蔘票를 지닌 採蔘人이라고 주장했다. "저희들은 심양 사람으로 공문을 가지고 삼을 캐다가 방향을 잃고 백두산 일대를 헤매다가 이곳에 이르렀습니다."[13] 이들이 정말로 성경장군으로부터 합법적인 채삼 허가를 받았는가는 확인할 수 없지만, 당시 청인들이 여러 가지 이유로 조선과의 국경지대에 출입하고 있었던 것은 분명했다.

숙종 40년(1714)에는 청인 수렵꾼들이 평안도 理山의 강변에 침입하여 파수꾼을 납치하고 식량과 소금을 요구하는 사건이 발생했다.[14] 이무렵 조선 조정은 청인들이 국경지대에 출몰하는 일이 잦아지는 것을 심각한 위협으로 여기고 청조에 보다 적극적인 범월 방지책을 마련해 줄 것을 요구했다.

上國人들은 사냥과 채삼을 위해 왕래할 때 수십 혹은 수백 명씩 무리를

---

13 『숙종실록』 권50, 44a쪽, 숙종 37년 7월 30일. 이 사건이 발생하자 조선 조정에서는 이번 기회에 범월금지를 위한 강경한 조치를 청조에 요구해야 한다는 주장이 제기되었다. 그러나 이때는 조선인 李萬枝의 범월사건을 조사하고 백두산 일대를 탐사하기 위해 파견된 목극등이 목적을 달성하지 못하고 청으로 돌아간 직후였다. 만약 조선이 범월 방지책을 요구하면 청에서 이를 구실로 다시 백두산 탐사를 시작할지 모른다는 우려가 제기되었고, 결국 조선 조정은 청조에 대한 항의를 포기하기로 했다. 대신 이들의 월경사실을 알리는 자문을 보내면서 이들이 고의로 경계를 넘은 것이 아님을 애써 강조하였다. 이화자, 『조청국경문제연구』, 집문당, 2008, 177~178쪽.
14 『숙종실록』 권55, 29b쪽, 숙종 40년 9월 16일.

지어 다닙니다. 겨울이 되면 사냥하고 봄이 되면 채삼하며, 장막을 치고 둔 거하며 오랫동안 머무릅니다. 가진 것과 없는 것을 서로 돕는다(有無相資) 는 구실로 소방의 변민들과 몰래 왕래하니, 이 때문에 과거 李萬成과 李萬 枝(의 범월)사건과 같은 일이 발생한 것입니다. 오늘 또 금령을 어기고 멋 대로 경계를 넘어와 파수꾼을 잡아 갔으니, 이런 일이 그치지 않는다면 장 차 어떤 일이 일어날지 알 수 없습니다. (…중략…) 상국인이 변강을 침범 하는 일은 소방이 제어할 수 있는 일은 아니지만 번잡함을 피하지 않고 奏 聞을 올리니 황송할 뿐입니다. (…중략…) 금령을 어기고 월강한 자들을 엄 히 단속하시어 함부로 범월하여 곡식을 약탈하는 일이 없게 하시어 소방의 변민들이 놀라고 근심하는 걱정을 덜어주시기를 바랄 뿐입니다.[15]

이와 같은 조선의 자문에 대해 강희제는 월경자와 소속 지방관을 엄 칙하라고 지시하고 아울러 조선에게 청인 범월자를 체포할 수 있는 권 한을 부여했다. "사사로이 월강한 자를 조선국의 사람이 체포하여 해 송할 경우 엄히 죄를 다스리고 지방관은 해당 부에 교부하여 심의하 라. 또한 조선에 자문을 보내 연변을 방수하는 관병을 엄칙하여 수시 로 순찰하게 하고, 만약 이러한 (범월자들이) 있으면 즉히 체포하여 해송 하게 하라."[16]

---

15 "上國之人往來採獵, 十百爲群, 冬則行獵, 春則採蔘, 結幕屯聚, 曠日淹留之際, 稱以有無相 資, 與小邦邊民潛相往來, 至於生變如前日李萬成、萬枝等是也. 今又不遵禁令, 恣意越界, 捉去把守, 若此不已, 則輾轉生事, 將何所不至 (…중략…) 事係上國人侵越邊疆, 非小邦所 可制者, 則不避煩猥每輒聞奏, 第增惶悚 (…중략…) 至於違禁越江者亦加嚴飭, 毋得任意攙 越, 橫討糧饌, 使小邦邊民得免驚擾之患, 不勝至願." 『同文彙考』 원편 권61, 犯越 7b~8a쪽.
16 『通文館志』 권9, 60a쪽, 숙종 41년 乙亥(『국역통문관지』 2권, 세종대왕기념사업회, 1998, 187쪽).

실제로 조선이 청 황제로부터 청인 범월자를 체포할 권한을 위임받은 것은 이보다 몇 년 이전부터 시작되었다. 康熙 51년(1712) 황제는 조선과의 변경일대와 근해지역에서 불법적으로 사냥과 어업을 하는 자가 있을 경우 盛京將軍은 연해의 지방관에게 交付하여 엄히 체포하고 早期에 사태를 막으라고 지시했다. 동시에 청인의 선박이 떼 지어 바다로 나가 조선에서 漁業하는 것은 도적질에 해당하니 조선에서는 이들이 '天朝의 백성'이라고 해서 용서하지 말고 체포하여 처형하라고 명령했다.[17] 康熙 61년(1722)에는 표문을 소지하지 않고 어업을 하다가 사단을 일으킨 자는 조선에서 조선의 법률에 따라 처벌하는 것을 허용했다.[18] 황제의 윤허하에 조선국왕이 청인을 합법적으로 체포·처벌할 수 있게 된 것이었다.

17세기 말까지 조선인의 범월사건으로 청과 조선의 관계가 극도로 경색되고 조선국왕이 황제에게 벌금까지 내야했던 상황과 비교하면 강희제의 이러한 조치는 18세기 초에 이르러 양국관계가 크게 달라졌음을 시사한다. 조선국왕에게 청인 범월자를 처벌하게 함으로써 황제는 이제 더 이상 그가 번국과의 범월사건에 민감하게 반응하지 않아도 될 만큼 제국의 질서가 공고해졌음을 자신하게 된 것이라고 볼 수 있을 것이다. 1690년부터 1697년까지 강희제는 제국의 북방과 서방 변경을 위협하는 준가르의 갈단을 정벌하기 위해 네 차례에 걸쳐 親征에 나섰다. 갈단의 죽음 이후 황제의 친정을 찬양하는 『親征平定朔漠方略』편찬과 제국의 판도를 조감하기 위한 『皇輿全覽圖』 제작은 모두 청제국

---

17 「原奏」, 『同文彙考』 卷61, 犯越, 18a쪽; 『欽定大淸會典事例』 권511, 4b쪽.
18 「原奏」, 『同文彙考』 卷61, 犯越, 18a쪽, 19b쪽; 『欽定大淸會典事例』 권511, 5a쪽.

의 통치가 공고화되었음을 널리 알리기 위한 사업이었다. 청의 서북변경이 완전히 평정되기까지는 아직 반세기가 더 있어야 했지만, 강희 말년의 청은 이제 더 이상 존립이 위태로운 정복왕조가 아니었다.[19] 제국통치에 대한 강희제의 이러한 자신감이 조선과의 관계에서는 범월사건에 대한 태도변화로 나타났다고 볼 수 있을 것이다. 강희제가 범월사건에 대해 조선의 능동적 대처를 허용함으로써 조선은 청인의 범월에 대해 이전보다 강경한 자세를 취할 수 있는 근거를 얻을 수 있게 되었다. 결국 청제국통치가 공고화됨에 따라 국경문제에 있어서 조선이 오히려 상당한 발언권을 얻게 된 것이었다.

청조가 조선 경내에 침입한 청인 범월자의 체포와 처리를 조선에 위임한 후에도 청인들의 국경지대 출몰은 계속되었다. 이 가운데 조선 조정을 가장 크게 자극한 것은 숙종 40년(강희 53년, 1714)의 사건이었다. 이해 8월 경원 인근에서 조선 군관들은 어업중인 청인을 목격하였는데, 이들은 강변에서 집을 짓고 경작을 하고 있었다. 청인들이 조선 국경에 머무는 까닭을 추궁하자, 이들의 대답은 놀랍게도 다음과 같았다. "이곳의 땅이 비옥하고 또한 앞으로 영고탑의 청인들이 (이곳으로) 이주한다고 하기에 먼저 토지를 차지하려고 온 것입니다."[20] 이후 조선의 조사 결과 영고탑 장군의 주청으로 경원 건너편의 훈춘에 병사를 배치하고 이곳을 군병 주둔지로 개발할 계획을 추진하고 있음이 밝혀졌다.[21]

청인들이 경원과 두만강 일대에서 주둔하고 있다는 보고는 계속 이

19  강희제의 준가르 정벌과 청제국의 안정화에 대해서는 Peter C. Perdue, *China Marches West : The Qing Conquest of Central Eurasia*, Harvard University Press, 2005, 5장 참조.
20  『숙종실록』 권55, 19a쪽, 20b쪽, 숙종 40년 8월 8일.
21  『숙종실록』 권55, 38a쪽, 숙종 40년 12월 3일.

어졌다. 같은 해 11월 숙종은 함경도 관찰사 李光佐와 절도사 趙相周로 부터 경원 인근에서 청인들이 집을 짓고 토지를 경작하고 있다는 보고 를 접했다. 당시 경원부사 趙世望 등이 올린 정문에 따르면, 청인들은 경원의 맞은편 강역에서 2~3리 떨어진 곳까지 접근하여 초막草幕를 짓 고 있었다. 처음에 경원 군관들은 이 초막이 청인들이 사냥할 때 잠시 머무르면서 쉬는 곳으로 곧 없어질 것이라 생각했으나, 가을이 지나 겨울이 되어도 떠나지 않고 오히려 땅을 일구고 길을 닦는 등 오래 머 물 태세를 보이기에 조정에까지 보고하게 되었던 것이다.[22]

영고탑의 청인들이 국경지대로 진출하여 정착하려 한다는 소식에 대한 조선 조정의 반응은 당시의 대청인식과 변경인식을 동시에 보여 준다.

> 皇朝의 시대明代에는 九連城부터 여러 鎭堡가 我國과 경계를 접하고 있
> 어 닭과 개 소리를 서로 들을 수 있을 만큼 가까웠습니다. 遼東人이 혹 위화
> 도에 와서 경작하는 일이 있으면 我國은 遼東都司에 자문을 보내어 이를
> 금지시키고 비석을 세워 경계를 정했습니다. 당시는 천하가 一家였고 우
> 리 백성과 華人明人이 이웃처럼 가까웠는데도 방어의 경계선이 없을 것을
> 근심했으니, 하물며 지금은 어떠하겠습니까. 청인의 소행은 그 속뜻을 알
> 수는 없지만 띠처럼 가는 강을 사이에 두고 서로 가까이에서 왕래하면 사
> 고가 생기지 않을 수 없으니 이는 심히 우려할 만합니다.[23]

---

22 「請撤毀訓戎鎭越邊房屋咨」, 『同文彙考』 권48, 강계 12~13b쪽(배우성 · 구범진 역, 『국역 『同文彙考』 疆界 史料』, 동북아역사재단, 2008, 116~117쪽).

23 "都提調李曰, 皇朝時, 自九連城, 有鎭堡, 與我國接界, 鷄狗之聲相聞, 遼東人, 或有來耕威 化島者, 則輒自我國, 移咨遼東都司, 而禁止, 至於立碑以定界, 其時天下一家, 我國邊民與

중화인 명을 섬기던 과거에도 경계가 불분명한 것을 걱정했는데, 이 적인 청과 접경하고 있는 상태에서 사람들이 국경지대에 접근하는 것은 결코 불가하다는 주장이었다. 이어 청인의 접근을 예의 주시해야 한다는 지적이 제기되었다.

　그들의 일은 우리가 금할 수 있는 바가 아니나 또한 우려하지 않을 수 없습니다. 신이 일찍이 서북을 왕래하며 형세를 살펴보니 六鎭과 강변의 7읍은 (조선과 청이) 강을 경계로 삼고 있습니다. 그러나 경계를 넘어서는 모두 빈 땅으로 사람이 살지 않고 수목이 울창할 뿐입니다. 지금 저들이 만약 농사를 짓고자 한다면 넓은 들과 비옥한 땅 어느 곳에서나 가능합니다. 그런데 어찌 반드시 강 근처에서 집을 짓고 토지를 개간하고 도로를 정비하겠습니까. 그 뜻은 실로 알 수 없지만 근래에 경계 너머의 청인들이 채삼과 수렵을 이유로 사시사철 왕래하는 것이 전보다 잦아지고 있습니다. 어떤 경우에는 해를 넘겨 머무르며 돌아가지 않고 있습니다. 양식을 얻을 방법이 없어 우리 경계의 변민들과 몰래 거래하여 양식을 사고 있으니 폐해가 아닐 수 없습니다. 저들의 변경에서 집을 짓고 땅을 경작하는 것은 우리가 금할 수 없는 일이지만, 지금부터 변방의 관리들을 엄히 깨우쳐 전처럼 해이하게 대처해서는 안 될 것입니다. 저들의 동정과 기미를 주의깊게 살펴야 할 것입니다.[24]

---

華人, 如隣邑之人, 尙慮其無防限, 況今日乎, 淸人所爲, 雖未知果有深意, 而隔一衣帶水, 而相近, 彼此往來, 不無生事之弊, 此甚可慮矣."『비변사등록』67책, 숙종 40년 6월 7일.

[24] "提調趙泰耆曰, 彼地事, 非我所可禁, 而亦不無可慮矣, 小臣嘗往來西北, 觀其形勢, 六鎭及江邊七邑, 彼我境以江爲限, 而越邊則皆是空地, 曾無人居, 但樹木成林而已, 今彼人, 若只爲作農, 則曠野沃土, 何處不可, 而必於沿江近處, 造家墾田, 且修治道路乎, 其意, 誠不可測, 而近來彼邊淸人, 以採蔘及獵獸事, 通四時無常往來者, 比前益夥, 或經歲遲留, 而不罷

이런 위기의식을 바탕으로 조선 조정은 영고탑 장군의 두만강 일대 개간을 저지하기로 결정하고 청 예부에 자문을 보냈다. 앞서 조정 신하들이 논한 것처럼, 예전부터 청과 조선의 국경지대에는 사람이 거주하지 못하게 되어 있는 전례를 따라야 한다는 것이 조선의 근거였다.

삼가 생각건대 聖朝淸의 영역인 봉황성에 책문을 설치하여 출입을 감찰하시고, 책문 밖에는 여전히 예전처럼 비워두어 사람의 거주를 허락하지 않으시어 소방의 邊徼와는 다소 떨어져 있어 서로 뒤섞이지 않게 하셨으니, 지금까지 강역에 큰 문제가 일어나지 않은 것은 聖朝의 깊은 계획에 힘입은 것입니다.[25]

조선의 주장은 국경일대에 사람이 거주하지 않아야 국경을 불법적으로 넘나드는 범죄를 예방할 수 있다는 것이었다. 압록강에서 책문까지의 땅을 공한지로 비워둠으로써 범월을 방지했듯이, 두만강 일대 역시 무인지대의 상태를 유지해야 한다는 것이었다. 청은 이러한 조선의 주장을 수용했다. 이듬해 청은 조선의 요청을 받아들여 두만강 일대 국경지대에 거주하는 청인들을 모두 이주시켰다. 강희 54년(1715) 2월 강희제는 봉천장군과 봉천부윤 및 영고탑 장군에게 두만강의 국경지대에서 집을 짓고 땅을 개간하는 자들이 누구이고 어디 소속인지, 어

歸, 想其糧道甚艱, 故與我境邊民, 潛相和賣, 以資其糧者, 不無其弊矣, 彼邊之造家墾田, 雖不可自我禁斷, 而自今申飭邊臣, 勿爲如前懈弛, 動靜事機, 頻頻偵察, 似宜矣." 『비변사등록』 67책, 숙종 40년 6월 7일.

25 "仍伏念, 聖朝御宇, 設柵鳳城, 以識出入, 柵門逈外, 不許人居, 與小邦邊徼稍遠, 不相混雜, 至今疆域免致大端釁戾者, 莫非聖朝深計是賴." 「請撤毁訓戎鎭越邊房屋咨」, 『同文彙考』 권48, 강계 13b쪽(『국역 疆界 史料』, 117쪽).

떤 이유로 그곳에 집을 짓고 있는지 조사할 것을 명령했다.[26] 이해 10월 청의 예부는 조선에 자문을 보내어 조선의 경원에 인접한 安都立, 他木努 등 지역에 설치된 房屋과 窩舖(움집)를 철거했으며 조선과의 국경지대로 옮겨간 영고탑 관병의 둔전 역시 이주시켰다고 알려왔다. 이들에게는 앞으로 두만강 경계를 넘거나 "강 근처에서 집을 짓고 씨를 뿌리는 것을 엄히 금지하고 해당 관원으로 하여금 불시에 엄히 조사하게 할 것"이라고 약속했다. 이후 만일 청인이 금령을 어기고 국경일대에 거주하다가 조선에게 발각되어 예부에 자문을 보내는 일이 다시 발생하면, 해당 관원과 병사를 처벌하겠다는 것도 아울러 약속했다.[27]

강희 53년 경원일대에서 발생한 위의 사건을 분석하면서 이화자는 두만강변에 주둔하는 청인들을 조선의 요청에 따라 철수시킨 것은 이후 청조의 변경관리에 불리한 전례가 되었다고 지적한다. 이 사례를 근거로 삼아 이후 조선은 청인들의 두만강변 정착을 저지하였을 뿐만 아니라, 뒤에서 살펴보듯이 성경장군의 압록강변 진출 역시 중단시켰다. 이화자에 따르면 청조가 조선과의 국경지대를 충분히 장악하지 못함에 따라 청의 변방 군사력은 결과적으로 약화되었고, 19세기 말 조선 유민들이 두만강 이북으로 월경 개간할 때 속수무책으로 대응하지 못했다는 것이다.[28]

그러나 이러한 상황은 단순히 청이 변방에서 군사적, 행정적 통제를 확고하게 구축하지 못한 결과가 아니라, 전통시대에 청과 조선이 양국

---

26 「禮部知會令該管查明後再議咨」, 『同文彙考』 권48, 강계 14b쪽(『국역 疆界 史料』, 119쪽).
27 「禮部知會撤毀咨」, 『同文彙考』 권48, 강계 14a쪽(『국역 疆界 史料』, 120~121쪽).
28 이화자, 『조청국경문제연구』, 집문당, 2008, 187쪽.

의 국경지대를 관리하는 데 근대와 같은 명확한 경계인식이 없었기 때문에 나타난 현상이라고 보아야 할 것이다. 청대 양국의 국경지대가 갖고 있던 근본적인 특징인 경계의 모호성은 18세기까지 양국의 국가권력이 사람들의 국경 접근을 효과적으로 차단하는 동안에는 큰 문제를 일으키지 않고 유지될 수 있었다. 그러나 19세기 말에 이르러 청의 제국질서가 이완되고 국경에 대한 통제력이 약화되자 상대적으로 인구가 희박한 변경과 국경지대로 이주민이 모여들게 되었다. 국가 통치력의 이완과 경계의 모호성이 결합되면서 19세기 말 청과 조선의 국경지대에는 16~17세기 명말의 상황과 유사한 변경적 특징인 여러 집단의 혼거양상이 나타나게 된 것이다. 따라서 18세기 초 양국의 국경관리는 조선의 외교적 승리, 혹은 청조의 대조선정책의 실패가 아니라, 당시 양국의 국경지대가 갖고 있는 근본적인 특징 속에서 검토되어야 할 것이다.

## 3. 성경장군의 변경인식

옹정 5년(영조 3년, 1727) 청인 수백 명이 무리를 지어 조선의 경내로 침입하여 불법적으로 인삼을 채취하다가 조선의 관병과 충돌하여 조선인 5인을 살상하는 사건이 일어났다. 이 '郭連進 사건'으로 인해 청조는 청인들의 잦은 범월에 대한 조선의 항의를 받게 되었고 범월을 근절하기 위해 보다 강력한 조치를 취하게 되었다. 범월인과 범월을 방조하거나 단속하지 못한 지방 관리와 병사가 처벌되는 것은 당연했다. 이에 덧붙여 옹정제는 청인들이 범월하여 조선 땅에서 사람을 해치거나 인삼을 불법적으로 채취하는 등 사고를 일으킬 경우 조선국왕이 청 황제의 명령으로 이들을 체포할 수 있게 하는 권한을 부여했다. 만약 청인 범월자들이 체포에 저항할 경우 조선의 관병들은 이들을 죽일 수도 있었다.[29] 조선에게 청인의 범월을 단속할 수 있는 권한을 인정해준 이 '雍正皇旨'는 이후 조선이 국경문제에 대해 보다 강경한 태도를 취하게 하는 근거가 되었다.

이후 성경장군은 압록강 일대에서 청인과 조선인의 범월을 효과적으로 단속할 방법을 강구하느라 부심했다. 옹정 9년(1731) 성경장군 나수투邢蘇圖, Nasutu는 압록강 입구에 수로초소를 설치하자고 제안했다. 그가 특히 주목한 지점은 불법채삼자나 도강자들이 자주 이용하는 망우초였다. 草河와 愛河는 유조변 안에서 발원하여 변외에 있는 莽牛哨에서 합류하여 中江, 즉 압록강으로 흘러들어갔다. 중강 가운데에는 江心沱라는 모래섬이 있었는데, 이곳은 "不肖한 匪賊"이 小船을 타고 물길을 이용하여 미곡을 실어 나르는 지점이었다. 문제는 이 모래섬의 서쪽은 봉황성의 관할이고 동쪽은 조선의 영토라는 사실이었다. 비적들이 왕래하고 있음을 알면서도 이들을 체포하지 못하는 것은 "경계가 조선과 연달아 있어" 청의 병사들이 접근하지 못하기 때문이라는 것이 그의 주장이었다.[30] 불법행위를 근절하기 위해 나수투가 제안한 것은 다음과 같았다.

---

**29** '郭連進 사건'에 대해서는 김선민, 「옹정제의 성경지역 통치」, 『명청사연구』 34집, 2010, 143~145쪽; 이화자, 『조청국경문제연구』, 190~197쪽 참조.

**30** 「禮部知會詢問設迅便否上諭咨」, 『同文彙考』 원편 권48, 강계 16b쪽(『국역 疆界 史料』, 123쪽).

초하와 애하가 합류하여 入江하는 망우초에 소선 4척과 삼판선 2척을 설치하고, (현재) 虎耳山에 주둔하고 있는 官弁 1인과 병정 12명에 관승 1인과 병정 20명을 추가 배치하여 이곳으로 이주시켜 수로 초소로 삼아야 합니다. 만약 얼음이 얼면 수로 초소를 철수시키고 호이산에 육로 초소를 설치해야 합니다.

나수투의 이러한 제안에 옹정제는 먼저 조선과 협의할 것을 지시했다. "해당 장군이 수로 초소를 세우자고 한 곳은 조선국과 경계를 접하고 있기 때문"이었다.[31] 외국이자 번방인 조선과의 경계지역은 비록 天朝라 할지라도 마음대로 할 수 없는 곳이었다.[32]

망우초 지역의 수로 초소 설치에 관한 자문을 받은 조선 조정은 청의 의도가 다름 아닌 국경지대의 '땅을 개척하려는 것'이라고 여겼다. 좌의정 趙文命은 다음과 같이 말했다.

順治년간부터 柵門 밖 1백여 리의 땅을 버려두고 서로 접하지 못하게 한데에는 깊은 뜻이 있었습니다. 근래 아국의 변민 가운데 매우 간악하여 경계를 넘어 이주하는 자들이 있으니 필시 大國에 죄를 얻을 우려가 있습니다. 이런 사정을 들어 청에 자문을 보내어 (초소 설치를) 막아야 합니다.[33]

앞서 영고탑 장군이 두만강 일대로 진출하려 했을 때 조선이 반대의

---

31  위의 책, 16b쪽(『국역 疆界 史料』, 123~124쪽).
32  옹정제의 성경지역 및 조선에 대한 인식은 김선민, 「옹정제의 성경지역」, 169~170쪽 참조.
33  『영조실록』권29, 42b쪽, 영조 7년 6월 20일.

근거로 들었던 것과 같은 이유였다. 즉, 국경지대를 비워두지 않으면 사람들이 출입하게 되고 결국 범월과 불법이주를 초래하게 된다는 것이었다. 이에 옹정 9년 6월 조선 조정은 청의 예부에 자문을 보내어 먼저 국경지대 관리에 관한 순치 연간과 강희 연간의 전례를 언급했다.

> 과거 太宗文皇帝께서 (…중략…) 柵을 설치한 후 번갈아 순검하여 먼 지역을 단속하는 방도를 다하게 하시고, 또 반드시 地界를 비워두고 백성들이 인접하여 거주하지 못하게 하셨으니, 그 깊은 뜻은 비범하였습니다. 聖祖仁皇帝(康熙帝)의 시절에는 영고탑 장군이 小邦 북도의 慶源府 訓戎鎭 국경 너머에 병사를 배치하고 막사를 지어 농토를 개간한 적이 있었습니다. 그러나 소방에서 올린 자문으로 聖祖仁皇帝께서 특별히 명하시어 철수하였으니 황제의 깊고 심원한 뜻은 한결 같았습니다. 소방이 변경의 일로 皇朝로부터 잠시나마 큰 짐을 덜었던 것은 오로지 이에 힘입은 것이었습니다.[34]

조선의 뜻은 분명했다. 만약 국경일대에 수로 초소를 설치하여 관병을 주둔시키고 인접한 지역에 사람들이 거주하면 곧 집과 점포가 들어서고 선박의 왕래가 빈번해질 것이었다. 더욱이 바로 옆에서 중강개시가 열리고 있으니, 사람들의 접촉이 증가할 것은 당연하니, 결국 국경 초소의 설치는 범월을 방지하는 것이 아니라 오히려 이를 부추긴다는 논리였다.

결국 옹정제가 손을 들어준 것은 성경장군 나수투가 아니라 조선국왕 영조였다. 같은 해 9월 청의 예부는 조선에 자문을 보내어 망우초에

---

34 「請寢莽牛哨設迅剳」, 『同文彙考』 원편 권48, 강계 16b쪽, 17a쪽(『국역 疆界 史料』, 125~126쪽).

초소를 설치하지 말라는 황제의 뜻을 전했다.

　　짐은 (草河와 愛河)가 조선국과 접하고 있기 때문에 조선국에게 혹시 불
　　편한 부분이 있을까 걱정하여 특별히 상유를 내려 詢問하게 했다. 지금 조
　　선국왕이 구례를 준수할 것을 청하니, 이를 고려하여 초소를 설치하지 말
　　라. 兵部에 교부하여 따로 의논하는 것도 불필요하다.[35]

　　범월을 효과적으로 방지하기 위해 병사를 국경지대에 배치하자는
변경 지방관의 주장보다 선대의 전례를 준수하여 국경지대에서의 접
촉을 최소화하고 이를 공한지로 남겨두어야 한다는 변방 조선국왕의
주장을 채택한 것이었다. 옹정제는 나수투가 주장하는 군사적·행정
적 효율성보다 조선국왕 영조가 원하는 경계의 모호성이 변방 통치와
국경 관리에 더 유리하다고 판단한 것이었다. 옹정 연간 성경장군이
망우초에 초소를 설치하지 못하게 된 것은 단순히 조선 외교의 승리라
기보다 당시 청과 조선이 서로 인정하는 경계는 선이 아닌 공간이었기
때문에 나타난 결과라고 보아야 할 것이다.
　　나수투의 제안이 부결되자 망우초는 불법인삼 채취자들의 이동통
로로 계속 활용되었다. 건륭 연간 성경장군에 임명된 달당가達爾當阿,
Daldangga는 망우초를 둘러싼 불법채삼과 월경을 더 이상 방치할 수 없
다고 판단하고 다시 한 번 망우초 초소설치 문제를 거론하기로 했다.[36]

---

**35**　「禮部知會不設防迅上諭咨」, 『同文彙考』 원편 권48, 강계 18쪽(『국역 疆界 史料』, 126~127쪽).
**36**　달당가의 망우초 초소설치 제안과 이후 조선과의 논의 전개과정은 이화자, 『조청국경문
　　제연구』, 집문당, 2008, 201~208쪽 참조. 여기에서 주의할 것은 성경지역을 관할하는 장
　　군으로서 달당가가 오직 조선과의 국경지대에만 관심을 두었던 것은 아니라는 점이다.

건륭 11년(영조 22년, 1746) 달당가는 건륭제에게 국경지대 방어의 중요성과 이에 대한 자신의 계획을 상주했다. 앞서 전임 성경장군 나수투가 옹정제를 설득하는데 실패했던 것을 귀감으로 삼아, 먼저 달당가는 문제가 되고 있는 망우초 인근지역의 지리적 특징을 자세히 설명했다. 특히 이 지역의 초하와 애하가 모두 장백산에 원류를 두고 있으며 일대에서 황실의 재산인 인삼이 생산되고 있음을 강조했다. 일대 山場의 인삼을 보호하기 위해 카룬을 설치하고 관병을 배치하여 순찰하고 있지만, "불초한 무리들이 불법적으로 小船을 만들어 미곡을 싣고 망우초를 경유하여 강을 따라 冬河에 이르러 몰래 인삼 생산지에 들어가 인삼을 불법채취"하고 있다는 것이었다.[37] 인삼 사채자를 단속하기 위해 달당가는 먼저 수군훈련에 익숙한 南金州의 漢軍 가운데 佐領 1인, 驍騎校 1인, 領催 2인, 병사 100명을 선발하여 선박 4척과 함께 망우초로 파견, 주둔시킬 것을 제안했다. 아울러 달당가는 병사의 주둔을 위해 망우초 일대를 개간해야 한다고 말했다. "旅順 水師營에서 토지가 없는 관병 100명을 골라 봉황성에 소속된 망우초에 주둔시키고, 沿邊에서 荒田을 개간하여 각자 耕種"하게 하자는 것이었다. 이를 위해서는 "草房 200칸을 봉황성 변문에 짓고, 여기에 佐領의 초방 10칸과 驍騎校의 초방 5칸을 추가로 지어" 관병들에게 나누어 주어야 했다.[38]

---

망우초 초소 설치 문제를 상주하기 전, 건륭 11년 2월 7일 달당가는 이미 威遠堡에서 봉황성 일대까지 변장을 정비하고 토지를 개간해야 함을 지적했다. 「粘單」, 『同文彙考』 원편 48권, 강계 31b쪽, 32a쪽(『국역 疆界 史料』, 150~151쪽). 달당가가 망우초에 관심을 기울인 것은 단순히 조선을 압박하기 위한 것이 아니라 성경변경을 보다 효율적으로 관리하기 위한 방책의 일환이었던 것이다.

[37] 「禮部知會荞牛哨添駐官兵防守咨」, 『同文彙考』 원편 권48, 강계 19a쪽, 20b쪽(『국역 疆界 史料』, 130쪽.

[38] 위의 책, 23b쪽, 23a쪽(『국역 疆界 史料』, 136~137쪽).

달당가는 옹정 연간 전임장군 나수투가 망우초에 초소를 설치하자는 제안을 하였으나 받아들여지지 않은 것이 조선의 주청 때문이었음을 잘 알고 있었다. 그러나 달당가가 보기에 초소를 설치해서는 안 된다는 조선의 주장은 "눈이 있어도 그 일을 보지 못해 일을 保全하지 못하는 것"과 같은 어리석은 행동이었다. 국경지대에 방어를 강화하는 것은 범월을 방지하여 결국 조선에게도 유익한 일이기 때문이었다.

지금 망우초에 만약 관병을 증설하여 要口를 방어하지 않는다면 시간이 지남에 따라 이익을 추구하는 무리들이 점점 많아질 것입니다. 혹은 朝鮮國 居民들과 서로 교류하며 조선국 경계를 침입하고 어지럽혀 장차 일이 발생하는 것이 그치지 않을 것입니다. (…중략…) 이는 비단 법을 무시하는 무리가 불법으로 인삼을 캐는 것 때문만이 아니라 실로 조선국의 邊疆을 편안하게 하여 事端을 영원히 없애기 위하고자 하는 것입니다.[39]

달당가는 실제로 망우초를 관할하고 있는 熊岳副都統 西爾們의 보고를 인용하여 초소 설치가 조선의 영토 밖의 일임을 분명히 했다. 망우초의 모래섬을 중심으로 강줄기가 둘로 갈라지는데, 남쪽 물길은 조선으로 흘러 의주로 들어가고 북쪽 물길은 망우초하가 된다는 것이었다. 달당가는 관병과 선박을 모두 청의 변계 안쪽에 주둔시킬 것이며 조선과 서로 경계를 넘는 일은 없을 것이라고 강조했다. 만약 인삼사채자가 강의 동쪽, 즉 조선 영내로 달아나면 조선의 관리들과 협력하여 체포하

---

**39** 위의 책, 20a쪽(『국역 疆界 史料』, 131쪽).

고, 또한 수로의 병정들이 함부로 조선영내에 들어가면 곧바로 처벌될 것이었다. "이렇게 한다면 금지된 山場에 奸民이 몰래 들어오는 일이 없어질 것이고 조선의 界址도 혼잡과 소란을 면하게 될 것"이었다.[40]

망우초에 수군 초소를 설치하자는 제안은 禮部에서도 적극 찬성했다. 옹정제가 조선의 주청을 수용한 것은 사실이지만, "海疆의 요지를 방수하고 순찰하는 것은 마땅히 엄밀하게 해야 할 일"이었다. 더구나 관병이 주둔하는 곳은 조선 땅이 아니었다. "내지의 영토에 초소를 방신을 첨설한다면 형세를 헤아려 현지의 사정에 따라 해당장군이 처리할 일이니, 조선국왕에게 자세히 물을 필요가 없을 것"이라는 것이 예부의 주장이었다. 초소를 설치한 후 "가령 어떻게 강역을 분명히 구분하고 人戶를 떨어뜨려 영원히 서로 편안하게 할 것인가에 대한 문제"는 해당 관리가 자세히 보고하여 처리할 일이었다.[41] 강역의 구분이 어지러워질까 두려워 변강의 관리를 소홀히 해서는 안 된다는 주장이었다. 외국과의 관계를 고려하여 국경지대의 방어를 오히려 포기한 황제와 달리, 지방 관리들은 현지의 사정을 먼저 고려해야 함을 강조하고 있었던 것이다.


## 4. 조선 조정의 변경인식

북경과 성경에서 국경지대에 초소를 설치하는 문제를 다시 논의하고 있다는 사실은 곧 조선에 전해졌다. 조선의 사행이 오고가며 요동

---

40  위의 책, 23a쪽(『국역 疆界 史料』, 137쪽).
41  위의 책, 22b쪽(『국역 疆界 史料』, 134~135쪽).

에서 들은 소식을 전하기도 하고 의주 역관이 봉황성을 방문했다가 소문을 듣기도 하는 등, 조선은 여러 가지 경로를 통해 이에 관한 정보를 입수하고 있었다. 당시 조선 조정은 청이 '退柵', 즉 책문을 조선과의 국경지대 쪽으로 옮겨 세울 계획을 갖고 있다고 의심했다.[42] 조선 관리들은 만약 성경장군이 책문을 옮겨 세운다면 청인들은 조선과의 국경지대 뿐만 아니라 의주, 北路, 폐사군 등 조선 영토까지 차지하게 될 것이며, 결국 조선의 강역이 "하루아침에 5리, 10리씩 줄어들 것"이라고 우려했다. 국왕 영조 역시 청의 "退柵은 人家의 문 밖에 다른 사람이 담을 쌓는 것과 같은 것"이니 반드시 저지해야 한다고 믿었다.[43]

청이 국경지대의 책문을 어떻게 하려는 것인지 의도를 정확히 파악하지 못한 채 불안해하던 조선은 마침내 청에 직접 사정을 묻기로 결정했다. 이 같은 결정이 내려진 것은 성경부도통[44]이 중강에 와서 이 지역을 순찰하고 갔다는 사실을 확인한 후였다.[45] 건륭11년 4월 19일 조선국왕 영조는 건륭제에게 주문을 올렸다. "咨文을 올려 청하던 전례를 택하지 않고 天威를 범하면서" 직접 황제에게 주문을 보낸 것은

---

**42** 『영조실록』 권63, 11b쪽, 영조 22년 3월 28일.

**43** 당시 조선 조정의 논의와 우려에 대해서는 이화자, 『朝淸國境問題硏究』, 203~205쪽.

**44** 앞서 달당가의 주청에서 인용되었던 熊岳副都統 西爾們을 조선 측에서는 성경부도통으로 잘못 알고 있었던 것으로 보인다. 「請寢添兵屯田奏」, 『同文彙考』 원편 권48, 강계 26a쪽(『국역 疆界 史料』, 142쪽).

**45** 실제로 망우초 문제로 청에 奏文을 보내야 하는지를 둘러싸고 조선 조정은 한동안 논쟁을 벌였다. 아직 성경장군이 아무런 공문을 보내지 않았고 아직 청에서 어떤 결정을 내렸는지 확인되지 않은 상태에서 자문을 보내는 것은 적절하지 않다는 의견과, 청이 책문을 옮기기로 한 것은 이미 결정된 사안이므로 조선에서 신속하게 대처해야 한다는 의견이 맞섰던 것이다. 咨文이 여러 단계를 거쳐 전달되는 동안 상황이 걷잡을 수 없게 될까 걱정한 영조는 결국 먼저 奏文을 보내 직접 황제에게 조선의 뜻을 전달하기로 했다. 『영조실록』 권63, 12b쪽, 영조 22년 윤3월 5일; 권63, 13a쪽, 영조 22년 윤3월 15일; 권63, 14a쪽, 영조 22년 윤3월 21일; 권63, 17~18b쪽, 영조 22년 4월 19일.

조선이 이 사안을 얼마나 심각하게 받아들이고 있는지 잘 보여준다.

신이 삼가 생각하건대, 皇朝에서 천하를 다스려 온 이래 內外의 區界의 한계를 엄격히 한 것은 간악한 무리들이 함부로 넘나드는 우환을 염려하시어 나온 조처로, 봉황성에 책문을 세워 출입하는 사람들을 譏察해왔습니다. 따라서 책문 밖에서 압록강 근처까지 1백여 리에 이르는 땅은 모두 비워둔 채 사람들이 살거나 농사짓는 것을 금지하여 烟火가 서로 바라보이지 않게 하고 聲聞이 서로 닿지 않게 만들어 두셨으니, 이는 깊고도 원대한 겨책으로 四方에 신중을 기하고 만세를 우려한 더없이 비상한 조처인 것입니다.[46]

조선은 먼저 강희제와 옹정제가 조선과의 국경지대에서 토지의 개간이나 군영의 주둔을 허락하지 않았던 사례를 설명했다. 아울러 청과 조선의 관계가 얼마나 각별한 것인지 강조했다.

小邦은 皇朝에 대해 비록 外藩이라 하나 內服과 다름없이 여기고 있는 까닭에 호소할 것이 있으면 반드시 청하였고 간청하는 것이 있으면 반드시 베풀어 주었으니, 천지의 덕이 소방에게만 지나치게 관대한 것 같았습니다.[47]

조선은 대대로 황제를 섬겨왔고 이에 청의 황제들 역시 조선을 아끼고 원하는 것을 모두 들어주었다는 것이다. 따라서 건륭제 역시 선대

---

46  『영조실록』 권63, 17~18b쪽, 영조 22년 4월 19일; 「請寢添兵屯田奏」, 『同文彙考』 원편 권48, 강계 26a쪽(『국역 疆界 史料』, 142쪽).

47  『영조실록』 권63, 17~18b쪽, 영조 22년 4월 19일; 「請寢添兵屯田奏」, 『同文彙考』 원편 권48, 강계 26a쪽(『국역 疆界 史料』, 143쪽).

황제의 전례를 따라 조선의 요청대로 망우초의 초소 설치를 중단해 달라는 논리였다. 天朝를 '事大'하는 조선과 藩邦을 '字小'하는 청이라는 전형적인 조공관계의 수사가 청에 대한 조선의 이해를 지키기 위한 논리의 근거로 이용되고 있는 것이다.

국경지대의 토지 개간과 둔전 설치에 반대하는 조선의 완강한 태도는 건륭제를 불편하게 했음에 틀림없었다. 성경장군이 수차례 조사하여 망우초 초소 설치가 조선에 유익한 것임을 설명했고, 예부 · 공부 · 병부 모두 달당가의 제안을 찬성하였으며 이에 황제가 이미 윤허한 사안을 번방에서 계속 반대하는 상황이 건륭제에게 달가울 리 없었다.

> 조선국왕이 상주한 것을 보니 조선경내 사람들 가운데 평소에 기회를 틈타 범월하여 채삼하는 자가 있었다. 만약 우리가 군사를 두어 순찰할 경우 그들이 마음대로 왕래할 수 없게 될 것이니, 그 상주한 것이 또한 비루하다. 小國의 사람들은 일의 大體를 알지 못하고 오직 방종하게 이익을 꾀할 뿐 변강의 안정을 생각하지 않는다. 이런 까닭에 어려운 일을 하는 것을 우리에게 보이려고 하는 것인지 알 수 없다.[48]

그러나 조선의 거듭된 상주를 무시하고 무조건 달당가와 대신들의 의견을 따를 수는 없는 일이었다. 조선은 청의 오랜 번방이자 속국으로 "我朝가 조선에 은혜를 베풂이 전부터 두터웠기" 때문이었다. 건륭

---

[48] "觀該國王所奏, 蓋以其境內之人, 素有乘間偸越挖參者. 若我設兵巡察, 則伊等不得任意往來, 所奏亦屬卑鄙. 小國之人, 不識大體, 惟知縱下謀利, 不思寧定邊疆, 而故謂難行以示我, 亦未可知."『大淸高宗實錄』권270, 26a쪽, 27b쪽, 乾隆 11년 7월 己酉일.

11년 7월 건륭제는 우선 조선이 가장 우려하는 문제인 국경지대 토지 개간을 중지하라고 지시했다.

達勒當阿가 상주한바, 변경의 토지를 개간하는 안건은 조선국왕이 말한 鳳凰城 柵門 바깥쪽에 1백여 리의 빈 땅을 남겨 두어 국경 안팎을 멀리 띄 워 놓았으므로, 인가가 모여 서로 뒤섞이어 사단이 발생할 우려는 피할 수 있다고 하였다. 이 주문은 곧 시행하여야 할 일이다. 봉황성의 책문을 늘리 는 곳은 조선 국왕의 정지해 달라는 청을 참조하여 중지하고, 해당 部가 전 유傳諭하여 그 국왕이 알게 하라.[49]

토지개간을 중지하라는 황제의 결정으로 달당가의 국경지대 방비 강화 계획은 이미 어긋나기 시작했다. 실제로 책문 밖 국경지대의 토 지개간은 달당가의 전체 구상, 즉 위원보에서 봉황성에 이르는 변장을 정비하는 국경지대 관리정책의 일환으로 제기된 것이었다. 망우초에 초소를 설치하고 이곳에 군사를 배치하기 위해서는 토지와 가옥이 필 요했고, 달당가는 이를 국경지대의 공한지에서 해결하려 했던 것이었 다. 토지개간에 대한 황제의 부결이 내려질 무렵에도 병부의 관리들은 망우초 초소 설치의 필요성을 황제에게 계속 강조하고 있었다. "변강

---

[49] "達勒當阿所奏 展邊墾土一案 該國王旣稱鳳凰城樹柵之外 向留空地百餘里 務事內外隔截 以免人烟輳集 混雜滋事之患 此奏尙屬可行 著將鳳凰城展柵之處 照該國王所請停止 并令 該部傳諭 該國王知之."『大淸高宗實錄』권271, 10b쪽, 乾隆 11년 7월 甲寅일. 같은 내용 의 諭旨가「禮部抄錄更察設迅許停展柵上諭及兵部原題咨」,『同文彙考』원편 권48, 강계 31b쪽『국역 疆界 史料』149쪽)에 있다. 비슷한 내용으로 국경지대 토지 개간을 중지하 라는 황제의 명령을 담은 禮部의 자문은『영조실록』권64, 28b쪽, 영조 22년 10월 29일에 도 보인다.

을 걱정하는" 병부가 보기에 달당가가 제안한 망우초 초소 설치는 "간악한 비적을 조사하여 오래동안 안전한 계책을 마련하기 위한 것"이었고, "변경이 肅淸되어 영원히 변계를 어지럽히는 일이 없어질 뿐만 아니라 外藩에 대해서도 매우 유익한 일"이었다. 따라서 조선국왕이 주청한 내용은 더 이상 논의할 필요가 없는 것들이며 변경의 안정을 위해서는 달당가가 원래 주청한대로 반드시 초소를 설치해야 한다는 것이었다.[50]

국경지대의 방어를 강화하기 위해 초소를 설치해야 한다는 청 관리들의 주장과 국경지대의 혼란을 막기 위해 사람들의 접근을 차단해야 한다는 조선의 주장 사이에서 건륭제는 결국 부친 옹정제와 마찬가지로 조선의 손을 들어주었다.

> 이로써 보건대 防迅을 설치하려는 곳은 원래 정한 (청의) 경계 이내로 조선의 변계와는 관계가 없다. 다만 조선국왕은 대대로 我朝의 國恩을 입고 매우 恭順하였는데, 만약 이 防迅을 설치하였다가 그 나라의 무지한 백성이 금령을 어기는 경우가 발생하면 자기가 죄를 얻을까 걱정하고 이 때문에 주청하는 것이다. (…중략…) 만일 그쪽에 속한 하인 등이 금령을 지키지 않아서 조선국왕이 죄를 얻게 된다면 짐의 마음은 차마 하지 못하는 바가 있을 것이니, 조선국왕이 청한 바에 따라 망우초 지역에 防迅을 설치하는 문제는 정지시키고 조선국왕으로 하여금 그쪽에 속한 사람들을 엄히 단속하게 하라.[51]

---

50 「粘單」, 『同文彙考』 원편 권48, 강계 32a쪽(국역 疆界 史料』, 152쪽).
51 「禮部知會奉旨寢退柵添迅咨」, 『同文彙考』 원편 권48, 강계 34b쪽(『국역 疆界 史料』,

망우초에 초소를 설치하여 범월과 인삼사채를 단속하는 것이 아무리 합리적이고 필요한 일이라 할지라도 번방이 반대하는 한, 천즈의 황제는 이를 윤허할 수 없었다. 번방을 회유하는 것은 지방의 안전과 관리보다 더 중요한 일이었다. 청과 조선의 조공관계란 상국인 청이 자국의 이익을 번방인 조선에 일방적으로 강요하거나 조선이 청에게 무조건 복종하는, 단선적인 관계가 아니었다. 양국의 관계는 상국과 번방의 위계질서를 전제로 하면서도, 동시에 이 대전제하에서 상당한 타협과 조율의 가능성을 내포하고 있었다. 느슨하고 포괄적인 관계규정으로서의 조공관계는 양국 사이에 모호한 국경을 용인하였고, 이 과정에서 상국에게는 천조의 체모를, 번방에게는 자국의 이익을 지킬 수 있게 해주었다. 이것은 이화자가 말하듯 단순히 "군사대국인 청과 접경하고 있는 소국 조선의 강역보호 노력의 결과"[52]만은 아니었다. 양국관계의 전제인 조공관계가 바로 이러한 모호한 국경지대를 용인하는 관계였던 것이다.

황제의 명령으로 망우초 초소 설치가 중단된 후에도 청이 국경지대를 점유하려 한다는 조선의 의구심은 계속되었다. 망우초 초소에 대한 황제의 최종결정이 내려지고 1년이 지난 건륭 12년 11월 의주부윤 鄭夏彦은 달당가가 망우초에 둔전을 세우려는 뜻을 여전히 버리지 않고 있다고 보고했다. 조선 조정은 청이 조선과의 국경지대로 접근하는 이유는 성경일대 변경지역 인구의 급격한 증가에 있다고 파악했다. 이주민의 증가로 경작지에 대한 수요가 커지면서 성경장군은 조선과의 국

---

154~155쪽).
**52** 이화자, 『朝淸國境問題硏究』, 집문당, 2008, 208쪽.

경지대의 땅을 개간하여 동북변경의 안정을 꾀하려 한다는 것이었다. 좌의정 趙顯命은 다음과 같이 지적했다.

이는 실로 그들이 변방을 편안히 하려는 큰 책략입니다. 듣건대 流民이 전에는 거의 30만에 가까웠는데 지금은 다섯 배가 되었으므로, 이익이 생길 만한 길을 열어서 安集할 땅으로 삼으려고 하는 것입니다.

만약 청이 조선과의 국경지대를 내지의 유민들에게 개방하려는 의도를 갖고 있다면 이는 '退柵'이나 '設屯'보다 더 심각한 문제였다. 국경지대에 청의 이주민이 거주한다는 것은 조선으로서는 '국가의 안위와 관계된 일'이었다. 북방의 국경지대는 '토지가 비옥하므로 (청이) 반드시 개간하고자 할 것'이고, 따라서 조선으로서는 '반드시 싸워서' 지켜내야 할 땅이었다.[53]


## 5. 맺음말

누르하치와 홍타이지 시기의 범월사건에서 강희 연간의 백두산정계비 설치, 그리고 옹정-건륭 연간의 망우초 사건에 이르기까지 후금-청과 조선의 관계에는 언제나 범월과 강역의 문제가 그 중심에 있었다. 다시 말해 양국의 접경지역이야말로 후금에서 청제국으로의 발전

---

53  『영조실록』 권66, 33a~34b쪽, 영조 23년 11월 25일.

과 청-조선 사대관계의 추이를 가장 잘 드러내는 지점이었던 것이다. 누르하치의 건주 여진이 인삼을 캐고 강희제의 관리가 지리 측량을 한 것은 같은 압록강 일대였지만, 각각의 시기에 이 접경지역의 성격과 의미는 결코 같을 수 없었다.

명의 종주권이 중원을 너머 요동과 조선에까지 미치던 시기에 조선과 여진은 압록강 일대의 변경을 공유하고 있었다. 조선과 여진의 변경은 명과 여진의 요동과 유사한 모습이었을 것이다. 파멜라 크로슬리가 묘사하듯이 요동은 "중간적between-ness" 혹은 "超변경적transfrontier-ness"인 성격을 띤 지역으로 한인과 여진인의 민족적 경계가 모호한 곳이었다.[54] 이곳은 또한 "사람들의 만남의 공간으로 지리적·문화적 국경이 명확하게 구분되지 않은 곳"으로서 "국경이 없는borderless 땅"이기도 했다.[55] 선조와 누르하치의 일화가 보여주듯이, 조선과 여진의 경계는 압록강과 두만강이라는 자연적 지리경계에 따라 분명하게 나뉘는 것이 아니라 그 일대를 공유하며 혼거하고 있었고, 양자의 관계는 명을 매개로 하고 있었다.

홍타이지가 이끄는 후금의 성장은 배타적인 영역설정을 필요로 했고 조선과 후금의 관계는 더 이상 과거와 같은 불명확한 변경을 허용할 수 없었다. 누르하치의 후금이 "인접하는 두 정치세력, 혹은 사회집단이나 문화 사이에 존재하는 경계가 모호한 공간으로, 한쪽이 다른

---

**54** Pamela K. Crossley, *A Translucent Mirror : History and Identity in Qing Imperial Ideology*, University of California Press, 1999, pp.47~50.

**55** Jeremy Adelman and Stephen Aron, "From Borderlands to Borders : Empires, Nation-States, and the Peoples in between in North American History", *The American Historical Review* 104 : 3, 1999.6, pp.815~816.

한쪽보다 강력한 영향력을 행사하여 자신의 세력을 상대방에게 침투시키고 확장할 여지가 있는 지역"으로서의 변경frontier을 갖고 있었다면, 홍타이지의 후금-청은 "인접하는 두 정치세력이 서로의 영토적 경계를 명확하게 구분하여 설정한 선을 뜻하는" 국경border을 원했다고 할 수 있다.[56] 홍타이지는 조선과 분명하게 구별되는 후금의 배타적인 경계를 원했고, 조선인의 범월은 그에게 조선을 압박할 수 있는 좋은 계기를 제공했다. 그리고 이를 빌미로 그는 조선을 공격하여 결국 사대관계를 수립하는데 성공했다.

그러나 근대사회에서 등장하는 분명한 선으로서의 국경은 홍타이지 시기에는 불가능한 것이었다. 19세기 말까지 청과 조선은 그들의 접경지역이 변경은 아니지만 국경도 아닌, 일종의 중간적인 성격을 띠고 있었다. 이와 관련하여 미국 서부사 전공자인 제리미 아델만과 스테판 애론이 제시한 개념인 '국경지대borderland'에 주목할 만하다. 이들은 변경과 국경 사이에 국경지대라는 중간단계를 설정하고 "두 세력이 서로 경쟁하는 경계"로 정의한다. 두 세력 사이의 공간이 변경에서 국경으로 변화하기 전에 일종의 전환기인 국경지대의 단계를 거치게 되고, 이때 국경지대는 변경의 성격과 국경의 성격을 모두 지니게 된다는 것이다.[57] 다시 말해 국경지대는 변경처럼 두 집단이 모호한 경계를 둘러싸고 빈번하게 접촉하는 공간이지만 동시에 인접하는 두 국가가 서로의 세력을 인정하고 타협하는 지점이라고 할 수 있을 것이다.

---

**56** 경계boundary · 변경frontier · 국경지대borderland · 국경border 등 관련된 여러 용어에 대한 설명은 김선민, 「청제국의 변경통치에 관한 연구동향 분석」, 윤영인 외, 『외국학계의 정복왕조 연구 시각과 최근 동향』, 동북아역사재단, 2010, 114~118쪽 참조.

**57** Adelman and Aron, *Op cit.*, p.816.

    18세기 중반 망우초 초소 사건은 청-조선 양국의 국경지대가 지닌 경계의 모호성과 이를 뒷받침하는 조공관계의 특수성을 동시에 드러낸다. 청과 조선의 국경지대에서 조선인의 범월사건은 누르하치 시기부터 건륭 연간에 이르기까지 끊임없이 일어났다. 그러나 이에 대한 청의 대응은 시간이 지나면서 점차 변화해갔다. 초기의 만주족 지배자들이 적대적인 조선으로부터 후금과 청의 지위를 획득하기 위해 조선인 범월자들을 가혹하게 처벌해야 했다면, 번성하는 제국이 정점에 이른 18세기의 청 황제들은 공손한 조공국에게 보다 관대한 처우를 내리는 여유를 가질 수 있었다. 망우초 사건에서 보이듯이 성경 변경일대의 지방관들은 조선인의 범월을 방지하고 국경을 방어하기 위해서는 강력한 조치가 필요하다는 것을 역설했지만 옹정제와 건륭제는 대신 조선의 편을 들어 이들의 요구를 물리쳤다.

    이는 제국의 황제가 세계를 아우르는 보편군주로 자신을 자리매김하고 있었던 18세기 당시 청의 지배 이데올로기와 관련지어 이해할 필요가 있다. 광대한 제국과 다양한 민족집단을 통치하게 된 18세기의 청 황제는 이제 단순히 만주족의 통치자만이 아니라, 한인, 몽골인, 위구르인, 티베트인을 포함한 제국 내 모든 백성들의 군주가 되고자 했다.[58] 청의 이러한 보편군주 이데올로기는 제국 내부만이 아니라 대외관계에서도 표현되었다. 외국, 특히 조공국과의 관계에서 청 황제는 천하의 모든 신민을 다스리는 천자로 자임했고 이를 위해서는 외국의 요구도 어느 정도는 수용하지 않으면 안 되었다. 조선의 경우, 군사적으

---

[58]  파멜라 크로슬리는 18세기 청제국의 이러한 지배 이데올로기를 보편군주의 개념으로 설명한다. Pamela K. Crossley, *Op cit.*, 5~6장 참조.

로나 정치적으로 위협적이지 않은 이웃과 국경문제로 다투는 것보다 오랜 조공국의 충성을 확보하는 것이 보편군주의 위상에 부합하는 일이었다. 결국 외국을 아끼는 천조의 황제는 공순한 조공국 조선의 거듭된 요구를 묵살할 수 없었고, 이로 인해 조선은 오히려 자신들의 요구를 관철할 수 있었던 것이다. 18세기 청과 조선의 관계는 종주국과 조공국이라는 상하 위계질서에 근거한 것이면서 동시에 타협의 여지 또한 내포하고 있었다. 이러한 양국 조공관계의 특수성이 국경지대 본연의 모호성과 만나면서 망우초 초소 설치를 무위로 만들었던 것이다.

# 참고문헌

강석화, 『조선 후기 함경도와 북방영토의식』, 경세원, 2000.

김선민, 「인삼과 강역 : 후금-청의 강역인식과 대외관계의 변화」, 『명청사연구』 30, 2008.

_____, 「옹정제의 성경지역 통치」, 『명청사연구』 34, 2010.

_____, 「청제국의 변경통치에 관한 연구동향 분석」, 윤영인 외, 『외국학계의 정복왕조 연구 시각과 최근 동향』, 동북아역사재단, 2010.

계승범, 『조선시대 해외파병과 한중관계』, 푸른역사, 2009.

안드레 슈미드, 정여울 역, 『제국 그 사이의 한국, 1895~1919』, 휴머니스트, 2007.

이홍렬, 「三道溝 사건과 그 先後策」, 『백산서당』 5, 1968)

이화자, 『朝淸國境問題硏究』, 집문당, 2008.

조 광, 「조선 후기의 변경의식」, 『백산학보』 16, 1974.

이시바시 다카오, 홍성구 역, 『대청제국 1616~1799』, 휴머니스트, 2009.

정다함, 「朝鮮初期 野人과 對馬島에 대한 藩籬·藩屛 認識의 형성과 敬差官의 파견」, 『東方學志』 141, 2008.

한명기, 『정묘·병자호란과 동아시아』, 푸른역사, 2008.

夫馬進, 「明淸中國の對朝鮮外交における「禮」と「問罪」」, 『中國東アジア外交交流史の研究』, 京都 : 京都大學學術出版會, 2007.

김경록, 「조선의 대청관계 인식과 외교체계」, 『이화사학연구』 37 (2008.

배우성·구범진 역, 『국역『同文彙考』疆界 史料』, 동북아역사재단, 2008.

구범진·배우성 역, 『국역『同文彙考』犯越 史料』 1, 동북아역사재단, 2008.

『국역통문관지』, 세종대왕기념사업회, 1998.

Peter C. Perdue, *China Marches West : The Qing Conquest of Central Eurasia*, Harvard University Press, 2005.

Pamela Crossley, *The Manchus*, Blackwell Publisher, 1997.

Pamela K. Crossley, *A Translucent Mirror : History and Identity in Qing Imperial Ideology*, University of California Press, 1999.

Jeremy Adelman and Stephen Aron, "From Borderlands to Borders : Empires, Nation-States, and the Peoples in between in North American History", *The American Historical Review* 104 : 3, 1999.6.

—2부—
# 19세기 후반
# 중화제국 질서의 변화

# 청말 奏摺의 전달방식의 변천 *

운욱

## 1. 머리말

奏摺은 康熙 연간부터 실물이 남아있는데, 원래는 황제의 親臣이 황제에게 지방의 정황에 관해 비밀보고를 올리거나 지방관이 비공식적으로 황제에게 공무를 아뢰기 위해 사용했다. 하지만 주접은 점차 公的 보고를 위해 明代 이래 사용되던 題本을 압도하게 되었고 결국 淸代 지방대관이 황제에게 소식을 전달하는 주요 형식으로 자리 잡게 된다. 이제까지 이 奏摺의 전달과 처리과정에 관한 연구는 주로 황제와 군기처 사이에서 奏摺이 처리되는 과정이 비교적 자세히 논의되었던 반면,[1] 지방관의 손을 떠난 奏摺이 북경에 도달하는 과정에 관한 연구는

---

\* 이 글은 『歷史學報』 209집(역사학회, 2011)의 「淸末 奏摺의 전달방식의 변천」을 재수록한 것이다.

1 주접의 작성, 전달, 처리 과정에 관한 비교적 자세한 설명은 秦國經, 「淸代的奏摺」, 『明淸檔案與歷史硏究論文選』, 北京 : 新華出版社, 2005, 488~494쪽; Silas Wu, "Memorial Systems of the Ch'ing Dynasty", *Harvard Journal of Asiatic Studies* vol. 27, 1967. pp. 27~36; Beatrice

상대적으로 소홀히 다루어져왔다.

이 과정에 관해서 대부분의 奏摺제도에 관한 연구는 專差(家人이나 弁員 등 奏摺을 전달하는 사람)를 이용하거나 급한 경우에는 驛站을 통해 전달했다는 등의 단편적인 사실 밖에 언급하고 있지 않다.[2] 다행히 驛站 제도에 관한 종래의 연구에서 奏摺과 관련된 驛站의 규율이나 奏摺이 통과했던 皇華驛, 兵部捷報處, 奏事處 등의 관료기구, 또는 驛站을 통해 공문이 전달될 때 필요한 火票, 火牌 등의 郵符에 관해 서술하고 있다.[3] 하지만 이제까지 역참제의 연구도 清末에 기존의 奏摺 전달방식에 어떠한 변화가 발생했는지 다루고 있지 않다. 한편 기존의 근대우정의 등장에 관한 연구는 대부분 근대우정이 기존의 역참제도를 대체해갔음을 주장하면서도 근대우정이 기존의 역참을 통한 주접의 전달방식이나 전달속도에 끼친 영향에 관해 구체적으로 언급하고 있지 않다.[4]

---

Bartlett, "Ch'ing Palace Memorials in the Archives of the National Palace Museum", *National Palace Museum Bulletin*, 13 : 6, Taipei : The Museum, January~February 1979, pp.5~10 등 참조. 특히 황제와 군기처 사이 주접의 처리 과정에 관해서는 秦國經, 같은 글, 491~493쪽; Wook Yoon, "The Grand Council and the Communication Systems in the Late Qing", Yale University, Ph.D dissertation, 2008, pp.70~86 등. 秦國經의 연구는 출처를 밝히지는 않고 있지만 주로 清末 軍機大臣이었던 瞿鴻禨의『暴直紀略』에 근거해 서술한 것이다. Yoon의 연구는『暴直紀略』이외에도 이전에 사용되지 않았던 清末 軍機處를 소재로 다룬 筆記類, 그리고 奏單奏片檔 등 檔案史料를 이용해 보다 상세히 서술했다.

2   秦國經, 앞의 글, 490쪽; Wu, *Op cit.*, pp.27~28; Bartlett, *Op cit.*, pp.5~6.

3   劉廣生,『中國古代郵驛史』, 北京 : 人民郵電出版社, 1986; 劉文鵬,『清代驛傳及其與疆域形成關係之研究』, 北京 : 中國人民大學出版社, 2004; 張正樺,「清乾隆驛傳制度之研究」, 國立臺灣師範大學 歷史學研究所 碩士論文, 2008.

4   劉文鵬, 앞의 책, 280~298쪽; 徐雪霞,「近代中國的郵政」, 國立師範大學校 歷史研究所, 碩士學位論文, 1985, 159~168쪽; Cheng Ying-wan, *Postal Communication in China and its Modernization 1860~1896*, Cambridge : Harvard University Press, 1970; 申太甲,「中國의 近代的 郵便制度의 創設과 發展」,『中國史研究』17, 中國史學會, 2002.2 등은 清末 驛站이 文報局과 大清郵政局에 의해 대체되는 과정을 서술하고 있다. 하지만 그 와중에 奏摺의 전달이 어떠한 변화를 겪었는지에 관해서는 다루지 않고 있다.

청말 주접의 전달방식의 변화, 그리고 근대우정, 근대적 교통수단이 주접의 전달방식과 전달속도에 끼친 영향이 바로 이 글에서 다루고자 하는 바이다. 필자는 우선 본래 지방관의 自費로 전달되던 奏摺이 驛站을 통한 전달로 전환되는 과정을 청말에 이르기까지 서술했다. 그리고 19세기 후반에 기선, 철도 등 근대적 교통수단과 文報局, 大淸郵政局 등 새로운 우정기구의 등장과 奏摺전달과의 연관관계를 살폈다. 필자는 北京 第一歷史檔案館에 소장된 錄副奏摺을 분석해 19세기와 20세기 초에 걸친 시기의 奏摺의 전달 속도를 조사함으로써 近代郵政이 奏摺의 전달방식이나 전달속도에 끼친 영향력을 파악하고자 했다. 이러한 작업은 근대우정의 등장에도 불구하고 역참제도가 주접의 주요 전달수단으로 남았음을 보여줄 것이다. 마지막으로는 왜 近代郵政이 등장했음에도 불구하고 奏摺이 여전히 驛站 등 전통적인 방식으로 전달되었는지 그 이유를 고찰했다. 이상과 같은 작업은 奏摺제도에 대한 이해를 보다 심화시키는 한편, 서구문물의 도입이 淸代 관료제도의 효율성에 끼친 영향을 숙고하는데도 도움이 되리라 여겨진다.

## 2. 전통적 주접 전달방식의 변화

總督, 巡撫, 提督, 總兵이 題本을 북경에 보낼 경우에는 차역이나 관원을 파견했다. 이들이 연도의 각 역참에서 火牌나 勘合을 제시하면 역참에서는 郵符에 제시된 대로 말 등 기타물품 및 편의시설을 제공했다.[5] 그런데 奏摺은 황제와 지방관의 사적인 의견전달의 통로로 시작된 것이고 애초에 그것은 정식 공문이라고 할 수 없었으므로 驛站을 이용할 수 없었고 그 비용을 지방관 본인이 부담했다. 奏摺을 운반하는 재송인은 驛站을 이용하는 대신 路邊에서 필요한 말이나 수레를 조달하고 숙식을 해결해야했다. 이후 지방관에게 養廉이 제공되면서 奏摺을 전달하는 비용은 공식적으로는 養廉에서 지급되는 것으로 간주되었다. 하지만 수레나 말을 조달하는 것은 도시나 대로를 벗어나면 쉽지 않았다.[6] 결국 누차 奏摺의 전달에 지연이 발생하고 기존의 자력 전달방식이 긴급한 소식을 전달하기 부적절하다는 것을 깨닫게 되자 1716년(康熙 55년)에 奏摺의 전달에 驛站의 이용이 허락되었다.[7]

하지만 驛站의 이용은 긴급한 奏摺을 전달할 경우에만 한정되었다. 1723년(雍正 1년)에는 긴요한 奏摺은 差人이 역마를 타고 전달하는 것을 허락하지만 '尋常奏摺'을 전하면서 제멋대로 역마를 이용하는 자는 조사하고 처벌토록 했다.[8] 1726년(雍正 4년)에도 奉天將軍과 盛京五部 및 府尹에게 陵寢祭品, 모든 題本, 進貢品과 아울러 지방의 긴요 사무와 관련된 奏摺에만 勘合과 火牌를 사용하도록 했다.[9] 하지만 이후 지방

---

5 　『欽定大淸會典事例』(文淵閣四庫全書本), 臺北 : 臺灣商務印書館, 1983~1986(이하 『乾隆會典事例』로 간칭), 623~574쪽 상.

6 　1724년(雍正 2) 漕運總督 張大有가 河邊은 대로가 통하는 城市와 달리 노새와 말을 구하기 쉽지 않으니 奏摺을 전달하는 家人이 驛站의 말을 이용하게 해줄 것을 요구하고 있다. 第一歷史檔案館 編, 『雍正朝漢文硃批奏摺彙編』 권1, 上海 : 江蘇古籍出版社, 1989~1991, 986쪽, 793번.

7 　第一歷史檔案館 編, 『康熙朝漢文硃批奏摺彙編』 권7, 北京 : 檔案出版社, 1984~1985, 1028~1029쪽.

8 　『乾隆會典事例』, 623~581쪽 상. '尋常奏摺'을 Silas Wu는 황제에게 감사나 인사를 올리는 奏摺(謝恩摺, 請安摺, 和摺)을 지칭한다고 설명했다(Wu, Op cit., p.35). 하지만 尋常奏摺이란 긴요하고 급히 전달해야하는 奏摺이 아닌 일반적인 奏摺을 의미한다. 『乾隆會典事例』, 623~618쪽 상.

9 　『乾隆會典事例』, 623~581쪽 하.

관원들은 긴급한 奏摺에만 역마를 이용하도록 한 이 명령을 순순히 준수하지 않았다. 이는 지방관들이 緊急奏摺 뿐만 아니라 尋常奏摺을 역을 통해 전달하는 것을 금하는 황제의 上諭가 이후로 끊임없이 공포되고 이에 아랑곳하지 않고 尋常奏摺을 驛站을 통해 전달하다 적발되는 사건이 꼬리를 물고 光緖 연간까지 등장하는 것을 보면 알 수 있다.[10]

황제가 금하는데도 불구하고 지방대관이 尋常奏摺을 驛站을 이용해 전달하려한 것은 자비로 충당할 경우 여행경비가 부담스럽기 때문이었다. 乾隆帝는 규정을 어기고 역을 이용해 尋常奏摺을 보낸 관원들을 신칙하는 上諭를 낼 때 종종 上諭 끝에 해당 지방관원은 養廉이 풍부하니 이와 같이 구차하게 행동하지 말라고 훈계했다.[11] 嘉慶帝 역시 지방관들에게 養廉銀이 많은데 왜 얼마 되지 않는 비용을 아끼기 위해 尋常事件을 驛遞하는지 반문한 바 있었다.[12]

奏摺을 전달하러 差役을 보내는 경비는 한 번에 약 1백 냥 정도였는데,[13] 지방관의 입장에서 이 경비는 乾隆帝가 생각하는 것처럼 그렇게

---

10  『淸會典事例』권8, 北京 : 中華書局, 1991(이하 『光緖會典事例』로 구분해서 호칭), 740쪽 하, 1752년(乾隆 18); 674쪽 하 1754년(乾隆 20); 권8, 675쪽 하, 1753년(乾隆 31); 권8, 676쪽 상, 1754년(乾隆 32); 같은 책, 권8, 678쪽 하, 1780년(乾隆 45); 같은 책, 권8, 679쪽 상, 1790년(乾隆 55); 권8, 746쪽 하, 1800년(嘉慶 5); 권8, 685쪽 상 1855년(咸豐 5); 권8, 726쪽 상, 1861년(同治 1); 中央研究院 歷史語言研究所 漢籍電子文獻資料庫 淸實錄(이하 '淸實錄'으로 약칭), 1770년 5월 18일(乾隆 35년 4월 23일); 1771년 12월 3일(乾隆 36년 10월 27일); 1774년 3월 23일(乾隆 39년 2월 12일); 仇潤喜, 劉廣生 主編, 『中國郵驛史料』, 北京 : 航空航天大學出版社, 1999, 246쪽, 1898년(光緖 24); 原載 『宮中檔光緖朝奏摺』권11.
11  淸實錄, 1771년 12월 3일(乾隆 36년 10월 27일); 『光緖會典事例』권8, 676쪽 상, 1766년(乾隆 31); 淸實錄, 1770년 5월 18일(乾隆 35년 4월 23일).
12  淸實錄, 1800년 6월 6일(嘉慶 5년 윤4월 14일).
13  1770년 臺灣鎭 總兵은 매번 摺差를 파견할 때마다 80냥씩 지급했다. 淸實錄, 1770년 1월 13일(乾隆 34년 12월 17일). 1895년 廣西按察使 胡燏棻의 상주에 따르면 매번 摺差를 京師에 보내는데 백십 냥이 들었다. 『淸朝續文獻通考』, 杭州 : 浙江古籍出版社, 1991, 권4, 11225쪽 상.

만만한 것이 아니었다. 乾隆帝가 언급한 養廉은 이미 幕友에게 지불하는 급료 등으로 여유가 없었을 것이다. 따라서 지방관들은 摺差의 비용을 대기 위한 별도의 재원을 모색해야만 했다. 일부 성에서는 이 摺差의 경비를 조달하기 위해서 특별한 항목의 재원을 마련해 놓고 있었다. 浙江에서는 備公의 명목으로 매년 6천여 량을 거두어 摺差의 路費 및 기타 공용에 사용했다.[14] 그리고 寧夏에서는 매달 私幫의 항목으로 660냥씩을 떼고 이 기금의 일부를 摺差의 노비로 제공했다.[15] 摺差 비용을 마련하는 와중에 부조리도 발생했다. 지방관원이 摺差 비용을 명목으로 屬下 아문에서 돈을 추렴하고 일부를 착복하다가 발각되는 일도 있었고,[16] 심지어 지방대관이 奏摺을 齎送하는 관원에게 노비를 자비로 지출하도록 강요하여 관원이 자살하기도 했다.[17]

한편, 乾隆帝 때 이미 奏摺이 題本과 咨文을 대체하는 경향이 나타났는데, 乾隆帝 이후 이러한 경향은 가속화되었다.[18] 이에 따라 題本과 咨文의 수량이 크게 줄어든 대신 奏摺은 대폭 증가했다.[19] 이런 상황에서

---

14 淸實錄, 1827년 7월 1일(道光 7년 윤5월 8일).
15 淸實錄, 1828년 6월 19일(道光 8년 5월 8일).
16 淸實錄, 1807년 12월 2일(嘉慶 12년 11월 4일).
17 淸實錄, 1769년 1월 17일(乾隆 33년 12월 12일).
18 1795년 乾隆帝는 奏摺이 기존의 題本과 咨文으로 전달하던 내용을 침범함에 따라 題本과 咨文의 형식을 이용해 전달해야하는 사항을 일일이 열거하고 차후 奏摺으로 전달하는 것을 금했다. 하지만 1899년 陝甘總督 陶模가 보낸 奏摺 187건의 분석은 지방관원의 승진과 강등, 세입과 지출의 보고, 공로를 세운 관원의 표창 상신 등 題本이나 咨文으로 보내도록 규정한 내용을 담은 奏摺이 52건이나 됨을 보여주고 있다. Yoon, *Op cit.*, pp.108~109.
19 奏摺의 숫자는 1796년에 매달 333.5건 이었는데, 1850년, 1875년 1899년, 1909년에 각각 364건, 445건, 531.5건, 698건으로 증가했다(Yoon, *Op cit.*, p.110). 한편 道光 연간과 光緒 연간의 吏科史書와 兵科史書에 실린 題本의 양을 비교한 바에 따르면, 道光 18년 3월 15일~3월 30일의 吏科史書에 각성에서 보낸 43건의 題本이 실린 반면 光緒 24년 3월에는 단 한건의 題本도 없었다. 그리고 道光 18년 3월 1일~3월 15일의 兵科史書에 40건의 題本

奏摺을 자비로 전달하는 비용은 더욱 증가하게 되었고, 따라서 긴요한 것뿐만 아니라 尋常奏摺을 역으로 전달하게 되는 것은 자연스런 추세였다. 光緖 연간에 작성된 「河西驛日記」는 奏摺을 역을 통해 전달하는 것이 당시 이미 만연해 있었음을 보여준다.[20] 河西驛은 直隷省 武淸縣에 속한 별로 크지 않은 역으로 현의 동북에 위치했는데 天津에서 通州로 들어가기 위해서 지나야하는 곳이었다.[21] 이 일기에 따르면 奏摺을 실어나르는 摺差가 빈번히 이 역에서 말을 갈아타고 식사를 하고 갔는데, 심지어 오가는 摺差가 하루에 세 번이나 통과한 적도 있었다(음력 10월 2일). 다음은 光緖 13년 9월부터 10월(1887.10.17~12.14)까지 두달간 奏摺을 휴대한 差役이나 官員이 河西驛을 경유한 기록을 발췌한 것이다.

광서 13년 9월 3일 漕運摺差[22]가 과경했다.

9월 5일 院摺差가 돌아갔다.[23]

9월 15일 四更(새벽 1~3시)에 院摺差가 도착해 밥을 먹고 말을

---

이 실린 반면, 光緖 24년 윤3월에는 단지 열 건 만이 존재한다(pp.112~113).

20 「河西驛日記」는 沈惠蔭이 편집한 『驛事紀略』의 일부분이다. 『驛事紀略』에는 「河西驛日記」 이외에 驛站에서 사용되던 각종 郵符 및 河西驛과 武淸縣에 대한 각종 정보를 담고 있다. 저자 沈惠蔭은 13년 8월 署理武淸縣事에 임명된 지방관(號 益之, 湖北人)의 驛幕이었다. 「河西驛日記」는 1887년 10월 11일(光緖 13년 8월 25일)에 시작해 1888년 2월 3일(光緖 13년 12월 22일)에 끝나는데, 沈이 업무를 교대하러 河西驛에 실제 도착한 것은 1887년 10월 13일(光緖 12년 8월 27일)이었다.

21 『光緖武淸縣志』 권2, 北京 : 北京圖書館出版社, 2007, 97쪽. 武淸縣은 남쪽으로 天津과 90리, 북쪽으로 通州와 30리 떨어진 지점에 위치하고 있었다. 같은 책, 36쪽. 이 역은 말 33필, 마부 16명 남짓을 보유하고 있었는데 말이나 마부의 수량을 기준으로 直隷省의 다른 역과 비교한다면 중소형 역이었다. 『光緖會典事例』 권8, 199~203쪽.

22 漕運總督의 아문은 江蘇省 淮安府 淸江浦(현재 淮安市)에 소재했다.

23 院은 總督이나 巡撫를 가리킨다. 양자를 합해서 兩院이라고 했다. H. S. Brunnert and V. V. Hagelstrom, *Present Day Political Organization of China* no.822, Shanghai : Kelly and Waish Limited, 1912, p.402.

갈아타느라 五鼓(새벽3~5시)까지 야단이었다.

9월 19일 院摺差가 (北京에서) 돌아왔다. 夜半에 院摺差가 京師로 들어가느라 역에 와서 말을 갈아탔다.

9월 20일 하오에 院摺差가 天津으로 돌아갔다.

9월 21일 早飯 後에 院摺差가 돌아갔다.

9월 22일 漕運摺差가 말을 바꿨다.

9월 24일 하오에 院摺差가 말을 바꿨다.

9월 26일 院摺差가 天津으로 돌아가느라 이곳을 지났다.

9월 28일 四鼓(새벽 1~3시)에 院摺差가 와서 밥을 먹고 말을 갈아탔다.

10월 2일 아침에 漕運摺差가 過境했다. 저녁에 院摺差가 돌아와서 말을 바꿨다. 夜半에 또 院摺差가 와서 동이 틀 때까지 부산을 떨었다.

10월 4일 漕運摺差가 돌아갔다. 저녁 무렵 更餘에 院摺差가 돌아와 말을 바꿨다.

10월 5일 漕運摺差가 돌아갔다.

10월 17일 저녁을 먹은 후 摺差가 돌아갔다.

10월 20일 저녁을 먹은 후 院摺差가 돌아갔다.

10월 25일 摺差가 이곳을 지나며 말을 바꿨다.

10월 29일 저녁을 먹은 후 摺差가 돌아갔다.


摺差가 역에서 말을 바꿔 타고 飯食을 제공받으려면 兵部에서 발부한 火牌나 勘合을 소지하고 있어야 했다. 하지만 淸初부터 관원들이 이들

郵符 없이, 또는 私製 郵符를 발급해 역을 이용하는 일이 횡행했는데,[24] 光緒 연간에도 이러한 상황은 계속되었다.『驛事紀略』에는 馬票라는 郵符의 견본이 실려있는데, 이 馬票의 표면에는 다음과 같이 적혀있다.

山東兗沂曹濟驛傳黃河兵備道가 馬票를 발급한 일. 알리노니, 本道가 현재 家丁 楊申을 경사로 급히 파견하여 공무를 다스린다. 연도에 경과하는 각 주현에서는 모두 그에게 스스로 말 두필을 먹이게 하여 왕복하는 길에 타게 한다. **기록에 올리지 말고** 어김없이 행하라. (…중략…) 光緒 13년 9월 17일.[25]

여기서 기록에 올리지 말라고 한 것은 馬票가 불법으로 역마의 지급을 명하는 증표였음을 뜻하는 것이다.

1898년(光緒 24년)에는 黑龍江에서 광산, 황무지개발, 철도 건설, 邊務 등 상주할 사안이 폭증하고 있는데, 奏摺을 전달하는 비용을 감당하기 힘드니 관리의 도임, 請安, 謝恩摺은 專弁이 실어 나르고 그 외에 변경의 방어, 관원의 승급과 좌천, 탄핵 등의 사항을 담은 奏摺을 역으로 전달할 것을 청하자 황제는 이를 윤허했다.[26] 이는 긴급한 일 뿐만 아니라 일부 의례적인 보고를 제외한 일상 공무를 담은 奏摺을 驛站으로 전달하는 것을 결국 공식적으로 용인한 것이다. 결론적으로 말하자면 淸末

---

24  1672년(康熙 11년)에 사사로이 牌票를 발해서 夫馬를 갈취하는 자는 모두 이급을 내려 調用한다고 했고, 1689년(康熙 28년)에는 다시 驛傳道가 사사로이 牌票를 발급하고 정례를 어기고 역부와 말을 지급하면 혁직하도록 했다(『光緒會典事例』 권8, 670쪽). 乾隆 연간에는 雲南省의 摺差가 湖南에서 사사로이 역마를 빌려 타다가 두 번이나 발각된 적이 있었다.『光緒會典事例』 권8, 763쪽 하; 淸實錄, 1780년 5월 20일(건륭 45년 4월 17일).
25  『驛事紀略』, 49쪽.
26  『中國郵驛史料』, 246쪽; 原載『宮中檔光緒朝奏摺』 권11.

에는 奏摺은 긴급한 것뿐만 아니라 일상적인 것도 상당 부분이 역을 통해 전달되고 있었다. 아래에서는 奏摺이 근대적인 교통수단이나 郵政제도에 영향을 받기 전에 얼마나 빨리 전달되었는지 검토하기로 한다.

일반적인 題本에 관해서는 會典 등에 각지에서 北京에 도착하는 전달 시한에 관한 규정이 있어서 그 전달속도를 가늠할 수 있는데 그 속도는 대략 하루 190리였다.[27] 하지만 奏摺에는 이러한 규정이 존재하지 않았다.[28] 필자는 北京 第一歷史檔案館에 소장된 隨手登記檔과 內政 全宗의 錄副奏摺을 이용해서 阿片戰爭 직전인 道光 18년(1838)과 청조가 멸망을 앞두고 있던 1906년의 奏摺의 전달 속도를 조사했다. (구체적인 조사방법은 '부록' 참조) 여기서는 이 가운데 우선 (奏摺을 담은) 285개의 報匣 또는 夾板이 1838년(道光 18년)에 각성에서 北京에 도착하는데 소요된 시간과 전달속도를 분석했다.

---

27　J. K. Fairbank and Ssu-yu Teng, "On the transmission of Ch'ing documents", *Ch'ing Administration Three Studies*, Cambridge : Harvard University Press, 1960, pp.12~17.

28　奏摺의 속도에 관한 유일한 선행연구로 페어뱅크와 鄧嗣禹의 글이 있다. *libid.*, pp.1~35 (이 논문은 *Harvard Journal of Asiatic Studies* vol.4, 1939, pp.12~46에 처음으로 실렸다.) 하지만 70여 년 전에 이루어진 이 연구는 軍機處의 奏摺이나 檔冊에 접근이 불가능하던 시기에 『籌辦夷務始末』와 『籌辦夷務始末補遺』에 실린 1840~60년경 사이에 각지의 지방관이 북경에 보낸 奏摺과 황제의 上諭를 토대로 이루어진 연구이므로 자료상의 한계를 가지고 있다. 이 연구의 가장 커다란 문제점은 『籌辦夷務始末』과 『補遺』에 수록된 주접은 거의 전부 洋務에 관한 특수한 주접으로 馬上飛遞 이상의 속도로 전달되었으므로 이를 토대로 한 페어뱅크-鄧의 연구로는 일반적인 주접의 전달속도를 알 수 없다는 점이다. 馬上飛遞에 관해서는 주31 참조.

《표 1》 1838년(道光 28) 奏摺의 전달 속도

| 地名 | 專差 | | | | | | 300리 | | 400리 | | 500리 | | 600리 | |
|---|---|---|---|---|---|---|---|---|---|---|---|---|---|---|
| | 표본수 | 최단소요일수 | 최장소요일수 | 最頻日數(횟수) | 평균소요일수 | 日行평균속도(리) | 표본수 | 평균소요일수 | 표본수 | 평균소요일수 | 표본수 | 평균소요일수 | 표본수 | 평균소요일수 |
| 安徽安慶 | 7 | 13 | 20 | 14(4) | 14.9 | 176 | 0 | — | 0 | — | 0 | — | 0 | — |
| 奉天 | 5 | 8 | 11 | 9(2) | 9.4 | 155 | 0 | — | 0 | — | 0 | — | 0 | — |
| 福建福州 | 11 | 19 | 46 | 36(3) | 35.5 | 137 | 0 | — | 0 | — | 0 | — | 0 | — |
| 甘肅蘭州 | 15 | 20 | 25 | 22(5) | 22 | 182 | 0 | — | 0 | — | 0 | — | 0 | — |
| 甘肅宁夏 | 0 | — | — | — | — | — | 0 | — | 0 | — | 0 | — | 0 | — |
| 廣東廣州 | 17 | 29 | 29 | 32(4) | 33.6 | 167 | 0 | — | 1 | 18 | 0 | — | 0 | — |
| 廣西桂林 | 15 | 21 | 34 | 29(4) | 28.2 | 165 | 0 | — | 0 | — | 0 | — | 0 | — |
| 貴州貴陽 | 11 | 27 | 37 | 30(3) | 31.8 | 150 | 0 | — | 0 | — | 0 | — | 0 | — |
| 黑龍江 | 1 | 22 | 22 | 22 | 22 | 151 | 0 | — | 0 | — | 0 | — | 0 | — |
| 河南開封 | 12 | 6 | 11 | 11(4) | 9.1 | 164 | 0 | — | 0 | — | 0 | — | 0 | — |
| 湖北武昌 | 21 | 10 | 23 | 16(5) 17(5) | 16.2 | 166 | 0 | — | 0 | — | 0 | — | 0 | — |
| 湖南長沙 | 10 | 14 | 24 | 19(3) | 18.7 | 192 | 0 | — | 0 | — | 0 | — | 0 | — |
| 江蘇南京 / 江蘇蘇州 | 22 | 12 | 27 | 14(4) | 15.7 | 148 / 174 | 1 | 8 | 0 | — | 0 | — | 0 | — |
| 江西南昌 | 15 | 18 | 25 | 21(5) 24(5) | 21.9 | 145 | 0 | — | 0 | — | 0 | — | 0 | — |
| 吉林 | 0 | — | — | — | — | — | 0 | — | 0 | — | 0 | — | 0 | — |
| 蒙古胡圖浩特 | 0 | — | — | — | — | — | 0 | — | 0 | — | 0 | — | 0 | — |
| 青海西宁 | 0 | — | — | — | — | — | 0 | — | 0 | — | 0 | — | 0 | — |

| 地名 | 專差 | | | | | | 300리 | | 400리 | | 500리 | | 600리 | |
|---|---|---|---|---|---|---|---|---|---|---|---|---|---|---|
| | 표본수 | 최단소요일수 | 최장소요일수 | 最頻日數(횟수) | 평균소요일수 | 日行평균속도(리) | 표본수 | 평균소요일수 | 표본수 | 평균소요일수 | 표본수 | 평균소요일수 | 표본수 | 평균소요일수 |
| 陝西西安 | 10 | 10 | 15 | 10, 13, 15(各2) | 12.9 | 197 | 0 | — | 0 | — | 0 | — | 0 | — |
| 山東齊南 | 11 | 5 | 6 | 5(7) | 5.36 | 174 | 0 | — | 0 | — | 0 | — | 0 | — |
| 山西太原 | 20 | 6 | 6 | 6(20) | 6 | 192 | 0 | — | 0 | — | 0 | — | 0 | — |
| 四川成都 | 14 | 17 | 28 | 27(3) | 24.2 | 196 | 0 | — | 0 | — | 0 | — | 0 | — |
| 新疆烏魯木齊 | 0 | — | — | — | — | — | 0 | — | 0 | — | 0 | — | 0 | — |
| 新疆伊犁 | 0 | — | — | — | — | — | 2 | 29 | 0 | — | 0 | — | 0 | — |
| 西藏拉薩 | 0 | — | — | — | — | — | 1 | 36 | 0 | — | 0 | — | 0 | — |
| 雲南昆明 | 15 | 23 | 51 | 37(3) | 40.1 | 147 | 0 | — | 0 | — | 0 | — | 0 | — |
| 浙江杭州 | 23 | 12 | 26 | 17(6) | 17 | 184 | 2 | 11 | 0 | — | 0 | — | 0 | — |
| 直隷保定 | 22 | 3 | 4 | 3(20) | 3.1 | 106 | 0 | — | 0 | — | 0 | — | 0 | — |
| 합계 | 277 | — | — | — | — | — | 7 | — | 1 | — | 0 | — | 0 | — |

〈표 1〉에 보는 바와 같이 필자의 연구의 표본 대상이 된 錄副奏摺의 內政 全宗을 통해 파악할 수 있는 報匣이나 夾板은 대부분 家人이나 差弁이 자비로 여행하거나 驛站을 이용해 전달하는 專差 방식으로 운송되었다. 그리고 300리 이상의 馬上飛遞[29]로 전달된 奏摺은 매우 드물

---

**29** 馬上飛遞란 각 역참 간에 릴레이로 문서를 전달하는 방식이었는데, 그 속도는 평상시 300리였고, 긴급한 경우에는 600리까지 가속할 수 있었다. 전달문서가 馬上飛遞되는 문서임을 증명하기 위해 주로 火票를 이용했다. 奏摺 역시 특별히 긴급한 상황에 한해서 馬上飛遞를 통한 전달이 허가되었다.

어서 분석 자료로서 사용하기 힘들다. 그런데 이 專差의 속도는 최고 197리(陝西 西安)에서 최저 106리(直隸 保定) 사이이고 대략 하루 165리의 속도이다. 이것은 會典에서 규정하고 있는 역마를 이용해 전달하는 尋常題本의 평균 속도인 190여 리에 약간 뒤떨어지는 것이다.

하지만, 1870년대 이후 奏摺의 속도에 변화의 가능성이 발생하는데, 그것은 다름 아닌 새로운 교통수단과 近代郵政의 등장 때문이었다. 아래에서는 이러한 근대적 이기와 奏摺의 운반과의 관계, 그리고 근대적인 방식이 주접의 전달속도에 끼친 영향을 검토하기로 한다.


## 3. 근대적 전달방식의 등장

늦어도 1874년 발생한 臺灣 위기 때부터 청조는 기선을 이용해 奏摺을 전달하기 시작했다. 당시 위기에 대처하기 위해 臺灣에 파견된 沈葆楨은 기선으로 專差를 上海로 보내고 上海에서 驛站을 이용해 北京으로 奏摺을 전달했다.[30] 당시 청조나 沈葆楨은 이 새로운 문서전달 방식을 제도화하는 데까지 나가지는 않았다. 하지만 청조는 곧 기선을 이용해 문서를 전달하는 방식을 전담하는 기관을 설치할 필요를 깨달았다. 1877년 郭嵩燾가 주영대사로 런던으로 파견되자 郭과 청 정부 및 郭의 지인 간의 서신왕래를 담당하는 文報局을 上海에 설치했는데, 이를 기점으로 각성 관리들이 기선으로 문서를 전달하기 위해 설립한 文

---

30  劉銘傳 奏摺, 1884년 8월 15일(光緒 1년 6월 25일), 臺灣 故宮博物院 文獻館, 軍機檔, 128416.

報局이 해안에 우후죽순처럼 생겨나기 시작했다.[31]

1881년에는 臺灣 해협에서 기선으로 긴급한 군사보고와 황제의 지를 전달하기 위해 福建省 馬尾와 臺灣 基隆에 文報局이 세워졌다. 일단이 문서들이 해안에 상륙한 다음에는 기존의 驛站제도를 이용해 운반했다.[32] 文報局이 奏摺, 廷寄와 같은 중요문서를 전달할 때는 보안을 위해 이 문서들을 기선 회사에 託送하지 않고, 설령 해외라 할지라도 文報局 직원이 직접 소지하고 여행했다.[33]

하지만 이들 文報局은 1896년 海關이 운영하는 大淸郵政局의 등장과 함께 奏摺 등 관문서를 기선을 이용해 전달하는 기능을 상실하고 말았다. 새로운 우정법규에 따르면 通商 各口를 왕래하는 기선은 오직 大淸郵政局의 우편물만을 전달할 수 있었다. 선원이나 승객도 개인적으로 편지를 휴대하는 것이 원칙적으로 금지되었다.[34] 이 규정은 개인적인 서찰뿐만 아니라 공문서의 왕래에도 적용되었다. 閩浙總督이 招商局 輪船이 벌금을 두려워하여 공문서를 받아주지 않는다고 불만을 토로하자, 總署는 郵局을 이용하든가, 아니면 文報局에 맡기면 郵局에

---

31 文報局에 관해 다루고 있는 선행연구로는 王孟瀟, 「淸代末葉之文報局」, 『郵政資料』 권2, 臺灣, 郵政博物館, 1968, 1~6쪽; 徐雪霞, 앞의 글, 51~54쪽; 晏星, 『中國郵政發達史』, 臺灣, 商務印書館, 1994, 225~227쪽 등이 있다. 이 글은 기존의 연구에서 사용하지 않았던 사료를 이용하고 있는 점 외에도 서로 다른 성격의 文報局이 前後 시기를 달리하여 존재했다는 점을 밝혀내고, 언제, 왜 前期의 文報局이 사라졌는지 설명하고 있다는 점에서 기존의 文報局 연구와 차별성을 갖는다. 後期 文報局에 관해서는 결론 부분에서 설명한다.

32 岑毓英 奏摺, 1881년(光緖 17), 曹潛, 『中國郵政史 臺灣篇』, 臺北 : 交通部, 1981, 73~74쪽.

33 李鴻章 奏摺, 1884년 3월 13일(光緖 10년 2월 16일), 臺灣 故宮博物院 文獻館, 軍機檔, 125367.

34 『交通史郵政篇』 권1, 南京 : 交通鐵路部, 1930, 20쪽. 나중에 하트는 친구를 위해 편지를 날라다주거나 심부름꾼을 부려 편지를 왕래하는 것은 이 규정에 해당되지 않는다고 설명했다. 『中國海關與郵政』, 北京 : 中華書局, 1983, 90쪽, 總理衙門奏摺, 1897년 4월 29일(光緖 23년 3월 28일).

교부되어 郵局이 전달해줄 것이라고 했다.[35] 奏摺도 이 새로운 시스템에서 예외가 아니었음은 粤海關 稅務司가 總郵政司를 겸직한 總稅務司 하트에게 전한 편지에 잘 나타나있다.

우리들의 郵政사업은 순조롭게 진행되고 있다. (…중략…) 관원들이 모두 사람을 보내 어떻게 奏摺 공문 등을 北京으로 발송하는지 물었다. 내가 회답하길, 만일 우리에게 준다면 우리가 보내줄 것이다. 하지만 文報局을 통해 보내도 된다. 文報局은 이미 登記가 되어있다.[36]

大淸郵政局이 설치된 이후에 文報局은 공문서를 취급한다는 점을 제외하면 사설 우정기구인 民信局과 별 차이가 없었다. 1901년경 廈門의 稅務司가 작성한 郵政보고서는 당지에서 활동하고 있는 30개의 우정업자의 명단을 담고 있는데, 이 가운데는 文報局도 포함되어 있었다. 이 보고서에 따르면 "이들 업체들은 서로 경쟁하고 있지만 (업무)방식에는 별 차이가 없고 서로 공동이익을 위해 연대하고 있었다."[37]

상업 우편뿐만 아니라 奏摺을 비롯한 공문서의 전달에도 참여했던 大淸郵政局[38]은 비약적인 성장을 거듭했다. 창립된 지 10년 만인 1906

---

35 『中國海關與郵政』, 90쪽, 總理衙門奏摺.
36 『中國海關與郵政』, 88쪽, 粤海關 暫行代理稅務司 G. F. Müller가 하트에게 보낸 函, 1897년 2월 17일. 당시 민간 우정업자인 民信局은 郵政局에 등기하고 보증서를 받게 되어 있었다. 그다음에 비로소 통상 구안에서 우편물을 郵政局에 기탁해 기선을 통해 전달할 수 있었다(『交通史郵政篇』, 19~20쪽, 總理衙門奏定郵政章程). 이제 文報局도 이 규정에 따라야했던 것이다.
37 *Decennial Report 1892~1901*, Shanghai : Statistical Department of the Inspectorate General of Customs(1893~), "Fuzhou", p.111; "Amoy", p.141.
38 大淸郵政局에 관해서는 이미 徐雪霞, Cheng Ying-wan 등의 연구가 있다. 하지만 이들 글에서 大淸郵政局의 우편물의 전달 속도에 관한 검토는 거의 이루어지지 않았다. 여기서

년까지 郵局 수는 2,096개소에 달했고, 1911년에는 다시 세배가 늘어 6,201개소에 이르렀다.[39] 이러한 발전은 기선 노선과 철도의 확대와 밀접한 관계가 있었다. 大淸郵政局은 우편물의 전달에 기선뿐만 아니라 기차도 배타적으로 이용할 수 있었다. 民信局이나 客郵 (외국 郵政업체)는 기차로 우편물을 전달하는 것이 금지되어 있었다.[40] 철도는 1906년까지 11,203리가 건설되었고 1911년에는 17,000리로 연장되었다. 한편, 청이 멸망할 때까지 기선의 총연장 운항거리는 25,000리에 달했다.[41]

기선, 철도 등 근대적인 교통수단의 사용으로 大淸郵政局은 우편전달 속도를 현저히 향상시킬 수 있었다. 1898년 북경정부는 역참을 폐지하고 우정을 통해 각성독무와 북경정부가 공문서를 전달하는 방안을 로버트 하트에게 검토하게 했다. 하트에 따르면 당시 각성의 督撫가 이용할 수 있었던 郵局과 北京 간에 우편물의 전달 속도는 다음과 같았다.

〈표 2〉 1898년 北京과 각성 郵局 간의 우편 전달 속도

| 郵局의 위치 | | 北京까지 소요기간 | (참고) 1838년 해당도시 또는 인근도시에서 발한 奏摺의 평균 소요기간 |
|---|---|---|---|
| 성 | 도시 | | |
| 安徽 | 安慶 | 6 | 14.9 |
| 奉天 | 牛莊 | 5 | 盛京-9.4 |
| 福建 | 福州 | 10 | 35.5 |
| 廣東 | 廣州 | 10 | 33.6 |
| 光緒 | 梧州 | 12 | 桂林-28.2 |
| 湖北 | 漢口 | 7~8 | 16.2 |

필자는 奏摺의 전달 속도와 비교하기 위해 이 문제에 집중해서 논의했다.
**39** 『交通史郵政篇』, 379~380쪽.
**40** 『中國海關與郵政』, 114쪽, 하트가 外務部에 보낸 보고의 附件, 1903년 1월 17일.
**41** 『交通史郵政篇』, 426~427쪽.

| 江蘇 | 南京(兩江總督) | 5 | 15.7 |
| | 蘇州(江蘇巡撫) | 5~6 | |
| 江西 | 九江 | 6 | 南昌-21.9 |
| 山東 | 烟臺(여름) | 2~3 | 濟南-5.4 |
| | 濟河(겨울) | 5 | |
| 四川 | 重慶 | 17 | 成都-24.2 |
| 西藏 | 亞東 | 30 | |
| 雲南 | 蒙自 | 12 | 昆明-40.1 |
| 浙江 | 杭州 | 5~6 | 17 |
| 直隸 | 天津 | 1 | 保定-3 |

※ 자료출전 : 中國海關與郵政』, 92~95쪽, 1898년 11월 14일 하트가 總署에 보낸 보고서, 京字 第3626號.

〈표 3〉 1905년 天津과 각 도시 간의 우편물 수송 소요시간

| 목적지 | | 교통수단 | 소요시간 |
|---|---|---|---|
| 성 | 도시 | | |
| 奉天 | 營口 | 기차 | 약2일 |
| 廣東 | 廣州 | 기선 | 약5일 |
| 山東 | 烟臺 | 기선 | 약2일 |
| 浙江 | 上海 | 기선 | 약3일 |
| 直隸 | 北京 | 기차 | 4시간 |
| | 保定 | 기차 | 12시간 |
| | 山海關 | 기차 | 7시간 |
| 유럽 | | 기선 | 약35일 |

※ 자료출전 : Appendix I of "Tianjin", *Decennial Report, 1902~1911*.

〈표 4〉 1905~1096년 北京과 각 도시 간 우편물 수송 소요시간

| 목적지 | | 교통수단 | 소요시간 | 연도 |
|---|---|---|---|---|
| 성 | 도시 | | | |
| 湖北 | 漢口 | 기차 | 18시간(특급) 36시간(보통) | 1906 |
| 河南 | 開封 | 기차 | 2일 12시간 | 1905 |
| 甘肅 | 蘭州 | 기차 | 21일 | 1905 |
| 吉林 | ? | 기차 | 5일 | 1906 |
| 陝西 | 西安 | 기차 | 10일 | 1905 |

| 山東 | 濟南 | 기차 | 3일 12시간 | 1906 |
| 山西 | 太原 | 기차 | 2일 | 1906 |

※ 자료출전 : 仇潤喜 主編, 『天津郵政史料』(北京, 北京航空航天大學出版社, 1988~1992, 第二輯, 「光緒31年大淸郵政事務通報」, 541~542쪽, 「光緒32年大淸郵政事務通報」, 569쪽.

〈표 2〉에서 알 수 있는 바와 같이 당시 大淸郵政局을 이용해 奏摺을 전달하면 아편전쟁 이전의 驛站을 사용할 때보다 훨씬 빨리 도달할 수 있었다. 이후 1906년까지는 아래 표에서 알 수 있는 바와 같이 각지에 철로가 건설되고 기선운항이 발달함에 따라 공문서를 비롯한 우편물의 전달 속도는 더욱 빨라졌다.

1910년까지는 기차를 이용한 우체가 더욱 개량되어, 우편물이 北京에서 濟南, 西安, 蘭州에 각각 하루, 7일 반, 14일 반 만에 도착할 수 있었다.[42] 1908년부터는 속달편지를 전달할 때, 자전거가 동원되기 시작했는데,[43] 이는 우편물이 각지 郵局에 도달한 후 최종목적지에 도달하는 시간을 더욱 단축시켰을 것이다.

이상에서 논의한 近代郵政과 신식 교통수단이 奏摺의 전달과 전달 속도에 끼친 영향을 알아보기 위해서 필자는 1906년 각성에서 北京에 전달된 527개 報匣(내지 夾板)의 전달 속도를 조사했는데 그 결과는 다음과 같다. (조사방법에 관해서는 '부록' 참조)

---

42 『天津郵政史料』, 「宣統2年郵政事務情形總論」, 688쪽.
43 『天津郵政史料』, 「光緒34年郵政事務情形總論」, 643쪽.

| 地名 | 專差 | | | | | 300리 | | 400리 | | 500리 | | 600리 | |
|---|---|---|---|---|---|---|---|---|---|---|---|---|---|
| | 표본수 | 최단소요일수 | 최장소요일수 | 最頻日數 | 평균소요일수 | 표본수 | 평균소요일수 | 표본수 | 평균소요일수 | 표본수 | 평균소요일수 | 표본수 | 평균소요일수 |
| 安徽安慶 | 19 | 6 | 34 | 14(3) | 16.9 | 0 | — | 0 | — | 0 | — | 0 | — |
| 奉天 | 18 | 5 | 15 | 6(5) | 9 | 0 | — | 0 | — | 0 | — | 0 | — |
| 福建福州 | 29 | 11 | 61 | 20(3)<br>28(3) | 31.8 | 0 | — | 0 | — | 0 | — | 0 | — |
| 甘肅蘭州 | 16 | 17 | 35 | 26(3) | 26.1 | 0 | — | 0 | — | 0 | — | 0 | — |
| 甘肅宁夏 | 1 | 36 | 36 | 36 | 36 | 0 | — | 0 | — | 0 | — | 0 | — |
| 廣東廣州 | 39 | 15 | 46 | 31(4)<br>41(4) | 31 | 0 | — | 0 | — | 0 | — | 0 | — |
| 廣西桂林 | 28 | 24 | 47 | 30(4) | 33 | 0 | — | 0 | — | 0 | — | 0 | — |
| 貴州貴陽 | 16 | 33 | 83 | 44(2)<br>53(2) | 49.1 | 6 | 28.5 | 0 | | 0 | | 0 | — |
| 黑龍江 | 12 | 11 | 24 | 12(4) | 14.6 | 0 | — | 0 | — | 0 | — | 0 | — |
| 河南開封 | 34 | 4 | 39 | 7(8)<br>8(8) | 7.85 | 0 | — | 0 | — | 0 | — | 0 | — |
| 湖北武昌 | 17 | 9 | 24 | 10(3)<br>20(3) | 16.2 | 0 | — | 0 | — | 0 | — | 0 | — |
| 湖南長沙 | 25 | 13 | 29 | 17(4) | 19.3 | 0 | — | 0 | — | 0 | — | 0 | — |
| 江蘇南京 | 28 | 11 | 28 | 18(5) | 18.7 | 0 | — | 0 | — | 0 | — | 0 | — |
| 江蘇蘇州 | 10 | 8 | 22 | 11(2) | 13.7 | 0 | — | 1 | 9 | 0 | — | 0 | — |
| 江西南昌 | 37 | 11 | 41 | 18(7) | 21.6 | 0 | — | 0 | — | 0 | — | 0 | — |
| 吉林 | 20 | 11 | 28 | 12(4)<br>14(4) | 14.5 | 0 | — | 0 | — | 0 | — | 0 | — |
| 蒙古胡圖浩特 | 2 | 9 | 12 | — | 10.5 | 0 | | 1 | 7 | 1 | 8 | 0 | — |

| | | | | | | | | | | | | |
|---|---|---|---|---|---|---|---|---|---|---|---|---|
| 青海<br>西宁 | 0 | — | — | — | — | 1 | 21 | 0 | — | 0 | — | 0 | — |
| 陝西<br>西安 | 22 | 11 | 20 | 12(6)<br>14(6) | 13.9 | 0 | — | 0 | — | 0 | — | 0 | — |
| 山東<br>齊南 | 24 | 3 | 13 | 7(5)<br>8(5) | 8.7 | 0 | — | 0 | — | 0 | — | 0 | — |
| 山西<br>太原 | 22 | 6 | 15 | 7(6)<br>8(6) | 8.7 | 0 | — | 0 | — | 0 | — | 0 | — |
| 四川<br>成都 | 24 | 22 | 55 | 25(5)<br>27(5) | 27.5 | 0 | — | 1 | 20 | 0 | — | 0 | — |
| 新疆<br>烏魯木齊 | 4 | 40 | 59 | — | 50.3 | 0 | — | 15 | 41.9 | 0 | — | 0 | — |
| 新疆<br>伊犁 | 1 | 35 | 35 | — | 35 | 1 | 23 | 2 | 30 | 0 | — | 0 | — |
| 西藏<br>拉薩 | — | — | — | — | — | 2 | 47 | 1 | 46 | 0 | — | 0 | — |
| 雲南<br>昆明 | 4 | 49 | 65 | — | 56.5 | 0 | — | 15 | 33.7 | 0 | — | 0 | — |
| 浙江<br>杭州 | 32 | 7 | 30 | 15(6) | 15.5 | 0 | — | 0 | — | 0 | — | 0 | — |
| 直隸<br>天津 | 43 | 0 | 4 | 3(28) | 2.42 | 0 | — | 0 | — | 0 | — | 0 | — |
| 합계 | 527 | — | — | — | — | 12 | — | 35 | — | 0 | — | 0 | — |

〈표 6〉 1838과 1906년의 專差속도 비교

| 지명 | 연도 | 최단일수 | 최장일수 | 가장 빈번 일수 | 평균일수 |
|---|---|---|---|---|---|
| 安徽 安慶 | 1838 | 13 | 20 | 14 | 14.9 |
| | 1906 | 6 | 34 | 14 | 16.9 |
| 奉天 | 1838 | 8 | 11 | 9 | 9.4 |
| | 1906 | 5 | 15 | 6 | 9 |
| 福建 福州 | 1838 | 19 | 46 | 36 | 35.5 |
| | 1906 | 11 | 61 | 20, 28 | 31.8 |
| 甘肅 蘭州 | 1838 | 20 | 25 | 22 | 22 |
| | 1906 | 17 | 35 | 26 | 26.1 |
| 廣東 廣州 | 1838 | 29 | 39 | 32 | 33.6 |
| | 1906 | 15 | 46 | 31, 41 | 31 |

| | | | | | |
|---|---|---|---|---|---|
| 光緒 桂林 | 1838 | 21 | 34 | 29 | 28.2 |
| | 1906 | 24 | 47 | 30 | 23 |
| 貴州 貴陽 | 1838 | 27 | 37 | 30 | 31.8 |
| | 1906 | 33 | 83 | 44, 53 | 49.1 |
| 黑龍江 | 1838 | 22 | 22 | 22 | 22 |
| | 1906 | 11 | 24 | 12 | 14.6 |
| 河南 開封 | 1838 | 6 | 11 | 11 | 9.1 |
| | 1906 | 4 | 39 | 7, 8 | 7.85 |
| 湖北 武昌 | 1838 | 10 | 23 | 16, 17 | 16.2 |
| | 1906 | 9 | 24 | 10, 20 | 16.2 |
| 湖南 長沙 | 1838 | 14 | 24 | 19 | 18.7 |
| | 1906 | 13 | 29 | 17 | 19.3 |
| 江蘇 南京 | 1838 | 12 | 27 | 14 | 15.7 |
| | 1906 | 11 | 28 | 18 | 18.7 |
| 江蘇 蘇州 | 1838 | 12 | 27 | 14 | 15.7 |
| | 1906 | 8 | 22 | 11 | 13.7 |
| 江西 南昌 | 1838 | 18 | 25 | 21, 24 | 21.9 |
| | 1906 | 11 | 41 | 18 | 21.6 |
| 陝西 西安 | 1838 | 10 | 15 | 10, 13, 15 | 12.9 |
| | 1906 | 11 | 20 | 12, 14 | 13.9 |
| 山東 濟南 | 1838 | 5 | 6 | 5 | 5.36 |
| | 1906 | 3 | 13 | 7, 8 | 8.7 |
| 山西 太原 | 1838 | 6 | 6 | 6 | 6 |
| | 1906 | 6 | 15 | 7, 8 | 8.7 |
| 四川 成都 | 1838 | 17 | 28 | 27 | 24.2 |
| | 1906 | 22 | 55 | 25, 27 | 27.5 |
| 雲南 昆明 | 1838 | 23 | 51 | 37 | 40.1 |
| | 1906 | 49 | 65 | | 56.5 |
| 浙江 杭州 | 1838 | 12 | 26 | 17 | 17 |
| | 1906 | 7 | 30 | 15 | 15.5 |
| 直隷[45] | 1838(保定) | 3 | 4 | 3 | 3.1 |
| | 1906(天津) | 0 | 4 | 3 | 3.1 |

〈표 6〉은 1906년의 속도를 1838년과 비교하기 위해 앞의 〈표 1〉과 〈표 5〉를 근거로 비교가 가능한 21개 도시에서 北京으로 보낸 專差의 속도 부분만을 서로 비교한 것이다.[44]

〈표 6〉에서 1906년과 1838년의 專差의 최단일수를 비교한다면 1906년에 일부 성 督撫가 奏摺을 보낼 때 분명 근대적인 郵政이나 교통수단을 시도한 적이 있음을 알 수 있다. 1906년 각성 지방대관이 주차한 22개 도시 가운데 일부 도시에서 발송한 奏摺이 이전에는 상상할 수 없을 만큼 빠른 속도로 北京에 도착했다. 예컨대, 1838년 安慶에서 보낸 奏摺 중 가장 빨리 전달된 奏摺이 13일이 걸린 반면 1906년의 최단일수는 절반 이하인 6일에 지나지 않는다. 1906년 天津에서 北京으로 보낸 奏摺은 같은 날 北京에 닿을 수 있었는데, 이것은 철도를 이용하지 않고는 불가능한 속도이다. 이러한 속도를 경험한 도시들은 盛京, 黑龍江省城, 開封, 濟南, 天津과 같이 철도가 통과하는 곳에 위치해 있거나, 安慶, 福州, 廣州, 蘇州, 南昌, 杭州 등 장강연안이나 동남해안에 위치하여 기선을 이용할 수 있는 도시이다. 나머지 10개 城市는 최단일수에 거의 변화가 없거나 오히려 늘어났다. 이것은 이곳들이 근대적인 郵政이나 교통수단이 전달 기간을 줄이는데 크게 도움이 안 되는 지역에 위치하거나, 奏摺을 전달하는데 이러한 利器를 사용하지 않았다는 것을 보여준다고 할 수 있다.

---

44 專差만 비교한 것은 馬上飛遞로 전달되는 事例가 불충분하기 때문이다.

45 원래 直隸總督의 駐箚地는 保定府이다. 하지만 1870년 直隸總督이 三口通商大臣의 후신인 北洋通商大臣을 겸직함에 따라 여름에는 天津에 주차했다. 그런데, 王文昭가 直隸總督일 때 쓴 일기(1895년 2월 11일(光緖 21년 1월 17일) 天津 赴任~1898년 5월 19일(光緖 24년 윤3월 29일)에 따르면 王은 항상 天津에 근거를 두고 있다. 『王文昭日記』 하, 北京 : 中華書局, 1989, 931~996쪽.

한편 최단일수의 단축을 보여주는 위의 11개 도시의 1906년의 최단 일수와 가장 빈번히 걸린 일수를 비교한다면 양자 간에는 종종 커다란 격차가 존재함을 알 수 있다. 가령, 安慶에서 北京으로 奏摺을 보낸 최단일수는 6일에 불과하지만 가장 빈번히 걸린 일수는 14일이나 된다. 廣州에서도 역시 최단일수는 15일인 반면 제일 자주 등장하는 일수는 31일, 혹은 41일이다. 양자가 비교적 근접함을 보여주는 도시는 고작 盛京, 黑龍江省城, 開封, 蘇州 정도에 불과하다. 결국 大淸郵政局이나 기차, 기선을 통해 奏摺을 전달한 督撫들도 이것을 상시적으로 사용하지 않았던 것이다.

## 4. 새로운 전달방식의 한계

철도, 기선을 이용한 근대적인 郵政제도가 존재함에도 불구하고 이것에 의존하는 대신 대부분의 奏摺이 아직도 驛站 등 전통적인 수송수단으로 전달되고 있었던 이유는 무엇이었을까? 여기서 필자는 당시 近代郵政제도의 불안정성과 지방관들의 大淸郵政局에 대한 반감, 철도나 윤선 이용비의 부담, 대체수단으로서 전보의 존재 등을 지적하고자 한다.

당시 近代郵政은 驛站과 달리 전달과정을 조절하고 감시할 적당한 수단이 없었다. 陸軍部는 이 점을 다음과 같이 지적하고 있었다.

郵局은 우체물을 받고 가격을 계산하는 것이 장사를 하는 것과 같다. 평상시에는 직원들의 고과를 평가할 방법이 없고, 일이 발생하면 더욱 책임을 추궁하기 어렵다. 驛站은 전문관청이 문서를 수발하고 발송하므로 책임을 남에게 미룰 수 없다. 만일 지연, 은닉하거나 제멋대로 개봉해서 내용을 누설하는 일이 발생하면 처벌을 의논하는 것이 모두 규정에 실려있다. 따라서 위급한 일이 발생하면 軍令으로 조종할 수 있다. 현재 郵局 章程이 아직 완전히 갖추어지지 않아서 지연이 발생하면 처벌을 내리는 데 지나지 않는다.[46]

陸軍部의 염려는 근거 없는 추론이 아니었다. 1906년 總稅務司 하트가 外務部에 보고한 바에 따르면 廣州 부근에 있는 舖店이 郵差와 공모하여 이미 사용한 우표의 소인을 지우고 다시 사용하고, 게다가 2년여에 걸쳐 1천 통 이상의 편지를 수거하고도 전달하지 않은 사건이 적발되었다. 하지만 당시 우정규칙은 이러한 사건이 발생했을 경우 처벌하는 규정을 두고 있지 않았다. 결국 刑部는 궁리 끝에 가짜 우표를 만든 범인을 절도죄를 적용해 삼천리 유배형에 처하고 편지를 수장하고 전달하지 않은 우체부는 공문서를 은닉한 驛夫에 적용되는 규정을 원용해 처벌할 수밖에 없었다.[47]

郵局을 통한 우체는 淸末과 같이 사회혼란이 빈번히 발생하는 시기에는 더욱 위험했다. 驛站과 역로는 전쟁 등 비상사태가 발생하면 비교적 자유롭게 위치를 조정해 소식을 전달할 수 있었지만 郵局은 모두 번화한 도시에 존재해 쉽게 공격의 대상이 되었다. 결국 義和團의 亂

---

46 『淸朝續文獻通考』 권4, 11219쪽, 1909년(宣統 1년).
47 『中國近代郵政史料』, 北京 : 全國圖書館文獻縮微複製中心, 2005, 119~122쪽, 1906年(光緖 32년 윤2월).

이나 러일전쟁의 와중에 청조는 소요지역이나 접전지역을 통과해 중요한 우편물을 보낼 때 驛站에 의존해야만 했다.[48] 1911년 武昌起義가 발생했을 때는 武昌의 郵局들이 4개월 동안 문을 닫았으며 山西省에서도 이 기간 동안 郵政업무가 정지되었다.[49] 당시 郵政 서비스는 황제에게 올리는 奏摺과 같은 중요한 문서를 담당하기에는 적절하지 않았다고 할 수 있었다.

奏摺의 발신자인 督撫등 지방대관들이 大淸郵政局에 호의적이라면 奏摺의 전달 수단이 驛站에서 郵局으로 용이하게 전환될 수 있었을 것이다. 하지만 여러 督撫들이 近代郵政이나 大淸郵政局에 반감을 가지고 있었다. 大淸郵政局이 설립된 지 얼마 지나지 않아 兩廣總督 譚鍾麟과 閩浙總督이 郵政의 문제점을 지적하고 郵政을 철폐할 것을 주장하는 상주를 올렸다.[50] 하지만 새로 시작한 郵政제도는 얼마 안가서 효율적인 시스템이란 것이 입증되었다. 이들 總督들의 上諭가 있은 지 일년 후에 신식 郵政이 경사와 개항장에 설치된 이래 모든 상민이 그 편리함을 깨닫게 되었다고 하고 내지의 모든 省, 府, 州, 縣에 郵政을 확대 실시하고 驛站을 폐지할 것을 건의하는 상소가 등장했다.[51] 1901년

---

48 『淸朝續文獻通考』 권4, 11219쪽, 1909년(宣統 1년).
49 『天津郵政史料』, 「宣統三年郵政事務情況總論」, 729 · 732쪽.
50 譚鍾麟은 郵政의 문제점을 다음과 같이 지적했다. ① 郵局은 중량에 따라 금액을 누진하므로 무거운 물건은 郵價가 지나치게 비싸다. ② 저울의 정확성이나 銀錢 비율 문제를 두고 郵局과 상민 사이에 쉽게 충돌이 발생할 수 있다. ③ 상민들 사이에서 사람을 보내 서신을 전달하는 것은 보편적인 관행인데, 郵局은 船上에서 행리를 수사하고 서신이 발견되면 중한 벌금을 부과하므로 원망이 높다. ④ 상민과 외국인 郵政局 직원 사이에 충돌이 발생할 경우 지방관이 외국인을 보호하기 힘들다. ⑤ 이러한 문제점에도 불구하고 郵政으로 발생한 수입이 미미하다. 한편 閩浙總督은 郵局이 송금 서비스가 부재하고, 사무에 서양 글자와 기호를 사용해 상민의 생계에 장애가 되고 민심을 흉흉하게 만들고 있다고 불만을 표시했다. 『中國海關與郵政』, 89쪽, 總理衙門奏摺, 1897년 4월 29일(光緖 23년 3월 28일).

에 山西巡撫가 반포한 告示도 역시 현재 沿江, 沿海의 각성에서 郵政이 설치된 후 그 성과가 현저하다고 언급하고 아울러 郵政의 편리함과 국가의 재정에 이익이 됨을 지적하고 郵政을 보호할 것을 포고했다.[52]

그러나 일부 督撫들은 海關이 주도하는 郵政개혁에 대해 계속해서 반대했다. 1901년 湖廣總督 張之洞과 兩江總督 劉坤一은 함께 올린 상주에서 내지와 내하에 驛政局을 설치해 종래 驛站이 다루던 모든 관용 우편물 뿐만 아니라 상민의 우편물을 전달하게 하고 大淸郵政局의 우편업무는 沿海, 沿河의 개항장의 우편물을 담당하는데 한정할 것을 건의했다. 그리고 더 나아가 점진적으로 驛政局을 확대해 大淸郵政局을 대체해 나가자고 했다. 大淸郵政局이 總署나 外務部 산하의 總稅務司 兼 總郵政司 하트에 의해 장악되고 있었던 반면, 驛政局은 州縣官과 督撫에 의해 관리되었으며 모든 驛政局의 수입 역시 성정부에 귀속되었다. 張은 이와 같이 성과 주현이 주체가 되어 郵政을 실시하는 잇점으로서 각지에 郵局을 설립하는 비용을 줄일 수가 있고, 廷寄 등 중요한 문서들을 보다 안전하게 전달할 수 있으며 외국인을 고용하지 않게 됨으로 말미암아 외국의 내정간섭을 막을 수 있는 점을 지적했다.[53]

이듬해 海關이 湖北의 孝感縣, 河南의 信陽州, 邃陽縣, 許州 등에 郵局을 설치하고자하여 외국인 직원과 공사를 파견하고 지방관이 방을 붙여 (郵政의 실시에 협조하도록) 백성을 효유할 것을 청했다. 그러자 張之洞과 劉坤一은 해당 지방관에 명을 내려 海關의 요청을 거절하고 포고

51 『中國海關與郵政』, 91쪽, 赫德致總理衙門申呈 京字第3626號. 1896년 11월 14일.
52 『中國海關與郵政』, 97쪽, 山西巡撫保護郵政的告示, 1901년(光緖 27년).
53 『張之洞全集』권4, 武漢 : 武漢出版社, 2008, 34~35쪽, 遵旨籌義變法謹擬採用西法11條摺, 1901년 7월 20일(光緖 27년 6월 5일).

문을 붙이지 못하게 한 후, 軍機處와 外務部에 전보를 보냈는데 이 전보는 하트의 大淸郵政局에 대한 통렬한 비난과 아울러 郵政은 지방관이 맡아야한다는 두 督撫의 종래의 지론을 담고 있었다.

하트는 요즘 (義和團) 배상금을 지불하기 위한 차관을 빌리는 것을 핑계삼아 常關을 장악하고 각처의 關局을 탈취하고자하더니 다시 稅務司를 시켜 郵政을 내지로 확대하고자 하니 그 의도는 중국의 이권을 일망타진하는데 있다. 마음 씀이 매우 험악하다. 만일 일찌감치 제한하고 방범하지 않는다면 중국은 실로 외국인 관리가 일을 담당하고 중국인 관리는 단지 鄕官에 불과하고 중국인은 노비가 됨에 지나지 않을 것이다. 당장 하트에게 명하여 海關은 단지 통상 각구에 한하여 郵政局을 설치하는 것을 허락해야한다. 내지 각처는 외국인 직원이 현재 왕래하는 것이 불편하고 지방관의 권리와 연관되어 있으며 民間 信局의 생계를 반드시 살펴야하므로 (내지에서) 郵政을 확대하고자하면 반드시 지방관이 스스로 거행하게 함으로써 외국인이 이권을 넘보는 것을 피해야할 것이다.[54]

그런데 張, 劉뿐만 아니라 당시 일부 지식인들이 郵政을 외국인에게 경영하게 하는 데 깊이 우려하고 반대했던 점을 보면,[55] 지방대관들

---

54 『中國海關與郵政』, 103쪽, 赫德致外務部申모, 1902년 2월 20일.
55 陳熾는 외국인에게 郵政을 맡기는 위험을 다음과 같이 묘사하고 있다. "대개 천하의 일을 신체에 비유한다면, (…중략…) 驛傳이 사방으로 통하는 것은 바로 맥락이 흐르고 통하는 것이다. 연해의 세관을 이미 남에게 주고 소리가 나는 구멍과 문을 들어서 외국인 (하트를 지칭 ― 필자)에게 준다면 천하의 대권을 모두 그의 손아귀에 쥐어주는 것이다. 즉, 영국인이 토지를 탐하진 않는다고 할지라도 가령 그가 국권을 찬탈한다면 어떻게 이를 막겠는가? 이것(驛傳)은 存亡禍福의 관건이다. 절대로 무심코 교체할 수 없는 것이다." 「庸書」, 驛傳, 『陳熾集』, 北京 : 中華書局, 1997, 114~115쪽.

가운데 張, 劉의 주장에 동조하는 사람들이 적지 않았을 것임을 짐작할 수 있다. 張, 劉는 주권침해, 民信局 종사자의 생계위협 등을 大淸郵政局에 반대하는 이유로 들고 있지만 하트와 稅務司들은 그 반대이유를 지방관들이 大淸郵政局이 주도하는 신식郵政의 운영에서 소외되고, 그로부터 발생하는 이익을 공유할 수 없기 때문이라고 지적했다.[56] 大淸郵政局을 대신하기 위해 張之洞, 劉坤一 등이 계획한 驛政局이 郵政수입을 省의 수입으로 삼으려고 계획한 점을 보면 하트와 稅務司들의 추측 역시 충분한 개연성이 있었다고 할 수 있다. 하트는 郵政을 확대하는데 가장 큰 장애요인으로 客郵와 더불어 지방관들의 반대를 지적했다.[57]

지방대관이 文報局이나 大淸郵政局을 거치지 않고 差弁을 파견해 기선, 기차 등을 이용해 北京으로 奏摺을 송달하는 것이 가능했다. 大淸郵政局은 文報局 및 民信局이 우편물을 기선으로 전달하는 것은 금했지만 상민이 낱개의 편지를 휴대하고 배에 오르는 것을 막지는 않았다.[58] 기차에서도 역시 누군가 우편물을 소유하고 있다는 제보가 있거나 확증이 있을 때를 제외하곤 승객의 행리를 검열하지는 않았다.[59]

그런데 지방관이 驛站이 아닌 기선이나 기차로 奏摺을 전달할 경우에는 정부가 별도로 노자를 지불하는 규정이 없었다. 이러한 판공비용은 奏摺을 발송하는 관리의 養廉에서 지불되었을 것이다. 당시 철도의

---

56 『中國海關與郵政』, 88쪽, 粵海關稅務士 R. E Bredon致赫德函, 1897년 3월 18일, 105쪽, 赫德致外務部申呈, 1902년 2월 20일.
57 『中國海關與郵政』, 105쪽, 赫德致外務部申呈, 1902년 2월 20일.
58 『中國海關與郵政』, 90쪽, 寧紹臺道致浙海關稅務司照會, 附件 總理衙門奏摺, 1897년 6월 18일.
59 『中國海關與郵政』, 114쪽, 赫德致外務部申呈, 1903년 1월 17일.

대부분이 외국자본으로 건설되어 기차 운임은 각 노선마다 제 각각이 었고 객차의 시설도 노선마다 달랐다.[60] 光緒 34년 京漢線의 경우 漢口 와 北京 사이의 편도가격이 두등석이 64.87냥, 이등석이 32.57냥, 삼등 석이 16.28냥 정도였다. 關外에 설치되어 각성의 공문을 전달하는데 京漢線 만큼 잠재 능력이 크지 않았던 京奉線은 奉天과 北京 간의 편도 가 두등석이 24.7냥, 이등석이 14냥, 그리고 삼등석이 7냥 내외였다.[61] 한편, 당시 기선은 여러 윤선공사가 난립해 서로 경쟁하고 있었으므로 가격이 철도만큼 비싸지 않았다. 가격경쟁이 치열했던 1890년에 太古, 怡和, 招商局의 윤선 객석표가 上海-烟臺 間이 5냥, 烟臺에서 天津이 7 전이었다.[62] 하지만 이상은 순수한 기차, 기선 요금만을 계산한 것이 다. 기차와 기선의 왕복 삯에 여행 중, 또는 北京 체류 중의 住宿 비용 을 더한다면 그 금액은 결코 적다고 할 수 없었다. 그리고 여기에는 아 직 기차역이나 항구에 접근하는 비용은 포함되어 있지 않다.

만일 지방관이 자신이 여행경비를 지불하면서 까지도 기선과 기차

---

[60] 北京鐵路局志編纂委員會 編,『北京鐵路局志』上冊, 北京 : 中國鐵道出版社, 1995, 431쪽.
[61] 京漢線과 京奉線의 가격을 조사하기 위해 光緒 34년 「郵傳部統計表」에 실린 官辦各路路 線表(359쪽)와 官辦各路搭客人數運費表(371쪽)를 이용했다. 당시 기차운임이 거리에 따 라 계산된 점을 감안해서, 승객의 총 운임을 승객이 이동한 총거리로 나누어 1리당 운임 을 구한 다음 여기에 철도의 길이를 곱했다. 예를 들어, 191,231兩(京奉線 두등석의 총 운 임) / 13,459,749리(승객이 이동한 총거리) = 0.014兩×1766리(京奉線의 길이) = 24.7량. 國家圖書館古籍館 編,『近代統計資料叢刊』(北京, 北京燕山出版社, 2007), 권36. 한편 1921년 기차 편도 요금은 北京-漢口 사이 두등석이 43.80원, 이등석이 29.20원, 삼등석 이 14.60원이었다. 北京-奉天 간은 두등석이 31.50원, 이등석이 19.65원, 삼등석이 10.50 원이었다.『九版增訂中國旅行指南』, 上海 : 商務印書館, 1921, 鐵道價目表, 2 · 6쪽. 1914 년 北洋政府의 공포에 따르면 1원은 庫平銀 0.648兩이다. 潘連貴,『上海貨幣史』, 上海 : 人民出版社, 2004, 112쪽.
[62] 聶寶瑋, 朱蔭貴 編,『中國近代航運史資料』第2輯(1895~1927) 上冊, 北京 : 中國社會科學出 版社, 2002, 459쪽. 1890년 이후 가격이 올랐을 가능성이 높다. 1891년 漢口와 上海간 輪船 객석표가 3원이었는데(461쪽), 1917년에는 14원이다.『九版增訂中國旅行指南』, 244쪽.

를 이용해 奏摺을 전달할 정도로 급한 용무가 발생했다면 이런 일은
당시 이미 電報를 이용하는 것이 일반화되어 있었다. 더군다나 지방
督撫가 중앙의 總署에 보내는 전보는 1등 전보로 분류되어 그 비용을
電報總局이 반액을 감해주고 나머지 반액은 출사경비에서 지급되므로
督撫 개인이 지불할 필요가 없었다.[63] 이러한 정황을 고려한다면 지방
督撫가 기차, 선박을 이용해 專差를 파견해 奏摺을 전달하는 일은 흔하
지 않았을 것이다.


## 5. 맺음말

이 글에서 奏摺의 속도를 분석한 1906년 이후에 공문서의 전달에 새
로운 변화가 나타나기 시작한다. 1906년 이후 다시 文報局이 건립되어
서 관문서의 전달을 맡았는데, 이들은 이전의 文報局과 달랐다. 이전의
文報局이 기선을 이용하기 위해 해안에 설립된 반면에 1906년 이후의
文報局은 北京이나 東三省 등 내륙지역에 설치되었다. 그리고 이전의
文報局이 기선을 이용하여 기존의 驛站제도를 보완하기 위해 등장한
반면, 후기의 文報局은 驛站과 提塘을 대체하기 위해 설치되었다. 北京
에 새워진 文報局은 이전에 각성이 北京에 설치했던 연락 사무소인 提
塘을 개혁한 것이었는데, 이들은 관문서를 수합한 다음 종종 郵局을 이
용해 자신의 省에 전달했다. 1906년경부터 北京에는 北洋文報局, 南洋

---

[63] 胡君儒,「晚清中國電報局(1888~1908)」, 國立臺灣師範大學 歷史研究所, 碩士論文, 1996,
114쪽.

文報局(1907), 庫倫文報局(1910), 廣東文報局(1911), 廣西文報局(1911) 등이 차례로 등장했다.[64] 1909년까지 東三省에서는 일부 벽지를 제외하고 驛站이 文報局에 의해 대체되었다. 文報總局과 각지에 설치된 支店이 공문을 전달했으며 철도가 설립된 곳에서는 철도가 수송에 중요한 역할을 담당했다.[65] 1911년부터는 내지에서 驛站을 폐지하는 省이 나타나기 시작했다. 이해 江西省에서 최초로 驛站이 폐지되고 郵政으로 대체되었으며[66] 廣西省에서도 驛站과 제당이 文報局으로 대체되었다.[67]

하지만 이러한 개혁조치들을 실시한 省政府에서조차 奏摺은 아직도 驛站을 통해 전달되는 경우가 상당수였다. 1910년 新疆에서 郵政이 실시되고 모든 공문서가 郵局을 통해 전달되지만 奏摺은 아직도 지방관의 책임하에 접변이 수송토록 했다.[68] 庫倫의 駐京文報局도 북경아문의 공문서를 郵局을 통해 庫倫에 전달했지만 황제가 돌려주는 奏摺은 臺站을 통해 발송했다.[69] 南洋, 北洋 文報局이 南洋, 北洋衙門과 재경아문의 공문서의 수발을 맡은 이후에도 종래 驛站으로 전달되던 문서들은 계속 驛站으로 전달되고 있었다.[70] 江西省에서는 驛站이 이미 폐지되었지만 廷寄와 軍報만큼은 郵局이 아니라 말과 마부를 사서 전달하게 했다.[71] 다만 文報局이 驛站을 대체하고 철도가 발달한 東三省에서

---

64 『中國近代郵政史料』, 209~210쪽(北洋, 南洋); 215~216쪽(庫倫); 219쪽(廣東); 『淸朝續文獻通考』 권4, 11222~11223쪽(廣西).
65 『淸朝續文獻通考』 권4, 11216 · 11219쪽.
66 『中國近代郵政史料』, 221-4; 北京 : 第一歷史檔案館, 軍機處檔案 錄副奏摺, 3-155-7565-22, 江西巡撫 馮汝騤 奏摺, 1911년 4월 13일(宣統 3년 3월 15일).
67 『淸朝續文獻通考』 권4, 11222~11223쪽; 北京 第一歷史檔案館, 軍機處檔案 錄副奏摺, 3-155-7565-31, 光緒巡撫 沈秉堃 奏摺, 1911년 9월 6일(宣統 3년 7월 14일).
68 『中國近代郵政史料』, 212쪽, 甘肅新疆巡撫 聯魁 奏摺, 1910년 3월 11일(宣統 2년 2월 1일).
69 『中國近代郵政史料』, 215~216쪽, 庫倫辦事大臣 三多 奏片, 1910년 8월 17일(宣統 2년 7월 13일).
70 『中國近代郵政史料』, 209~210쪽, 兩江總督 張人駿 等 奏摺, 1909년 12월 8일(宣統 1년 10월 26일).

만은 祭需用品, 進貢物品이나 各種差使(摺差 포함 — 필자)가 기차로 이동했다.[72] 1909년 당시 북경아문이 문서를 발송할 때 대부분 兵部를 거쳐 驛站으로 문서를 발송하고 郵局을 이용하는 경우는 드물었다.[73] 따라서 1911년에도 청조는 약 2백만 냥을 驛站을 유지하기 위해 지불할 수밖에 없었다.[74] 결국 1906년 이후에도 청이 멸망할 때까지 驛站이 계속 奏摺의 주된 전달수단으로 남아있었고 대다수 성의 奏摺의 전달 속도에도 획기적인 변화가 발생하지 않았다고 여겨진다.

71 『中國近代郵政史料』, 221~224쪽; 北京 : 第一歷史檔案館, 軍機處檔案 錄副奏摺, 3-155-75 65-22.
72 『中國近代郵政史料』, 192~193쪽, 東三省總督 徐世昌 等 奏摺, 1907년 9월 4일(光緖 33년 7월 27일).
73 『淸朝續文獻通考』, 11219쪽.
74 『郵傳部奏議類編・續編』 권5, 臺北 : 文海出版社, 1967, 2417~2418쪽, 直省驛站應用經費 一時尙難裁減摺, 1911년(宣統 3년).

# 참고문헌

郭成康,『十八世紀的中國政治』, 臺北 : 昭明出版社, 2001.

蘇同炳,『明代驛遞制度』, 臺北 : 中華叢書編審委員會, 1969.

晏 星,『中國郵政發達史』, 臺灣 : 商務印書館, 1994.

劉廣生,『中國古代郵驛史』, 北京 : 人民郵電出版社, 1986.

劉文鵬,『淸代驛傳及其與疆域形成關係之硏究』, 北京 : 中國人民大學出版社, 2004.

莊吉發,『淸代奏摺制度硏究』, 臺北 : 國立故宮博物院, 1979.

曹 潛,『中國郵政史 臺灣篇』, 臺北 : 交通部, 1981.

Cheng Ying-wan, *Postal Communication in China and its Modernization 1860~1896*, Cambridge
: Harvard University Press, 1970.

Brunnert, H. S. and Hagelstrom, V. V., *Present Day Political Organization of China*, Shanghai :
Kelly and Waish Limited, 1912.

Spence, Jonathan, *Ts'ao Yin and the K'ang-hsi Emperor : Bondservant and Master*, New Haven :
Yale University Press, 1966.


徐雪霞,「近代中國的郵政」, 國立師範大學校 歷史硏究所, 碩士學位論文, 1985.

申太甲,「中國의 近代的 郵便制度의 創設과 發展」『中國史硏究』17, 中國史學會, 2002.2.

王孟瀟,「淸代末葉之文報局」『郵政資料』2, 臺灣 : 郵政博物館, 1968.

張正樺,「淸乾隆驛傳制度之硏究」, 國立臺灣師範大學 歷史學硏究所 碩士論文, 2008.

秦國經,「淸代的奏摺」,『明淸檔案與歷史硏究論文選』, 北京 : 新華出版社, 2005.

胡君儒,「晚淸中國電報局(1888~1908)」, 國立臺灣師範大學 歷史硏究所, 碩士論文, 1996.

Bartlett, Beatricet, "Ch'ing Palace Memorials in the Archives of the National Palace Museum,"
*National Palace Museum Bulletin*, 13 : 6, Taipei : The Museum, January~February 1979.

Fairbank, J. K. and Teng Ssu-yu, "On the transmission of Ch'ing documents", *Ch'ing
Administration Three Studies*, Cambridge : Harvard University Press, 1960.

Wu Silas, "Memorial Systems of the Ch'ing Dynasty," *Harvard Journal of Asiatic Studies*,
vol.27, 1967.

Yoon, Wook, "The Grand Council and the Communication Systems in the Late Qing,"
Yale University, Ph.D dissertation, 2008.

奏摺이 각성 總督, 巡撫, 將軍 등의 주차지에서 북경까지 여행하는데 걸리는 시간을 계산하기 위해서 필자는 錄副奏摺을 이용했다. 錄副奏摺은 황제가 奏摺을 軍機處에 發下하면 軍機處의 供事 또는 章京이 참고자료로 軍機處에 소장하기 위해 奏摺을 베낀 것인데, 그 첫 면에는 황제가 그 奏摺을 軍機處에 發下한 날짜가 적혀있고, 맨 마지막 면에 奏摺의 발신자가 奏摺을 작성한 날짜가 적혀있다. 바로 이 두 날짜의 차이를 계산하면 奏摺이 여행한 시간을 측정할 수 있다.

필자가 이용한 錄副奏摺은 北京 第一歷史檔案館에 소장된 錄副奏摺 가운데 '內政' 全宗으로 분류된 錄副奏摺이다. 內政 全宗을 택한 이유는 이 檔案館이 奏摺을 분류한 18개 全宗 가운데서 가장 수량이 방대하기 때문이다. 第一歷史檔案館이 소장하고 있는 720,000여 건의 錄副奏摺 가운데 약 사분의 일이 바로 內政 全宗에 속한다. 다른 한 가지 이유는 內政 全宗에 지방관의 到任, 離任 등 지방관의 이동에 관한 錄副奏摺이 속해 있어서 자료를 정리하면서 자연스럽게 奏摺을 보낸 지방관의 위치를 가늠하는 정보를 얻을 수 있기 때문이다. 內政 全宗은 다시 官制, 職官, 保警, 禮儀, 宮庭, 救濟, 文書, 陵寢事務, 籌備立憲, 戊戌變法 등의 소항목을 포함하고 있다.

內政 全宗에 속한 錄副奏摺 가운데에서 淸末 奏摺의 속도를 분석하기 위해서 필자는 특히 1838년(道光 18년)과 1906년(光緖 32년)에 각성에서 보낸 것을 이용했다. 특별히 이 두 해를 선별한 이유는 第一歷史檔案館에 소장된 錄副奏摺의 양이 충분하고 奏摺의 속도를 분석하는데 필수적인 隨手登記檔이 보존되어 있기 때문이다. 隨手登記檔에는 奏摺을 담은 報匣[75]이 馬上飛遞 이상의 속도로 전달되었을 경우 그 속도가 기록되어 있다. 隨手登記檔을 이용해 속도에 따라 錄副奏摺을 분류하지 않는다면 專差로 올라온 奏摺과 馬上飛遞로 올라온 奏摺이 혼합되어 專差로 전달된 奏摺이 여행에 소요한 정확한 시간을 분석할 수 없게 된다.

여러 개의 奏摺은 하나의 報匣에 싸여서 같이 여행했으므로 원래 같은 報匣에서 나온 여러 개의 錄副奏摺이 있을 경우 단지 한 건으로 계산했다. 그리고 總督, 巡撫, 將軍이 올린 報匣을 선택했는데 그 이유는 이들이 가장 빈번히 奏摺을 보낸 사람들이고 이들의 주차지가 각성의 주요 도시이기 때문이다. 이들이 보낸 奏摺은 그들의 주차지에서 출발한 것으로 추정했지만 당시 이들이 자신의 신변상의 이동(출장, 상중이거나 병으로 인한 퇴임, 도임)에 관해 황제에게 올린 奏摺을 검토하여 주차지에서 보내지 않은 것이 분명한 報匣은 조사에서 제외했다.[76] 또한 특별한 경우를 제외하고 여러 省의 督撫들이 연명으로 올린 報匣도 제외했는데, 그 출발지가 어디인지 확정할 수 없기 때문이다.[77] 이러한

---

75  황제가 報匣을 하사하지 않았을 경우에는 夾板을 이용했다.
76  馬上飛遞의 경우는 주차지에 있지 않더라도 주차하는 省 안에 있었다면 조사에 포함시켰다. 그 이유는 표본 중에 馬上飛遞로 전달된 것이 소수에 불과하고 馬上飛遞는 이 글에서 분석의 대상으로 삼고 있지 않기 때문이다.
77  한 가지 예외가 1838년 江蘇巡撫와 兩江總督이 올린 報匣이다. 이 해 江蘇巡撫와 兩江總督은 거의 예외없이 연명으로 奏摺을 올렸다. 필자는 駐箚都市 이름 대신 '江蘇省'이란

다양한 여과과정을 통해 조사 대상이 되는 報匣의 개수가 축소되어 가는 과정을 표로 정리하면 다음과 같다. 報匣의 수를 세는 데는 隨手登記檔이 사용되었다.

<부표 1> 조사 대상 집단과 표본 집단의 크기

| | 조사 항목 | 1838년 (光緖 18) | 1906년 (光緖 32) |
|---|---|---|---|
| 가 | 그 해 總督, 巡撫, 將軍이 보낸 報匣의 개수 | 622 | 1045 |
| 나 | 상기 관리가 주차지에서 보낸 報匣의 개수 | 581 | 980 |
| 다 | '나'군에 속한 報匣 중에 內政 全宗을 통해 조사한 報匣의 개수 | 285 | 575 |
| 라 | 조사할 가치가 있는 報匣의 개수('나'군) 가운데 조사한 報匣의 개수('다'군)의 비율 | 49% | 59% |

위 표를 설명하자면, 예를 들어 1838년에 隨手登記檔에 등재된 總督, 巡撫, 將軍이 북경에 보낸 報匣의 총 개수는 622개였는데, 그 가운데서 581개가 그들이 주차하고 있는 도시에서 보낸 것이었다. 그리고 이 581개 가운데 285개는 內政 全宗의 錄副奏摺을 조사함으로써 주차지에서 발송한 시간과 북경에 도착한 시간을 알 수 있다. 1838년의 경우 필자가 이들 시간을 확인한 報匣은 조사할 가치가 있는 報匣의 49퍼센트에 달한다. 따라서 조사한 표본의 양은 풍부하다고 할 수 있다.

---

이름으로 이들의 奏摺을 조사에 포함시켰다.

# 청말민초 훈춘지역 기인엘리트의 향촌지배 *

윤욱

## 1. 머리말

내 누이의 시어머니는 빚쟁이들을 만날 때마다 눈이 등잔 만해지고 아주 동그래지며 목소리 역시 갑자기 카랑카랑 해지면서 격앙하기나 한 듯 언성이 높아졌다. "듣게! 나는 子爵의 딸이고 佐領의 부인이야. 친가와 시가가 모두 어김없이 돈을 받아. 정시에 돈과 쌀이 들어온단 말이야. 내가 네게 며칠 늦게 갚을 수는 있을 거야. 하지만 한 푼도 빠뜨리지 않고 줄 터이니 귀찮게 굴지마!" 이 기세등등한 한마디 말은 2백 년 전 淸軍이 山海關으로 들어올 때의 위풍을 상기시키고도 남아 종종 빚쟁이들을 40리 밖으로 내쫓고는 했다.[1]

---

*  이 글은 『歷史學報』 214집 (역사학회, 2012)의 「淸末民初 琿春지역 旗人엘리트의 향촌지배」를 요약 · 수정한 것이다.

1  老舍, 彌松頤 註釋, 『老舍作品集 正紅旗下』(中國現代文學名著), 11쪽(출판년, 출판사 미상).

淸朝는 왕조 초기에 북경지역을 비롯한 전국각지에 駐防을 설치하고 旗人을 그 안에 살게 함으로써 旗人과 漢人을 분리시키는 정책을 취했다. 駐防은 종종 성곽으로 둘러싸여 있었는데, 이 물리적 장벽은 그 자체가 그 안에 살고 있는 旗人이 지배자라는 인식을 주위의 漢人들에게 각인시켰다. 하지만 청말 청조의 위상 약화와 재정의 곤란으로 旗人의 위상과 피지배층인 漢人들에 대한 장악력도 갈수록 떨어지게 된다. 한편, 太平天國의 난 이후 漢人官僚가 설치한 鄕勇이 八旗를 대신해 청조의 무력을 대표하게 되고 漢人이 각성의 독무직을 휩쓸 정도로 漢人들의 영향력은 갈수록 확대되어 旗人들을 압도할 정도였다(常書紅 2011 : 11~73; 劉小萌 2003 : 717~748).

旗人들이 가장 많이 집중되어 있었던 북경지역에서의 청말 旗人 지배체제의 몰락은 분명했다. 북경에서 어린 시절을 보냈던 라오서老舍가 자신의 어린 시절을 그린 위의 자전적 소설에서 보여주었듯이 旗人들은 이제 더 이상 가공할 지배자들이 아니라 俸餉에만 의존하다보니 자연히 빚에 쪼들리는, 漢人들의 조소의 대상이 되는 집단이었다. 병역에 종사하는 것을 제외하고 기타 직업을 가질 수 없었으므로 산업이 없는 이들에게 아편과 각종 유희가 유일한 소일거리였다. 辛亥革命 이후 북경 旗人들은 이제 지배자의 지위를 완전히 상실하게 된다. 북경 旗人 중 개인적으로 축적된 재산을 이용해 전당포, 은행 등을 개설하거나, 민국의 고관으로 채용되어 청말과 다름없이 부를 유지하는 사람들도 있었지만(常書紅 2011 : 209~216), 이미 旗人들은 더 이상 북경의 주인이 아니었다. 상당수 旗人들은 자신들의 신분을 숨기며 살게 되고, 俸餉이라기 보다는 구호금에 가까운 푼돈을 받으며 사회의 하층민으로 밀려나게 되었다(劉小萌 2003 : 797~822 · 835~840).

　　그렇다면 淸末民初의 전환기에 기타 지방에 설치되었던 駐防에서는 旗人들에게 어떠한 변화가 발생했을까? 이 연구주제와 관련하여 가장 주목되는 것은 1950년대 말에 전국에 산재한 청대 駐防의 소재지를 비롯한 만주인 취락지에 대한 현장조사와 아울러 생존한 旗人들의 인터뷰를 바탕으로 이루어졌던 조사보고이다.[2] 이때 부수적으로 몇몇 駐防의 淸末民初의 상황에 대한 진귀한 증언이 모이게 되었다.[3] 그런데 아쉬운 점은 이 조사보고서가 辛亥革命을 전후한 시기 駐防의 상황을 묘사할 때 경제적인 측면의 서술에 지나치게 초점을 맞추고 있다는 점이다. 그리하여 辛亥革命前 駐防사회 내부의 토지집중과 계급분화, 신해혁명직후 駐防의 해체와 旗人의 사회적 경제적 지위의 하락이 거의 매 駐防마다 발생하고 있었음을 보여주고 있다. 하지만 證言의 수집을 바탕으로 旗人사회를 세분해서 고찰한다든지, 新政期의 변화에 따른 駐防사회의 반응이나 신해혁명을 전후한 기인사회의 연속성과 불연속성을 궁구한다든지 하는 등의 보다 심도 있는 분석은 결여되어 있다. 사실 이 보고서에서 각 駐防의 淸末民初 상황에 대한 서술은 新中國 하에서 旗人들이 경제적, 사회적으로 보다 안정된 생활을 영위하게 되었음을 강조하기 위한 배경설명이기도 했다.

　　그 후 1980년대 이후 중국과 해외에서 청대의 駐防에 대한 연구가

---

2　民族問題五種叢書 遼寧省編輯委員會 編, 『滿族社會歷史調查』, 瀋陽市, 遼寧人民出版社, 1985.

3　이 조사보고서는 遼寧省 興京(新賓)과 興城, 陝西省 西安, 內蒙古의 綏遠城, 甘肅省의 涼州와 庄浪, 寧夏回族自治區의 銀川, 新疆維吾爾自治區의 奇台, 四川省 成都, 廣東省 廣州, 山東省 益都 등지에 설치되었던 駐防의 淸末民初의 경험을 기록하고 있다.

매우 활발하게 진행되었다.[4] 하지만 이들 연구는 거의 전부가 19세기 말 이전의 八旗駐防을 연구 대상으로 했다.[5] 19세기 말 이후의 駐防을 언급할 때도 대부분의 경우에는 八旗駐防을 군사기구로서 간주하고 제도변화의 궤적을 서술하고 있음에 지나지 않는다(田志和 1992; 顧松潔 2008). 비교적 눈에 띄는 것은 청말 內地駐防에서의 만한관계에 관한 연구(汪利平 2007; 임계순 1999)와 만주지역 駐防의 변화에 관한 연구(Lee 1970 : 117~181) 정도이다.

이상과 같이 淸末民初 駐防에 대한 깊이 있는 연구가 부재한 이유는 八旗駐防이 청말에 이르면 이미 청조의 무력적 기반이라는 본연의 임무에서 이미 멀어져있었기 때문일 것이다. 하지만 駐防은 군사거점일 뿐만 아니라 팔기 旗人들의 사회조직이고 생활의 터전이기도 했다. 淸末民初라는 격변기 속에서 지방에 산재한 駐防에 흩어져있던 旗人들이 어떠한 변화를 경험했는지 연구하는 것은 이들 旗人들이 당시 정치적 군사적 영향력이 있었는지 여부를 차치하고 이제까지 조명되지 않았던 집단의 격변기의 경험을 밝혀낸다는 점에서 의미를 부여할 수 있다.

---

4   현재까지 진행된 八旗駐防와 관련된 연구사에 관해서는 矯明君(2010), 吳玉淸 · 王緖芬 (2003) 참조.
5   八旗駐防에 관한 현재까지 대표적인 연구라고 할 수 있는 Im Kye soon, 定宜庄, Mark Elliot의 글 모두 19세기 말 이후의 駐防은 거의 다루지 않고 있는 점은 기존의 연구자들 이 이 시기의 駐防에 대해 상대적으로 관심이 부재했음을 잘 드러내고 있다. 이들에 따 르면 駐防은 19세기 이전 이미 그 운명이 정해진 셈이었다. Im(1981)에 따르면 18세기부 터 이미 인구의 증가, 생계의 악화 등으로 이미 八旗駐防은 몰락의 길을 걷고 있었다. 定 宜庄(1992)에 따르면 건륭 연간부터 인구증가와 생계곤란 문제를 해결하기 위한 일환으 로 팔기제에서 만주인의 순수혈통주의가 강조됨에 따라 팔기제는 전투력을 상실하게 된 다. Elliot(2001)에 따르면 건륭 연간 팔기제도의 재정비를 통해 만주아이덴티티는 강화 되었다. 따라서 이들은 이미 팔기제의 운명이 결정된 이후인 19세기 말 이후를 특별히 연구의 대상으로 삼을 이유가 없었을 것이다.

따라서 필자는 청대에 駐防(副都統衙門)이 설치되었던 琿春지역을 선택해 이곳에서 淸末民初 사회의 변화를 천착하고자 한다.[6] 특히 이 시기 이 지역에서 旗人의 경제적, 정치적 영향력의 消長을 살펴보기 위해 이 지역 엘리트층이 겪었던 경제적, 정치적 지위의 변화에 초점을 맞추었다. 필자가 琿春을 선택한 이유는 이곳의 풍부한 사료 때문이다. 琿春駐防은 청대 駐防衙門의 당안이 대량으로 남아있는 몇 개 되지 않는 駐防 중 하나이고, 이 당안이 대규모로 출간된 곳은 琿春駐防이 유일하기 때문이다.[7] 더구나 琿春지역은 길림에서 가장 빈번히 地方志 등 지방사료가 편찬된 지역이었으므로 이들 지방사료를 이용할 수 있는 장점을 갖고 있기도 하다.[8]

우선 필자는 2절에서 琿春駐防의 역사와 자연환경에 관해 서술하고,

---

6   현재까지 琿春駐防과 이곳의 원주민인 Kurka인에 관한 연구로는 顧松潔(2008), 董万崙(2008), 張杰(2008) 등이 있다. 顧松潔과 董万崙의 글은 琿春駐防의 역사적 발전과정을 통시적인 시각에서 개괄적으로 서술하고 있다. 한편, 張杰은 청초 新滿洲에 편입된 Kurka인들과의 明末 瓦爾喀部와 庫爾喀部와의 관계를 밝혔다.

7   琿春의 副都統衙門이 생산한 당안이 『琿春副都統衙門檔』(총 238권), 桂林 : 廣西師範大學出版社, 2006으로 정리, 출판되었다. 다루는 시기는 건륭 2년(1737)부터 1909년에 이른다. 원래 1900년 이전 부분은 의화단의 난 동안에 러시아가 약탈해가서 1956년 반환해 지금 北京 中國第一歷史檔案館에 소장되어 있고, 1900년 이후 부분은 현재 延邊朝鮮族自治州 檔案館이 소장하고 있다. 『琿春副都統衙門檔』은 第一歷史檔案館 소장분량의 61%, 그리고 延邊檔案館 소장당안의 86%를 포함하고 있다. 현재 남아있는 당안은 원래 생성되었던 당안의 매우 한정된 부분만을 담고 있는 것 같다. 가령 관원의 覆歷冊은 정기적으로 작성되었던 것으로 보이는데, 『琿春副都統衙門檔』에서 履歷冊이 보전되어 있는 연도는 드물다.

8   琿春의 다양한 지방문헌의 종류와 해제에 관해서는 曹殿擧(1987, 1164~1197) 참조. 이 글에서 사용한 琿春지방의 지방문헌으로는 다음과 같은 것들이 있다. 何廉惠 等, 『琿春縣志』, 吉林 : 吉林文史出版社, 1990; 林珪 修, 徐宗偉 纂, 『民國琿春縣鄕土志』, 1935(『中國地方志集成 吉林府縣志輯』 第3冊, 南京 : 鳳凰出版社, 2006)에 수록); 吳祿禎 等, 『延吉邊務報告』, 吉林文史出版社, 1986 등. 이 가운데 『琿春縣志』는 50만 자에 이르는 풍부한 내용을 담고 있을 뿐만 아니라 1927년 이 책의 원고가 작성될 당시, 편찬 책임자인 何廉惠를 포함해 淸末民初를 경험했던 다수의 旗人들이 생존하여 이 책의 편찬과정에 참여해 사료적 가치가 매우 높다.

3절에서는 청말 琿春 지역에 이주해온 상인들과 개간민들의 琿春 지역 사회에서의 사회적 지위와 영향력에 관해 고찰한다. 이는 기존의 연구 (常書紅 2011 : 72; Lee 1970 : 116~123)에서 청말 농사와 상술에 익숙한 漢人들이 만주지역에 등장하면서 旗人들은 漢人들에게 토지와 재산을 빼앗기고 몰락하게 되었다고 주장되었으므로 이들이 琿春 지역사회의 지배자로 전환되었는지 검토하려는 것이다. 4절은 琿春지역의 전통적인 엘리트층이라고 할 수 있었던 旗官들의 역할, 선발과정, 사회적 정치적 지위 등에 관해 서술한다. 5절에서는 淸末 新政, 辛亥革命을 거치면서 旗官들이 겪게 되는 변화에 관해 다룬다. 마지막으로 결론 부분에서는 琿春 지역사회의 엘리트층의 변화를 청말 다른 지역의 旗人사회의 변화를 설명하는데 적용할 수 있는지 여부와 앞으로의 연구과제에 관해 살펴보기로 한다.

## 2. 초기 훈춘주방의 발전

두만강을 가로질러 한국의 慶源과 마주보는 현재의 琿春市政府 소재지에 駐防이 처음 건설된 것은 1714년이었다. 이 지역에서 貂皮를 進貢하던 쿠르카(滿 : kurka, 漢 : 庫雅拉)부를 세 개의 佐領(니루)으로 편성하고 佐領 3명, 驍騎校 3명 披甲 150명을 배치했다. 이 해에 寧古塔에서 披甲40명을 더하고 아울러 協領1명, 防禦 2명, 筆帖式 2명을 세웠다. 그 후 관원과 병사가 점차 증가하여 1826년에는 병사가 430명 그리고 이 가운데 領催가 27명에 이르렀다. 그 후 내지에서 태평천국의 난 등 전

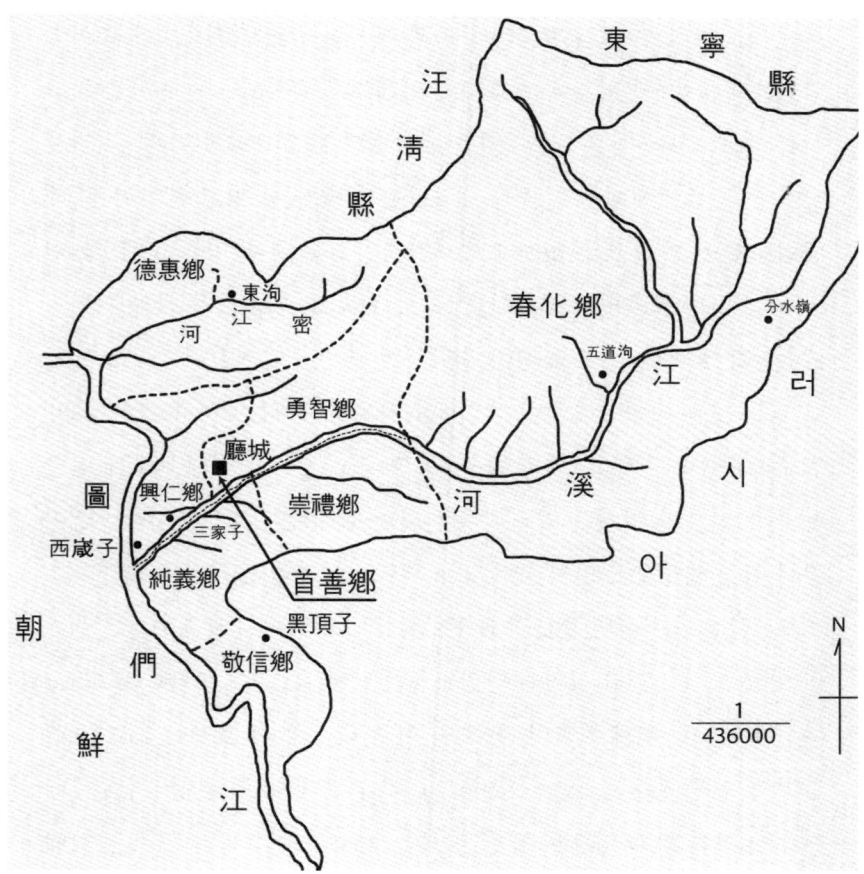

東寧縣

汪清縣

德惠鄉
東泃
河 江 密

春化鄉

分水嶺

五道泃

江

勇智鄉

러

廳城

溪

시

興仁鄉

崇禮鄉

河

아

圖

三家子

西崴子

純義鄉

首善鄉

黑頂子

N

朝

們

敬信鄉

鮮

江

1
436000

〈지도 1〉 1911년경의 琿春

란이 계속되고 1860년 北京條約으로 琿春이 청과 러시아의 국경에 위
치하게 되자 병력을 조달하기 위해 琿春駐防의 인적 규모는 더욱 커지
게 되었다. 1862년 副甲 200명을 신설했다가 同治9년에는 副甲을 폐지
하고 아예 기존의 3기에서 8기로 조직의 규모를 확대하고 兵額도 600
명으로 정했다. 그리고 1881년에는 기존의 協領衙門을 副都統衙門으

로 승격시켰다. 그동안 병사의 증가와 아울러 관원도 지속적으로 확충되었는데, 1881년 이후에는 副都統 아래에 左翼, 右翼 두 協領을 두고 이들 아래 8기를 맡은 佐領 8명을 배치했다. 協領 1명이 각각 4기씩을 통솔했다. 協領에게는 이들을 보좌하는 防禦가 두 명씩 붙어서 총 네 명의 防禦가 있었고, 佐領에게도 부관격인 驍騎校 한 명씩이 배당되어 총 여덟 명의 驍騎校가 있었다. 그리고 雲騎尉, 恩騎尉 등 世職 관원이 있었는데, 이들은 주로 조상이 순국하여 후손에게 세습된 것으로 定額이 있는 것은 아니었다.[9] 이 이외에도 琿春駐防에는 額委筆帖式 세 명, 無品級筆帖式 한 명, 그리고 병사 600명 중 40명을 선발해 領催에 임명했다.[10] 하지만 이것은 엄밀히 말한다면 설치된 관직의 숫자였다. 따라서 아직 새로운 임명이 늦어져 공석으로 남아있는 관직도 있었다.

　琿春駐防은 이상의 旗官과 披甲이외에도 병액에서 제외된 남성旗人인 閑散(滿 : sula)과 미성년의 남성旗人인 시단(滿 : sidan, 漢 : 西丹) 그리고 여성旗人들이 속해 있었다. 1907년 현재 旗人의 총 호수는 2,654호였고 旗人 인구 총수는 14,540명이었다. 이 가운데 이 琿春지역의 원주민인 쿠르카가 8,786명으로 절반 이상을 차지했으며 두 번째로 많았던 것은 기타 新, 舊滿洲였다.[11] 이외에 소수의 蒙古旗人과 厄魯特 등도

---

9　雲騎尉, 恩騎尉는 엄격히 말하면 작위이지 관직은 아니었다. 하지만 琿春에서 이들은 관원과 마찬가지 대우를 받았다. 이들은 「大小官員履歷冊」에 다른 관원과 함께 열거되었으며 副都統衙門으로부터 공무를 맡아서 파견되기도 했다. 예컨대, 『琿春副都統衙門檔』 권205, 389~408쪽(光緒 24년). 雲騎尉의 임무는 나중에 본문에서 언급될 것이다.

10　『琿春副都統衙門檔』 권205, 409~411쪽.

11　사실 쿠르카도 滿洲族에 속한다. 입관 이후 팔기에 편입된 만주지역의 소수민족을 '新滿洲'로 칭해 이전의 '舊滿洲'와 구별하는 경향이 있는데, 이러한 학설에 따르면 쿠르카는 '新滿洲'에 속하게 된다. 다른 유력한 주장에 따르면 舊滿洲와 新滿洲는 상대적인 개념이다. 新滿洲도 자신들보다 나중에 팔기에 편입된 사람들을 新滿洲라고 부르고 자신은 舊滿洲라고 칭했다. 11월 25에서 27일까지 蟹島에서 열린 만주학술토론회에서 11월 26일

존재했다.[12] 청조가 멸망하기 한 해 전인 1911년까지 琿春의 旗人의 총 호구와 인구는 2,871호와 19,260명으로 늘었다.[13]

이들 旗人들이 속해있던 琿春協領衙門이나 琿春副都統衙門의 원래 관할지는 광활했다. 서쪽으로는 백두산의 두만강 수원지, 북쪽으로는 현재의 吉林省과 黑龍江省의 경계선, 동쪽으로는 러시아의 시호테알 린 산맥의 남쪽 기슭을 넘어 오호츠크해 해안, 남쪽으로는 두만강하구 에 이르렀다.[14] 이 지역은 衙門의 행정력이 미치는 지역이었다기보다 는 琿春駐防에서 파견된 관원과 병사가 정기적으로 순회하는 순찰구 역에 가까웠을 것이다. 청 말기 연해주를 러시아에 할양하고 주위에 敦化, 延吉, 汪淸, 東寧 등 행정구역이 생겨나고 琿春과 경계를 획분하 면서 琿春駐防이 관할하고 있던 영역은 줄어들게 된다. 그리하여 琿春 이 현재의 琿春市의 크기로 줄어든 것은 1910년 琿春廳이 설립되면서 부터인데 이때는 이미 1년 전에 駐防이 폐지된 후였다.[15] 청말 개간민 이 들어오기 전까지 旗人들은 禁場을 설치한 이외 지역에서는 자유롭 게 세금도 내지 않고 관에 보고할 필요도 없이 경작할 수 있었고,[16] 짐 승을 잡고, 바닷가에 나가서 海獺을 사냥했다. 하지만 이들이 실재 거 주하는 영역은 紅溪河 하류 北岸에 위치한 둘레가 1킬로미터 정도에 불과한 토성과 주위의 평야에 설치된 旗地에 한정되어 있었다.[17]

---

午前 第1組 토론 중 北京大學 徐凱교수의 발언. 『琿春副都統衙門檔』에서는 쿠르카인을 보통 '陳丁' 또는 'fe haha(옛날 壯丁)'라고 표기하고 있다.

12  『琿春縣志』, 106~107쪽.

13  『琿春縣志』, 108쪽.

14  林珪 修, 徐宗偉 纂, 『民國琿春縣鄕土志』, 1935, 2쪽.

15  『民國琿春縣鄕土志』, 2쪽. 현재 琿春市의 크기는 4,995평방킬로미터인데 이는 남한의 京 畿道보다 조금 작은 면적이다.

16  『民國琿春縣鄕土志』, 52쪽.

珲春駐防의 旗人들은 19세기 중반까지 이 지역에서 고립되어 생활했다. 왜냐하면 무엇보다도 이 지역이 국초 이래 禁山圍場으로 지정되어 진입이 금지되어 있었기 때문이었다. 매년 烏拉總管과 吉林將軍이 이곳에서 東珠, 人蔘, 수달피 등을 채집해 공물로 바쳤다.[18] 두 번째는 珲春의 고립된 자연환경 때문이었다. 백두산에서부터 두만강이 흘러 珲春駐防 옆을 통과하고 있었지만 두만강은 하류에서 조차도 수량이 부족한 겨울이나 봄에는 물이 말라 작은 기선도 통과하지 못했다. 紅溪河는 珲春을 가로지르는 대동맥이었지만 물살이 급하고 물에 모래와 자갈에 많이 섞여있어 쉽게 막히고 자주 홍수가 나서 교통로로써 효용가치가 적었다. 적어도 청말까지 이 하천은 수로로써 이용되지 않았다. 결국 20세기 초까지도 중국인이 珲春으로 오려면 奉天, 吉林, 延吉을 거쳐 오거나 배를 타고 한반도를 돌아 블라디보스토크에 내려 청, 러시아 경계지점인 分水嶺을 넘어 올 수밖에 없었다. 블라디보스토크에서 두만강하구를 잇는 항로도 청말까지는 개통되지 않았다.[19] 이 지경이니 珲春 주위에 비록 석탄, 임산자원이 풍부하다고는 하나 개발되지 않았고,[20] 이곳에 오는 사람들은 주로 불법으로 인삼과 금을 채취하려는 무법자들뿐이었다. 하지만 청말 이러한 珲春의 고립적 발전과정에 변화가 발생했는데 이는 새로 들어온 漢人, 朝鮮人농민과 漢人상인들 때문이었다.

---

17 이 駐防城은 1881년 珲春副都統衙門이 성립하면서 건설되었다. 이전 協領衙門 시절에는 駐防城이 존재하지 않았다. 『珲春副都統衙門檔』 권206, 352~353쪽. 珲春城이 축조되기 전부터 協領衙門이 그 안에 존재했고 나중에 증축되어 副都統衙門으로 사용되었다. 이 건물은 지금도 그 일부가 남아있다. 하지만 토성 성벽은 이미 존재하지 않는다(尹錫慶 2008 : 247~248).

18 吳祿貞 等, 『延吉邊務報告』, 吉林文史出版社, 1986, 26쪽.

19 『東三省政略』, 邊務, 珲春編, 213~215쪽.

20 『東三省政略』, 邊務, 珲春編, 216~217쪽.

## 3. 외지인의 등장

**開墾民**: 琿春은 바다에 연하여 기후가 온화하고 계곡마다 하천이 흘러 토지에 습기가 많은데다 토질이 비옥했다. 하천들은 현재의 琿春市를 서북에서 동남으로 관통하는 紅溪河나 琿春市 서북쪽의 密雲河로 합쳐졌고 이 두 강은 두만강과 만났다. 대규모 개간이 가능한 황무지가 密雲河나 紅溪河 일대에 펼쳐져 있었다. 강 연안의 평야지대 밖은 울창한 원시림이 펼쳐졌는데 이곳 역시 오랫동안 낙엽이 퇴적되어 토양이 기름졌다. 하지만 이들 지역은 진입이 금지되어 있었을 뿐만 아니라 몰래 인삼이나 금을 채취하러 진입하러 들어온 사람들이나 이들을 노리는 비적들의 소굴이기도 했으므로 개간이 거의 불가능했다.

그런데 1850년대부터 禁令이 해이해져 사사로이 旗人과 외지인이 두만강 북쪽에 들어와 개간하는 일이 생겨났다.[21] 1881년 청 정부는 朝鮮人이 사사로이 넘어와 개간하는 것과 러시아의 군사적인 위협에 대처하기 위해 吉林 남부에 개간민을 초무하는 移民實邊 정책을 추진하기로 결정했다. 그리하여 이 해에 延吉과 琿春일대에 南岡, 琿春, 五道溝, 黑頂子 등의 墾局을 세우고 그 아래에 17개의 社를 설치했다. 그리고 各社는 佃戶에게 토지를 나누어주고 개간하도록 했다.[22] 琿春지역의 대부분의 개간민은 바로 이때 이후로 琿春지역에 들어왔다.[23] 4개의 墾局 가

---

21  吳祿禎, 『延吉邊務報告』, 27쪽.
22  吳祿禎, 『延吉邊務報告』, 29쪽; 長順 修, 李桂林 纂, 李澍田 等 點校, 『吉林通志』, 吉林文史出版社, 1986, 535쪽.
23  1927년 『琿春縣志』가 간행될 당시 漢族 이주민의 후예들에게 이주해온 시기를 물으면 아버지나 할아버지 때 왔다고 하고 증조나 고조부 때 東遷해왔다고 하는 사람은 드물었다고 한다. 『琿春縣志』, 99쪽. 한 세대를 30년으로 잡으면 이들의 할아버지 연배는 光緒

운데 南岡墾局은 延吉에 위치했는데 네 곳 중 가장 규모가 커서 면적이 18,939晌(1晌은 약 6畝에 해당)이었다. 琿春에 설치된 것은 琿春墾局과 琿春城의 북쪽인 東溝에 위치한 五道溝墾局, 琿春城의 서남쪽에 위치한 黑頂子墾局인데 면적이 각각 5,620晌, 3,073晌, 144晌이었다. 하지만 이들 墾局의 토지가 모두 분배되고 개간되는 데는 시간이 걸렸다.『琿春副都統衙門檔』에는 1898년의「佃戶地畝淸冊」이 수록되어 있다. 여기에는 17个社의 佃戶와 이들이 수령한 토지 면적이 열거되어 있는데, 1898년 현재 琿春墾局의 佃戶는 434명, 이들이 수령한 토지는 3,908.73晌이고, 五道溝墾局은 501戶, 2,618.79晌, 黑頂子는 10명, 144.35晌이었다.[24] 즉 1898년까지도 黑頂子를 제외한 다른 墾局에서 이미 지급되어 개간된 토지는 墾局의 전체 면적과는 아직 상당한 차이가 있었다.

　「佃戶地畝淸冊」에는 佃戶들의 지역출신과 旗人여부가 기재되어 있는데, 위의 각 墾局에 소속된 佃戶들 가운데 旗人은 매우 드물었다. 琿春에 있던 세 墾局에 속한 12개 社에서 旗人은 불과 40호로 424.06晌을 경작하고 있었다. 기타 佃戶들의 출신은 琿春지역 사람과 외지인으로 크게 구분할 수 있다. 외지인들은 山東, 直隸, 吉林, 奉天府가 많았다. 琿春지역출신은 일부 滿洲族 성씨를 갖는 사람이 있기도 하지만, 金, 李, 朴, 崔 등 朝鮮人에게 흔한 성씨를 가진 사람들이 많은데 이들은 朝鮮人으로 추정된다. 이들 朝鮮人 성씨를 갖는 琿春人들은 특히 五道溝墾局에 많았다.[25]

---

초년에 해당한다.

**24** 『琿春副都統衙門檔』권209, 1~293쪽(光緖 24년).

**25** 위의 책. 청말, 민국기 동북지방으로 조선인의 이주와 이들의 생활에 대한 자세한 서술은 임계순(2003 : 31~96) 참조. 특히, 청말 두만강 대안으로 조선인의 이주에 관해서는 같

청말 琿春에는 본국의 조세 부담과 기근을 피해 월경해 琿春지역에서 소작을 짓거나 토지를 소유해 농사를 짓는 朝鮮人들이 늘어가고 있었다.[26] 義和團亂의 와중 琿春이 러시아의 침공을 받게 되어 다수의 중국인들이 피난을 떠난 후 琿春일대에 朝鮮人들의 숫자는 더욱 많아졌다. 그리고 전후 재건과정에서 朝鮮人들을 호구로 편입하고 이들을 '墾民'이라고 불렀다. 墾民의 숫자는 그 후 琿春에 홍수가 발생하고 복구사업을 벌이는 동안 더욱 늘어갔다. 1910년 일제가 한국을 병합하자 원하는 墾民에게는 중국국적을 부여하기 시작했다.[27]

이 지역에서 개간이 이루어지는 데는 청조가 朝鮮人, 마적, 러시아인의 군사적인 소요를 막기 위해 군대를 배치한 것이 큰 힘이 되었다. 1880년 靖邊軍 9영이 延吉, 琿春城동쪽, 紅溪河일대, 黑頂子에 주둔했다.[28] 이 부대가 1900년 러시아의 침략으로 붕괴한 후에는 다시 吉林城과 寧古塔에서 차출된 3영의 부대와 巡防營이 개간지와 군사요지에 거주하면서 치안을 유지했으므로 개간이 가능했던 것이다.[29]

그런데 琿春지역에서 이들 개간민들의 경제력과 인구수는 旗人의 그것과 비교할 때 얼마나 컸을까? 1909년 편찬된 『東三省政略』에는 琿春의 旗地와 旗地 밖의 새로 개간된 지역(8개 社로 구분됨)의 호구, 인구, 토지, 가축, 차량 등을 조사한 통계 기록이 남아있다.[30] 이에 따르면 旗

---

은 책, 56~59쪽.

26  吳祿禎의 조사보고서는 朝鮮人이 대규모로 월경해 개간하기 시작한 것은 대략 咸豊 연간(1851~1861) 이후라고 주장한다. 吳祿禎, 『延吉邊務報告』, 27쪽.

27  『琿春縣志』, 104~105쪽.

28  吳祿禎, 『延吉邊務報告』, 28쪽.

29  『東三省政略』, 邊務, 琿春編, 210쪽.

30  『東三省政略』, 邊務, 琿春編, 222쪽. 이 8개사는 懷恩社, 敬信社, 敦仁社, 尚衣社, 歸化社, 春和社, 春募社, 春芳社이다.

地, 즉 琿春城門 내외와 그 부근 지역의 농토는 15,099.9晌이었던 반면, 개간된 농지는 朝鮮人이 소유한 개간지까지 포함해 아직도 7,395.4晌에 불과해 旗地가 개간지를 두 배 이상 추월하고 있었다. 이 旗地에 살고 있는 旗人과 漢人의 총인구는 남자 8,797명, 여자 4,854명인데 이 가운데 漢人은 남자가 2,571명, 여자가 335명으로 이들은 모두 성 안팎에 밀집해 거주하고 있었고 기타 旗地에서 旗人과 漢人의 비율은 10 : 1로 현저한 차이가 있었다.[31] 성 내외에 살던 漢人의 남녀의 차이가 이와 같이 현저한 이유는 이들 대부분이 이 지역의 영주자가 아니라 상인이었기 때문으로 여겨진다.[32]

旗地를 소유한 사람들은 旗地 지역 인구의 절대 다수를 차지하고 있던 旗人이었다. 旗人들은 旗地의 개간에 열심이었는데, 1906년 副都統 陳昭常은 淸丈을 실시해 旗地지역에서 賦稅를 보고하지 않고 개간한 토지를 무려 5,870晌이나 찾아냈다. 이것이 旗人의 토지였음은 陳昭常이 이 토지를 몰수하는 대신 이 가운데 1/5를 八旗學堂에 속하게 해서 旗人의 땅으로 旗人의 자제를 육성하게 했다고 한데서 알 수 있다.[33] 旗人들이 종종 자신들이 보유한 넓은 旗地를 朝鮮人의 도움을 받아 경작하고 개간했다고 언급된다.[34] 『東三省政略』의 통계에 따르면 旗地 안에 朝鮮人이 소유한 땅은 0晌이었다. 따라서 旗地 안에 살던 朝鮮人

---

31 『東三省政略』, 邊務, 琿春編, 220쪽.
32 1917년 琿春縣城 근처에 商埠를 건설했는데, 이곳에 거주하던 중국인은 모두 1,742명이었다. 이 가운데 남자가 1,384명, 여자가 358명이었다. 『琿春縣志』, 15~17쪽. 商埠의 남녀비의 현격한 차이를 보라.
33 『東三省政略』, 邊務, 琿春編, 212쪽.
34 『東三省政略』, 邊務, 琿春編, 211쪽. 『琿春副都統衙門檔』에서도 旗人이 조선인을 불러다 자신의 땅을 개간한 기사가 발견된다. 권236, 244쪽(光緒 34년 6월 17일).

은 대부분 소작농이라고 할 수 있는데, 당시 旗地에 살던 朝鮮人 중 집계된 사람은 불과 남자 215명, 여자 178명뿐이다. 하지만 이밖에도 호구조사에 아직 포함되지 않은 朝鮮人이 꽤 있었을 것으로 추정된다.

위에 언급한 『琿春副都統衙門檔』의 「佃戶地畝淸冊」에서 보았듯이 旗地 밖에 새로 생겨난 개간지구에서 旗人들이 농사를 짓는 일은 드물었다. 따라서 위의 『東三省政略』의 琿春의 호구와 토지에 관한 통계에서도 旗地 밖 개간지에서 중국인이 소유한 토지는 주로 漢人의 토지였을 가능성이 높은데 그 면적은 5,055.9晌으로 旗地의 3분의 1 수준이었다. 여기에 남자 1,942명, 여자 943명이 의존해 생활하고 있었다.

한편 朝鮮人은 위의 『東三省政略』의 통계에 따르면 琿春에서 旗地를 제외한 지역에서 토지를 보유하고 있었는데, 朝鮮人이 보유한 토지는 2,339.5晌에 불과한데 반해, 인구는 戶口조사에 편입된 朝鮮人만 따져도 남자 3,529명, 여자 2,935명이나 되었다.[35] 결국 朝鮮人들은 琿春에서 旗地 밖의 중국인들보다도 훨씬 영세한 토지를 개간하며 생활하고 있었던 것이다.

**상인**: 旗人은 상업에 종사하지 않았고, 외지인의 진입도 드물었으므로 琿春에서는 본래 상업이 발달하지 않았다. 주목할 만한 유일한 교역은 朝鮮과 행해지던 慶源貿易이었다. 여기서 琿春의 旗人들은 鹿皮나 말을 가지고 조선으로부터 농경에 필요한 도구들 즉, 쟁기, 솥, 소

---

[35] 『東三省政略』, 邊務, 琿春編, 223~224쪽. 이지영(2009 : 273)은 『東三省政略』을 이용해 琿春을 포함한 延吉廳의 중국인과 조선인의 人口와 田産을 비교한 바 있다. 이 연구는 훈춘뿐만 아니라 연길청 전체에 걸쳐 조선인이 인구비례로 볼 때 중국인보다 월등히 적은 田産을 차지하고 있었음을 보여준다.

등을 샀다. 하지만 이 무역은 2년마다 한번 씩 열렸으며, 그 기간도 매우 짧았다(張杰 2010). 그 후 1889년 朝淸 간에 陸路通商條約이 수립되어 通商局이 설치되고 양국의 상인들이 수시로 왕래하며 무역이 가능하게 되었지만 조선측에 큰 상인이 없어서 무역은 진작되지 않았다.[36]

咸豊 연간(1851~1861)까지도 琿春에서는 布나 粟을 돈 대신 사용하고 있었다. 光緖初 靖邊軍이 이곳에 진주하면서 餉銀이 시장에 유통되기 시작해 상민이 비로소 은을 사용하기에 이르렀고 성내에 상점가가 등장했다. 1898년경 상점 수는 50~60家를 헤아렸는데 이들은 비교적 큰 상점이라도 자본금이 1천금을 넘지 않았다. 이들은 대부분 잡화상이었고, 典當鋪나 비단가게 같은 큰 자본을 요하는 상점은 없었다. 그나마 1900년 義和團 난중 러시아군이 琿春에 들어와 시가지를 유린하여 상점은 파괴되고 상인들은 피난을 떠나고 말았다.[37]

의화단의 난 후 琿春에서 상업이 비교적 활기를 띠기 시작했다. 1909년 간행된 『東三省政略』에 따르면 당시 5~6만吊(3吊가 銀1냥에 해당) 이상의 자본을 보유한 상점이 십여 가에 달했다. 상인들은 대부분 山東과 直隷출신이었는데 이들은 블라디보스토크에서 煙, 布, 米, 鹽 등, 延吉에서는 酒, 麵, 小米 등을 들여오고, 생활용품은 대부분 吉林에서 수입해 팔았다. 그리고 조선과 러시아로 모피와 목재, 특히 豆餠[38]을 수출했다. 상점 수도 琿春城 내외에 388곳이 있었고 각 屯에도 수십 집이 있었다.[39]

---

**36** 吳祿禎, 『延吉邊務報告』, 30~31쪽.
**37** 『東三省政略』, 邊務, 琿春編, 224쪽.
**38** 黃豆, 黑豆에서 기름을 짜고 남은 부산물로 주로 사료로 사용했다.
**39** 『東三省政略』, 邊務, 琿春編, 224쪽.

그러나 상인들의 영향력은 琿春城 내외로 한정되어 있었다. 이것은 청말민초에 상인출신이 城區를 제외한 琿春 내 기타 지역의 地方自治 議會에 거의 모습을 나타내지 않는 점으로부터 짐작할 수 있다(이 글 5절 참조). 또한 義和團 난 이후 상업이 이전시기 보다는 발전했다고 할 수 있지만, 아직 부족한 점이 많았다. 우선 1908년까지도 시가지가 義和團의 亂의 와중 겪었던 파괴에서 아직 완전히 복구되지 않았다. 그리고 상가의 땅은 旗産이었는데 임대료가 높았고, 게다가 관습법상 가게를 설치한 후 10년이 지나면 가게가 땅주인의 소유가 되었으므로 외부에서 온 상인들은 가게를 세우는데 주저하지 않을 수 없었다.[40] 1905년 中日東三省善後條約에 따라 吉林省은 琿春을 商埠로 지정했다. 하지만 이 지역에서 상업이 발달하지 않아 실제 개방되지는 않았다.[41] 1912년 까지 琿春에서 농업이민자나 상인을 포함해 외부에서 온 집계된 이주민의 인구는 19,118명으로 늘어났다. 이외에도 집계되지 않은 불법이민자의 숫자도 적지 않았을 것이다. 하지만 집계된 숫자만 본다면 이주민의 숫자는 당시 琿春의 旗人인구(19,260명)의 그것과 거의 비슷했다.[42]

---

[40] 『琿春副都統衙門檔』 권233, 23쪽(光緒 34년 2월 20일).

[41] 『琿春縣志』, 15쪽.

[42] 1912년 廳自治籌辦公所는 지방의회를 수립하기 위해 琿春廳의 호구, 인구를 조사했는데 당시 琿春廳의 총인구는 38,374명이었다. 이 해의 琿春 八旗 旗人의 수 19,260명을 빼면 19118명이다. 한편 1912년 현재 旗人의 호구 수는 2,878호였던 반면 외지인은 4,284호이었다. 『琿春縣志』, 108·427쪽. 이곳에서 오래 정착생활을 했던 旗人들이 대가족을 영위하고 있었음을 알 수 있다.

## 4. 청말 훈춘지역의 기인엘리트 : 旗官

이와 같이 적어도 1912년 전후까지 외부에서 온 개간민이나 상인들이 珲春 내에서 旗人에 비해 압도적으로 많은 수를 차지하고 있는 것은 아니었다. 게다가, 개간민이 넓은 토지를 보유한 것도 아니었고, 상인이 珲春 사회의 구심체가 될 만큼 이 지역에서 상업이 발달하지도 않았고 이들의 영향력은 城區에 한정되어 있었다. 그렇다면 珲春 지역의 향촌질서를 장악하고 있던 사람들은 누구였을까?

『民國珲春縣鄕土志』는 이 지방 旗人의 33개의 씨족을 기록하고 있는데[43] 『珲春縣志』는 이 가운데 21개 씨족을 世族으로 명명하고 있다. 이들은 최초로 이곳의 駐防을 구성했던 쿠르카部의 세 씨족인 正黃旗 鈕呼嚕씨, 鑲黃旗 鈕呼嚕씨와 正白旗 泰楚拉씨를 포함해 대부분 珲春에 온지 오래된 舊滿洲, 新滿洲, 쿠르카陳丁, 蒙古 씨족이었다. 초기 이 주민들은 珲春지역에서 사방 백 리의 땅을 자유로이 경작하고 기인이었으므로 세금도 내지 않았다.[44] 이로 인해 초기에 이곳에 정착한 씨족의 성원 가운데는 수백晌의 땅을 보유한 사람도 있었다. 예컨대, 宣

---

43 이들 33개 씨족은 다음과 같다. 이들 씨족의 한문성씨는 나중에 이 글에서 거론되는 인물이 旗人인지, 民人인지 여부를 밝히는데 중요하므로 언급할 필요가 있다. 『民國珲春縣鄕土志』, 42~45쪽 참조.
瓜爾佳씨(安楚拉인 : 關姓), 瓜爾佳씨(蘇瓦延인 : 關姓), 瓜爾佳씨(訥殷인 : 關姓), 薩克達씨(祖姓), 覺羅씨(趙姓), 額哲特씨(李姓), 赫舍哩씨(長白山赫舍哩부 : 何姓), 赫舍哩씨(庫雅拉부 : 何姓), 赫業哩씨(何姓), 鈕呼嚕씨(鑲黃旗 : 郎姓), 鈕呼嚕씨(正黃旗 : 郎姓), 鈕呼嚕씨(鑲白旗 : 郎姓), 泰楚拉씨(邰姓), 穆爾察씨(穆姓), 色勒里씨(鐵姓), 阿爾奇씨(安姓), 布察씨(路姓), 卜彦吉씨(卜姓), 舒穆祿씨(徐姓), 赫業씨(吳姓), 莫爾哲勒씨(阿穆達인 : 孟姓), 莫爾哲勒씨(黑龍江인 : 孟姓), 胡希씨(胡姓), 古發題씨(古姓), 奚沙씨(奚姓), 尼瑪奇씨(楊姓), 衣馬察씨(伊姓), 葛宜克勒씨(葛姓), 托斯씨(陶姓), 哈爾蘇拉씨(韓姓), 達爾喜씨(戴姓), 伊勒根覺羅씨(趙姓), 錫克特禮씨(奚姓).
44 林珪, 『民國珲春縣鄕土地』, 46쪽, 52쪽.

〈표 1〉琿春의 旗人世族의 이주시기와 민족, 배출한 관원의 수

| 世族 | 이주시기 | 민족 | 청대 배출한 관원의 수 |
|---|---|---|---|
| 瓜爾佳씨(安楚拉人 : 關姓) | 1714년 | 陳滿洲 | 副都統1, 將軍1, 護軍統領1, 副將1, 頭等侍衛1, 二等侍衛1, 佐領1, 防禦4, 守備1, 藍翎長1, 四等侍衛1, 三等侍衛1, 藍翎驍騎校2, 筆帖式6 |
| 瓜爾佳씨(蘇瓦延人 : 關姓) | 상동 | 陳滿洲 | 委參領1, 驍騎校1, 筆帖式1. |
| 瓜爾佳씨(訥殷人 : 關姓) | 상동 | 陳滿洲 | 副都統1, 頭等侍衛1, 佐領3, 騎都尉2, 藍翎侍衛1, 防禦1, 三等侍衛1, 驍騎校1, 敎習官1. |
| 薩克達씨(祖姓) | 상동 | 陳滿洲 | 佐領1, 驍騎校1, 筆帖式3. |
| 覺羅씨(趙姓) | 1752년 | 陳滿洲 | 筆帖式1. |
| 額哲特씨(季姓) | 1714년 | 陳蒙古 | 都統1, 將軍1, 副都統1, 三等侍衛3, 防禦3, 驍騎校5, 藍翎侍衛1, 擧人1, 7品筆帖式1, 筆帖式3. |
| 赫舍哩씨(長白山赫舍哩部 : 何姓) | 1743년 | 陳滿洲 | 防禦1, 筆帖式6, 敎習官1, 三等侍衛1, 八品筆帖式1 |
| 赫舍哩씨(庫雅拉部 : 何姓) | 1714년 | 陳丁 | 副都統2, 領隊大臣1, 參贊大臣1, 頭等侍衛1, 協領1, 佐領2, 三等侍衛7, 驍騎校6, 護軍校2, 防禦1. |
| 赫業哩씨(何姓) | 乾隆 年間 | 新滿洲 | 靖邊軍哨官1. |
| 鈕呼嚕씨(鑲黃旗 : 郞姓) | 1714년 | 陳丁 | 將軍1, 副都統5, 總管3, 參贊大臣1, 頭等侍衛5, 參領1, 副都統銜佐領1, 佐領6, 二等侍衛3, 四等侍衛1, 三等侍衛2, 驍騎校3, 護軍校2, 前鋒校1, 護軍校1, 擧人1, 副榜1, 筆帖式4, 敎習官1. |
| 鈕呼嚕씨(正黃旗 : 郞姓) | 상동 | 陳丁 | 副都統6, 佐領6, 頭等侍衛4, 二等侍衛1, 三等侍衛1, 防禦2, 驍騎校11, 敎習官2, 筆帖式3. |
| 鈕呼嚕씨(鑲白旗 : 郞姓) | 상동 | 陳丁 | 將軍1, 總兵1, 副都統1, 領隊大臣1, 佐領4, 守備1, 員外郞1, 防禦3, 驍騎校4, 八品筆帖式1, 筆帖式4, 藍翎侍衛2, 藍翎長1, 敎習官1. |
| 泰楚拉씨(邰姓) | 상동 | 陳丁 | 三等子爵 參贊大臣1, 佐領8, 協領1, 防禦2 驍騎校1, 筆帖式1. |
| 色勒里씨(鐵姓) | 상동 | 陳丁 | 副都統1, 三等侍衛1, 驍騎校1, 筆帖式1. |
| 卜彥吉씨(卜姓) | 상동 | 陳滿洲 | 參贊大臣頭等侍衛1, 副都統2, 參贊大臣1, 劦領1, 佐領2, 防禦1, 藍翎侍衛1, 驍騎校1, 筆帖式2. |
| 舒穆祿씨(徐姓) | 상동 | 陳滿洲 | 驍騎校2 |
| 赫業씨(吳姓) | 상동 | 新滿洲 | 鎭邊統領1, 防禦2, 驍騎校1, 附生1. |
| 莫爾哲勒씨(阿穆達인 : 孟姓) | 상동 | 新滿洲 | 佐領8. |
| 莫爾哲勒씨(黑龍江인 : 孟姓) | 상동 | 新滿洲 | 世管佐領, 驍騎校1. |
| 哈爾蘇拉씨(韓姓) | 1752년 | 蒙古 | 佐領1, 筆帖式3, 附生2, 鎭邊將軍營務處總理1. |
| 伊勒根覺羅씨(趙姓) | 1758년 | 陳滿洲 | 驍騎校2, 頭等侍衛1, 佐領1, 三等侍衛1, 筆帖式1, 防禦1. |

※ 자료출전: 『琿春縣志』, 536~542쪽; 『民國琿春縣鄕土志』, 42~45쪽.

統 연간(1909~1911) 驍騎校를 지냈던 蘇瓦延瓜爾佳 씨족에 속한 廉榮의 조상은 1714년 琿春에 駐防이 처음 설치되었을 때에 琿春에 정착했다. 廉榮의 고조부는 5형제였는데 집안의 노동력이 풍부해지자 이들 형제는 三家子屯, 大崗子 일대에 황무지 수백晌을 점유하고 西崴子에서도 황무지 수백晌을 차지했다. 이 가운데 廉榮의 고조부가 분할 상속받은 땅만도 4~5백晌에 달했다. 고조부 이후 경작할 사람이 줄어들어 황무지로 방치했지만 계속해서 廉榮 집안의 소유로 남았다.[45]

이들 21개 世族의 또 다른 중요한 공통점은 이들이 琿春 내외에서 활동했던 다수의 旗官을 배출했다는 점이다. 『琿春縣志』에 실린 이들 21개 씨족이 배출한 관직의 수는 〈표 1〉과 같다.

〈표 1〉은 『琿春縣志』의 편찬자들이 인지하고 있던 각 世族의 주요 인물들에 관한 기록을 기초로 작성한 것인 만큼 청대에 각 世族이 배출한 관원의 정확한 숫자를 나타내지는 않는다. 하지만 배출한 旗官의 다소가 이 지역에서 世族과 非世族을 가르는 중요한 요소였음은 比丁冊을 통해 이들이 보유한 관직의 수를 비교하면 분명히 알 수 있다. 琿春駐防의 각 佐領은 매년 자신의 佐領 내의 남자 旗人 가운데 15세 이하의 시단이라고 불리는 미성년을 제외한 모든 披甲과 閑散을 등재하고 매인마다 이들의 아버지, 할아버지의 이름과 관직, 작위를 기록했는데 이를 '比丁冊'이라고 했다〈사진 1〉, 〈사진 2〉 참조).『琿春副都統衙門檔』 권176에 수록된 1894년(光緒 20년)의 일련의 比丁冊에는 世族인 鑲白旗 鈕呼嚕씨와 正白旗의 訥殷 瓜爾佳씨(關姓), 그리고 위의 世族 表에

---

**45** 『琿春副都統衙門檔』 권231, 178~181쪽(光緒 33년 2월).

나와 있지 않은 성씨 중에서 戴姓, 穆姓, 陶姓, 安姓, 葛姓, 路姓, 奚姓 등 일곱 성씨의 成丁에 대한 기록이 포함되어 있다.[46] 이들 각 성씨의 成丁의 수와 官職의 수를 조사한 결과는 〈표 2〉와 같다.

〈표 2〉 1894년 琿春의 9개 旗人 성씨의 호구와 관직의 수

| | 종족 | 成丁 | 旗官 수 |
|---|---|---|---|
| 戴姓 | 佛厄魯特 | 25 | |
| 穆姓 | 陳丁 | 177 | 領催1 |
| 陶姓 | 陳丁 | 23 | |
| 安姓 | 佛厄魯特 | 42 | 委筆帖式1 |
| 葛姓 | 陳丁 | 71 | |
| 路姓 | 陳丁 | 62 | |
| 奚姓 | 陳丁 | 16 | |
| 이상합계 | 7개성 | 356 | 2명 |
| 訥殷瓜爾佳 | 佛滿洲 | 148 | 三等侍衛1, 騎都尉1, 佐領1, 雲騎尉2, 委官1, 委筆帖式1 |
| 鈕呼嚕 (鑲白旗) | 陳丁 | 593 | 協領1, 防禦1, 雲騎尉4, 驍騎校1, 領催兼 委筆帖式2, 領催4, 前鋒2, 監生1, 額委官1. |

〈표 2〉의 상단의 7개 非世族 성씨의 成丁의 수는 356명인데, 그 가운데 旗官은 駐防내의 관료조직에서 최말단에 해당하는 領催와 委筆帖式 1명씩 도합 2명뿐이다. 한편, 成丁의 수가 7姓의 총합의 절반에도 미치지 못하는 訥殷瓜爾佳씨는 총 7명을 배출해냈는데, 그 가운데는 騎都尉, 佐領, 雲騎尉, 三等侍衛 등 5품 이상의 관원도 다섯 명이 포함되어 있다. 成丁의 수가 593명이었던 鈕呼嚕(鑲白旗)씨는 총 17명의 旗官이 協領에서 額委官에 이르기까지 다양한 계급에서 일하고 있었다.

---

46 필자가 1894년(光緒 20년)의 比丁冊을 분석대상으로 택한 이유는 이 해의 比丁冊에는 책의 윗부분에 성씨가 기재되어 있기 때문이다. 그리고 이 比丁冊이 非世族의 성씨를 많이 포함하고 있기 때문이기도 하다.

珲春에서 과거시험에 합격한 사람은 많지 않았다. 1850년대 이후 비로소 등장하기 시작하여 擧人 세 명, 附生 다섯 명이 배출되었는데, 이들은 모두 旗人이었으며 역시 위의 世族 출신들이었다. 그리고 이들 과거출신자들 가운데 경력이 알려진 사람들은 모두 珲春에서 旗官을 지냈다.[47]

駐防 내에서 이들 旗官들의 역할을 보면, 1880년 이전에는 協領이 최고 우두머리였는데 協領의 향촌에 대한 지배력은 막강했다. 道光 연간 조선왕이 두만강 맞은편의 조선인들이 강 건너 中國人家의 개 닭소리로 침식이 불안하다는 구실로 경계를 옮기길 청하자 조정은 위로 水灣子에서 아래로 紅溪河에 이르기까지 50리에 걸쳐 5리를 후퇴하도록 한 바 있었다. 당시 協領이던 邰裴英阿는 旗人을 포함하여 농민들에게 즉일로 옮기게 하고 지연하는 자는 즉각 집, 양식, 수확물을 모두 태워버렸다.[48] 協領은 또한 토비 등이 침공해오면 군대를 조직해 토벌하는 역할을 맡았다.[49] 光緒 말년 協領 위에 副都統이 설치되었는데, 대다수의 副都統이 他地人이었던 반면 協領은 珲春출신의 旗人이었으므로 協領의 영향력은 여전히 중대했을 것이다. 이 당시 協領은 驍騎校와 함께 旗人들 간의 토지권을 둘러싼 다툼뿐 만 아니라 民人들의 민사분쟁을

---

47 擧人 3인은 穆淸(鈕呼嚕씨, 鑲黃旗, 1859년 합격), 凌喜(厄魯特씨, 鑲紅旗, 1889년 恩科합격), 景廉(鈕呼嚕씨, 鑲黃旗인, 1884년 합격) 등이다. 附生 5인은 莫爾賡額(鈕呼嚕씨), 永全(哈爾呼씨, 正紅旗, 1879년 取錄), 文全(哈爾呼씨, 正紅旗, 1889년 取錄), 錫銓(舒穆祿씨, 正藍旗, 1893년 取錄), 連慶(赫葉씨, 正藍旗, 1892년 取錄) 등이다. 擧人 3인은 거인이 되기 이전에 모두 附生으로 선발된 바 있다. 이들 가운데 凌喜가 副都統署의 左司 7品筆帖式, 景廉이 八旗官學敎習, 莫爾賡額이 佐領으로 副都統衙門에서 일했다. 『珲春縣志』, 409~410쪽.
48 『珲春縣志』, 571쪽.
49 『珲春縣志』, 572쪽.

조사하고 副都統 아문에 방안을 제시하는 역할을 맡고 있었음을 확인할 수 있다.[50]

驍騎校는 민사분쟁의 조사 외에도 범인을 省城으로 압송하고,[51] 수재의 피해상황을 조사하는 역할을 수행했다.[52] 한편 雲騎尉는 중러경계를 勘界하고,[53] 세금을 징수하고,[54] 礦務委員으로 선임되어 광무를 조사하러가고,[55] 살인이나 상해사건의 현장에 파견되어 조사하고,[56] 琿春주위에 주둔하는 군대의 兵餉의 방출을 감시하는 등 다양한 역할을 수행했다.[57] 筆帖式은 청대에 중앙의 부원아문과 지방의 장군, 副都統衙門 등에 소속되어 당안의 정리, 번역, 필사, 軍情의 전달을 맡았다 (趙郁楠 2006 : 61~63). 琿春駐防의 筆帖式은 대개 委筆帖式인데, 이는 상설 筆帖式이 아니라 駐防에서 임명한 筆帖式임을 의미했다. 당안 속에서 委筆帖式은 종종 범죄현장과 사상자를 조사하는 임무를 수행하거나[58] 러시아 문서의 번역을 맡았다.[59] 이외에도 站筆帖式이 확인되는데, 이는 역참의 운영과 軍情의 전달을 맡았으리라 여겨진다. 琿春지방에는 이외에도 委章京, 貼寫와 같은 旗官이 존재했는데 委章京은 황무지를 淸丈하기 위해 파견된 바 있었고,[60] 貼寫는 종종 雲騎尉나 驍騎

---

50 『琿春副都統衙門檔』 권231, 12~14쪽(光緒 33년 2월 26일), 104쪽(光緒 33년 1월 21일).
51 『琿春副都統衙門檔』 권194, 166쪽(光緒 22년 10월 8일).
52 『琿春副都統衙門檔』 권194, 172쪽(光緒 22년 10월 12일).
53 『琿春副都統衙門檔』 권225, 271쪽(光緒 34년 12월 5일).
54 『琿春副都統衙門檔』 권194, 159쪽(光緒 22년 10월 5일).
55 『琿春副都統衙門檔』 권194, 222쪽(光緒 22년 12월 5일).
56 『琿春副都統衙門檔』 권194, 206쪽(光緒 22년 11월 10일).
57 『琿春副都統衙門檔』 권226, 369쪽(宣統 元年 5월).
58 『琿春副都統衙門檔』 권225, 34쪽(光緒 34년 10월 11일), 69쪽(光緒 34년 10월), 275쪽(光緒 34년 12월 7일).
59 『琿春副都統衙門檔』 권225, 132쪽(光緒 34년 12월 2일).

校가 파견될 때 이들을 수행했다.[61] 領催는 旗人들의 봉향을 직접 분배하는 역할을 맡았다(劉小萌 2003 : 728).

이들 旗官들은 이와 같이 민사소송, 형사사건의 조사와 해결, 세금의 징수, 황지의 측량, 봉향의 배급 및 기타 행정적인 임무를 수행하며 琿春 지역의 旗人이나 民人들의 생활에 상당한 영향력을 행사할 수 있었는데, 이들은 더 나아가 자신들의 권력을 이용하여 기타 旗人들을 탄압할 수도 있었다. 領催는 披甲에서 선발된 하급 旗官으로 지위가 높지 않았지만 領催가 자신의 땅에 전세권을 갖고 있는 西丹, 즉 未成年 旗人의 전세권을 무시하고 땅을 회수했다가 "領催의 세도에 의지해서 文契를 따르지 않고 땅을 覇占"했다고 고소를 당한 적이 있었다. 앞서 언급한 바 있는 驍騎校 廉榮은 자신의 땅에서 경작하고 있던 자신의 종족성원이었던 閑散 旗人에게 租糧을 회수하지 못하자 이를 고소하면서 "관직에 의지하여 탄압한다는 혐의를 받는다고 할지라도" 어쩔 수 없음을 호소했다.[62]

旗官職은 향촌사회에서 권력뿐만 아니라 경제적 수입도 가져다주었다. 旗官과 병사들에게는 기본적으로 俸銀과 兵餉이 지급되었다. 병사에게 지급되는 餉은 매년 24량이었던데 반해 副都統은 155량, 協領은 130량, 佐領은 105량, 防禦는 80량, 驍騎校는 60량, 世職인 雲騎尉와 恩騎尉는 각각 85량과 45량, 領催와 前鋒이 36량 등이었다. 건륭 말년 시

---

60  『琿春副都統衙門檔』권225, 305쪽(宣統 元年 4월).
61  『琿春副都統衙門檔』권194, 172쪽(光緒 22년 10월 12일); 206쪽(光緒 22년 11월 20일).
62  『琿春副都統衙門檔』권231, 178~181쪽(光緒 33년 2월). 旗官은 아니었지만 族長 역시 외지에 나가있는 동족 旗人들의 땅을 "자신의 勢를 믿고" 자신의 땅으로 등재한 사례가 있었다. 『琿春縣志』, 244쪽(光緒 34년 6월 17일).

골의 한 서민가구가 1년간 생계를 유지하는 비용이 20냥 정도였다고 한다면(劉小萌 2003 : 718) 恩騎尉 이상이 받는 俸銀은 건륭 말기를 기준으로 한다면 꽤 넉넉한 편이었다. 다만 태평천국의 난 이후로는 驍騎校 이상 관원들의 봉은은 절반정도로 줄고, 領催이하 병사들은 원래 餉銀의 8할을 받게 되었다.[63] 俸銀 이외에도 팔기의 旗官들과 병사들에게는 隨缺地가 지급되었다. 병사들이 한 사람당 16晌을 받는데 반해 協領은 60晌, 佐領은 40晌, 防禦, 筆帖式, 驍騎校는 30晌, 領催, 前鋒은 20晌을 받았다. 隨缺地는 토지를 분배하는 대신 地租를 받았는데, 地租는 1晌당 1錢8分으로 정해져 있었다. 따라서 매년 俸銀, 兵餉이외에도 協領은 10.8량, 佐領은 7.2량, 防禦, 筆帖式, 驍騎校는 5.4량, 領催, 前鋒은 3.6량을 더 받았다.[64] 이 隨缺地의 수입은 태평천국의 난 이후에도 줄어들지 않았다. 이외에 副都統에게는 227량 정도의 養廉銀이 지급되었다.[65]

琿春駐防의 旗官들의 이력을 관찰한다면, 기관이 되는 경로는 다음과 같았다. 우선 世管佐領의 자제로 태어나 부친의 佐領職을 물려받아 관원이 되는 길이 있었다.[66] 그리고 부친이나 가까운 친척이 전몰하여 추증된 雲騎尉, 恩騎尉 등을 세습할 수 있었는데 이러한 경우는 상당히 많았다. 琿春駐防에는 1900년 현재 雲騎尉 37명과 恩騎尉 한 명이 있었다.[67]

이와 같이 세습이 아니라 공적을 통해 旗官에 진입한 경우도 물론 있었다. 太平天國의 난 등 전란의 와중에는 무공을 세워 승진하는 경

63 『琿春副都統衙門檔』 권206, 492~497쪽(光緒 24년 6월 25일).
64 『琿春副都統衙門檔』 권206, 139쪽(光緒 24년 2월 10일); 『吉林通志』, 528쪽.
65 『琿春副都統衙門檔』 권206, 501쪽(光緒 24년 6월 25일).
66 琿春에 최초로 駐防이 형성될 때 佐領에 임명된 巴克喜那, 達巴庫, 莽柱 3인 가운데 巴克喜那와 莽柱의 자손은 청말까지 대대로 佐領의 직을 세습했다. 『琿春縣志』, 132~134쪽.
67 『琿春副都統衙門檔』 권221, 202~203쪽(光緒 26년).

우가 많았다. 특히 혁혁한 전공을 세워 절차를 뛰어넘어 발탁되기도 했다. 1900년 현재 鑲白旗 소속의 協領 春陞과 防禦 吉勒圖堪이 그러한 경우였다. 春陞은 원래는 披甲貼寫였다. 同治 4년(1866) 5월 神機營에 가서 군사훈련을 받고 이 해 봉천에서 비적을 소탕하는데 참여해 10차례 전투에서 적군 열 명을 죽이고 네 명을 포로로 잡고 다음해에는 대규모 비적 군대와 싸워 연전연승한 결과 6품 군공을 상으로 받았다. 1869년에는 彰武台에서 비적의 포위를 와해시키고 다음해 곧바로 정6품관인 驍騎校에 임명되었다.[68] 吉勒圖堪도 원래는 披甲貼寫였는데, 1868년 산동등지에서 전공을 세워 藍翎을 받고 神機營에 남았다. 이어서 산서등지에서 전공을 세워 驍騎校 儘先補用을 받았다. 그는 전투에 총 30여 차례 참여해 적병 열 명을 죽이고 다섯 명을 생포했고 20냥의 상금을 받았다. 1870년 군대를 철수할 때 황제를 배알하고 선례에 따라 기용하도록 하라는 지를 받았다. 그리하여 披甲에서 4년만인 1871년 琿春鑲白旗 驍騎校에 임명되었다.[69]

하지만 1860년 이후 출생한 사람의 경우에는 전투에 참가할 기회가 드물었다. 1860년 이후 세대가 駐防의 관원으로 기가하는 대부분의 경로는 다음과 같았다. 旗人 남성은 15세까지 西丹이었다가 16세에 시험을 쳐서 불합격하면 閑散, 합격하면 披甲이 되었다.[70] 그리고 이 披甲

---

**68** 『琿春副都統衙門檔』권221, 206~207쪽(光緒 26년).

**69** 『琿春副都統衙門檔』권221, 226~227쪽(光緒 26년).

**70** 滿洲 遼寧省 新賓縣에서 고시에 응시한 적이 있던 한 旗人의 회고에 따르면 무직은 弓, 馬, 箭 세 가지 기술의 숙련이 요구되었고, 마상에서 서로 다른 무게의 세 가지 강궁으로 화살 3대를 쏴 적중시키는 '一馬三箭'의 기술이 있어야 선발될 수 있었다. 문직에 오르려면 祭祀와 儀節에 필요한 滿文과 일정 정도의 漢文 실력이 요구되었다. 『滿族社會歷史調査報告』, 35쪽.

가운데서 領催가 선발되었다. 披甲 가운데는 위의 春陞이나 吉勒圖堪이 임명된 바 있었던 貼寫가 있었는데, 이 貼寫가 출세의 지름길이었다. 貼寫는 貼寫達, (委)筆帖式으로 승진할 수 있었다. 貼寫나 貼寫達이 종종 披甲을 겸하고 있었던 것처럼 (委)筆帖式은 대개 領催를 겸하고 있었다. 이 領催에서 전장에서 군공을 세우거나 관아에서 공적을 인정받게 되면 윗단계의 관직으로 계속 나갈 수 있었다. 領催나 筆帖式의 다음 단계의 주요 승진로가 驍騎校였는데, 駐防에서 省城에 驍騎校로 추천하는 관원은 대부분이 領催나 筆帖式이었다.[71]

그런데, 旗官이 되는 것은 위에서 언급했다시피 절대다수가 世族 출신이었는데, 世族 성원가운데서도 누구에게나 공평하게 열린 것은 아니었다. 世族 가운데서도 일부 가문이 旗官의 직을 독점하고 있었다. 이는 比丁冊을 검토함으로써 확인할 수 있다. 필자는 대표적인 世族이라고 할 수 있는 양白旗 喜昌佐領의 鈕呼嚕(郎)씨와 鑲黃旗 慶雲佐領의 鈕呼嚕(郎)씨의 역대 滿文과 漢文 比丁冊을 통해 마지막으로 比丁冊이 작성된 光緒 26년 현재 旗官을 지내고 있는 旗人들과 이들의 조상을 추적했다.

우선 1900년 鑲白旗 喜昌佐領의 比丁冊을 보면,[72] 등재된 鈕呼嚕(郎)

---

71 이상의 분석은 『琿春副都統衙門檔』에 실린 琿春駐防이 1900년(光緒 26년) 防禦에 응시한 관원3인, 驍騎校에 응시한 10인에 관한 이력을 조사해 吉林省城에 보낸 기록에 근거한 것이다. 권221, 41~79쪽(光緒 26년 3월 6일).

72 이 佐領을 분석하기 위해 사용한 比丁冊은 다음과 같다. 『琿春副都統衙門檔』 권94, 379~412쪽(光緒 2년 滿文 鑲白旗 福全佐領比丁冊); 권153, 60~110쪽(光緒 17년 7월 漢文 鑲白旗 德壽佐領比丁冊); 권154, 421~330쪽(光緒 17년 7월 滿文 鑲白旗 德壽佐領比丁冊); 권223, 319~374쪽(光緒 26년 7월 漢文 鑲白旗 喜昌佐領比丁冊). 이 佐領에는 世族인 鈕呼嚕(郎)씨 이외에 韓姓, 戴姓 등이 포함되어 있는데 韓씨와 戴씨는 관직을 보유한 사람이 한 사람도 없고 郎씨에서만 관원이 배출되고 있었다. 光緒 26년 比丁冊에는 성씨가 나타나지 않지만 이는 光緒 23년 7월의 比丁冊을 통해 알 수 있다. 比丁冊 윗부분의 공백에 붙인 쪽지에 성씨가 표시되어 있다. 『琿春副都統衙門檔』 권202, 257~315쪽.

씨의 成丁 666명 가운데 協領, 佐領, 防禦, 雲騎尉, 驍騎校, 領催, 前鋒, (委)筆帖式, 委官 등 관직을 보유한 旗人은 불과 24명에 불과하다. 그런데, 이 24명은 郞씨 중에서도 소수의 가문에 집중되어 나타난다. 1900년 현재 協領, 副都統銜을 갖고 있던 春陞의 가문은 24명 가운데 네 명을 차지한다. 그리고 防禦였던 吉勒圖堪의 가문은 1900년 당시 무려 열 명이 副都統衙門에서 벼슬을 살고 있었다. 그리고 이들 24명은 상당수가 전대에서부터 지속적으로 관리를 배출한 가문에서 나오고 있었다.

한편 鑲黃旗 慶雲佐領의 鈕呼嚕(郞)씨의 成丁은 1900년 현재 673명이 었는데, 이 가운데 旗官은 26명이었다. 이곳에서 旗官이 소수 가문에 집중되는 현상은 喜昌佐領의 경우에 비해 약하지만 역시 확인된다. 즉, 佐領인 慶雲의 집안에서 다섯 명의 기관이 배출되었음을 볼 수 있다. 慶雲佐領의 경우에서도 旗官들은 대부분이 가까운 조상이나 친척 중에 旗官을 배출한 가문에서 등장했다. 慶雲佐領의 기타 旗官들의 친척과 조상을 조사한다면 1900년 현재 旗官 26명 중 雲騎尉 등 世襲職에 임명된 사람과 가까운 친척이나 조상 중에 旗官을 지낸 적이 있는 사람을 제외하고 집안에서 나 홀로 旗官을 지내고 있는 사람은 겨우 다섯 명에 지나지 않는다.

이와 같이 旗官이 世族 가운데서도 특정 가문에 집중되고, 한 가문에서 대대로 旗官이 배출되는 현상은 어떻게 일어날 수 있었을까? 驍騎校 이상은 省城에 보내서 시험을 보게 하거나 북경에 보내 황제를 배알하는 절차가 있었으며,[73] 驍騎校에 정식임명이 아닌 驍騎校에 補用

---

[73] 『琿春副都統衙門檔』권221, 42쪽(光緒 26년 3월 6일); 46쪽(光緒 26년 3월 6일); 52쪽(光緒 26년 3월 6일).

하는 것마저도 황제의 지를 얻어야했다.[74] 그런데 領催, 前鋒, 披甲은 이러한 절차 없이 駐防에서 직접 임명할 수 있었다. 단지 이직한 사람과 새로 임명된 사람, 그리고 이들이 떠나고 들어온 시점만 정기적으로 표로 작성해 省城에 보냈다. 이외에 筆帖式도 副都統아문을 포함한 각 部院에서 직접 파견할 수 있었다(趙郁楠 2006 : 60). 이들 領催, 前鋒, 筆帖式은 비록 그 지위는 낮으나 앞서 언급한 바와 같이 驍騎校 등 위의 관직으로 나아가는 관문이었다.

그런데 위의 喜昌佐領이나 慶雲佐領의 鈕呼嚕(郞)씨에 대한 조사는 바로 領催, 前鋒, 筆帖式 등 하급관원의 단계부터 가까운 조상이나 친척이 旗官을 지낸 소수 가문이 대다수를 점유하고 있었음을 보여주고 있다. 領催는 佐領을 보좌하여 佐領내에서 문서나 旗人의 봉향을 관리하는 임무를 맡았다(魏源, 『聖武記』卷11). 그리고 筆帖式은 앞서 언급한 대로 범행현장의 조사, 당안의 정리, 번역, 필사, 軍情의 전달 등의 임무를 맡았다. 양자 모두 일정정도의 전문적인 지식과 교육이 요구되었고 이는 관원의 자제들에게 유리했다. 또한 피갑의 선발과정에서부터 이미 실력과 무관하게 뇌물의 공여나 가문의 배경이 당락을 결정하기도 했다.[75] 결국 전공을 세워서 領催가 되는 길이 막혀있는 것은 결코 아니었지만 관원의 선발과정에서 이미 관원의 집안이 다음 세대의 관원을 배출하는데 유리한 환경이 조성되어 있었다고 할 수 있었다.

이들 旗官들은 위와 같이 가문의 배경을 내세울 수 있었을 뿐만 아니라 경제적으로도 윤택했다. 1876년 德玉佐領하의 奴婢(滿 : aha)의 數目

---

74　『琿春副都統衙門檔』권221, 76쪽(光緒 26년 3월 6일)
75　『滿族社會歷史調查』, 35쪽, 180쪽.

을 적은 滿文檔冊(奴僕檔)에 따르면 이 해에 德玉佐領에는 195개 호구가 존재했다.[76] 이 가운데 노비를 소유하고 있던 호구는 전체 7개 호구였고, 7개 호구에 총 19명의 노비가 있었다. 그런데 이 노비들을 소유하고 있던 호구들은 거의 대부분이 旗官이나 旗官의 直系子孫의 호구였다.

이 노비 수목에는 이들 19명의 노비들과 이들의 아버지와 할아버지의 이름과 이들이 주인의 호구에 들어오게 된 원인이 기록되어 있다. 이에 따르면 1876년 현재 노비인 사람들은 모두 漢人이었는데, 이들은 당대에 노비가 된 사람들이 아니었다. 德玉의 노비만 팔려서 들어온 노비의 자손이었고 다른 6호구의 노비들은 부인들이 시집올 때 데리고 들어온 노복의 자손들이었다. 결국 이 노복 문서는 旗人들 가운데 旗官들이 부유했을 뿐만 아니라 결혼할 때 노복을 데리고 시집올 정도로 旗官의 집안은 旗人들 사이에서 지체가 높았음을 보여준다.

이외에도 자연재해 등으로 의연금을 조성할 때 의연금을 납부한 자가 대부분이 旗官이었던 점도 旗人이 상대적으로 부유했음을 증명한다. 1896년 수해가 발생하자 副都統 아문은 점포와 팔기 旗人에게 기부금을 거두었는데 旗人 중에서는 오직 旗官에게만 일률적으로 부과되었다. 점포는 재산상황에 따라 1등에서 5등까지 분류하고 각각 13량에서 3량 7전까지 금액을 달리해서 기부하도록 했고, 旗官은 協領에서 領催, 筆帖式, 前鋒에 이르기까지 15량에서 2량까지 차등을 두어 거두었다.[77] 이는 旗官들이 상인들과 함께 이 지역에서 비교적 부유한 집단으로 간주되었음을 보여주는 것이다. 그리고 같은 해 三等侍衛 달합포

---

[76] 『琿春副都統衙門檔』 권95, 161~162쪽(光緒 2년).
[77] 『琿春副都統衙門檔』 권194, 106쪽(光緒 22년 9월 1일).

가 回京하는 여비를 마련하기 위해 旗人들이 돈을 추렴한 일이 있었다. 기부자들은 지위에 상관없이 기부금을 냈다. 총 71명이 부조금을 냈는데 이 가운데 披甲도 15명이 포함되어 있었다. 결국 걷힌 돈은 283.5량이었는데, 이 가운데 披甲이 출연한 돈은 19냥에 지나지 않았고 나머지는 모두 旗官이 낸 금액이었다.[78]

청말 외지인과 상인의 등장은 사실 旗官을 비롯한 부유한 旗人들에게는 새로운 재산 증식의 기회를 부여했다. 외지인의 등장으로 노동력이 풍부해짐에 따라 이전까지 旗官들이 갖고 있던 황무지가 개간되게 되었다. 앞서 언급한 驍騎校 廉榮은 자신이 갖고 있던 百晌의 황무지를 자신의 친척에게 맡겼고, 이 친척은 다시 民人 등을 포함한 佃戶를 구해서 이 땅을 개간했다.[79] 旗人들이 시가지에 소유했던 땅은 이전에는 紅溪河의 범람 등으로 별 가치가 없는 땅으로 버려져 있었다. 그런데 이곳에 상점이 들어서게 되자 이곳을 소유한 旗人들은 높은 임대료를 얻을 수 있었으며 관습법상 10년 후에는 자신의 땅에 설치된 가게건물을 차지할 수 있었다.[80] 실제, 雲騎尉 訥奇新과 驍騎校 滿成의 미망인은 이곳에 다수의 가게를 소유하고 있었다.[81]

결국 청말 琿春지역에서 엘리트층은 이곳의 팔기씨족 가운데에서도 다수의 旗官을 배출했던 씨족인 世族, 그리고 그 가운데에서도 旗官들이었다. 旗官들은 상당수가 대대로 旗官을 배출했던 명문의 후예였으며, 조상으로부터 물려받은 상당한 양의 재산을 소유하고 있기도 했

---

78 『琿春副都統衙門檔』 권194, 176~185쪽(光緒 22년 10월 20일).
79 『琿春副都統衙門檔』 권231, 183(光緒 33년 2월 26일).
80 『琿春副都統衙門檔』 권233, 23쪽(光緒 34년 2월 20일).
81 『琿春副都統衙門檔』 권224, 7쪽(光緒 31년 5월 19일), 13쪽(光緒 32년 7월 2일).

다. 그리고 자신들이 맡은 관직을 통해 다방면에 걸쳐 旗人과 이주민들의 생활에 영향력을 행사하고 있었다. 아래서는 琿春에서 신정의 실시 이후 이들 엘리트층이 겪었던 변화에 관해 살펴보기로 한다.


## 5. 신정, 신해혁명 와중의 기인엘리트

청말 변경에 인구가 증가하고 외국과의 접촉이 활발해지고 정부의 기능이 복잡화됨에 따라 駐防, 군사와 관련된 지식뿐만 아니라 국가적인 목표, 정부의 정책을 이해할 수 있는 능력이 있는 관원이 요구됨에 따라 결국 변경에서 旗官의 의한 통치를 폐지하고 내지와 같은 문관통치로 전향하게 되었다고 한다(Lee 1970 : 137). 1906년 陳昭常이 副都統으로 임명된 후부터 琿春에도 본격적인 행정개혁이 시작되었다. 사법제도를 개혁해 旗人과 民人의 소송을 전담하는 發審專員을 설치하고, 副都統 衙門 내에서 印務處, 圖書文差와 같은 불필요한 관원과 機關을 폐지하고, 左司, 右司 등 기존의 관청의 권한을 분명히 하고 인원을 바꾸었다.[82] 그리고 외교와 관련된 사무를 맡은 邊務司를 신설했다. 또한 工藝專習所와 학교를 설치하고 자본을 모아 광산을 열고, 회사를 조직해 林業을 개판하고 紅溪河와 두만강의 수운을 개통하는 작업에 착수했다.[83] 그리고 이러한 사업의 재원을 조달하기 위해 세제와 관련된 장정을 개정하고 세금의 징수를 稅務處로 일원화했다.[84] 이러한 개혁

---

82 『東三省政略』, 207쪽.
83 『東三省政略』, 206쪽.

사업은 1908년 陳昭常의 후임으로 부임한 郭宗熙 하에서도 계속되었다. 琿春에서 개혁이 진행되는 동안 행정구역에도 변화가 생겼는데 1907년 吉林將軍衙門이 폐지되고 吉林省이 건립되더니 1909년에는 드디어 琿春副都統衙門이 폐지되어 東南路兵備道로 개편되었고 兵備道는 延吉에 주차했다. 그리고 다음해인 1910년에는 현재 琿春市의 원형이 되는 琿春廳이 설치되었다. 그리고 琿春廳은 紅溪河 하류에 위치한 首善鄕(縣城內外), 勇智鄕, 興仁鄕, 崇禮鄕, 純義鄕과 紅溪河 상류에 위치한 春化鄕, 琿春廳 남부에 세워진 敬信鄕, 북쪽 東溝에 세워진 德惠鄕 등 8향으로 구분되었다.[85] (〈지도 1〉 참조) 이러한 개혁의 소용돌이 속에서 이전의 旗官들은 어떻게 되었을까?

新政이 실시되고 나서 副都統衙門이 폐지되기 전까지의 변화는 琿春의 旗官들에게 오히려 유리했다. 1906년 이전부터 존재했던 左司와 右司를 권한을 조정하고 인원을 바꾸었다고 하지만 책임자인 司長과 司副는 역시 모두 이전부터 佐領, 驍騎校, 雲騎尉 등을 지내고 있던 旗官들이었다.[86] 그리고 세금 수입의 유일한 창구가 된 稅務處도 稽查, 庶務, 司書, 司事가 모두 旗官 가운데서 선발되었다.[87] 새로 설치된 관청인 邊務司도 예외는 아니어서 司副 이하 거의 모든 관직에 筆帖式, 委筆帖式, 貼寫達 등 旗官이 임명되었다.[88] 그리고 북경의 憲政編查館의 하부조직으로 각 지방에 조사를 맡은 統計處를 두었는데, 琿春에도

84 『東三省政略』, 208쪽.
85 『琿春縣志』, 437쪽.
86 『琿春副都統衙門檔』 권225, 348쪽(光緒 34년 12월 19일).
87 『琿春副都統衙門檔』 권232, 343~346쪽(光緒 33년 12월 10일).
88 『琿春副都統衙門檔』 권238, 1~2쪽(光緒 34년 2월 29일).

통계처가 설치되었다. 統計處는 외교, 민정, 재정, 교육, 군정, 사법, 실업, 교통 등에 관한 모든 정보의 수집을 목적으로 했다. 琿春의 統計處는 主任과 助理員 각 한 명, 調査員 두 명이 배치되어 운영되었는데, 네 자리가 모두 이전의 筆帖式과 委筆帖式 가운데서 임명되었다.[89]

副都統衙門 내에서 일부 기구의 구조조정, 새로운 기구의 신설 등이 이루어지는 와중에 旗官들은 새로운 관직에 임명될 기회를 더 많이 갖게 되었을 뿐만 아니라 수입도 더 많아지게 되었다. 邊務司에 충임된 筆帖式의 경우에는 매달 은 20량을 수령했으며,[90] 統計處에 근무하는 관원의 경우는 主任官이 매달 40량과 公費 15량, 助理員이 매달 20량, 調査員이 매달 16량을 받았다. 稅務處에서도 總理가 30량, 稽査와 庶務가 16량, 司書가 15량, 司事가 10냥을 받았다.[91] 新政이 추진되면서 副都統衙門에 직속한 관청을 제외하고도 琿春에는 警務局 등의 관청이 설치되었고 巡長 등의 직위에 領催 등이 임명되었다.[92] 이들 역시 소속 관청으로부터 별도의 봉급을 받았으리라고 여겨진다.

그런데 선통 원년(1909) 9월에는 아예 副都統衙門이 폐지되어 버리고 말았다. 副都統衙門이 폐지되면서 副都統 아문에 원래 설치했던 左右兩司와 邊務處, 受發處 등 각 부서도 폐지되어 버리고 이곳에서 일했던 筆帖式, 委筆帖式도 일률적으로 해고됐다. 다만 기무를 전담하기 위해 설치된 承辦旗務處에 筆帖式 1인과 委筆帖式 2인만을 남겨두었다.[93]

---

89 『琿春副都統衙門檔』 권236, 383쪽(光緒 34년 8월 17일); 권237, 484쪽(宣統 1년 8월 15일).

90 『琿春副都統衙門檔』 권225, 132쪽(光緒 34년 12월 2일).

91 『琿春副都統衙門檔』 권234, 244~246쪽(光緒 34년 2월 3일)

92 『琿春副都統衙門檔』 권233, 8쪽(光緒 34년 2월).

93 『琿春副都統衙門檔』 권236, 508쪽(宣統 1년 10월 5일).

이로써 종래 旗官이 琿春副都統衙門을 통해 琿春일대의 민정을 장악하던 상황에 커다란 변화가 발생했다. 하지만 旗官들이 향촌지배를 지속할 수 있는 별도의 경로가 이즈음에는 이미 마련되어 있었다.

러일전쟁 이후 憲政에 대한 조야의 요청이 갈수록 거세지자 1908년 淸廷은 9년의 예비기간을 거쳐 헌정을 실시할 것을 약속했다. 淸廷의 豫備立憲의 핵심은 地方自治를 통해 입헌을 수행할 수 있도록 民智를 개발하는데 있었다. 地方自治를 고양하기 위한 일환으로 淸廷은 선통 1년 2월에 民政部의 건의대로 각 성의 省城, 府, 廳, 州, 縣에 자치인재를 배양할 自治硏究所를 그 해 안에 세우게 했다(薛端漢 2004 : 90~93).

그런데 琿春에서는 이보다 3년이 앞선 1906년 이미 지방 유지들이 자발적으로 自治硏究會를 설립하여 자치범위 내의 사무를 연구했다. 硏究會의 會長과 副會長은 이 지방의 世族출신이자 旗官이었던 何祥成(赫舍哩씨, 八品筆帖式)과 海全(哈富蘇拉씨, 筆帖式)이 맡았다.[94] 光緖 34(1908)년 副都統이 부임한 郭宗熙는 예비입헌의 종지에 입각해 自治硏究所를 설치하고 所長, 副所長과 敎鍊을 파견하고 학생들을 모아서 지방자치를 추진하는데 필요한 지식을 가르치게 했다. 소장과 부소장은 역시 何祥成과 海全이 맡았다. 敎鍊은 日本法政大學을 졸업한 陳宗濂, 日本高等師範學校를 나온 李學鏡, 湖南高等警務學堂 출신의 皮大猷가 맡았는데, 이들은 모두 郭宗熙와 마찬가지로 湖南출신이었다. 이들은 自治硏究所에서 法學通論, 憲法, 府州縣市町村制, 經濟學, 經濟政策, 府廳州

---

[94] 『琿春縣志』, 447쪽.

〈표 2〉 自治研究所 졸업생의 출신

| 姓名 | 旗 | 世族 | 現職 |
|---|---|---|---|
| 何廉惠 | | 赫舍哩(何) | 筆帖式委章京 |
| 何慶德 | | 赫舍哩(何) | 從9品職銜, 稅務處司書[96] |
| 誠善 | | | 委筆帖式 |
| 貴慶 | 正白旗 | 安楚拉瓜爾佳(關) | 委筆帖式 |
| 吳連科 | 正藍旗 | 葉赫(吳) | 委筆帖式 |
| 德廉 | | | 委筆帖式 |
| 祥祿 | 正藍旗 | 葉赫(吳) | 委筆帖式 |
| 凌順 | 正黃旗 | 鈕呼嚕(郎) | 委筆帖式 |
| 永慶 | 正白旗 | 泰楚拉(邰) | 7品頂戴 |
| 雙玉 | | | 額委官 |
| 倭希洪阿 | | | 委筆帖式 |
| 德山 | | | 五品頂戴, 領催 |
| 勝祥 | | | 委筆帖式 |
| 喜順 | | | 委筆帖式 |
| 富祥 | | | 7品頂戴, 委筆帖式[97] |
| 成凌 | | | 委筆帖式 |
| 成林 | | | 7品頂戴, 委筆帖式[98] |
| 全林 | | | 額委官 |

※ 자료출전 : 각주에서 언급한 자료를 제외하고, 『琿春縣志』, 448쪽, 琿春自治硏究所畢業學員一覽表; 같은 책, 536~542쪽, 「世族」.

縣自治章程, 城鎭鄕自治章程, 咨議章程, 憲法大綱, 敎育行政法, 財政學, 行政法總論, 行政法各論, 現行法制大章, 警察行政法, 調査戶口章程, 戶籍法 등을 강의했다.[95] 학생 19명이 그 해 8월에 입학해서 다음해 7월 졸업했는데, 이들은 전부 旗人이었을 뿐만 아니라 모두 副都統衙門의 旗官들이거나 최소한 頂戴를 수여받은 향촌의 유지들이었다. 이들 중 속한 旗와 씨족이 판명될 수 있는 사람들은 한정되어 있지만, 씨족이

---

95 『琿春縣志』, 453쪽, 琿春廳自治硏究分所職員表.

〈표 3〉 琿春廳 自治硏究分所 졸업생의 출신

| 姓名 | 旗 | 氏族 | 住所 | 淸末 經歷 |
|---|---|---|---|---|
| 承恩 | | 葉赫(吳) | 崇禮鄕 | |
| 貴慶 | 正白旗 | 安楚拉(關) | 勇智鄕 | 委筆帖式[100] |
| 裕昌 | | | 勇智鄕 | 筆帖式[101] |
| 吉升 | | | 崇禮鄕 | 委筆帖式[102] |
| 劉瑞一 | | | 敬信鄕 | |
| 寶坤 | 鎭紅旗 | 赫業哩(何) | 首善鄕 | |
| 淸全 | | | 首善鄕 | |
| 魁亮 | 正白旗 | 安楚拉(關) | 勇智鄕 | |
| 鳳岐 | | | 首善鄕 | |
| 邰鳳雲 | 正白旗 | 泰楚拉(邰) | 德惠鄕 | |
| 喜柱 | | 瓜爾佳(關) | 首善鄕 | |
| 凌升 | | | 勇智鄕 | 左司 額委筆帖式(巡警局파견)[103] |
| 邰玉慶 | 正白旗 | 泰楚拉(邰) | 德惠鄕 | 1908년 第6區 自治區長[104] |
| 成祿 | | | 崇禮鄕 | |
| 成順 | | | 純義鄕 | |
| 古文俊 | | | 興仁鄕 | |
| 富喜 | ? | 鈕呼嚕(郎) | 勇智鄕 | |
| 祥祿 | | 葉赫(吳) | 勇智鄕 | |
| 文魁 | | 額哲特(季) | 勇智鄕 | |
| 郎慶海 | ? | 鈕呼嚕(郎) | 崇禮鄕 | |
| 景魁 | | | 首善鄕 | |
| 德凌阿 | 正白旗 | 訥殷(關) | 崇禮鄕 | 1908년 第4區 自治區長, 額委筆帖式[105] |
| 王獻廷 | | | 首善鄕 | |
| 關鳳雲 | | 瓜爾佳(關) | 崇禮鄕 | |
| 郎士勤 | ? | 鈕呼嚕(郎) | 純義鄕 | |
| 郎文魁 | 鎭黃旗 | 鈕呼嚕(郎) | | |
| 喜凌 | | | 勇智鄕 | |
| 永慶 | 正白旗 | 泰楚拉(邰) | 興仁鄕 | |
| 高錫令 | | | 敬信鄕 | |
| 吳丁玉 | | | 崇禮鄕 | |
| 田樹芳 | | | 敬信鄕 | |

| | | | | |
|---|---|---|---|---|
| 季玉山 | | 額哲特(季) | 勇智鄉 | |
| 葛祥魁 | | | 純義鄉 | |
| 音德貴 | 鑲黃旗 | 鈕呼嚕(郎) | 崇禮鄉 | 雲騎尉 世職 |
| 徐維海 | | 舒穆祿(徐) | 崇禮鄉 | |
| 富通阿 | 鑲白旗 | 鈕呼嚕(郎) | 首善鄉 | 邊務司 司事[106] |
| 徐維垣 | | 舒穆祿(徐) | 崇禮鄉 | |

※ 자료출전: 「琿春縣志」, 449쪽, 琿春廳自治硏究分所學員畢業一覽表; 같은 책, 536~542, 「世族」; 『琿春副都統衙門檔』 권223, 319~374쪽, 光緒 24년 正白旗比丁冊.

확인되는 사람들은 모두 世族출신이었다〈표 2〉 참조).

自治硏究所 학생들이 졸업하고 나서 한 달 후인 선통 원년(1909) 8월에 琿春廳에서는 自治硏究所를 自治分所로 고치고 다시 소장과 교원을 파견했다. 天津高等警察學堂을 졸업한 劉嘉가 감독을 맡고 自治硏究所의 부소장을 맡았던 海全이 소장을 맡았다. 이번에는 교원들을 외부에서 영입하지 않고 自治硏究所 졸업생이던 何廉惠와 何慶德이 교원을 맡았다. 두 사람 모두 世族 赫舍哩씨 출신의 旗官들이었다. 自治硏究所는 40명을 모집해서 1년 후인 선통 2년(1910) 8월 이들을 졸업시켰다. 이들이 배운 과목은 자치연구소의 학생들이 수강한 과목과 대동소이했다. 다만 警察行政法과 敎育行政法이 빠지고, 經濟政策 과목이 經營政策, 工業政策, 農業政策으로 세분화되었다.[99] 이들의 旗, 씨족, 주소와 경력을 보면 〈표 3〉과 같다.

---

96  『琿春副都統衙門檔』 권234, 245쪽(光緒 34년 12월 3일).
97  『琿春副都統衙門檔』 권226, 306쪽(宣統 1년 4월).
98  위의 책.
99  『琿春縣志』, 453~454쪽, 琿春廳自治硏究分所職員表.
100 『琿春副都統衙門檔』 권238, 2쪽(光緒 34년 2월 29일)
101 『琿春副都統衙門檔』 권236, 359쪽(光緒 34년 7월)

이상 琿春自治硏究分所의 40명의 졸업생들 가운데 旗人이 압도적으로 많았다. 이들 학생들의 절대 다수는 旗地가 펼쳐져 있는 紅溪河 하류의 5鄕(首善鄕, 勇智鄕, 崇禮鄕, 興仁鄕, 純義鄕)에 집중되어 살고 있었다.[107] 그리고 이들 가운데 최소한 18명이 世族임을 확인할 수 있다.[108] 그리고 이들 18명 중에 8명은 旗官이었음이 확인된다. 당시 自治硏究分所에 들어왔던 학생들 대부분은 琿春의 旗人 가운데 지역 유지들이나 그 자제들이었을 것이다. 이와 같이 新政이 시작된 후에 상당수의 기존의 琿春의 旗官들(특히 下級旗官)과 旗人 지방 유지들은 개혁조치 속에서 도태되고 자취를 감추는 대신에 自治硏究所나 自治硏究分所에서 변화된 정치적 환경에서 요구되는 새로운 법체계나 행정지식으로 재무장하고 있음을 알 수 있다. 이러한 재교육은 이후 이들의 커다란 정치자산이 된다.

1908년 청조가 9년 안에 立憲하기로 선언한 이래 각지에서는 지방의회가 설치되었는데 琿春에서도 청조가 멸망하기 바로 일년 전인

---

102 『琿春副都統衙門檔』 권238, 2쪽(光緒 34년 2월 29일)

103 『琿春副都統衙門檔』 권226, 306쪽(宣統 元年 4월).

104 光緒 34년 琿春에 8區를 설치하고 自治區長을 임명했다. 이들의 임명과정에 관해서는 『琿春縣志』에 알려진바 없는데, 이전의 嘎山達(村長)制를 폐지하고 각 향에 自治區長을 설치했다고 한 점(『琿春縣志』, 412쪽)으로 미루어보아 아마도 기존의 嘎山達가 自治區長으로 임명되었으리라 추정된다.

105 『琿春副都統衙門檔』 권236, 360쪽(光緒 34년 7월).

106 『琿春副都統衙門檔』 권238, 2쪽(光緒 34년 2월 29일).

107 40여 명의 학생 중 民人으로 추정되는 인물은 劉瑞一, 古文俊, 王獻廷, 高錫令, 田樹芳 등 불과 다섯 명 정도이다. 이들 가운데 3명은 琿春縣 남부의 개간민이 많이 거주하는 敬信鄕에 거주했고 紅溪河 하류의 향에 주거한 사람은 王獻廷(首善鄕)과 古文俊(興仁鄕) 두 명이었다. 首善鄕은 城區로 외지 상인들의 활동이 활발한 지역이었다.

108 郞씨 중에서 世族이라고 칭할 수 있는 것은 『民國琿春縣鄕土志』에 따르면 正黃旗, 鑲黃旗, 鑲白旗 소속의 郞씨이다. 하지만 이 표에서 세 명의 郞씨는 속한 旗를 알 수 없다.

1911년 城區에 琿春廳城議事會가 설치되었다. 이것이 琿春지역에 설치된 최초의 議會였다. 琿春廳은 宣統 3년(1911) 2월 廳自治周備公所를 설치하고 所董, 參議 등을 파견했다.[109] 廳自治籌備公所는 4월 城區의 주민과 선거민을 조사했다. 이어서 선거민의 선거를 거쳐 같은 해 9월 15일 20명으로 구성된 城議事會가 성립되고 10월 1일에는 議事會의 의결을 집행하는 董事會가 조직되었다. 議事會는 琿春廳城 내에서 광범위한 권한을 보유하고 있었다. 議事會는 교육, 위생, 농, 공, 상업, 도로 건설과 수리, 자선, 공공사업 등 자치범위 내의 개혁사무, 자치규약, 자치경비의 예산, 결산, 모집, 집행방법을 의결하고 董事會의 감시도 맡았다. 의장은 旗官이자 自治硏究所 부소장, 自治硏究分所의 소장을 역임한 바 있던 海全이 맡았으며 副會長은 商會의 總理會長을 역임했던 李建候가 맡았다. 이들을 포함한 20명의 출신과 직업은 〈표 4〉와 같다.

〈표 4〉에서 보는 바와 같이 외지출신의 의원이 10명을 차지하는데 이들은 모두 상인들(주로 山東상인)이었다. 이것은 당시 城區 내에서 상인 등 외지인의 숫자가 많았던 사실과 관련이 있었다. 나머지 10명은 모두 이전의 旗官들이었다. 그리고 董事會 안에서는 總董과 董事는 모두 旗官을 역임한 바 있는 廉榮과 連升이 맡았고 名譽董事에도 4명 중 2명(吉升, 貴慶)이 旗官출신이었다. 이로 미루어볼 때 淸末 副都統衙門이 폐지되고 민정통치로 이행되는 와중에도 기존의 旗官들은 새로 생겨난 의회를 통해 城區 지역의 향촌통치에 커다란 영향력을 행사할 수

---

[109] 『琿春縣志』, 437쪽. 『琿春縣志』는 이때 임명된 所董과 參議가 누구였는지 밝히고 있지 않다. 하지만 自治籌備公所의 설치와 아울러 琿春廳을 8개 향으로 구획하고 廳의 治所를 확정하는 작업에 착수했는데, 이 일을 맡았던 사람이 이전에 筆帖式委章京을 지낸 旗官 何廉惠였다. 旗官들은 自治籌備公所 안에도 깊숙이 간여했을 듯하다.

| 姓名 | 籍貫 | 직업 / 관직 / 경력 | 姓名 | 籍貫 | 직업 / 관직 / 경력 |
|------|------|----------------------|------|------|----------------------|
| 李敬熙 | 山東 | 상업 | 何廉惠 | 琿春 | 筆帖式委章京, 自治硏究所 졸업 |
| 孫士綸 | 山東 | 상업 | 舒麟 | 琿春 | 藍翎雲騎尉, 稅務處 總理[110] |
| 蕭仁堂 | 山東 | 五品藍翎 | 連升 | 琿春 | 五品頂戴 委章京 |
| 劉璟 | 山東 | 상업 | 依利洪阿 | 琿春 | 五品藍翎 筆帖式 |
| 林旭初 | 山東 | 상업 | 廉榮 | 琿春 | 署左翼協領事務 驍騎校[111] |
| 方樹功 | 山東 | 상업 | 何慶德 | 琿春 | 稅務處 司書[112], 自治硏究所 졸업 |
| 淳于錫鑛 | 山東 | 상업 | 劉玉 | 延吉 | 五品藍翎府經歷銜, 商務分會會董[113] |
| 曹廣珠 | 山西 | 상업, 商務分會會董[114] | 惠廉 | 琿春 | 五品藍翎 筆帖式 |
| 李建候 | 山東 | 商會會長(宣統3-民國1),[115] 五品頂戴藍翎府經歷銜 | 海全 | 琿春 | 五品藍翎 筆帖式, 統計處助理員[116] |
| 郎富祥 | 琿春 | 委筆帖式[117] | 凌順 | 琿春 | 五品頂戴 委筆帖式, 自治硏究所 졸업, 統計處調査員[118] |

※ 자료출전 : 각주에서 인용한 자료를 제외하고, 『琿春縣志』, 415쪽, 琿春廳城議事會員表; 같은 책, 448쪽, 琿春自治硏究所畢業學員一覽表.

있게 되었음을 알 수 있다.

　　1911년 辛亥革命이 발생하자 吉林省에서는 남방의 혁명에 호응하는 것을 종지로 奉天에서 漢軍旗人 張勇 등이 조직한 聯合急進會의 分會가 수립되었다. 分會는 비록 실패했지만 각계대표를 소집하여 聯名으로 독립을 선포하려는 등의 혁명 활동을 벌인 바 있었다(『滿族簡史』, 編輯組

---

110 『琿春副都統衙門檔』권234, 244쪽(光緒 34년 2월 3일).
111 『琿春副都統衙門檔』권231, 178쪽(光緒 33년 2월).
112 『琿春副都統衙門檔』권234, 245쪽(光緒 34년 2월 3일).
113 『琿春副都統衙門檔』권231, 392쪽(光緒 33년 4월 1일).
114 『琿春副都統衙門檔』권231, 392쪽(光緒 33년 4월 1일).
115 『琿春縣志』, 467쪽.
116 『琿春副都統衙門檔』권236, 383쪽(光緒 34년 7월 17일).
117 『琿春副都統衙門檔』권226, 306쪽(宣統 元年 4월).
118 『琿春副都統衙門檔』권236, 484쪽(光緒 34년 10월 1일).

1979 : 173~174). 琿春에서 辛亥革命에 즈음하여 혁명파가 활동했을 가능성은 매우 높다. 한 예로 혁명가 吳祿禎이 1907년 8월부터 1908년 10월까지 幫辦吉林邊務, 이어서 1909년 3월경부터 1910년 2월까지 督辦吉林邊務로 琿春일대에서 활동했다(曹殿擧 1989 : 1085~1088). 그리고 1910년 初代 琿春縣知事에 부임했던 周維楨은 일본유학생 시절 혁명을 고취하는 문장을 발표했다가 관비유학생자격을 박탈당하고 귀국해 혁명에 종사하다가 吳祿禎이 吉林邊務를 맡았을 때 吳祿禎의 부관으로 활동한 바 있었다(曹殿擧 1989 : 1092~1093). 신해혁명시기 이곳에서도 사회불안은 고조되었지만 결국 延吉, 琿春, 綏芬 일대의 邊務를 맡았던 東南路兵備道와 琿春廳의 縣知事가 辛亥革命을 전후하여 계속 자리를 지켰으므로 커다란 정치적 격변은 피한 셈이었다.[119] 혁명파 인사들이 琿春과 밀접한 연고를 갖고 있음에도 불구하고 琿春에서 혁명적 상황이 촉발되지 않았던 것은 旗人이 이 지역의 향촌질서를 장악하고 있던 상황과 무관하지 않을 것이다.

琿春에서는 신해혁명을 전후한 시기에도 교육진흥, 개간사업 등 내정개혁이 중단 없이 추진되었으며 청 멸망 직전 시작된 지방의회를 수립하려는 움직임도 계속되었다. 1912년 琿春에서는 琿春의 城區(首善鄕)을 제외한 7향의 거주민과 선거민 총수를 조사한 다음 紅溪河 하류의 4개향에는 鄕議事會를 조직했다. 그리고 재산, 교육 등 일정자격을

---

[119] 辛亥革命 당시 東南路兵備道는 郭宗熙의 후임인 陶彬이었는데, 그는 宣統 2년에 부임하여 1916년까지 임직했다. 琿春廳縣知事는 彭樹棠인데 宣統 3년에 부임하여 1914년까지 재임했다. 『琿春縣志』에서는 辛亥革命 기간 중 琿春, 延邊일대가 평화를 유지하게 된 것은 陶彬이 노심초사하고 사방의 경계를 게을리 하지 않았기 때문이라고 한다. 『琿春縣志』, 119~122쪽.

갖추어야 하는 선거민의 총수가 최소 의원 정액의 열배를 넘지 못했던 주변부의 3향(德惠, 敬信, 春化鄕)에는 선거민으로 조직된 選民會가 결성되었다.[120] 그리고 1913년 3월에는 1911년에 임명된 城議事會 의원 중 임기만료로 교체된 절반의 의원을 대신해 새로 열 명을 임명했는데,[121] 이 가운데 여섯 명은 외지에서 온 상인이었고, 나머지 네 명은 모두 旗人이었다.[122] 이 가운데 세 명은 이전의 旗官이었고, 한 명은 世族출신의 自治硏究所 졸업생이었다. 12월에는 다시 나머지 열 명의 의원이 교체되었는데, 새로 들어온 인원 가운데 여덟 명은 초대 城議事會 성원이었다가 교체되어 나갔던 바로 그 사람들이었다. 나머지 두 명만이 새로운 얼굴이었는데, 한 명(李茂堂)은 일본유학을 한 山東人이었고, 다른 한 사람(依秀山)은 전에 委筆帖式을 지낸 琿春의 旗人이었다.[123] 그리고 城董事會의 구성에도 변화가 생겨서 名譽董事 4인이 모두 교체되었는데, 이들 중 1인은 山東人으로 商會董事였고, 나머지 3인은 모두 琿春지역의 旗人이었다. 이 3인 가운데 自治硏究所 출신과 旗官출신이

---

120 선거의 결과 紅溪河 하류의 4개항에서는 의장, 부의장을 포함하여 6명 내지 8명으로 구성된 鄕議事會를 구성했다. 주변부 3향의 選民會는 선민 전체가 選民會의 회원이었으므로 그 규모가 매우 컸다. 德惠鄕이 16명, 敬信鄕이 40명, 春化鄕은 45명이나 되었다. 旗地가 분포하고 오랫동안 旗人이 거주해왔던 紅溪河 하류의 4개항의 의원들은 성씨나 이름으로 볼 때 절대다수가 旗人이었다. 하지만 기타 3향에서 성씨나 이름을 통해 旗人의 숫자는 헤아려본다면 德惠鄕을 제외한다면 旗人은 소수에 지나지 않았다. 아쉽게도 이들 鄕議事會와 選民會의 의원은 대다수는 한문 성이나 이름 이외에 다른 자료를 찾아볼 수 없어서 이들에 대한 분석은 생략한다. 이들의 명단은 『琿春縣志』, 419~425쪽 참조.
121 초대 의원 20명은 제비뽑기로 10명의 의원의 임기를 1년으로 정했다. 『琿春縣志』, 416쪽.
122 城議事會에 새로 들어온 10명 중 상인은 吳春山(直隷), 馬占魁(直隷), 荊在科(山東), 劉璟(山東), 王子岐(山東), 劉景頣(山東)이고 旗人 4명은 喜祿(委筆帖式), 鳳翔(委筆帖式), 海全(筆帖式, 自治硏究分所 所長), 何寶坤(赫舍哩씨, 自治硏究所졸업)이다. 『琿春縣志』, 416~417쪽 참조.
123 『琿春縣志』, 417쪽.

각각 두 명이었다.[124]

1913년 3월 琿春에서 가장 큰 자치조직이라고 할 수 있는 琿春廳議事會가 설치되었다. 의원의 총수는 총 20명이었는데, 인구비례로 각 향마다 의원의 숫자가 분배되어 인구가 많았던 春化鄕이 네 명으로 가장 많았고 德惠鄕은 오직 한 명이었다. 그리고 곧이어 네 명의 廳議事會 성원과 廳長官으로 구성된 參事會가 설치되었다. 議事會는 자치경비의 예산과 결산, 자치경비의 모집과 처리방법, 城, 鄕議事會가 의결할 수 없는 안건을 의결했다. 參事會는 議事會가 의결한 사건의 집행방법과 그 순서를 의결하고, 또 議事會나 廳長官이 議事會를 대신해 의결하도록 한 안건을 의결하고, 廳長官이 議事會에 제출한 안건을 심의하는 등의 권한이 있었다. 이들 의원 20명의 명단은 〈표 5〉와 같다.

琿春廳의 8향 가운데 외지인이 많이 살았던 곳은 개간지가 위치한 주변부의 3향, 즉 德惠鄕, 敬信鄕, 春化鄕과 상인이 많이 운집했던 城區(首善鄕)이었다. 총 20명의 의원 중 民人이라고 추정되는 사람들은 이곳에 집중되어 있다.[125] 이들을 제외하고 旗地가 분포하던 紅溪河 하류 4鄕에 살던 의원들과 德惠鄕의 유일한 의원이자 의장이었던 何廉惠 등 13인은 旗人이었다. 廳議事會의 구성을 보면 議長, 副議長, 집행기관인 參事會의 參事員, 候補參事員을 旗人들이 독점하다시피 했음을 알 수 있

---

124 새로 뽑인 名譽董事 4명은 關喜柱(瓜爾佳씨, 自治研究所 졸업), 吳連祥(葉赫씨, 自治研究所 졸업, 邊務司差遣委員 역임), 宋玉亭(山東, 商會董事), 全山(裁決筆帖式)이다. 『琿春縣志』, 418쪽.

125 敬信鄕의 經文閣, 高錫令, 首善鄕의 姜芝祿, 春化鄕의 李長德 등 4명은 琿春 旗人의 성씨록에 經씨나 高씨, 姜씨, 李씨가 없는 점으로 미루어 民人이었음에 틀림없다. 그리고 楊鴻勛과 楊樂道는 旗人(尼瑪奇씨, 楊姓)인지 民人인지가 불분명하다. 徐兆도 民人이라고 예상되지만 旗人(舒穆祿씨, 徐姓)일 가능성이 있다.

<표 5> 琿春廳議事會 의원의 출신과 경력

| 選出鄉 | 補職 | 姓名 | 世族 | 清末 主要經歷 | 民人여부 |
|---|---|---|---|---|---|
| 德惠鄉 | 議長 | 何康惠 | 赫舍哩 | 筆帖式委章京, 邊務司委章京[126], 自治研究所 졸업, 統計處 調查員[127] | |
| 純義鄉 | 副議長 | 郎凌順 | 鈕呼嚕(正黃旗) | 旗官역임, 自治研究所 졸업, 統計處 調查員[128] | |
| 상동 | 候補參事員 | 郎海順 | 鈕呼嚕 | 縣丞職銜, 南岡山海稅分局 司事[129] | |
| 상동 | | 葛祥魁 | | 自治研究所 졸업 | |
| 崇禮鄉 | 參事員 | 吉升 | | 委筆帖式, 邊務司差遣委員[130], 自治研究分所 졸업, | |
| 상동 | 候補參事員 | 德凌阿 | 訥殷瓜爾佳 | 額委筆帖式[131], 自治研究分所 졸업 | |
| 勇智鄉 | 參事員 | 裕昌 | | 筆帖式[132], 自治研究分所 졸업 | |
| 상동 | 候補參事員 | 凌升 | | 左司額委筆帖式(巡警局파견)[133] 自治研究分所 졸업 | |
| 敬信鄉 | | 經文閣 | | | 民人, 首善鄉거주 |
| 상동 | | 高錫令 | | 自治研究分所 졸업 | 民人 |
| 상동 | | 何慶德 | 赫舍哩 | 從9品職銜, 自治研究所 졸업, 稅務處 司書[134] | |
| 首善鄉 | | 姜芝祿 | | | 民人 |
| 상동 | 參事員 | 楊鴻勛 | | 府經歷銜 | 民人? |
| 興仁鄉 | 候補參事員 | 關德安 | 訥殷瓜爾佳 | 正白旗, 雲騎尉[135] | |
| 상동 | | 邰永慶 | 泰楚拉 | 7品頂戴, 自治研究所 졸업 | |
| 상동 | 參事員 | 關連順 | 訥殷瓜爾佳 | 委筆帖式, 邊務司差遣委員[136] | |
| 春化鄉 | | 楊樂道 | | 自治研究分所 졸업 | 民人? |
| 상동 | | 貴慶 | 安楚拉瓜爾佳 | 委筆帖式, 邊務司差遣委員[137] 自治研究所 졸업 | 勇智鄉거주 |
| 상동 | | 李長德 | | | 民人 |
| 상동 | | 徐兆 | | | 民人? |

※ 자료출전 : 각주에서 언급한 사료를 제외하고, 『琿春縣志』, 431~432・448쪽; 琿春自治研究所畢業學員一覽表; 449쪽; 琿春廳自治研究所學員畢業一覽表; 「世族」, 536~542쪽 등.

다. 이들 13인 가운데 최소한 아홉 명은 世族출신임을 확인할 수 있다.

그리고 여덟 명이 청말 自治研究所나 自治研究分所에서 근대적인 行政,

司法, 教育體系에 대한 교육을 받은 사람들이었다. 무엇보다도 副都統衙門에서 旗官을 지냈던 사람들이 최소한 열 명이 속해 있었다. 결국, 청말 이래 계속된 지방의회 수립의 일련의 과정을 통해 청대 琿春지역의 엘리트라고 할 수 있었던 旗官들을 위시한 旗人 지방 유지들은 청말의 정치적 격변과 辛亥革命을 거치면서도 자신들의 향촌 지배를 유지했을 뿐만 아니라 더 나아가 공고하게 제도화시키는데 성공한 셈이었다.


## 6. 맺음말


이 글은 북경 등지에서 청말 이래 旗人들이 정치적인 사회적인 지위의 퇴보를 경험하고 신해혁명으로 駐防의 해체와 더불어 漢人의 차별을 받는 피지배민족으로 전락했음에도 불구하고 琿春지역에서 旗人들은 청말 新政이나 辛亥革命 등 정치적 변화와 상관없이 여전히 향촌질

---

126 『琿春副都統衙門檔』 권226, 306쪽(宣統 1년 4월).

127 『琿春副都統衙門檔』 권236, 484쪽(宣統 1년 8월 15일).

128 淩順은 自治硏究所를 졸업하고 統計調査員에 임명되기 이전에 이미 다른 관청에서 근무 중이었다. 『琿春副都統衙門檔』 권236, 484쪽(宣統 1년 8월 15일).

129 『琿春副都統衙門檔』 권234, 243쪽(光緒 34년 12월 1일).

130 『琿春副都統衙門檔』 권238, 1쪽(光緒 34년 2월 29일).

131 『琿春副都統衙門檔』 권236, 360쪽(光緒 34년 7월).

132 『琿春副都統衙門檔』 권236, 360쪽(光緒 34년 7월).

133 『琿春副都統衙門檔』 권226, 306쪽(宣統 1년 4월). 여기에서는 淩陞으로 표기되어 있다. 升과 陞은 같은 발음이고 따라서 만주인의 이름을 한문으로 전사할 때 혼용되어 나타날 수 있다.

134 『琿春副都統衙門檔』 권234, 245쪽(光緒 34년 2월 3일).

135 『琿春副都統衙門檔』 권176, 360쪽(光緒 20년 7월).

136 『琿春副都統衙門檔』 권238, 2쪽(光緒 34년 2월 29일).

137 『琿春副都統衙門檔』 권238, 2쪽(光緒 34년 2월 29일).

서를 지배하고 있었음을 보여주고 있다. 필자는 旗人의 琿春 지역사회에서 지배력을 조사하기 위해 이 지역의 엘리트층의 변화에 주목했는데, 琿春지역에서 전통시대 향촌질서를 장악하고 있던 사람들은 旗官들이었다. 이들은 오래 전에 이곳에 정착한 世族 출신으로 자신들의 관직을 이용해 이 지역에서 향촌질서를 장악했을 뿐만 아니라 조상대대로 旗官職을 역임한 명문 출신이란 사회적 자산을 보유했다. 그리고 이들은 토지와 노비 등 상당한 자산을 소유하고 있던 사람들이기도 했다. 청말에 이들은 새로운 이주민의 유입과 상업의 발달, 새로운 新政기구의 등장으로 인해 황무지를 개간하고, 가게 임대료를 수납하고, 신정기구에 진출함으로써 부와 정치적 영향력을 확대해갔다. 그리고 立憲改革이 실시되고 副都統衙門이 폐지될 무렵에는 自治研究所 등 지방자치 연구단체를 통해 근대적인 行政學, 鄕村政策, 각종 法律 등에 대한 재교육을 받았으며 새로 설치되기 시작한 의회에 진출하기 시작함으로써 향촌지배를 지속해나갔다. 결국 1913년에는 琿春지역을 망라하는 의회였던 琿春廳議事會 의원의 대다수를 장악하기에 이른다.

그런데 우리가 검토한 琿春지역의 사례는 과연 특이한 사례에 불과했을까? 우선 琿春의 旗人들과 내지의 旗人들과의 차이점을 지적할 필요가 있다. 첫째, 내지에서는 旗人들이 漢人에게 포위되어 駐防城 안에서 살고 있었지만 琿春에서는 旗人들이 사방 백리 안에서 아무 곳에서나 토지를 개간하고 정주할 수 있었다. 琿春旗人들은 대부분은 駐防衙門 근처에 정착했지만 駐防城이란 제한된 구역에 살지 않았다. 아문을 둘러싼 토성은 1881년에 비로소 축성된 것이었다. 둘째, 내지의 旗人들이 俸餉에만 의존해 생계를 유지했던 반면, 琿春의 旗人들은 토지를 경작하고 海獺 등을 수렵하는 등 생산활동에 종사하고 있었다. 셋째, 내지에서는 旗人이 漢人사회에 들어온 외지인들이었지만, 琿春에서는 오히려 漢人들이 외부에서 들어온 사람들이었다. 琿春의 旗人들은 漢人이 이곳에 나타나기 오래전부터 비교적 광범위한 지역에 걸쳐 터전을 잡고 대량의 황무지와 경작지를 장악하고 있었다. 이러한 상황은 琿春의 旗人들이 내지와 旗人들과는 달리 청조의 몰락과 심지어 붕괴라는 외부의 정치적 사회적 극적변화에도 불구하고 향촌질서를 장악할 수 있는 토대를 제공했던 것이다.

그런데, 琿春이 누리고 있던 이와 같은 특수한 상황은 琿春에만 국한되어 발생한 것이 아니었다. 대부분의 만주지역에 세워진 駐防은 사실 琿春駐防과 많은 유사성을 갖고 있었다. 이곳에서 駐防은 대부분 漢人과 旗人을 가르는 駐防城이 없었고, 旗人들은 생산활동에 종사했으며 漢人보다 먼저 이곳에 정착했다(劉小萌 2011 : 28). 만주에서 駐防이 설치되었던 지역 가운데에는 清末民初에 琿春과 같이 정치적 격변에도 불구하고 旗人이 계속해서 사회질서의 구심점에 서 있는 경우가 확인된다. 가령 民國시기 편찬된 『依蘭縣志』에 따르면 三姓駐防이 설치된 依蘭縣에서 清末民初의 상황을 기술한 것으로 보이는 「士紳表」에 기재된 인물들 가운데 대부분이 旗人이자 清末 附生이었다. 이들 가운데서 민국시기에 縣議會會長, 省議會議員 등이 배출되었다. 그리고 이곳에서도 自治研究所가 설치되었는데 이 학교를 졸업한 사람들 대다수는 역시 旗人이었다.[138]

---

138 「(民國) 依蘭縣志」, 『依蘭舊志五種』, 內蒙古文化出版社, 1991, 160~161쪽.

그렇다면 다른 지역의 駐防사회는 淸末民初에 어떠한 경험을 했을까? 만주지역이 독특한 조건을 가졌듯이 伊犁나 내몽고 등 기타 변경지역에 존재했던 駐防은 만주지역의 駐防이나 漢人에게 포위된 내지의 駐防과는 또 다른 환경에 처해 있었다. 그렇다면 이곳에서 생존했던 旗人집단의 淸末民初의 경험이 만주지역이나 한족에 둘러싸여있던 내지의 駐防과 같았을 리 없을 것이다.[139] 내지만 해도 駐防의 주위환경은 천차만별이었고 辛亥革命때 각 駐防이 저항과 투항 사이에서 서로 다른 선택을 했듯이 각 駐防의 변화에 대한 대응책도 달랐다. 결국 청말민초에 각지의 駐防에 산재했던 旗人집단의 실상은 琿春駐防의 旗人의 예에서 볼 수 있다시피 우리에게 현재 익숙한 지배계층에서 빈곤한 지배계층, 그리고 차별받는 피지배민족으로 전락이란 통념과는 사뭇 다를 수 있다. 그리고 漢人에게 경멸을 당하는 소수민족으로 전락했다고 할지라도 이들의 사회적, 경제적 지위는 지역마다 편차가 존재했을 것이란 것을 짐작할 수 있다.

무엇보다도 한 가지 분명한 것은 淸末의 駐防 그리고 그 곳에 남겨진 民國時期 기인사회에 대한 우리의 선입견의 근거란 북경지역을 중심으로 한 기존의 한정된 연구, 1950년대란 시대적 조건하에서 행해졌던 현장조사, 그리고 그 후에 이루어진 이시기의 몇 곳 기인사회에 관한 초보적인 연구에 불과하다는 것이다. 필자가 머리말에서 지적했듯이 청말의 駐防이나 민국시기의 駐防 遺址가 더 이상 정치적 군사적인 의

---

[139] 한 예로 內蒙古 綏遠城 駐防의 기인들은 辛亥革命 후 해체되지 않고 군벌의 사병집단으로 재편되었다. 이곳에서 만주사병조직이 해체되는 것은 1924년에 이르러서 이다. 遼寧省編輯委員會 編, 『滿族社會歷史調査』, 瀋陽 : 遼寧人民出版社, 1985, 151쪽.

미가 없다고 할지라도 그 곳은 엄연히 旗人 등 그곳에 사는 사람들의 삶의 공간이었다.[140] 이제까지 구체적인 연구 없이 주로 선입견에 입각해 바라보았던 소외된 집단의 정치적, 경제적, 사회적 실상을 파악하려는 노력은 언제나 역사가들에게 의미 있는 작업이라고 생각한다. 청말 민국시기 駐防지역에 대한 연구도 이제 본격적으로 관심을 갖고 시작되어야 한다.

---

[140] 定宜庄(1992 : 273)은 漢人의 영향이 상대적으로 강했던 내지의 駐防조차도 심지어 현재까지도 만주족의 민족 문화를 보전하고 있다고 주장한다.

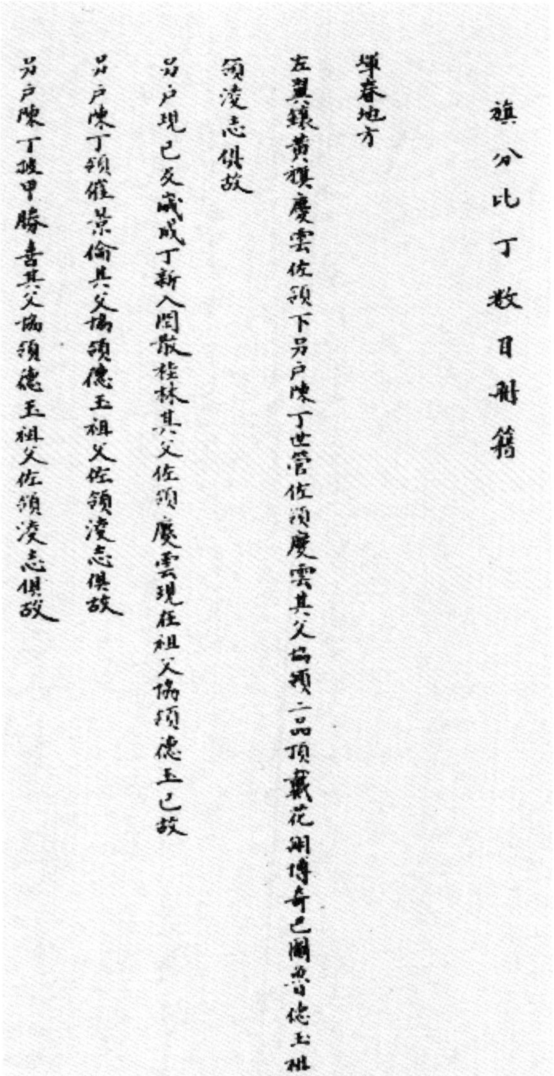

旗分比丁数目册籍

琿春地方

左翼鑲黄旗慶雲佐領下另戶陳丁世管佐領慶雲其父協領二品頂戴花翎傳奇已闓無官德玉祖父佐

頴凌志俱故

另戶現已乏歲戊丁新入閣歲桂林其父佐領慶雲現在祖父協領德玉已故

另戶陳丁頴崔景偷其父協領德玉祖父佐領凌志俱故

另戶陳丁波甲勝喜其父協領德玉祖父佐領凌志俱故

〈사진 1〉 光緒 26年 7月 漢文 慶雲佐領 比丁册 서두(『琿春副都統衙門檔』 권222, 236쪽)
현존하는 比丁册을 조사하면 光緒 17年 이후부터 漢文比丁册이 등장함을 알 수 있다. 이전에는 오직 滿文比丁册만 존재한다.

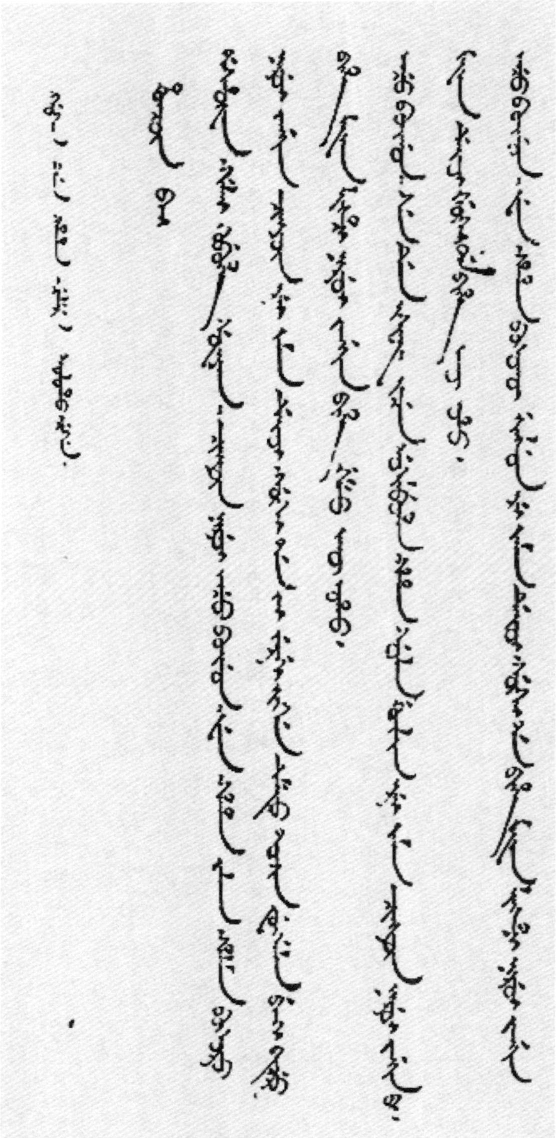

〈사진 2〉光緖 26年 7月 滿文 慶雲佐領 比丁册 서두(『琿春副都統衙門檔』권222, 298쪽)
*내용은 앞의 漢文 比丁册과 같다.

# 참고문헌

顧松潔, 「淸代琿春八旗駐防初探」, 『歷史檔案』 第3期, 2008.

矯明君, 「近三十年來東北地區八旗駐防硏究綜述」, 『滿族硏究』 第3期, 2010.

董万崙, 「淸代庫雅喇滿洲硏究」, 『民族硏究』 第4期, 1987.

『滿族簡史』, 編輯組, 『滿族簡史』, 中華書局, 1979.

常書紅, 『辛亥革命前後的滿族硏究』, 社會科學文獻出版社.

吳玉淸·王緒芬, 「八旗制度硏究論著索引」, 『滿學硏究』 第7輯, 2003.

汪利平, 「杭州旗人和他們的漢人鄰居 : 一个淸代城市中民族關系的个案」, 『中國社會
科學』 第6期, 2007.

劉小萌, 「辛亥革命與旗人社會」, 北京 : 北京市社會科學院 滿學硏究所等 籌辦, 辛亥
革命百周年紀念暨晩淸社會變革學術討論會 發表文, 2011.11.27.

劉小萌, 『淸代北京旗人社會』, 北京 : 中國社會科學出版社, 2003.

尹錫慶, 『琿春滿族』, 長春 : 吉林文史出版社, 2008.

이영옥, 「만주인의 흔적 찾아내기」, 『이화사학연구』 제42집, 2011.

이지영, 「19세기 말 淸朝의 對 間島朝鮮人 政策 : 越墾 韓人의 지위문제와 관련하여」,
『明淸史硏究』 第32輯, 2009.

임계순, 『우리에게 다가온 조선족은 누구인가』, 서울 : 현암사, 2003.

임계순, 「淸末 滿漢關係에 對한 考察 : 1899년 荊州駐防 滿洲八旗兵이 漢人官僚를 毆
打한 事件을 中心으로」, 『明淸史硏究』 第10輯, 1999.

薛端漢, 「善耆與淸末地方自治」, 『四川行政學院學報』 第5期, 2004.

張 杰, 「"庫雅喇人"攷論」, 『黑龍江民族叢刊』 第5期, 2008.

_____, 「淸前期吉林滿洲與朝鮮邊境貿易述論」, 『中國邊疆史地硏究』 vol.20 no.4,
2010.

田志和, 「論淸代東北駐防八旗的興衰」, 『滿族硏究』 第2期, 1992.

定宜庄, 『淸代駐防八旗制度硏究』, 天津 : 天津古籍出版社, 1992.

趙郁楠, 「淸代筆帖式之特色」, 『滿族硏究』 第4期, 2006.

曹殿擧, 『吉林方志大全』, 長春 : 吉林文史出版社, 1989.

Elliott, Mark, *The Manchu Way : The Eight Banners and Ethnic Identity in Late Imperial China*,
Stanford University Press, 2001(이훈, 김선민 역, 『만주족의 청제국』, 서울 : 푸른

역사, 2009).

Im, Kaye soon, "The Rise and Decline of the Eight Banner Garrisons in the Ch'ing Period (1644~1911)", Ph.D dissertation, University of Illinois at Urbana-Champaign, 1981.

Lee, Robert, The Manchurian Frontier in Ch'ing History, Cambridge : Harvard University Press, 1970.

Rhoads, Edward, *Manchus and Han : Ethnic Relations and Political Power in Late Qing and Early Republican China 1861~1928*, University of Washington Press, 2000.

# 국경지대에서 국경선으로 *
### 19세기 말 청과 조선의 관계

김선민

## 1. 머리말

同治 6年(1867) 2월 30일 盛京戶部侍郎 額勒和布는 황제에게 올린 상주에서 유조변 동단 바깥의 봉금지역에서 토지를 경작하는 민인들이 증가하고 있음을 보고했다. 이 가운데 불법적으로 변외로 넘어가 개간을 하던 민인 何名慶 등은 성경아문에 세금을 납부할 것을 자청하며 다음과 같이 말했다. "봉천의 旺淸門 바깥의 六道河 등지에 수십만 가구가 모여살고 개간한 땅은 수백만 晌이 되니, 청컨대 吉林 五常堡에서 開荒한 예에 따라 升科하게 해주십시오." 그러나 何名慶의 요청에 대한 額勒和布의 반응은 신중했다. "邊外에서 땅을 파헤친 일은 이미 형률에서 軍罪에 해당합니다. 何名慶 등이 공공연하게 자수한 것은 무리

---

* 이 글은 『중국사연구』 82집(중국사학회, 2013)의 「雍正 · 乾隆年間 莽牛哨 事件과 淸-朝鮮 國境地帶」를 수정 · 보완한 것이다.

가 많은 것을 믿고 한번 시험해 본 것입니다." 額勒和布는 또한 이 지역이 조선과의 경계지역임을 잘 알고 있었다. "邊外는 동쪽으로 조선과 경계하고 있으니, 그 가운데 문제가 있는지 없는지에 대해 더욱 과거의 사례를 조사하여야 합니다."[1]

額勒和布의 상주는 예부와 군기처에서 다시 검토되었다. 王大臣會議의 관리들은 먼저 "國祖가 發祥한 성경 부근 일대는 수천 리의 비옥한 토지와 황무지 산을 남겨두고 연변에 책문을 세워서" 지켜왔음을 지적하였다. 그러나 동치 2년(1863) 성경장군 玉明의 보고를 통해 성경의 유조변 일대, 특히 "남쪽으로 애양문과 북쪽으로 영액문에 이르기까지" 변외에서 집을 짓고 토지를 경작하고 벌목하는 자들이 무수히 많다는 사실은 북경에도 이미 잘 알려져 있었다. 따라서 왕대신들 역시 과거의 규칙에 따라 불법개간민을 몰아내려 할 경우 "수십만의 무리가 오랫동안 생계를 유지해 오다가 하루아침에 그 衣食을 빼앗기게 되어 반드시 저항하게 될 것"을 알고 있었다. 결국 북경의 관리들은 성경장군 都興阿를 파견하여 이들이 그대로 생계를 도모할 수 있도록 하여 조정의 은혜를 보이고, 동시에 황실과 관련된 風水之地는 계속 봉금하여 개간하지 말 것을 제안했다. 또한 조선에 자문을 보내 경계를 넘어 사사로이 개간하는 자가 있는지 조사하게 하고 "매년 會哨를 하면서 조선이 어찌하여 불법개간이 없다고 보고하였는지 확인할 것"을 강조했다.[2]

---

1 배우성·구범진 역, 『국역 『同文彙考』 疆界 史料』, 동북아역사재단, 2008, 699쪽(『同文彙考』 原編 續, 疆界 2, 5a~9b쪽).

2 『국역 『同文彙考』 疆界 史料』, 699~702쪽; 同治 6년 6월 2일의 盛京將軍 都興阿의 奏摺에도 같은 내용이 있다. 林士鉉, 『清季東北移民實邊政策之研究』, 臺北 : 政治大學歷史系,

유조변 동단 변외의 조선과의 경계지역을 개발해야 한다는 의견은 同治 2년(1863)에도 보고된 적이 있었다. 당시 錦州 副都統 恩合은 동변 밖의 정황을 다음과 같이 보고했다.

성경 동변 일대는 원래 황무지로, 동남으로는 조선과의 경계인 靉江과의 거리가 백여 리에서 수십 리로 일정하지 않으며 그 가운데 평평한 하천과 들이 있어 경작하기에 적합한 곳이 무수히 많습니다. 봉황성 변문 일대만이 조선인이 출입하는 곳이며 애강 북쪽은 조선과 서로 멀리 떨어져 있어, 舊例에 따라 변외에 카룬 20여 곳을 설치하고 병사를 파견하여 순찰하여 奸民이 越邊하고 거주하는 것을 금지하였으니, 이는 실로 심원한 계책이며 법도를 세운 것이 상세하였습니다. (이 지역은) 토지가 넓고 산이 깊고 수목이 조밀하여 조사를 두루 하기가 어려워 전부터 점차 奸民이 이익을 도모하여 숨어들었으니, 처음에는 수렵과 벌목을 위한 것이었으나 이어 금을 캐고 토지를 개간하게 되었으며, 후에는 直隷와 山東 등지의 遊民이 이곳에 모여들어 무리의 많음을 믿고 방자하게 행동하고 있습니다. 처음에는 깊은 산속에 모여 집을 짓고 토지를 경작하더니 이윽고 한계가 없어져 최근에는 변문 일대 남북으로 수백 리에 점차 모여들어 서로 모방하여 물리쳐도 흩어졌다가 떠나지 않고 있으며, 순찰하는 관병은 수가 부족하고 힘이 미치지 못해 어찌하지 못하여 불법개간자가 그치지 않고 있습니다. 越邊을 금하는 것을 늦추지 않아도 저절로 느슨해지고 있으며, 邊外의 땅은 개간하지 않아도 저절로 개간되고 있습니다.[3]

---

2001, 182쪽. 동치 연간 유조변 연장에 관한 청과 조선의 교섭과정에 대해서는 이화자, 『朝淸國境問題硏究』, 집문당, 2007, 215~221쪽.

恩合의 보고는 19세기 말 청과 조선의 국경지대의 상황을 요약해서 보여주고 있다. 하명경과 같은 민인들이 유조변 밖의 봉금지에 들어와 토지를 경작하는 일이 이미 만연하여 "越邊의 금령은 저절로 느슨해지고 邊外의 초지는 저절로 개간되는" 지경이었다. 그럼에도 불구하고 청 황실은 여전히 민인의 출입과 개간을 허용하지 않고 조선과의 국경 지대를 공한지로 유지하려는 虛邊 정책을 고수하고 있었다.

이러한 상황에서 동치 6년(1867) 9월 성경장군 都興阿와 侍郎 延煦은 봉황성 바깥으로 나가 연변 일대를 살피고, 이어 조선의 兵曹參判 鄭周應, 滿浦僉使 李義明과 中江의 카룬 지역에서 만나 함께 압록강 일대의 개간상황을 조사했다.[4] 동치 8년(1869) 8월 都興阿 일행은 鳳凰·靉陽· 城廠·旺淸의 네 변문 밖의 정황을 조사한 후 "鳳凰 변문에서 남쪽으로 해안까지, 旺淸 변문에서 북으로 馬鹿·伊通河 등지까지 남북이 800~900리이며, 동서로는 200~300리에서 50~60리로 일정하지 않다. 모두 개간지가 96,200여 晌이며 남부는 106,100여 명이다." 특히 靉江 서쪽은 조선과 겨우 강 하나로 분리되어 있는데, 땅은 좁고 인구는 많아 달리 정착할 곳이 없는 상황이었다. 따라서 "강 부근에 30~50리는 남겨두어 경계를 획정하고 (…중략…) 개간을 허락받은 민인은 엄금하여 한걸음 도 강을 건너는 것을 금지하며, (…중략…) 만약 경계를 넘어 문제를 일 으키는 자는 조선에서 체포하여 변문으로 보내게 할 것"을 제안했다. 다시 말해 봉황성 변외에서 정착하여 토지를 경작하는 자들이 구축할 수 없을 만큼 많아졌으니 유조변을 확장展邊하여 이들의 거주를 합법화

---

3    同治 2년 4월 15일의 恩合의 奏摺은 林士鉉, 앞의 책, 180~181쪽.
4    『국역『同文彙考』疆界 史料』, 705~710쪽(『同文彙考』原編 續, 疆界 2, 10b~13b쪽).

238    동아시아의 근대, 그 중심과 주변

하자는 것이었다. 물론 조선과의 사이에는 공터를 유지하고 불법도강은 엄금한다는 것을 전제로 한 것이었다.[5]

청의 유조변을 조선과의 경계 쪽으로 확장하여 개간(展邊開田)하자는 논의는 이미 18세기 중반 옹정-건륭 연간에도 등장한 적이 있었다. 당시 유조변 확장이 제안되었던 것은 불법 개간민이나 도강 이주자를 처리하기 위한 것이 아니라 압록강 일대에서 빈발하는 범월과 불법채삼을 방지할 목적으로 수군 초소를 설치하기 위해서였다. 당시 성경장군이었던 나수투Nasutu, 那蘇圖와 달당가Daldangga, 達爾當阿는 압록강의 모래톱인 망우초에 수군 초소를 설치할 것을 제안하고 일대의 지리 조사 및 병력 이동 문제까지 모두 검토하여 황제의 재가를 얻었다. 그러나 국경지대에 병사와 사람이 거주하게 될 경우 범월이 더욱 잦아지게 될 것이므로 이 일대를 공지로 남겨두어야 한다는 조선의 강력한 반발로 망우초 초소 건설은 결국 무산되고 말았었다.[6] 100여 년이 지나 똑같은 지역, 즉 봉황성 변외의 조선과의 국경지역을 어떻게 관리할 것인가가 다시 양국의 관심사로 대두되었다. 논란의 중심이 되었던 것은 똑같은 장소였지만, 논의의 배경과 원인은 매우 달랐다. 18세기 중반의 논의가 국경지대에서 팔기군을 주둔시키는 문제에 대한 것이었다면, 19세기 중반의 논란은 증가하는 불법 이주민을 관리할 방법에 대한 것이었다.

---

5   위의 책, 724~725쪽(『同文彙考』原編 續, 疆界 2, 20a~21a쪽). 이들은 또한 "인민을 먼저 하고 치변을 나중으로 하며, 조선국왕에게 변계를 확장하는 것은 1~2년 사이에 갑자기 끝낼 수 있는 일이 아님을 알리고 변경 방어에 신중을 기하게 할 것"을 제안했다. 林士鉉, 앞의 책, 182~183쪽.
6   김선민, 「雍正 : 乾隆年間 莽牛哨 사건과 청-조선 국경지대」, 『중국사연구』 71집, 2011.

양국의 국경지대를 어떻게 관리할 것인가에 대한 논의는 100여 년 사이에 정반대의 결론으로 나아갔다. 압록강 일대를 사람이 거주하지 않는 공한지로 유지한다는 청과 조선의 오랜 합의는 1870년대에 이르러 마침내 무너지기 시작했다. 光緖 元年(1875) 10월, 황제는 압록강 입구에 위치한 大東溝 일대에서 이미 토지를 개간한 곳은 모두 일률적으로 升科하게 하고, 기인과 민인을 막론하고 토지를 개간한 자는 모두 戶口冊籍에 편입할 수 있도록 허락했다.

流民이 邊地에서 불법으로 농사를 짓는 것은 금령이 극히 엄하였다. 다만 이미 荒地를 개간한 것이 오래된 경우 종전에 또한 일찍이 유지를 내려 徵租를 허락한 바 있다. 현재 해당 지역의 토지는 小民들이 개간한지 오래되었고 조세를 즐거이 납부하고 있다. 조정에서는 특별히 은혜를 베풀어 과거의 죄를 용서함으로써 민생을 이루게 하고자 한다.[7]

大東溝 일대 개간지에서 청이 세금을 징수하기로 한 이듬해인 光緖 2년(1876), 조선은 같은 압록강 인근의 국경지대인 沙河子 지역에 청의 관아가 설치될 계획임을 알게 되었다. 이에 대한 조선 조정의 반응은 옹정-건륭 연간 망우초 초소 설치 당시와 매우 유사했다. 조선은 먼저 청이 오랫동안 법으로 국경지대의 개발을 금지하고 空閒地를 유지해왔음을 지적하고, 그러한 선례에 따라 앞으로도 사람이 거주하게 해서는 안 된다고 강조했다.

---

7    『국역 『同文彙考』 疆界 史料』, 769~770쪽(『同文彙考』 原編 續, 疆界 2, 43a~44a쪽).

邊界 근처에 집을 짓고 농사를 짓는 일은 엄히 금지되어온 것으로, 이미 天朝의 成憲이 있습니다. (…중략…) 지금 이 沙河子의 성을 쌓고 관아를 설치하는 지역은 小邦의 변경과 겨우 좁은 강줄기만을 사이에 두고 있을 뿐입니다. 煙火와 鷄犬을 지척에서 서로 바라볼 수 있으니, 피차의 백성들이 쉽게 섞이고 숨을 수 있으며 물자를 교역하여 몰래 넘나들게 된다면 우환을 부르게 될 것입니다.[8]

조선의 항의에 대해 광서제는 옹정제와 건륭제가 했던 것처럼 지방관에게 상황을 자세히 조사하여 보고하라고 지시했다. 광서 3년(1877) 정월, 署盛京將軍 崇厚 등은 국경지대의 개간이 이미 광범위하게 진행되었으며 沙河子 개발은 필연적임을 강조했다.

奴才 등이 엎드려 살피건대, 과거 봉황 변문 밖에 특별히 일단의 閒荒을 남겨두고 백성이 경작하는 것을 금한 것은, 원래 中外를 격리시킴으로써 사람과 물자가 어지럽게 섞이는 것을 막기 위함이었습니다. 그 뒤로 변경의 防範은 널리 행하기 어려워지고 流民의 개간이 날로 많아졌습니다. (…중략…) 최근에는 개간한 땅이 갈수록 많아져 강가에까지 직접 맞닿게 되어 빈 땅이 거의 없게 되었습니다. (…중략…) 沙河子 지역에 設官하고 駐札하는 것은 피차의 流民이 혹 불법으로 국경을 넘을까 염려한 것으로, 관이 가까이에서 엄밀하게 살피기 위함이었습니다. (…중략…) 봉천성 변계의 상황은 이미 升任 侍郎 延煦 등과 전임 署將軍 尙書 崇實이 누차 조사하

---

8   위의 책, 772~773쪽(『同文彙考』原編 續, 疆界 2, 45b~46b쪽).

여 상세히 보고하였으니 다시 논의할 필요가 없습니다.<sup>9</sup>

崇厚가 인정하듯이, 유조변 동단 바깥 변외의 조선과의 경계지역은
이미 개간이 광범위하게 진행되어 더 이상 민인의 출입을 막을 수 있는
상황이 아니었다. 이 지역을 공한지로 비워둠으로써 양국의 국경을 관
리해야 한다는 조선의 주장, 즉 국가가 虛邊을 강제하여 무인지대를 유
지해야 경계를 보호할 수 있다는 믿음은 민인의 자발적인 이주와 경작,
즉 實邊의 흐름 속에 이제 불가능한 허상이 되고 말았다. 압록강 일대
국경지대는 점차 개방되었고, 이러한 흐름은 두만강 일대에서도 마찬
가지로 나타났다. 광서 7년(1881) 길림장군 밍안Minggan, 銘安과 吳大徵이
土門江 동북쪽 황무지를 개간할 것을 청하자 황제는 이를 허락했다.

土門江 동북쪽 일대 황무지는 조선과 겨우 하나의 강줄기만을 사이에 두
고 있어서 과거에 불법 개간을 금지하였다. 吳大徵이 현재 과거의 규정을
바꾸어 사람을 불러 경작시키고자 하니, 의논한 바에 따라 시행하게 하라.
즉시 예부로 하여금 조선국왕에 咨會하여 이번의 개간은 官에서 진행하는
것이니 邊界의 소속 관원이 우려하지 않도록 하라.<sup>10</sup>

이로써 압록강과 두만강 일대 국경지대의 개발과 거주가 본격적으
로 시작되었다.

19세기 말 국경지대에서 발생한 범월과 개간을 둘러싼 갈등을 청과

---

9   위의 책, 776~778쪽(『同文彙考』原編 續, 疆界 2, 47쪽).
10  위의 책, 787~788쪽(『同文彙考』原編 續, 疆界 2, 52쪽).

조선이 어떻게 이해하고 해결해갔는지, 그리고 국경지대 관리에 대한 논의가 어떤 과정을 거쳐 국경 조사와 협상으로 나아갔는지를 이해하기 위해서는 이 시기 청의 동북변경 정책과 대외관계에서 발생한 변화라는 두 가지 측면을 동시에 살펴볼 필요가 있다. 19세기 후반 청의 동북변경 정책의 변화는 민인의 지속적 유입이라는 내부적 요인과 러시아를 비롯한 서양 열강의 침입이라는 외부적 요인에 의해 촉발되었다. 앞에서 살펴보았듯이 19세기에 걸쳐 토지를 찾아 생계를 해결하려는 민인의 욕구는 이미 청 황실의 동북 출입 금지령을 무력화시키고 있었다. 이에 더하여 1860년대부터 러시아의 만주 진출이 가속화되면서 이 지역의 영토와 부족민에 대한 청의 지배가 점차 위협을 받게 되었다. 1858년 아이훈조약과 1860년 북경조약으로 청은 아무르 강 북쪽 전체와 우수리 강 동쪽의 영토를 상실했고, 그 결과 이 일대 부족민과 청의 오랜 조공관계가 흔들리기 시작했다. 청은 동북지역의 광대한 완충지를 상실하고 러시아에게 만주의 심장부에 접근할 수 있는 기회를 제공하고 말았다. 증가하는 외세의 위협으로부터 청의 영토와 주권을 보호할 수 있는 유일한 방안은 移民實邊, 즉 민인의 이주를 적극적으로 장려하여 청의 백성으로 변경을 채우는 것이었다. 민인의 출입을 통제하고 기인의 군사력으로 변경을 방어한다는 기존의 정책은 민인의 이주를 허용하고 민인의 거주로 변경을 지킨다는 방향으로 전환되었다.

청의 동북변경 정책이 虛邊에서 實邊으로 전환하던 바로 그 시기에 조선의 이주민 역시 국경지대로 진출하고 있었다. 변경과 국경지대에 거주하는 사람들에 대한 관리를 강화하고자 했던 19세기 말의 청은 점차 조선인들에 대한 관할권을 주장하기 시작했다. 그러나 조선인의 불법도강과 토지개간은 쉽게 해결되지 않았다. 문제의 핵심은 이 시기 청과 조선의 관계가 근본적으로 달라져 양국이 새로운 관계를 수립해 가고 있는 과정에 있었다. 19세기 후반에 이르러 청은 조선에 대한 과거의 절대적 영향력을 그대로 유지하고자 했으나, 서양 각국은 청과 조선의 배타적이고 특수한 관계를 인정하지 않았다. 이러한 국제질서의 변화는 조선의 대청인식에도 영향을 끼쳤고 조선 조정으로 하여금 청과의 관계에서 자주의 측면을 강조하고자 했다. 두만강 북쪽 지역을 경작하는 조선인 이주민을 처리하는 과정에서 청은 과거의 전통적인 위계관계에 입각하여 조선에게 '屬國'으로서의 자세를 요구한 반면, 조선은 새로운 국제질서의 흐름 속에서 '自主國'으로서의 입장을 주장했던 것이다.

청 중심의 동아시아 질서가 해체되어 가는 19세기 말 청과 조선의 관계가 어떠했으며 양국은 서로를 어떻게 인식하고 있었는지를 가장 분명하게 보여주는 것이 바로 국경협상이었다. 외세의 위협 속에서 자국의 변경을 안전하게 지키고 인접국과의 영역범위를 명확히 하고자 하는 것은 근대 민족국가의 형성과정에서 공통적으로 발견되는 현상이다. 19세기 말 청은 동북에 대한 정책을 虛邊에서 實邊으로 전환함으로써 변경을 방어하고자 했고, 조선은 토지를 찾는 개간민이 국경지대로 이주하는 것을 처음에는 묵인하다가 나중에는 자국의 영토를 확인하는 계기로 삼고자 했다. 변경을 지키고 영토를 확보하고자 하는 두 국가의 근대적 욕망은 압록강과 두만강에서 충돌할 수밖에 없었다. 영토를 확보하기 위해 청이 의지한 것이 전통적인 조공관계에 입각한 종주권이었다면, 조선은 19세기 말부터 동아시아 세계에 강압적으로 소개된 이른바 근대적인 외교관행을 이용하고자 했다. 이 글은 양국의 국경협상을 통해 청과 조선의 전통적인 관계가 변화하였으며 이 과정에서 청의 절대적 권위로 유지되고 있던 국경지대가 사라지고 근대적 외교관계가 매개하는 국경선이 등장하게 되었음을 설명하고자 한다.

## 2. 청말 동북변경의 변화

청의 동북변경 정책의 기본 방향은 만주족과 그들의 군사적 기구인 八旗制를 통해 이 지역을 배타적으로 통치하는 것이었다. 지역 내에서 기인의 우세한 군사적·정치적 지위를 유지하기 위해 거대한 군사조직이자 정치구조인 駐防이 행정을 관할했다. 또한 이 지역에 거주하는 다양한 민족집단의 정치·문화적 균형 상태를 유지하기 위해 한인의 이주를 금지하고, 부족민의 전통적인 정치·사회조직을 유지하여 다른 민족과의 접촉을 최소화하고, 기인의 거주와 직업상의 유동성에 제한이 가해졌다.[11] 동북은 또한 청 황실의 발상지로서 제국을 지탱하는 旗人의 육성지이기도 했다. 이 지역에 대해 청은 내지와는 다른 방식을 적용하여 기인을 보호했고, 기인 이외의 사람들은 민인이라 호칭하며 별도로 통치했다. 유조변으로 둘러싸인 성경에는 기인 외에 다수의 민인이 거주하고 있었기 때문에 강희 연간부터 민정기구인 州縣 아문이 설치되어 기인을 관리하는 성경장군과 민인을 관리하는 주현아문이

---

국경지대에서 국경선으로    245

병립했다. 한편 유조변 밖의 길림과 흑룡강에는 민인이 거의 살지 않았기 때문에 이 두 지역에는 민정기구가 설치되지 않았다. 이처럼 청의 동북통치는 단일한 제도로 운영된 것이 아니라 지역과 주민의 성격에 따라 서로 다른 제도가 도입되었다. 18세기 후반까지 동북의 행정제도는 八旗制度, 州縣制度, 盟旗制度, 喝珊제도의 네 가지로 구분되었고, 각각 旗籍戶口, 民籍戶口, 蒙民, 기타 소수부족을 대상으로 했다.[12]

한인 민인의 동북 이주는 원칙적으로 금지된 것이었지만, 청 황실은 지역에 따라 이를 다소 다르게 적용한 것으로 보인다. 동북을 청조의 발상지이자 기인의 육성지로 보호한다는 원칙은 성경 · 길림 · 흑룡강 각지의 특성에 따라 조절될 여지가 있었다. 1776년 건륭제의 다음과 같은 上諭에서 그러한 인식의 일단이 엿보인다.

盛京과 吉林은 本朝의 발상지이니, 流民의 雜居를 허용하는 것은 만주의 풍속에 영향이 있을 것이다. 그러나 태평한 시절이 오래되니, 성경지방은 山東 · 直隷와 인접하여 유민이 점차 모여들고 있다. (그러나 이들을) 모두 驅逐하면 생계를 잃게 될 것이니 州縣을 설치하여 관리하라. 길림의 경우는 원래 한인의 지역(漢地)과 인접하지 않았으니 민인을 거주하게 하는 것은 옳지 않다. 지금 유민이 점차 늘어난다고 하니 푸선Fesen, 傅森에게 傳諭하여 분명히 조사하고 영원히 유민을 금지하여 영내에 들어가지 못하게 하라.[13]

---

12  쓰카세 스스무塚瀨進, 「中國東北統治の變容 : 1860~80年代の吉林を中心に」, 사콘 유키무라左近幸村 編, 『近代東北アジアの誕生 : 跨境史への試み』, 札幌 : 北海道大學出版會, 2008, 271쪽; 구범진, 「청대 '만주' 지역 행정체제의 변화 : '주방체제'에서 '주현체제'로」, 『동북아역사논총』 14호, 2007, 80~86쪽.

13  "諭軍機大臣等, 盛京 · 吉林爲本朝龍興之地, 若聽流民雜處, 殊於滿洲風俗攸關. 但承平日久, 盛京地方, 與山東 · 直隷接壤, 流民漸集, 若一旦驅逐, 必致各失生計, 是以設立州縣管

다시 말해 청조는 성경으로의 유입에 대해서는 상대적으로 관대했지만, 길림으로의 유입은 엄격히 금지했던 것이다.

청의 동북정책과 관련하여 林士鉉은 청이 일반적으로 알려진 것처럼 동북 전역을 '封禁'한 것이 아니라 關門을 중심으로 출입을 단속하는 '關禁'을 실시했다고 지적한다. 청대 봉금령은 한 번에 동북 전역에 반포된 것이 아니었고, 극동변경의 소수민족과 한족이 거주하는 요하 일대에는 적용되지 않았다. '봉금'의 실제 의미는 사람들의 개간을 제한하는 데 있는 것이 아니라, 關門과 津口, 변방의 요충지에 대한 접근을 제한하는 것이었다. 봉금에 대한 세부조항을 보면, 대개 민인이 관문을 나갈 때 출입증을 소지하고 있는지를 확인했고, 불법 벌목, 官田 침입, 圍場 출입 등에 대해서만 중형에 처했다. 따라서 청은 동북변경의 방어를 위해 '關禁'을 실시하여 관리한 것이지 '封禁'으로 토지를 방치한 것이 아니었던 것이다. 내지 민인의 동북 유입에 대한 청의 관리가 이처럼 철저하지 않았기 때문에 관문을 벗어나 생계를 도모하는 것은 크게 어려운 일이 아니었다. 청의 이러한 비공식적인 방임은 궁극적으로 출입증을 소지하지 않은 유민들이 불법적으로 관을 빠져나가 토지를 경작하게 하는 관행이 확산되는 결과를 초래했다.[14] 민인의 유입이 지속적으로 증가하면서 1800년에 長春廳, 1810년에는 버두나 直隷廳이 설치되었고, 길림, 장춘, 버두나 세 곳에 民政기구가 설치되었다. 이것이 민인의 유입을 허용한 것은 아니었고, 1806, 1808, 1810,

理. 至吉林, 原不與漢地相連, 不便令民居住, 今聞流寓漸多, 著傳諭傅森, 查明辦理, 並永行禁止流民, 毋許入境." 『淸高宗實錄』卷1023, 708 : 1-2(乾隆 41년 12월 丁巳).
14  林士鉉, 앞의 책, 18~19 · 62~78쪽.

1824년에 잇달아 민인의 유입을 금지하는 상유가 내려졌다. 그러나 민인의 이주 금지를 계속 천명하면서도 적극적으로 감시를 강화하지는 않았기 때문에 유입은 계속되었다. 또한 유입된 민인을 되돌려 보내는 것은 아니었고 호적에 편입하여 과세함으로써 거주를 인정했다.[15]

19세기 초부터 지속적으로 확대된 민인의 동북 유입은 19세기 후반 내지에서 발생한 정치적 혼란과 결합하여 청의 동북변경 정책에 큰 영향을 끼쳤다. 이 가운데 부유한 강남지역에서 발발한 태평천국운동은 특히 사회·경제적인 측면에서 동북의 행정개편을 불가피하게 만들었다. 북부 평원과 남부 델타의 부유한 성들은 그동안 잉여 수입을 상대적으로 빈곤한 지역에 지원해 왔는데, 태평천국군과의 오랜 전쟁으로 이 지역이 황폐화되면서 수입이 부족한 길림이나 흑룡강과 같은 곳은 과거와 같은 지원을 받지 못하게 되어 심각한 재정 위협에 직면하게 되었다. 지역의 재정을 유지하기 위해 새로운 수입원을 찾아야 하는 동북의 지방관들에게 비어있는 토지는 가장 풍부하고 손쉬운 수입원이었다. 토지를 경작하고자 하는 무수한 이주민들을 대상으로 지방관들은 토지 판매대금을 얻거나 혹은 경작지에서 세금을 징수함으로써 지역 재정을 해결할 수 있었다. 또한 태평천국군을 진압하기 위해 상당한 규모의 기인 병력이 동북에서 내지의 전장으로 투입되었고, 이 가운데 많은 이들이 죽거나 혹은 크게 다친 채 귀향했다. 변경의 통치를 담당해야 할 기인이 내지의 반란 진압에 소모되면서 상대적으로 동북의 치안이 불안정해지는 결과가 초래되었다.[16]

---

15  塚瀬進, 앞의 글, 274쪽.
16  Robert Lee, *Op cit.*, p.116.

19세기 말 청이 동북변경에 대한 기존의 정책을 바꾸는 데 태평천국 운동이 내부적 요인으로 작용했다면 러시아의 진출은 그 외부적 요인이었다. 17세기 말까지 청과 러시아는 변경문제를 "어느 지역이 어느 나라에 속하느냐의 문제가 아니라 누가 어느 나라에 복속하느냐의 문제"로 인식했고, 그 결과 흑룡강 중상류는 엄격한 경계 구분 없이 누구나 쉽게 넘나드는 공간으로 남겨져 있었다. 그러나 경계지역에 거주하는 부족민의 관할을 둘러싸고 청과 러시아는 군사적으로 충돌하기에 이르렀다. 이 과정에서 청은 러시아와의 사이에 중립지대를 두기 보다는 구체적이고 명확한 경계를 설정하고자 했고, 그 결과가 바로 1689년의 네르친스크조약이었다.[17] 19세기에 이르러 청이 아편전쟁에서 패배하고 서양 열강과 잇따라 불평등조약을 체결하게 되자, 러시아는 흑룡강 일대의 국경선을 재협상하여 유리한 거점을 확보하고자 했다. 1857년 러시아는 청과 아이훈愛琿조약을 체결하고 이어 1860년에 북경조약을 맺음으로써 아무르강의 북쪽과 우수리강의 동쪽을 러시아의 영토로 편입시켰다. 아이훈조약 당시에는 아이훈강부터 아무르강의 서쪽은 러시아령으로, 그 동쪽에서 우수리강까지는 청의 영토로 할 것을 합의하였으나, 2년 후 북경조약을 체결하면서 청과 러시아의 공동관리지역이었던 아무르강 남쪽 우수리강 동쪽을 마침내 러시아 영토로 만든 것이었다. 이로써 청과 러시아의 국경이 확정되고 우수리강 동쪽의 러시아 영토는 연해주로 불리게 되었다. 이러한 일련의 조약은

17  박대인, 「17~18세기 청-러시아 조약체제와 邊境의 재정립」, 연세대 석사논문, 2006, 29쪽. 청과 러시아의 관계 및 조약 체결 과정은 Peter C. Perdue, *China Marches West : The Qing Conquest of Central Eurasia*, Cambridge : Harvard University Press, 2005(피터 C. 퍼듀, 공원국 역, 『중국의 서진 : 청의 중앙유라시아 정복사』, 길, 2012).

청과 아무르 강 일대의 부족민 사이에 유지되어 온 오랜 조공관계를 약화시켰으며, 외부세력과의 사이에 광대한 완충지가 사라지면서 러시아로 하여금 만주의 심장부에 쉽게 접근할 수 있게 만들었다.[18]

러시아의 진출이 확대되면서 청의 기존 동북정책은 근본적으로 흔들리기 시작했다. 원래 우수리강 일대에는 인삼·사금 채취자들이 많았고, 정주하며 토지를 경작하는 민인은 적었다. 청이 설치한 카룬은 대체로 불법 채취자나 밀렵자를 체포하고 유민을 단속하기 위한 것이었지, 국경수비를 목적으로 설치된 것은 아니었다. 러시아와 국경을 접하게 되면서 청은 동북의 방어를 강화해야 했지만, 팔기의 군사력은 이미 이를 감당할 능력이 없었다.[19] 咸豊 말년에 이르러 변경을 방어할 병력이 부족해지면서 동북으로의 출입을 단속하는 關禁에 대한 조문은 한낱 형식적인 것이 되어갔다. 청말에 개정된 「現行律例」에서 이미 동북에서 關門과 津口의 출입을 제한하는 조항이 삭제된 것은 이 지역의 개간이 날로 확대되면서 금령이 점차 완화되는 당시의 상황을 반영한 것이었다.[20] 그러나 官地와 圍場에 대한 봉금을 그대로 유지해야 한다는 목소리 역시 강경했다. 위태로운 청제국을 유지하기 위해서는 변경의 경작지를 개발하는 것도 필요했지만 제국의 근간인 황실과 기인을 보호하는 것도 필요했기 때문이었다. 황실의 입장은 단호했다.

18  조명철, 「근대 일본의 팽창과 만주」, 『동아시아 국제관계사』, 고려대 아세아문제연구소 출판부, 2010, 470~471쪽; 홍웅호, 「1858~1898년 러시아의 동아시아 팽창과 만주」, 『동북아역사논총』 14호, 2007, 111~115쪽.
19  塚瀬進, 앞의 글, 275쪽.
20  林士鉉, 앞의 책, 78~79쪽.

길림위장은 원래 生畜을 길러 수렵에 대비하기 위한 것으로 封堆와 카룬을 설치하여 봉금을 엄히 실시하였다. 이 지역에서 유민들이 開荒의 명목으로 몰래 禁地에 넘어 들어가 사사로이 수렵하고 삼림을 벌목하고 있다. 사람을 불러 경작한다는 招佃의 헛된 이름이 있을 뿐 조세 징수의 실질적인 효과는 없다.[21]

實邊과 虛邊의 두 가지 주장이 대립한 결과 동북의 개방과 개발이 시작된 후에도 길림과 흑룡강 일대에 대한 금령은 오랫동안 계속 유지되었다.

그러나 당시 이 지역의 지방관들은 개방이 불가피함을 이미 인식하고 있었다. 함풍 9년(1859) 길림장군 景淳과 흑룡강장군 特普欽은 공동으로 올린 상주에서 綏芬과 우수리 등지의 산장은 민인의 거주를 금지한 결과 空曠地가 되어 러시아인의 침입에 노출되어 있다고 지적하고, 이곳의 산장에서 벌목·수렵·인삼채취·어업 등을 통해 이익을 얻을 수 있으므로 사람들을 모집하여 거주하게 하면 러시아인이 스스로 물러날 것이라고 주장했다.[22] 후에 特普欽은 다시 상주를 올려 "과거에는 사람을 불러 개간하는 것이 변경 방어에 장애가 될 것으로 우려하였으나, 지금은 방어를 위해 사람을 불러 개간하게 하지 않으면 안 된다"고 강조하고 "招民하여 경작하게 하면 세금을 거두어 예산度支을 보

---

21 『軍機處上諭檔』(林士鉉, 앞의 책, 72쪽에서 재인용).

22 "又諭, 景·特普欽奏, 會籌保護薆山, 藉杜夷人侵越一摺, 綏芬·烏蘇里等處山場, 向禁居民潛往, 地方空曠, 以致俄夷人船得以闖入. 該將軍等奏稱, 薆山開採, 需費較繁, 惟令攬頭招募人夫, 前往保護, 聽其自謀生計. 該處地廣山深, 伐木·打牲·採菜·捕魚, 均可獲利. 明春並可布種口糧, 以資接濟. 似此厚集人力, 漸壯聲威, 夷人當不俟驅逐而自退等語." 『淸文宗實錄』卷294, 302 : 1-2(咸豐 9년 9월 己卯).

충할 수 있고 빈 땅에 거주민이 생겨 러시아의 침입을 방어"하는 이중적인 효과를 거둘 수 있음을 지적했다.[23] 1860년대 이래 동북지역의 지방관들은 계속해서 봉금을 폐지할 것을 제안했다. 그러나 1895년 이후에 본격적인 개발이 시작되기 전까지 동북의 개방은 부분적인 지역에서 제한적으로만 이루어졌다.

동북의 봉금지가 개방되고 이주민의 수가 늘어나면서 이들을 관리하기 위한 행정 개편은 불가피했다. 1875년 署理盛京將軍에 임명된 崇實은 황제에게 제출한 「變通奉天吏治章程」 일곱 개 조항에서 성경장군의 지위와 권한을 확대하고 기인과 민인에 관한 행정을 효율적으로 처리할 수 있도록 관제를 개편할 것을 제안했다. 내지의 행정체제를 모방한 崇實의 개편안이 황제의 비준을 얻음에 따라 성경장군은 이제 기인과 민인을 포함하여 지역의 모든 업무에 대한 권한을 갖게 되었고, 이는 동북에서 팔기의 관할권을 약화시키고 민인 중심으로 행정체제를 개편하는 결과를 가져왔다.[24] 성경에 이어 길림에서도 개편이 시작되었다. 1877년부터 1883년까지 길림장군을 역임한 밍안銘安의 보고에 따르면 이 시기 동북에는 과거 이 지역의 군사력을 지탱하던 기인이 쇠퇴하면서 치안이 악화되어 마적이 횡행하고 있었다. 무엇보다 민인의 유입이 증가하여 과거 기인을 주로 상대하던 행정기구로는 통치가 불가능해진 상태였다. 민인과 관련된 각종 살인 · 절도 · 호적 · 혼인사무가 발생하고 있음에도 불구하고 이에 대한 처리는 여전히 기인 훈련

---

23 咸豊 11년(1861) 特普欽의 상주는 『宮中檔咸豊朝奏摺』(林士鉉, 앞의 책, 69~70쪽에서 재인용).
24 李治亭 主編, 『東北通史』, 鄭州 : 中古古籍出版社, 2003, 608~609쪽.

이 본업이고 한문에도 익숙하지 않은 協領 아문 등 주방 팔기에서 담당하고 있었다. 변경의 민인을 관리하기 위한 민정기구를 설치하고, 아울러 러시아 및 조선과의 대외업무와 국경방어를 강화해야 할 필요가 절실했다.[25]

지방관의 제안이 수용되면서 동북에는 새로운 행정기구가 잇따라 설치되었다. 먼저 봉천일대에서는 광서 2년(1876) 鳳凰廳이 설치되고 동시에 岫巖廳은 岫巖州가 되었으며 大東溝 지역에는 安東縣이 설치되었다. 광서 3년(1877)에는 봉천부에 속해있던 興京廳이 興京直隸廳으로 승격되어 桓仁縣과 通化縣을 관할했다. 또한 東邊 兵備道가 설치되어 鳳凰廳과 興京廳 및 소속 주현을 관할했고, 昌圖廳이 昌圖府로 승격하여 奉化縣과 懷德縣을 관할했다. 광서 5년(1879)에는 海龍廳이 설치되었고, 이듬해에는 康平縣이 설치되어 昌圖府에 귀속되었다. 한편 광서 8년(1882) 吉林廳은 吉林府로 승격되어 伊通州와 敦化縣을 관할했고, 賓州廳, 雙城廳, 五常廳이 설치되었다. 광서 15년(1889) 長春廳이 長春府로 승격되어 賓州廳・雙城廳・五常廳・버두나(伯都訥)廳 및 農安縣을 관할했다. 이로써 동북행정의 중심은 기인에서 민인으로 옮겨가게 되었고, 기인을 보호하고 육성하는 것 대신 이 지역으로 유입한 이주민을 관리하고 통치하는 것이 주요한 업무가 되었다.[26]

25  塚瀨進, 앞의 글, 278~279쪽.
26  李治亭 앞의 책, 610쪽; Robert Lee, *Op cit.*, pp.185~186.

## 3. 조선인의 범월과 개간

19세기 후반에 이르러 동북지역으로 이주하는 청인들이 증가하는 것과 비례하여 경작할 토지를 찾아 압록강과 두만강을 넘는 조선인들의 숫자도 늘어갔다. 과거에는 조선인의 범월의 이유가 주로 사냥이나 인삼채취였다면, 19세기 후반에 이르러 토지를 경작하고 거주하기 위해 도강하는 자들이 증가했다. 백두산 동쪽의 무산과 회령, 종성, 온성 등지의 사람들은 두만강을 넘고, 廢四郡 지역에서는 압록강을 넘었다. 두만강 일대에서 범월자들이 특히 많았다. 19세기 전반까지 압록강 중상류의 폐사군 일대가 집중적으로 개발되면서 청과 조선 모두 상호간의 범월을 막기 위해 경계와 순찰을 강화하여 범월이 쉽지 않았던 데 비해 두만강 지역은 상대적으로 감시가 소홀했기 때문이었다. 조선인의 범월이 청에게 알려져 문제가 일어나지 않는 한 지방관을 문책하지 않는 것이 일반적이었기 때문에, 함경도 일대에서는 범월자를 적발해도 이를 묵인하고 조정에 보고하지 않는 경우가 많았다.[27]

19세기 후반 이래 동북변경으로 인구 유입이 많아지고 이에 대한 청의 통제가 상대적으로 느슨해지면서 압록강과 두만강을 넘어 조선 측에서 토지를 경작하고 거주하는 청인의 수도 지속적으로 증가했다. 청은 정기적으로 수색을 실시하기는 했지만 초소를 상설적으로 유지한 것은 아니었기 때문에 완벽한 통제는 사실상 불가능했다. 헌종 13년 (1847) 평안도 泰川縣監 李源達의 보고에 따르면, 조선은 압록강 연변에

---

**27** 강석화, 『조선 후기 함경도와 북방영토의식』, 경세원, 2000, 269~274쪽.

5리, 혹은 7~8리마다 병사를 배치하여 월경을 감시한 반면, 청의 방수처는 강에서 160~170리 밖에 6~7곳에 설치되어 있어 청인들이 잠입하기가 쉬웠다. 고종 7년(1870)에는 청인들이 평안도 碧潼郡에 침입하여 민가를 약탈하는 사건이 발생하자 조선의 관리들은 보복으로 청인들의 첩자를 효수하는 것으로 대응했다.[28] 청인들의 민가 습격은 이듬해에도 계속 이어져, 평안도 厚昌郡에 잠입하여 민가를 습격한 청인들을 조선의 군병이 물리치고 후창군수가 압록강 대안지역에 군관을 파견하여 정탐하게 한 사례도 있었다.[29] 한편 1860년 체결된 북경조약으로 러시아가 우수리강 동쪽을 차지하게 되면서 조선은 러시아와 접경하게 되었고, 그 결과 러시아인들도 두만강 일대에 출몰하게 되었다. 고종 3년(1866) 함경감사는 러시아인들이 慶興과 穩城 일대에 침입하여 조선인들과 접전을 벌였음을 보고하기도 했다.[30]

19세기 후반에 이르러 조선인들의 도강과 불법개간은 더욱 확대되었다. 오늘날의 길림 延吉을 가리키는 '間島'라는 명칭이 등장한 것은 바로 이 시기였다. 간도의 범위는 넓게 만주 전체를 가리키기도 했지만, 일반적으로 압록강 대안 지역은 '西間島',두만강 대안 지역이 흔히 '北間島'로 불리었다.[31] 김춘선에 따르면 서간도에 조선인 촌락이 형성

---

28  강석화, 앞의 책, 277쪽.

29  고종 9년(1872) 후창군 군수는 軍官 崔宗範과 金泰興, 首鄕 林碩根을 압록강 북쪽의 江界, 慈城, 厚昌, 三水 대안지역, 즉 오늘날 중국 길림성 集安, 通化, 渾江 일대로 파견하여 정찰하게 하였다. 그들이 제출한 정찰 보고서가 「江北日記」이다. 고구려연구재단 편, 『조선시대 북방사 자료집』, 고구려연구재단, 2004, 423~443쪽. 「강북일기」에 대한 자세한 분석은 이동진, 「1872년 '강북'의 조선인 사회 : 『강북일기』에 나타나는 민족, 국가, 지역」, 『북방사논총』 8, 2005 참조.

30  당시 러시아인의 침입에 대해 조선은 봉황성에 자문을 보내 보고하였다. 『조선고종실록』 권3, 96a쪽(고종 3년 12월 29일).

31  張存武, 『淸代中韓關係論文集』, 臺北 : 臺灣商務引書館, 1987, 178쪽; 이화자, 『한중국경

된 것은 1860~70년대였고, 북간도에는 이보다 늦은 1880년대에 본격적으로 조선인의 이주가 진행되었다.[32] 1869~1870년 함경도에서 일어난 대규모 흉작으로 두만강 대안지역으로의 불법도강은 더욱 증가했다. 당시 조선의 상황에 대한 청의 기록은 다음과 같다.

同治 9년(1870), 조선에 큰 우박이 내려 국내가 기근에 빠지자 아사자가 길을 메웠다. 韓民은 이윽고 금령을 범하는 것을 꺼리지 않고 강을 건너 월경하였으며 (韓民 가운데 많은 자들이 러시아국 경내로 들어간 것도 바로 이때다), 처자를 팔고 걸식하며 살았다.[33]

기근에 더하여 조선 관리의 학정도 불법도강의 원인으로 지목되었다. 함경도의 茂山, 會寧, 鐘城, 穩城, 慶源, 慶興 등 六鎭의 사람들이 강을 건너는 이유는 "오로지 수령의 탐학 때문이니, 苛政이 猛虎보다 심하다고 하는 것"이라고 일컬어졌다.[34]

자연재해 외에 조선 서북지역의 인구증가 역시 대규모 월강 개간의 중요한 원인이었다. 두만강 중하류의 육진 지역과 압록강 상류의 폐사군 지역은 토질이 황폐하고 경작이 어려워 인구가 희박한 곳이었으나, 19세기에 들어 개발이 진행되면서 인구가 급증하기 시작했다. 1648년에 평안도의 인구는 조선 전체 인구의 9.54%, 함경도의 인구는 4.51%를

---

사 연구』, 혜안, 2011, 151~156쪽.
32  김춘선, 「북간도지역 한인사회의 형성과 토지소유권 문제」, 『전주사학』 6, 1998, 179~180쪽.
33  吳祿貞, 「延吉邊務報告」, 李澍田 編 『長白叢書』 初集, 吉林 : 吉林文史出版社, 1995, 60쪽.
34  이지영, 「19世紀 末 淸朝의 對 間島朝鮮人 政策 : 越墾 韓人의 地位문제와 관련하여」, 『명청사연구』 32, 2009, 260쪽.

차지했다. 1864년에 이르면 평안도 인구는 조선 전체 인구의 12.78%로, 함경도 인구는 10.96%에 달하게 되었다. 함경도 내에서도 경제가 상대적으로 발달한 南關보다 경제가 낙후한 北關, 즉 六鎭과 三水・甲山의 인구증가가 더 급속하게 이루어졌다. 평안도와 함경도에는 이렇게 팽창한 인구를 수용할 토지가 많지 않았다. 특히 六鎭과 三水・甲山 일대는 토지가 매우 척박한 반면, 두만강 북쪽대안은 토지가 비옥하고 상대적으로 공지가 많았다. 경작할 토지가 필요한 조선의 변민들에게 월경은 당연한 선택이었다. 범월에 대한 조선의 처벌이 약화된 것 역시 조선인의 도강 개간에 기여했다. 1867년 체포된 월경자에 대한 처벌을 면해주었고, 월경하다가 붙잡힌 자가 죄를 뉘우칠 경우 석방하도록 했다. 또한 지방관이 관할지역에서 발생한 범월사건을 은폐하는 관행을 근절하기 위해 1868년부터 월경자 발생에 대한 지방관 처벌을 경감하기 시작했고 1871년에 이르러는 지방관을 아예 처벌을 하지 않게 되었다.[35]

고종 8년(1871) 厚昌 郡守 趙瑋顯은 병사를 동원하여 폐사군과 삼수・갑산 일대에 잠입하여 목재를 불법채취하는 청의 유민들을 소탕했다. 이듬해 그는 軍官 崔宗範과 金泰興, 首鄕 林碩根을 압록강 북쪽의 江界, 慈城, 厚昌, 三水의 대안지역, 즉 오늘날 중국 길림성 集安, 通化, 渾江 일대로 파견하여 정찰하게 하였다. 이들은 1872년 5월 30일부터 7월 11일까지 40여 일간 압록강 상류 북쪽일대를 살펴보고 돌아와 일종의 정찰보고서인 「江北日記」을 남겼다. 이에 따르면 후창군 대안에 거주하는 청의 유민들은 무리지어 거주하면서 무기로 무장하고 있

---

[35] 이화자, 『조청국경문제연구』, 집문당, 2008, 230~232쪽.

었다. 한편 崔宗範 등은 조선인 이주자의 생활에 대해서도 자세히 기록했다. 1872년 당시 압록강 상류로 월경한 조선인은 6,000~7,000명이었는데, 이 지역은 봉황성의 관리가 상대적으로 엄격해서 도강자가 많지 않았다. 그러나 波猪江(渾江) 일대에는 유조변의 동쪽 邊外 지역으로 관리를 피해 조선인이 월경하여 정착하기에 유리한 곳이었다. 1869~1870년 대기근 시기에 월경한 조선인들은 대부분 "薙髮易服"하였고 "假胡"라 불렸다. 두만강 대안으로 이주한 자들과 달리 압록강 대안으로 월경한 조선인들은 대체로 토지를 소유하지 못한 채 청인들에게 고용되어 토지를 경작하거나 금광에서 일하거나 수렵에 따라다니며 생계를 유지했다.[36]

한편 압록강과 두만강 건너로 이주한 조선인들은 주로 함경도 무산 출신이었으며, 1860년대에 이미 집단 이주가 시작되었다. 1870년 당시에 함경도 삼수군에서 평안도 후창군까지 압록강 대안에 있는 18개 촌락에서 조선인 193호, 1673명이 정착하여 살고 있었고, 후창군 대안에는 277호, 1465명이 토지를 경작하고 있었다.[37] 지방관이 집단 범월과 이주를 조장하는 경우도 있었다. 고종 6년(1869) 회령부사 洪南周는 민생의 어려움을 해결하는 방법은 월강하여 개간하는 길 뿐이라고 여기고, 주민들에게 개간 청원서를 내게 하고 이를 허용함으로써 두만강 대안을 경작하게 했다. 같은 해 강계군수는 정부의 지시를 받지 않은 채, 서간도 일대의 땅을 28개 면으로 분할하여 강계군, 초산군, 자성군, 후창군에서 각각 통치하게 했다. 조선 지방관의 이러한 조치는 곧 도

---

36  이화자, 앞의 책, 236~241쪽.
37  「江北日記」, 고종 8년 6월 3·8일.

강과 개간을 허용하는 것이었다.[38]

압록강과 두만강 대안지역에서 조선인들이 대규모로 이주하여 토지를 경작하는 상황에 대해 청은 처음에는 별다른 주의를 기울이지 않았다. 성경장군이나 길림장군이 관리를 파견하여 단속하거나 조선인을 쇄환하는 움직임은 거의 없었던 것이다. 이 지역으로 들어온 청의 流民에 대해서도 단속이 철저하지 않았기 때문에 조선인들은 청의 봉금이 해제되어 거주와 경작이 가능해졌다고 여겼고, "이곳이 청에서 배타적인 권리를 행사할 수 있는 지역이라고 생각하지 않고 양 국민 모두에게 개간과 거주의 권리가 보장되었다고 믿었던 것이다."[39]

그러나 청이 조선인의 이주와 집단 취락을 계속 방치할 리는 없었다. 오늘날 연변 일대에 설치되었던 길림 최후의 봉금지인 南荒圍場이 1881년부터 개방되고 훈춘 초간국이 설립되면서 조선인 범월자와 취락은 양국의 외교 현안으로 부각되었다. 1881년 훈춘 招墾局의 李金鏞은 실지 답사과정에서 조선인이 개간한 토지의 면적이 8천여 晌에 이르는 것을 발견하였고, 이러한 상황은 길림장군 밍안과 邊務總督 吳大徵을 통해 북경에 보고되었다. 훈춘에 부도통을 설치되고 일대가 개발되면서 두만강 대안을 경작하는 조선인의 수가 증가하고 심지어 함경도 관리가 토지 執照를 발행하는 경우도 있었다. 밍안은 두만강 북쪽을 경작하는 조선인에게 조선 관리가 토지 집조를 발행하는 것은 반드시 엄금해야 하며, 조선인 역시 "天朝의 赤子"임을 고려하여 이들을 쇄

---

38  당시 홍남주의 조치는 '庚辰開拓'으로도 알려졌는데, 처음에는 회령 대안의 평야 일부를 개간하는 것이 목적이었으나 1881년부터 두만강 북쪽 500리에 달하는 광대한 토지로 확장되었다. 김춘선, 앞의 글, 181쪽; 강석화, 앞의 책, 281쪽.
39  강석화, 앞의 책, 282~283쪽.

환하기보다 경작을 허용하고 세금을 징수하여 앞으로 더 이상 이주가 증가하지 않게 조치해야 한다고 강조했다. 나아가 밍안은 월강한 조선인은 중국의 영토를 경작하는 것이므로 중국의 백성(中國之民)이며, 중국의 정교에 따라서 징세는 물론 이들에게 "중국의 의복을 착용(易我冠服)"하게 해야 한다고 주장했다.[40] 밍안이 인용한 禮部의 보고에는 이러한 청의 인식이 잘 나타나 있다.

해당 백성들은 이미 중국의 토지를 경작하고 있으니 중국의 백성입니다. 해당 장군 등이 청한 바에 따라 그들에게 領照納租를 허락하는 것 외에 반드시 우리 판도로 예속시켜 우리의 정교를 따르도록 해야 하며 기한을 정하여 우리의 의복으로 갈아입도록 해야 합니다. 지금은 잠시 운남·귀주의 苗人들처럼 일시적으로 각자 편의에 따르도록 합니다.[41]

황제는 밍안의 제안을 수용했다. 조선인들이 이미 이주하여 개간한 지 오래되었음을 고려하여 토지 소유권을 발행하고 이들에게 세금을

---

**40** 楊昭全·孫玉梅,『中朝邊界史』, 長春 : 吉林文史出版社, 1993, 232~237쪽.
**41** "諭軍機大臣等, 銘安吳大澂奏, 朝鮮貧民, 占種吉林邊地, 遵旨安議覆陳一摺. 吉林與朝鮮, 向以圖們江爲界, 該國民人越界墾種, 前據禮部議奏, 該民人等, 旣種中國之地, 卽爲中國之民. 除照該將軍等所請, 准其領照納租外, 必令隷我版圖遵我政教. 並酌立年限, 易我冠服, 目前姑照雲貴苗人暫從各便等語. 茲據銘安等遵旨詳細安議, 請照該部所議辦理, 朝鮮民人, 越界墾地, 本應懲辦, 歷奉成憲, 禁令甚嚴. 惟現在該民人等開墾有年, 人數衆多, 朝廷務從寬大, 不究旣往. 卽著准其領照納租, 並由銘安吳大澂, 派員履勘, 查明戶籍, 分歸琿春曁敦化縣管轄, 所有地方詞訟及命盜案件, 均照吉林一律辦理. 該將軍等務當體察情形, 將應辦事宜, 妥籌經理, 毋致滋生弊端. 並督飭該地方官隨時安爲撫綏, 俾該民人得以安業, 用副一視同仁至意, 該部卽咨知該國王知悉, 嗣後仍當嚴申禁令, 儻再有私行越界情事, 定當照例懲辦不貸, 將此諭知禮部, 並諭令銘安吳大澂知之."『淸德宗實錄』卷143, 17 : 1-18 : 1(光緖 8년 2월 壬戌).

징수하며, 아울러 이들을 훈춘과 돈화현으로 나누어 귀속시켜 관할하도록 지시했다. 이러한 결정은 곧 조선인들을 중국의 백성으로 삼겠다는 것이었다. 그러나 청의 조선인 귀화정책은 조선 조정의 반발을 초래했다. 조선인을 청인으로 만들 수는 없으며, 조선인을 청에 예속시킬 경우 러시아나 일본 역시 그러한 선례에 따를 것을 요구할 수 있다는 것이 그 근거였다.

> (양국은) 습속이 이미 다르고 風土가 맞지 않을뿐더러, 월경·개간한 해당 백성들은 본국에서 태어나 자란 사람들입니다. 이번에 (토지를) 점유하고 경작한 것 때문에 판도에 예속시키어 만약 (이들이) 政教를 따르지 않고 사단을 일으키는 일이 발생한다면 양쪽 변경에 심히 걱정스러운 일입니다. 또한 조선은 북으로 러시아, 동으로 일본과 모두 경계를 접하고 있으며 그곳에도 변경의 백성들이 토문에서처럼 경계를 넘어 점유한 곳이 있습니다. 그 나라에서 天朝의 사례를 원용한다면, 비록 사대교린에 따라 형세가 달라지겠지만, 그에 따르든 어기든, 장애에 부딪히게 될 것임을 쉽게 알 수 있습니다.[42]

조선은 황제에게 길림의 훈춘과 돈화현 지방관으로 하여금 조선의 유민을 본국으로 쇄환하게 해달라고 요청했다. 이에 따라 광서제는 조선인 개간자들을 1년 안에 본국으로 쇄환시키기로 하고 이 결정을 조선국왕에게 알렸다.

---

[42] 方郎, 『吉朝分界案』(이지영, 앞의 글, 263쪽에서 재인용). 吳祿貞의 보고서에도 유사한 내용의 조선 자문이 소개되어 있으나 러시아나 일본과의 경계에 대한 언급은 없다. 吳祿貞, 「延吉邊務報告」, 61쪽.

조선의 빈민들이 길림의 변방지역을 점거하여 개간하는데, 그들을 그대로 본국에 돌려보내는 것이 일을 바르게 처리하는 것이나, 만약 즉시 그들을 쫓아내어 국경 밖으로 나가게 한다면, 그들이 流離하여 살 곳이 잃어버리는 지경에 이를까 염려된다. (…중략…) 1년 안에 모두 숫자대로 거두어 돌아가는 것을 허락하여 짐의 體恤하는 뜻을 보이도록 하라.[43]

그러나 이로써 청이 조선인에 대한 관할권 행사를 포기한 것은 아니었다. 오히려 조선인 이주민을 관리하기 위한 제도를 정비하기 시작하여, 1885년 吉韓通商局을 설치하고 통상과 세무뿐만 아니라 개간사무를 겸하게 했다. 또한 會寧府 대안에 和龍峪 통상국, 鍾城府 대안에 光霽峪 分卡, 온성부 대안에 西步江 分卡를 설치하여 아직 주현이 세워지지 않은 지역의 행정업무를 담당하게 하였는데, 이들의 주요 업무는 "韓民 개간자를 安置하고 韓民과 華民 사이의 분쟁을 해결하여 韓民을 보호하고 위무하는 것"이었다. 또한 통상국에 더하여 越墾局을 설치하고 통상국 관리가 겸임하게 했다. 越墾局은 圖們江 북쪽 700리에 달하는 땅을 한민의 전용 개간구역으로 정하고 5년간 세금을 징수하지 않기로 하였다. 청의 이러한 정책은 두만강 대안에 조선인이 급증하는 결과를 가져와, 1886년 당시 훈춘 일대로 이주한 조선인이 2,350호, 12,490명에 달하게 되었다.[44]

19세기 말 조선인들이 두만강을 넘어간 것은 조선의 인구증가와 토지부족이라는 내부적 팽창요인과 청의 동북개방과 개발이라는 외부

---

**43** 『국역 通文館志』 3집, 세종대왕기념사업회, 1998, 283쪽.
**44** 이지영, 앞의 글, 264쪽.

적 흡수요인이 결합하여 나타난 현상이었다. 과거에는 접근이 금지되었던 국경지대의 공한지가 조선인들에게 개간과 거주가 가능한 땅으로 여겨지게 된 배경에는 무엇보다 청의 동북변경 정책의 변화가 있었다. 동북변경에 대한 금령이 전반적으로 느슨해지면서 조선과의 국경지대 역시 개방과 이주의 흐름에 노출된 것이었다. 국경지대에 사람들이 접근하고 출입하는 일은 만주족이 국가를 세우기 전부터 있었고, 청과 조선의 외교 현안으로 빈번히 거론되었다. 그러나 19세기 말의 현상은 그 이전과는 근본적으로 달랐다. 과거의 범월과 도강이 주로 단기적인 채삼이나 수렵을 위한 것이었다면, 이제는 장기적인 거주와 토지 경작을 목적으로 대규모의 사람들이 국경지대로 유입되고 있었다. 이 시기의 또 하나 중요한 특징은 청이 조선에 대해 더 이상 절대적이고 유일한 영향력을 행사할 수 없게 되었다는 점이었다. 19세기 말에 이르러 청의 위상이 쇠락하면서 조선과의 관계에서도 종주국의 전통적인 권위가 위협을 받게 되었고, 국제법에 근거한 근대적 외교관계가 소개되면서 양국의 특수한 관계를 제삼국도 이해할 수 있는 보편적인 언어로 설명해야 했다. 국경지대의 조선인 이주민 처리 문제는 청과 조선이 양국의 관계를 새롭게 해석하고 있는 바로 그 시기에 제기되었다. 결국 종주국과 조공국의 관계가 근대적 용어로 재정리되기 전까지 두만강 대안의 조선인 문제는 해결될 수 없는 것이었다.

## 4. 청과 조선의 국경 교섭

청과 조선의 두만강 유역의 국경교섭은 1882년 훈춘 초간국이 설립된 후 청의 관리들이 두만강 대안지역에서 조선인들이 불법적으로 토지를 개간하고 있음을 발견하면서 비롯되었다. 앞서 설명했듯이, 청의 관리들은 월경·개간하는 조선인들에게 토지 소유권을 지급하여 세금을 징수하고 호적을 조사하여 훈춘과 돈화현에 나누어 귀속시킬 것을 상주하였고, 이듬해 황제는 이러한 제안을 윤허했다. 반면 조선은 조선인이 청으로 귀화하는 것에 반발하고 이들을 모두 쇄환시킬 것을 주장했다. 그러나 조선 조정의 이러한 요구가 현지 백성들의 뜻을 반영하는 것은 아니었다. 이들은 굶주림을 피해 도강했고 오랫동안 힘들여 개간한 땅을 버리고 다시 돌아가기를 원치 않았다. 이에 광서 9년(1883) 4월 돈화현의 관리는 월강한 조선인 유민들을 추수 후에 모두 刷還할 것을 공지하고 이를 조선 會寧과 鍾城의 부사에게 알렸다. 청의 이러한 조치에 대해 조선인들은 청의 요구사항에 깔려있는 전제, 즉 조선인들이 국경을 벗어났다는 가정 자체에 도전하기 시작했다.[45]

당시 청의 대조선정책은 화이질서에 입각한 명목상의 종속관계에서 강력한 간섭을 통한 실질적인 종속관계로 전환하고 있었다. 1874년 일본군의 대만출병과 1879년 일본의 류큐 합병은 청이 조선 문제의 심각성을 깨닫는 계기가 되었다. 이 과정에서 李鴻章은 조선을 법적으로 청에 종속시키는 것, 즉 "기존의 '自主'를 박탈하고 조선을 국제법상의

---

[45] 앙드레 슈미드, 정여울 역, 『제국 그사이의 한국 1895~1919』, 휴머니스트, 2007, 478~479쪽.

'屬國'으로 바꾸는 것"을 추진함으로써 청과 조선의 특수한 종속관계를 서양열강에게 인정받고자 했다.[46] 李鴻章을 비롯한 청의 통치자들은 조선과의 관계에서 과거에 비해 훨씬 더 직접적인 개입을 추구하기 시작했고, 근대적 조약체제나 국제법을 적극적으로 활용하여 제국주의적·상업적 이해관계를 관철시키고자 했다. 이 시기 청의 비공식적 제국주의 정책informal imperialism은 청-조선의 관계가 양자 간 관계에서 다자간 관계로 변하면서 나타난 결과였다.[47] 다시 말해 청은 전통적인 조공관계가 부여했던 유일무이한 종주국의 지위를 더 이상 유지할 수 없게 되자, 근대적인 국제법이 상정한 속국의 지위를 조선에 강제함으로써 다른 열강과 구별되는 자신만의 배타적이고 특수한 지위를 확보하고자 했던 것이다.

한편 조선이 청에게 적극적으로 현지조사와 국경조사를 요구한 배경에는 이 지역에 거주하는 백성들의 생존권이라는 현실적인 문제와 아울러 근대적인 국제법적 인식의 확산이 있었다. 청이 조선에 대한 영향력을 유지하기 위해 국제법을 활용한 것처럼, 조선 역시 자국의 이익을 주장하기 위해 국제법에 의존하기 시작한 것이었다. 秋ㅋ望이 분석했듯이, 경계에 대한 조선의 강경한 입장과 대청관계에 대한 인식상의 전환은 1884년 조선의 동북 변방 출신인 副護軍 池慶龍이 올린 상소문에서 잘 드러난다. 이 글에서 지경룡은 "청과의 경계인 土門江은 두만강이 아니라 海蘭江이며" "세계 각국이 크고 작은 나라를 따지지

---

46 오카모토 다카시, 강진아 역, 『미완의 기획, 조선의 독립』, 소와당, 2009, 96~111쪽.
47 Kirk Larsen, *Tradition, Treaties, and Trade : Qing Imperialism and Choson Korea 1850~1910*, Harvard University Press, 2008, pp.11~14.

않고 교섭하는 날을 당하여(況此四瀛交涉, 無大無小之日)" 청에게 조선의 주장을 분명하게 요구해야 한다고 역설했다. 지경룡의 이러한 언급에는 강한 민족의식, 전통적인 화이관념, 그리고 국제법적 질서에 대한 인식 등이 불균질하게 드러나 있었다.[48] 전통적 조공관계와 근대적 만국공법의 공존과 대립은 지경룡 개인뿐만 아니라 19세기 말 청과 조선의 관계 전반에서 반복적으로 등장하는 특징이기도 했다.

1883년 두만강 북쪽에 거주하는 조선인에 대한 청의 쇄환 요구에 대해 같은 해 7월 조선의 鍾城 府使는 청에 보낸 문서에서 土門江과 두만강은 같은 강이 아니라 실제로 두 개의 다른 강이며, 양국은 본래 두만강이 아니라 土門江을 기준으로 나뉘기 때문에 두 강 사이의 토지는 조선의 영토라고 주장했다. 그 근거는 다름 아닌 강희 연간에 설립된 백두산정계비였다. 백두산정계비에는 서쪽은 압록강, 동쪽은 土門江을 경계로 국경을 정한다고 되어 있었는데, 鍾城 부사는 이 土門江을 두만강으로 볼 수 없으며 두 강의 발음이 거의 비슷하기는 하지만 각각은 분명히 두 개의 서로 다른 강을 가리킨다고 지적했다. 그는 문서와 함께 옛 지도의 복사본과 강희 연간 정계비의 비문을 함께 보내고, 함께 인원을 파견하여 백두산정계비를 조사하여 土門江의 발원지를 밝혀 경계를 분명히 하자고 제안했다.[49]

당시 이 지역에서는 청인이 조선인의 재물을 약탈하거나 조선인이 청인을 구타하는 등, 양국의 백성들 사이의 잦은 충돌로 형사·민사사

---

48  秋月望, 「朝中勘界交涉の發端と展開 : 朝鮮側の理念と論理」, 『朝鮮學報』 132輯, 1989, 85~90쪽.
49  張存武, 「淸代中韓邊務問題探源」, 『淸代中韓關係論文集』, 臺北 : 臺灣商務印書館, 1987, 179~180쪽; 슈미드, 앞의 책, 479~480쪽.

건이 끊이지 않고 있었다. 두만강 북쪽에 거주하는 조선인들은 백두산 정계비에 쓰인 토문강, 즉 양국의 경계는 海蘭河이라고 확신하였고 따라서 자신들이 개간한 토지를 조선 영토로 굳게 믿고 있었다. 당시 함경북도 兵使는 조선 조정이 직접 禮部와 北洋大臣과 교섭하여 土門江의 남쪽을 분명히 밝혀 두만강 북쪽을 조선의 영토로 확보하고, 백두산의 분수령에 새로운 비석을 세우고 土門江邊에 목책을 설치하여 조선인들로 하여금 들어가 거주하게 하면 영토를 되찾고 변방의 우환을 제거할 수 있다고 제안했다. 이에 1885년 조선은 정식으로 자문을 보내 인원을 파견하여 국경을 조사할 것을 요청하고, "土門江의 남쪽 땅은 실로 敝邦에 속한 것이며, 敝邦의 백성이 敝邦의 영토에 거주하는 것은 결코 不可하지 않다"고 주장했다.[50]

조선의 자문을 받은 청의 총리아문은 조선의 감계 요구에 응하기로 했다. 당시 조선은 전통적으로 조공관계 업무를 관장해 온 예부가 아니라 국제법적 요소를 갖춘 총리아문이나 북양대신아문과 접촉함으로써 새로운 청-조선관계를 시도하고자 했다. 그러나 정작 총리아문에서 청의 대외업무를 주관하고 있던 이홍장은 조선의 이러한 주장에 부정적인 입장이었다. 청은 토문강이 해란강이라는 조선의 주장을 반박할 논리로 해란강의 발원처는 정계비의 소재지와 떨어져 있으며, 경계 설정은 반드시 연속된 하천을 기준으로 해야 함을 강조했다.[51] 특히 길림장군 希元은 1881년 이래 조선이 자국의 유민들을 쇄환할 것을 요청했음을 상기시키고 이는 곧 그들 스스로 도문강을 경계로 북쪽은

50  국역 『通文館志』 3집, 294~295쪽.
51  秋月望, 앞의 글, 92~93쪽.

청의 영토임을 알고 있다는 증거라고 지적했다. 또한 강희 연간의 백두산정계비는 오래 전에 세워진 것으로, "비석은 옮겨질 수 있으나 강은 千古에 바뀌지 않기 때문에" 국경을 논할 때는 "비석을 기준으로 하기보다 강을 근거로 삼아야 한다"고 주장했다. 북양대신을 비롯한 북경의 관리들 역시 조선의 주장이 속임수라고 주장하고, 감계에 참여하는 관원들은 경계를 분명히 하여 판도를 밝히고 藩屬을 體恤하고 邊民을 안정시켜야 한다고 상주했다.[52]

결국 청과 조선의 기본적인 입장 차이는 강희 연간에 세워진 穆克登의 비석에 대한 해석에서 비롯되었다. 조선의 관리들은 穆克登이 청과 조선의 경계를 명확하게 하기 위해 강의 수원을 조사했고 그 결과 석비를 세웠다고 믿었다. 만약 국경문제에 모호한 점이 있다면 穆克登의 비석을 근거로 해결해야 했다. 그러나 청의 관리들은 국경교섭에서 비석이 결정적인 증거가 되지 못한다고 주장했다. 조선과 달리 청에서는 황실만이 피상적인 관심을 기울였고 지리 지식을 논하는 학자들 사이에서는 穆克登의 정계비가 거의 언급되지 않았던 것도 청의 관리들이 석비를 불신하게 된 중요한 이유였다. 또한 穆克登의 활동과 관련된 문서들이 대부분 유실되어 버린 것도 청의 의구심을 키웠다. 여러 가지 증빙자료와 문서를 준비한 조선과 달리 청은 穆克登의 비석에 대해 별로 알지 못했던 것이다. 따라서 청의 감계위원에게는 비석이 아니라 강의 수원이 경계를 나누는 기준이 되어야 했다.[53]

---

52  張存武, 앞의 책, 182쪽.
53  슈미드, 앞의 책, 481~484쪽. 당시 청에서는 정계비가 거짓으로 만들어진 것일 수도 있으며, 그 위치 역시 조선에 의해 옮겨졌을 가능성이 있다는 의심을 하고 있었다. 1712년 정계비 설립에 관한 청의 공문서가 모두 소실되어 증거로 삼을만한 것이 없었고, 당시 穆克

1885년 9월 청의 감계위원 秦煐, 德玉, 賈元桂와 조선의 감계사 李重夏는 회녕에서 만나 교섭을 시작했다. 후에 乙酉勘界라 불린 당시의 조사 결과는 다음과 같았다.

장백산은 조선에서는 백두산이라 칭한다. 천지의 남쪽에 있는 大幹嶺을 중국에서는 黃沙嶺이라 하고 조선에서는 천지 남쪽을 分水嶺이라 하는데, 여기에 穆克登의 비석이 있다. 비석의 서쪽에 있는 도랑은 압록강으로 흘러들어간다. 동쪽에 있는 도랑을 중국에서는 黃花松溝子라 칭하는데, 이는 아래로 장백산을 돌아 동북으로 흐른다. 동남쪽에 돌담과 흙담이 있고, 높은 봉우리를 지나면서 도랑은 갑자기 좁아지고 양쪽의 흙담은 높이가 몇 丈에 달한다. 조선에서는 이를 土門江이라 부르지만 이것은 穆克登의 비석에서 90리 떨어진 곳에 있으며, 수십 리 아래의 도랑에서 물이 시작되어 북쪽으로 흘러 圖們江이 아니라 松花江으로 흘러들어간다.[54]

청의 관리들은 석비의 동쪽에 있는 물줄기는 圖們江이 아니라 松花江으로 들어가고, 따라서 비문에 있는 "동쪽의 토문, 서쪽의 압록"이라는 내용과 부합되지 않기 때문에 穆克登이 세운 석비는 정확한 지리적 근거가 되지 못한다고 주장했다. 한편 조선의 이중하는 穆克登이 경계를 조사했을 당시 양국이 주고받은 공문을 제시하면서 穆克登의 조사와 석비가 모두 사실임을 주장했다. 그에 따르면 석비의 문자는 모두

---

登이 세웠다는 木柵 역시 시간이 지나면서 모두 썩어버렸기 때문이었다. 이화자, 『한중 국경사 연구』, 혜안, 2011, 125~129쪽.
[54] 張存武, 앞의 책, 183~184쪽.

皇朝의 문헌에 들어있으므로 감히 다시 논할 수 없는 확실한 증거였다.[55] 청은 두만강 상류에 있는 세 개의 발원지 가운데 하나를 경계로 결정해야 한다고 주장한 반면, 조선은 정계비의 위치와 현지의 상황이 서로 일치하지 않기 때문에 두만강 상류부에서 경계를 결정할 수 없다는 입장이었다. 양측은 결국 합의점을 찾지 못한 채 귀국했다.[56]

원래 청과 조선의 경계 협상이 제기된 것은 두만강 북쪽에 거주하는 조선인을 관리하는 문제에서 비롯된 것이었다. 이들에 대한 처우는 경계가 확정되면 자연히 해결될 것이었지만 1885년의 감계에서 결론을 내리지 못함으로써 청과 조선은 조선인 이주자에 대한 방책을 다시 강구해야 했다. 1885년 조선에 부임한 원세개는 이듬해 총리아문에 보낸 글에서 정계비를 근거로 하여 五道白河 상류를 土門江으로 하자는 조선의 주장은 길림 전역이 문제가 될 수 있다는 점에서 주의해야 한다고 지적했다. 대신 그는 두만강 북쪽의 조선인 농민에 대한 일시적인 구제책으로 '借地安民'을 제안했다. 경계 문제와 월강 조선인 처리를 분리시켜 경계에 대해서는 조선의 양보를 얻어내고 월강 조선인에 대해서는 '借地'의 형태로 조선인의 경작과 거주를 용인한다는 취지였다. 이에 대해 조선의 金允植은 경계는 양보하되 청에 거주하는 조선인에 대한 수세 대행권, 소송과 통치권은 조선이 행사한다는 내용을 제안했다. 그리고 이 제안을 전제로 두만강의 세 지류 가운데 하나인 紅土水를 경계로 인정하기로 결정했다. 토문강 하류의 송화강을 경계로 삼는 것이 불가능한 상황에서 조선은 해란강을 버리고 두만강으로 경계선을 양

---

[55] 張存武, 앞의 책, 184쪽.
[56] 秋月望, 앞의 글, 94~95쪽.

보하지 않을 수 없었던 것이다.[57] 그러나 두만강 북쪽 청의 영토에 거주하는 조선인을 조선이 관리하겠다는 것은 국제법의 시각에서 보았을 때 부당한 주장이었다. 이는 조선이 국제법 가운데 자신에게 유리한 부분만을 선택적으로 받아들여 전통적인 조공질서에 근거한 청-조선 관계에 도입하려 했음을 보여주는 사례라고 보아야 할 것이다.[58]

그나마 조선은 '借地安民'에 대한 청의 분명한 동의를 확보하지 못한 채 1887년에 국경교섭을 재개했다. 1887년 丁亥勘界에 참여한 것은 청의 秦煐, 德玉 외에 훈춘에서 方郎이 참여하였고 길림에서도 측량사 劉虞卿과 화가 王汝舟를 파견했다. 조선은 토문강과 두만강이 서로 다른 강이며 양국의 경계는 해란강이라는 1885년의 주장을 철회하고 대신 穆克登의 정계비와 紅土水를 경계로 할 것을 주장했다. 그러나 청은 소백산 동쪽 기슭에서 발원한 石乙水를 경계로 주장했다. 紅土水와 石乙水의 거리는 실제로 수십 리에 불과했지만, 조선이 주장하는 紅土水는 백두산 동쪽으로 연결되는 반면 청이 주장하는 石乙水는 소백산 동쪽으로 이어지고 있었다. 다시 말해 石乙水를 경계로 해야 청의 발상지인 장백산과 천지를 모두 청의 영토로 삼을 수 있었던 것이다.[59] 두만강 발원지에 대한 이견으로 양국은 두 번째 감계에서도 경계의 위치에

---

57  정해감계에서 조선이 토문강과 두만강이 별개의 두 개의 강이라는 주장을 철회한 이유에 대해 이화자는 을유감계 당시 이중하가 黃花松溝子에서 紅土山水까지 목책이 설치된 흔적을 발견하였고 이를 조선 조정에 보고했기 때문이라고 설명한다. 다시 말해 두만강 수원에 연결된 물증을 발견함으로써 토문강과 두만강이 같은 강임을 확인하였고 양국의 경계가 토문강, 즉 두만강을 경계로 한다는 것을 조선이 알게 되었다는 것이다. 그 결과 조선은 정해감계에서는 토문강의 수원 문제보다는 두만강 대안지역의 조선인 유민들을 처리하는 문제에 더 중점을 두게 되었다는 것이다. 이화자, 『한중국경사 연구』, 혜안, 2011, 129~133쪽.

58  秋月望, 앞의 글, 96~101쪽.

59  이화자, 『한중국경사연구』, 혜안, 2011, 145~147쪽.

합의하지 못했다. 뿐만 아니라 감계과정에서 원세개와 김윤식이 논의한 '借地安民'은 전혀 언급되지 않았다. 감계가 끝난 후 청은 소백산과 石乙水를 기준으로 경계비를 세울 것을 요구했으나 조선은 이를 거부했다. 石乙水가 도문강의 발원지라는 것은 "圖典에 근거할 만한 것이 없다"는 것이 이유였다.[60] 그 후에도 양국은 몇 차례 협상을 시도하였으나 결말을 맺지 못했다.

1880년대 말 청과 조선의 국경교섭은 양국의 조공관계가 지닌 특징과 그것이 도전을 받고 붕괴되는 과정을 단적으로 보여준다. 앙드레 슈미드가 지적하듯이, "종주국과 조공국의 관계가 유지되는 상황에서 영토를 둘러싼 논쟁은 매우 예민하고 첨예한 문제였는데, 이는 공간에 대한 서구적 담론에서는 좀처럼 찾아볼 수 없는 것들이었다." 다시 말해 청과 조선의 국경교섭은 조공관계라는 양국의 위계질서가 근대적 영토인식과 접촉하면서 나타난 독특한 양상을 보여주었던 것이다. 협상과정에서 양국 모두 '大國'과 '小邦'이라는 단어를 사용했다. 그러나 감계 협상에 참여한 조선의 관리는 청의 관리들에게 계속적으로 공세적인 입장을 취하면서 청의 주장을 반박했다. 청의 관리들이 기존 조공관계의 관행과 조선 관리의 완강한 태도 사이에서 모순을 느끼고 이에 대해 분노했으리라는 것은 충분히 짐작할 수 있었다.[61]

근대적 영토주권에 대한 조선의 인식은 청과의 전통적인 조공관계에 대한 신념과 불안정하게 공존하고 있었다. 조선에서는 18세기에 이미 실학자들을 중심으로 두만강 북쪽까지 조선의 영역권을 확장하고

---

60  北洋大臣의 咨文에 대한 李重夏의 狀啓, 국역『通文館志』3권, 308~309쪽.
61  슈미드, 앞의 책, 481~482쪽.

자 하는 역사의식이 이미 존재했지만, 이들의 민족의식은 외부지향적인 것은 아니었고 특히 군사적인 정복을 경험한 청과의 관계에서 공적으로 표현될 수는 없는 것이었다. 秋月望이 지적하듯이, 1880년대에 이르러 조선에서는 청과의 관계를 새롭게 재조정해야 한다는 논의가 대두되기는 했으나, 당시 "조선은 근대적 국제법이 전통적인 화이는리와 대립한다는 점을 충분히 이해하지 못하고 있었다." 감계와 관련하여 池慶龍이 올린 상소에는 국제법적인 세계인식과 화이질서에 대한 기대가 동시에 드러나 있는데, 이는 池慶龍이라는 한 개인의 인식에만 국한되는 것이 아니라 청과 조선의 감계 과정에서 내내 반복되어 등장하는 것이었다. 경계를 양보하는 대가로 두만강 북쪽 조선인들에 대한 통치권을 확보한다는 조선의 구상은 청의 "소국을 어루만지는 자애로운 태도(字小)"나 "華의 은혜"와 같은 전통적인 화이질서를 신뢰한 결과였으며, 또한 국제법을 충분히 이해하지 못한 상태에서 제기된 것이었다.[62] 청과 조선 사이의 국경 협상에서는 이처럼 전통적 조공관계의 질서와 근대적 국제공법의 질서가 혼재되어 있었던 것이다. 그리고 이러한 재조정과 새로운 해석의 과정에서 양국의 전통적인 국경지대는 더 이상 유지될 수 없었다.

---

[62] 秋月望, 앞의 글, 101~103쪽.

## 5. 맺음말

1985년 청일전쟁의 발발로 청과 조선의 관계는 근본적으로 변하게 되었다. 동학농민운동이 일어나자 조선 조정에서는 반란군을 진압하기 위해 청에 파병을 요청하기로 결정했다. 당시 민씨 戚族은 원세개에 파병을 요청하면서 '上國'과 '小國'의 관계를 내세웠는데, 이는 조선의 권력자들이 과거 청과의 속방관계에 의지하여 자신의 권력을 유지하고자 했고, 청은 이러한 상황을 이용하여 조선에 대한 지배를 강화하고자 하고자 했음을 잘 보여준다. 그러나 청과 조선이 각자의 이해관계에 따라 공유하고 있던 '상국'과 '소국'이라는 인식은 이미 당시 국제사회에서 수용되기 어려운 것이었다. 청이 조선파병을 통보하자 일본은 조선을 청의 속방으로 인정한 적이 없다고 회답하고 곧바로 조선에 군대를 파견했다. 일본 파병의 공식적인 이유는 공관과 상민 보호였으나, 청군의 기선을 제압하고 서울 인근을 장악하는 것이 실질적인 목표였다.[63] 이어지는 전투에서 일본의 군사력에 굴복한 청은 이제 조선이 자국의 속국임을 입증할 법적 근거도 힘도 없었다. 청일전쟁의 패배로 청은 더 이상 조선에 대한 배타적인 종주국의 지위를 요구할 수 없게 되었다. 조공사절 파견, 청의 책력 사용 등 청의 종주권을 상징하는 관행들은 영구히 종료되었다. 청과 조선의 전통적인 조공관계는 청일전쟁에서 청이 패배함으로써 마침내 종지부를 찍게 되었다.

두만강 일대에서 국경조사가 진행되고 이어 조선에서 청과 일본이

---

**63** 구선희, 앞의 책, 219~220 · 227~235쪽.

충돌하는 동안 조선인 이주민의 쇄환은 계속 지연되고 있었다. 당시 조선인들은 중국 영토 내에서 중국인으로서의 자격이나 토지 소유권은 가지지 못한 채 임시거주권과 토지사용권만 갖고 있는 상태였다. 광서 15년(1889)에 이르러 길림장군 長順은 1881년 밍안과 吳大徵이 주장했던 토지소유권 발행과 세금 징수를 재차 제안했다. 양국의 국경이 아직 합의되지 않은 상태에서 청은 돈화현과 훈춘현에 대한 淸丈·編甲·升科를 진행하기로 결정했다. 조선인 가운데 청의 영토에 남고자 하는 이들은 '薙髮易服', 즉 변발과 중국식 복장을 통해 중국의 판도로 편입시키고 그 대가로 토지소유권을 지급한다는 것이었다. 한편 1894년 長順은 撫墾局을 정식으로 설립하여 월경·개간하는 조선인을 전담하여 관리하게 했는데, 撫墾局은 기존의 越墾局보다 조선인에 대한 관할업무가 훨씬 구체화되었다.[64] 이후 1899년에 체결된 中朝通商條約의 제12조에서는 지금까지 국경을 넘은 사람들의 안전은 보장하지만 이후 월경은 금지한다고 규정했다. 또한 1904년에는 「新定畵界防邊條約(中韓邊界善後章程)」을 체결하여 국경을 재조정했다.[65]

결국 동북지역에 대한 청의 '移民實邊' 정책은 두만강 대안으로 이주한 조선인들로 하여금 황무지를 개간하게 하여 세금을 징수하고 나아가 변방을 강화하는 다각적인 효과를 거둘 수 있게 해주었다. 이를 위해서는 조선인에 대한 관할권이 필요했고 이는 조선인을 청에 入籍시킴으로써 실현될 수 있었다. 이지영이 지적하듯이, 처음에 청은 '자국 내의 외국인'이라는 관점에서, 그리고 조선은 '외국 내의 자국민'이라

---

[64] 이지영, 앞의 글, 266~269쪽.
[65] 塚瀬進, 앞의 글, 283~284쪽.

는 관점에서 월경 · 개간하는 조선인 문제에 접근했지만, 나중에는 청과 조선 모두 '자국 내의 자국민'이라는 주장을 내세우게 되었다. 청은 국경지대에 거주하는 조선인들을 청의 호적에 올림으로써 이들을 자국민으로 만들고자 했고, 조선은 국경교섭을 통해 문제의 지역을 조선의 영토로 만듦으로써 이를 해결하고자 했다.[66] 월경 · 개간하는 조선인의 문제가 국경논의로 발전하는 과정은 당시 양국의 주권에 대한 관점이 속인주의에서 속지주의로 변화하였음을 잘 보여준다.

주권의 근거를 사람에 대한 지배가 아니라 영토에 대한 지배에서 찾으려는 조선의 움직임은 20세기 초에 이르러 더욱 분명해졌다. 1900년 의화단 사건을 계기로 러시아 군대가 동북에 주둔하면서 이 지역의 치안이 더욱 불안정해지자 당시 대한제국 정부는 압록강과 두만강 연안에 경비체제를 강화해갔다. 한편 월강 조선인들 역시 단순한 범월자가 아닌 이주자라는 인식에 근거하여 대한제국 정부에게 법적인 보호를 요구하기 시작했다. 조선인 월강 이주자에 대한 대한제국의 영향력 행사는 압록강과 두만강 북쪽을 무인지대 혹은 空曠地로 여기고 이 지역을 조선의 故土로 간주하는 새로운 영토의식이 확산되었던 당시의 흐름과 궤를 같이 했다. 1902년에 이르러 대한제국은 압록강 북쪽에 거주하는 조선인을 시찰한다는 명목으로 徐相懋를 邊界探察官으로 파견하였고 이듬해에는 李範允을 北間島視察員으로 임명하여 두만강 북쪽으로 파견했다.[67] 주목할 것은 이 시기 대한제국 정부의 정책에서 "인

---

66  이지영, 앞의 글, 277쪽.
67  대한제국시기 조선의 간도정책에 대해서는 秋月望, 「朝淸境界問題にみれる朝鮮の「領域觀」: 「勘界會談」後から日露戰爭期まで」, 『朝鮮史硏究會論文集』 40, 2002; 하원호, 「개화기 조선의 간도인식과 정책의 변화」, 『동북아역사논총』 14, 2006; 이화자, 『한중국경사

민에 대한 지배범위는 한 국가의 경계 범위와 반드시 일치해야 한다"
는 인식이 나타난다는 점이다.[68] 19세기 말과 20세기 초에 이르러 청
의 영향력이 감소하고 국제법적 외교인식과 관행이 확산되면서 조선
은 청을 과거와 같은 절대적인 上國이 아니라 경계를 맞대고 협상해야
할 인접국으로 여기게 되었다. 이 과정에서 조선은 국민과 국토를 일
치시키는 근대 국민국가의 모습을 보다 분명하게 드러내었던 것이다.

  이러한 인식의 변화는 영토가 주권의 가장 중요한 요소라는 근대적
인식의 등장과 밀접한 관련이 있다. 앙드레 슈미드가 지적하듯이, 경
계에 대한 개념은 조선시대에도 분명히 존재했다. 그러나 이것은 엄격
히 강제된 것은 아니었으며, 무엇보다 분명한 경계선으로 규정되고 구
분되어야만 하는 공간적 분리선으로 여겨진 것은 아니었다. 범월은 금
지되었고 위반자들은 심한 처벌을 받았지만, 변방에까지 국가권력이
빈틈없이 영향을 미칠 수 있는 것은 아니었다. 당시 국경지대의 주요
한 경제활동은 인삼 채취와 수렵이었고, 이러한 활동의 공간적 범위는
분명하게 제한되어 있지 않았다. 그러나 19세기 후반에 이르러 상황은
달라졌다. "영토 주권의 개념이 등장하면서 쉽게 넘나들 수 있는 국경
porous border을 방치하고 허용하는 분위기는 급격히 사라졌다. 영토를
효과적으로 통제하는 능력이야말로 국가의 능력을 판단하는 기준이
되었다. 주권은 행사되어야 하고 국경은 준수되어야 했다."[69]

---

  연구』, 혜안, 2011, 150~172쪽에 자세하다.
68  秋月望,「朝淸境界問題にみれる朝鮮の「領域觀」」, 132~133쪽.
69  슈미드, 앞의 책, 491쪽. 근대 민족국가 건설과정에서 나타나는 영토주권의식, 즉 'geo-
    body'에 관한 분석은 Thongchai Winichakul, *Siam Mapped : A History of the Geo-body of a
    Nation*, Honolulu : University of Hawaii Press, 1994 참조.

19세기 후반 청의 동북변경 정책과 대조선 정책을 18세기와 비교해 보면 이 시기의 특징이 더욱 분명해진다. 강희제의 백두산정계비 설치는 인접국과의 경계선을 분명히 하고 청의 영토 주권을 확보하기 위해 추진된 것이 아니었다. 이는 당시 러시아와의 충돌과 뒤이은 경계 설정을 계기로 제국의 판도를 확인하고 이를 지도로 제작하여 가시화하려는 목적에서 비롯된 것이었다. 穆克登 일행이 백두산 일대와 압록강과 두만강의 수원을 조사하고 황실 발상지의 지리 지식을 수집한 것은 이른바 청제국 건설empire building의 일환으로 진행된 것이었다. 러시아와 네르친스크조약을 체결하여 경계 범위를 설정한 것은 변경지역에 거주하는 부족민을 통제하고 관리할 목적에서 필요한 작업이었지만, 황제의 권위에 충실히 복종하고 있는 조선을 상대로 굳이 명확한 경계를 설정해야 할 필요성은 별로 없었다. 백두산정계비의 설치와 위치에 대해 강희제나 후대의 황제들이 크게 관심을 기울이지 않은 것은 명확한 경계가 필요하지 않았던 당시 양국의 관계를 반영하는 것으로 이해해야 할 것이다. 청의 동북변경, 특히 조선과의 국경지대가 황실의 발상지이자 기인의 육성지로 보호되기 위해 일부러 공한지로 유지되면서 경계의 범위는 더욱 불확실해졌다. 비록 조선인 범월자가 간혹 출몰한다 해도 청 황제는 번방을 회유한다는 취지에서 이들에 대한 처벌과 단속을 조선에 위임했고, 조선은 상국과의 원만한 관계를 위해 국경지대의 출입을 금지하여 압록강과 두만강 일대를 비워두었다. 청과 조선 사이 국경지대의 공한지와 불확실한 경계는 청의 강력한 권위와 그에 근거한 조공관계를 바탕으로 유지될 수 있었다.

　　변경의 허변화와 국경지대의 공한지화는 19세기에 이르러 더 이상 유지가 불가능해졌다. 청은 내외의 압박으로 동북에 대한 허변 정책을 포기하게 되었고 이는 곧 조선과의 국경지대에도 영향을 끼쳤다. 그러나 국경지대, 그리고 조선 조정에 대한 청의 영향력은 과거와 같은 절대적이고 유일한 것이 아니었다. 청과 조선의 관계에 깃든 모호함, 즉 국경지대를 출입이 금지된 공한지로 유지하고 조선이 속국이면서 동시에 자주국임을 허용하는 것은 오직 청의 권위가 압도적으로 강력할 때만 가능한 것이었다. 강희-옹정-건륭 연간에는 문제가 되지 않았던 이러한 모호함은 광서 연간에 이르러 심각한 문제가 되었다. 19세기 말의 청은 속국의 자주를 허용할 만한 정치·경제적인 힘이 없었다. 이제 청은 조선에 대한 영향력을 종주국의 권위가 아니라 국제법에 근거한 조약에서 찾아야 했다. 이 과정에서 모호한 국경지대도 더 이상 용납되지 않았다. 근대적 외교관계로 매개된 청과 조선은 이제 명확한 국경선이 필요했고, 이를 위해 두 인접국은 길고 오랜 국경협상을 겪어야 했던 것이다.

## 참고문헌

강석화, 『조선 후기 함경도와 북방영토의식』, 경세원, 2000.

고구려연구재단 편, 『조선시대 북방사 자료집』, 고구려연구재단, 2004.

구범진, 「청대 '만주' 지역 행정체제의 변화 : '주방체제'에서 '주현체제'로」, 『동북아역
　　　사논총』 14호, 2007.

배우성 · 구범진 역, 『국역 『同文彙考』 疆界 史料』, 동북아역사재단, 2008.

김선민, 「雍正-乾隆年間 莽牛哨 사건과 청-조선 국경지대」, 『중국사연구』 71집, 2011.

김춘선, 「북간도지역 한인사회의 형성과 토지소유권 문제」, 『전주사학』 6, 1998.

박대인, 「17~18세기 청-러시아 조약체제와 邊境의 재정립」, 연세대 석사논문, 2006.

조명철, 「근대 일본의 팽창과 만주」, 『동아시아 국제관계사』, 고려대 아세아문제연
　　　구소 출판부, 2010.

이동진, 「1872년 '강북'의 조선인 사회 : 『강북일기』에 나타나는 민족, 국가, 지역」,
　　　『북방사논총』 8, 2005.

이화자, 『朝淸國境問題研究』, 집문당, 2007.

_____, 『한중국경사 연구』, 혜안, 2011.

이지영, 「19世紀 末 淸朝의 對 間島朝鮮人 政策 : 越墾 韓人의 地位문제와 관련하여」,
　　　『명청사연구』 32, 2009.

앙드레 슈미드, 정여울 역, 『제국 그 사이의 한국 1895~1919』, 휴머니스트, 2007.

오카모토 다카시, 강진아 역, 『미완의 기획, 조선의 독립』, 소와당, 2009.

하원호, 「개화기 조선의 간도인식과 정책의 변화」, 『동북아역사논총』 14, 2006.

홍웅호, 「1858~1898년 러시아의 동아시아 팽창과 만주」, 『동북아역사논총』 14호,
　　　2007.


츠카세 스스무塚瀬進, 「中國東北統治の變容-1860~80年代の吉林を中心に」, 사콘 유
　　　키무라左近幸村 編, 『近代東北アジアの誕生-跨境史への試み』, 札幌 : 北海道大
　　　學出版會, 2008.

吳祿貞, 「延吉邊務報告」, 李澍田 編 『長白叢書』 初集, 吉林 : 吉林文史出版社, 1995.

林士鉉, 『淸季東北移民實邊政策之研究』, 臺北 : 政治大學歷史系, 2001.

秋月望, 「朝中勘界交涉の發端と展開-朝鮮側の理念と論理-」, 『朝鮮學報』 132輯. 1989.

張存武, 『淸代中韓關係論文集』, 臺北 : 臺灣商務印書館, 1987.

秋月望, 「朝淸境界問題にみれる朝鮮の「領域觀」:「勘界會談」後から日露戰爭期まで」, 『朝鮮史硏究會論文集』40, 2002.

李治亭 主編, 『東北通史』, 鄭州 : 中古古籍出版社, 2003.


Kirk Larsen, *Tradition, Treaties, and Trade : Qing Imperialism and Choson Korea 1850~1910*, Harvard University Press, 2008.

Thongchai Winichakul, *Siam Mapped : A History of the Geo-body of a Nation*, University of Hawaii Press, 1994.

Robert H.G. Lee, *The Manchurian Frontier in Ch'ing History*, Harvard University Press, 1970.

Peter C. Perdue, *China Marches West : The Qing Conquest of Central Eurasia*, Cambridge : Harvard University Press, 2005.

# 만선사, 만학 그리고 만주학 *

김선민

## 1. 머리말

최근 몇 년간 한국 역사학계 전반에서 만주족에 대한 관심이 높다. 중국사 연구자들뿐만 아니라 한국사 연구자들 사이에서도 만주족이 건설한 청제국의 역사, 그들이 사용한 언어와 기록들, 그리고 그들이 현재의 중국과 동아시아 세계에 남긴 유산에 주목하는 사람들이 늘어나고 있다. 이러한 관심의 배경으로 미국학계의 '신청사' 연구 성과가 국내에 다수 소개된 점, 중국학계의 '동북공정' 및 '청사공정'에 대한 비판, 그리고 현재 중국의 팽창하는 정치·경제적 영향력에 대한 우려 등 여러 가지 요소들이 거론될 수 있을 것이다. 만주족, 청대사, 현재의 중국에 대한 다양한 학문적·정치적 관심은 이제 만주학이라는 하나

---

\* 이 논문은 『明淸史硏究』 38집(명청사학회, 2012)의 「滿鮮史, 滿學, 그리고 滿洲學」을 수정·보완한 것이다.

의 새로운 학문영역에 대한 관심으로 모아지고 있다.

만주족과 만주학에 대한 높은 관심에 비해 만주학의 정의가 무엇인지, 만주학의 범위가 어디까지인지에 대해서는 아직 충분한 이해와 합의가 이루어지지 않은 것으로 보인다. 이는 미국, 일본, 중국, 한국의 대표적인 만주학 연구자들이 설명하는 만주학의 내용이 서로 일치하지 않는다는 점에서 잘 드러난다. 미국의 마크 엘리엇Mark C. Elliott은 만주학의 정의가 간단하지 않고 학자들마다 다양하게 해석해왔음을 지적한다. 그에 따르면 만주학은 만주어 연구에만 국한될 수도 없고, 청사와 완전히 일치시킬 수도 없다. 동시에 20세기 말에 새롭게 등장한 만주족의 종족의식, 현대 시버족의 시가와 민요, 혹은 중국고전의 만주어 번역서까지를 모두 만주학의 범위에 넣을 수도 없다. 그가 제시한 만주학의 정의는 "과거와 현재에 만주어를 사용하는 사람들과 그들의 후손이 가진 언어, 역사, 문화를 다루는 것으로, 만주어나 다른 언어로 쓰인 자료를 바탕으로 한다."[1]

일본의 스기야마 기오히코杉山清彦는 일본학계의 '滿洲史'를 정의하는 것 역시 어렵다고 지적한다. 그에 따르면 일본에서 만주족과 관련된 연구는 청조사, 청대사, 명청사, 만주사, 만족사 등 다양한 이름으로 불렸는데, 대체로 다음의 세 가지 방향으로 분류된다. 첫째, 지리공간으로서 만주를 무대로 하여 그곳에서 전개된 역사를 다루는 '만주지역사', 둘째, 여진의 금, 원·명 이래 여진족-만주족의 역사를 다루는 "여진-만주민족사" 및 부여·말갈에서 만주족까지 퉁구스 계열의 여러

---

1    마크 엘리엇, 「중심으로서의 주변 : 만주학의 미래를 위한 서언」, 고려대 민족문화연구원 초청강연, 2010.8.23.

민족의 역사를 다루는 '滿族史', 셋째, 만주어로 기록된 역사 혹은 그 기록에 대한 연구가 그것이다.[2] 이 가운데 세 번째 부류가 엘리엇이 정의하는 만주학에 가깝다고 할 수 있을 것이다.

한편 중국의 趙志强은 자신이 소장을 맡고 있는 北京市 社會科學院 滿學硏究所가 세계 "滿學"의 중심임을 자임하지만 만주학에 대한 정확한 정의를 시도하지는 않는다. 대신 그가 쓴 「중국의 만주학 연구 근황에 대한 평가」를 통해 중국학계에서 통용되는 만주학의 범위를 짐작할 수 있다. 여기에는 만주어 및 만주어 문헌자료, 만주족의 역사 및 청대 제도사, 내몽고와 만주지역, 만주족 작가 및 민간문학, 만주족의 풍속·결혼관습·복식·건축, 만주족의 샤머니즘, 팔기제도 등에 관한 연구가 모두 포함되어 있다.[3]

한국의 만주학은 주로 만주어 연구에 집중되어 왔다는 점에서 중국이나 일본의 만주학의 전통과 큰 차이점을 보인다. 고동호에 따르면 한국에서의 만주어 연구는 시기적으로는 조선시대 사역원에서의 연구와 1950년대 이후의 연구로 나누어지며, 1950년대 이후의 연구는 다시 사역원 청학서에 대한 연구와 청에서 간행된 만주어 문헌에 대한 연구로 구분된다.[4] 한편 홍성구는 한국 만주학의 전통을 조선시대 사

---

2   스기야마 기오히코杉山淸彦, 「大淸帝國史硏究の現在 : 日本における槪況と展望」, 『東洋文化硏究』 10, 2008, 348~349쪽. 스기야마에 따르면 만주지역사와 여진-만주민족사 연구는 서로 중첩되는 면이 많다. 금대 여진족의 역사는 청과 연결되는 여진민족사가 아니라 요·금·원의 역사에서 취급되는 경우가 많은 반면, 청의 입관 이후 역사는 만주족보다는 왕조에 대한 관심으로 집중되는 경우가 많다. 또한 만주족의 입관 이후에는 만주지역에 대한 연구는 매우 부족하다고 지적한다.

3   趙志强, 「중국의 만주학 연구 현황과 평가」, 『만주학 연구의 현황과 과제』, 고려대 민족문화연구원 학술대회, 2011.4.15.

4   고동호, 「한국의 만주어 연구 현황과 과제」, 『만주학 연구의 현황과 과제』, 고려대 민족문화연구원 학술대회, 2011.4.15.

상계에서 찾는다. 그에 따르면 17세기 명청 교체라는 동아시아 국제질서의 변동을 경험하며 조선시대 지식인들은 독자적인 만주인식을 형성하게 되었다. 許穆과 丁若鏞 등 조선시대 지식인들은 만주라는 지리적 공간에 대한 관심과 그곳에 거주한 사람들, 즉 夷狄에 대한 관심을 분리시키는 독특한 이분법적 시각을 발전시켰는데, 이것이 바로 '한국적 만주학'의 초기적 특징을 보여준다는 것이다.[5]

만주학에 대한 접근방식이 학자들마다 이처럼 다양하다는 것은 만주학 연구가 각각의 지역과 시기에 따라, 특히 연구주체의 시각에 따라 서로 다른 의미를 지니고 있음을 의미한다. 유럽의 선교사들이 바라본 만주 황실의 모습, 일본의 제국주의 통치자가 파악하는 청과 만주의 위치, 중국의 민족주의 지식인이 바라본 만주족과 중국의 관계, 그리고 조선시대 지식인이 생각하는 만주와 그곳의 사람들에 대한 이해가 서로 달랐기 때문에 이들이 쌓아온 만주학 연구의 역사와 발전과정 또한 상이할 수밖에 없었던 것이다. 한편 연구 주체에 따라 혹자는 만주에 거주하는 사람들에 대한 연구를 강조하기도 하고, 혹자는 지역으로서의 만주에 더 많은 관심을 보이기도 한다.[6]

그러나 20세기 이르러 동아시아에서 만주학이 하나의 근대적 학문 분과로 발전하는 과정에는 분명한 공통점이 발견된다. 프라센짓 두아라Prasenjit Duara가 지적하듯이 20세기 동아시아 민족주의의 지역적 유

---

5  홍성구, 「만주 역사를 바라보는 한국적 시각의 한 모색」, 『역사와 담론』55, 2010, 210쪽.
6  2010년 8월 24일 고려대 민족문화연구원에서 개최된 한국 청대사 연구자들과의 간담회에서 마크 엘리엇은 한국의 만주학이 만약 '사람'이 아닌 '지역'을 대상으로 할 경우 중국과의 정치적 마찰은 불가피해질 것이라고 지적했다. 한편 2012년 5월 23일 고려대 민족문화연구원 만주학센터 설립기념 학술대회에 참석한 대부분의 한국 연구자들은 만주지역에 대한 연구를 만주학의 범주에 포함시켜야 한다고 주장했다.

통과 확산의 과정은 일본의 근대화와 제국주의가 중국과 한국의 민족주의에 끼친 영향을 통해 확인된다. 일본에 대한 저항이 동아시아의 민족주의를 촉발시킨 것처럼, 중국과 한국의 민족주의는 일본에 의해 중개된 담론이나 관행이 유통되면서 구체화되었던 것이다. 민족에 대한 관념과 어휘가 메이지 시기 일본 학자들에 의해 체계화된 후 중국이나 한국에 재수입되었다는 사실 외에도, 동아시아 삼국에서 발전한 민족사는 모두 "민족적 주체의 단선적 진보사"로 표현되었다는 것이 바로 동아시아 민족주의의 지역적 유통과 확산을 잘 보여주고 있다.[7] 일본, 중국, 한국의 근대적 역사학이 모두 같은 프레임의 민족주의에 바탕을 두었다는 사실은 이 지역에서 발전한 만주학 역시 비슷한 방향으로 전개되었으리라는 것을 짐작하게 한다. 연구주체의 구체적인 관심 대상은 달랐지만, 그들의 시각은 매우 유사했던 것이다.

20세기 동아시아 만주학의 또 다른 공통점은 만주에서 태어났거나 거주하는 '사람'보다 그 '지역'에 더 많은 관심을 기울여 왔다는 점이다. 이러한 특징은 동아시아에서 민족주의가 가장 첨예하게 충돌한 지역이 바로 만주였다는 사실과 밀접하게 관련되어 있다. 만주학의 연구 대상지역을 정의하는 문제와 관련하여 먼저 지적해야 할 것은, 하나의 지역은 "마치 현실적인 여건으로서 존재하는 것처럼 객관적인 정의를 내릴 수 있기도 하지만 동시에 매우 자의적으로 묶어 어떤 인위적인 구역을 만들 수도 있다"는 점이다.[8] 다시 말해 하나의 지역을 정의하고

---

7  프라센짓 두아라, 「민족의 지구적, 지역적 구성 : 동아시아로부터의 관점」, 심재훈 편, 『화이부동의 동아시아학 : 민족사와 고대 중국 연구 자료 성찰』, 푸른역사, 2012, 29~41쪽.
8  矢野暢, 『冷戰と東南アジア』, 東京 : 中央公論社, 1986(나카미 다쓰오中見立夫, 김준영 역, 「地域概念의 政治性」 『만주연구』 9집, 2009, 205쪽에서 재인용).

개념화하는 과정은 매우 정치적인 작업이라는 것이다. 앞으로 설명하듯이, 지역개념의 정치성은 동아시아의 만주학이 연구대상을 구체화하고 발전시키는 과정에서 잘 드러난다. 20세기 초 대외팽창의 과정에서 일본은 '滿韓'・'滿鮮'・'滿蒙' 등 다양한 지역개념을 만들어냈다. 1905년 이전에 일본에서 등장한 "만한"과 "만선"은 한반도에서 우월한 지위를 획득하기 위해서 만주에 진출한 러시아를 어떻게 상대할 것인가라는 당시 일본의 정치적 과제와 밀접하게 연결되어 있었다. 1910년에 이르러 한일합방으로 조선이 '만선'에서 탈락하고 일본으로 흡수되면서 '만선'은 점차 의미가 약해진 반면, 내몽골 진출이 중요한 정치적 과제가 되면서 일본에서는 새롭게 '만몽'이라는 개념이 등장하였다.[9]

지역개념의 정치성은 20세기 초 중국에서 등장하기 시작한 "동북" 개념에서도 뚜렷이 드러난다. 1932년 傅斯年은 그의 저서 『東北史綱』의 앞에 붙인 「본서가 '만주'가 아니라 '동북'이라는 명사를 사용하고 있는 것의 의의에 대하여」라는 별도의 글을 통해 이 지역은 '중국의 동북', 줄여서 '동북'으로 불려야 한다고 주장했다. 제국주의 열강의 침탈에 대항하여 만주는 '중국의 영토'이며 '근대의 동북'으로 새롭게 재발견된 것이다.[10] '만선'이 일본 제국주의가 만들어낸 지역개념이라면 '동북'은 중국

---

9  1905년 러일전쟁이 끝난 후 일본의 '만선'은 실제로 만주 전역을 가리키는 개념이 아니라 러시아가 장악한 북만주를 제외하고 남만주와 조선, 즉 일본의 세력권을 가리켰다. 1920년대의 '만몽' 역시 만주와 몽골 전역이 아니라 당시 일본이 장악한 남만주와 내몽골 동부만을 가리켰다. 한편 '만선'과 '만몽'에 뒤이어 '몽강'과 '동아'가 등장했다. 1930년대에 이르러 일본 제국주의의 침략이 화북지방과 내몽골 서부로 확장되면서 이번에는 '몽강'이라는 개념이 출현했다. 이후 일본의 침략이 중국 전역으로 확대되면서 일본, 만주국, 중국 전체를 포괄하는 '동아'가 등장했고, 일본의 세력이 최종적으로 베트남과 인도네시아를 포함하면서 '동아'는 '대동아'로 확장되었다. 中見立夫, 「地域槪念の政治性」, 『アジアから考える : 交錯するアジア』, 東京 : 東京大學出版會, 1993(나카미 다쓰오, 위의 글에서 재인용).

동아시아의 근대, 그 중심과 주변

민족주의가 만들어낸 개념이었던 것이다. 그리고 '만선'과 '동북'에 대한 연구는 20세기 일본 만주학과 21세기 중국의 만학에서 핵심적인 주제가 되었다.

이 글은 일본과 중국에서 만주학의 발전과정과 그 시대적 배경을 검토함으로써 동아시아 만주학에 공통적으로 민족주의적 시각이 내재되어 있음을 설명하고자 한다. 일본의 만주학은 19세기 말 유럽의 근대적 학문체제가 일본에 유입된 것으로부터 그 기원을 찾을 수 있다. 이 글에서는 근대적 일본을 탐색하는 과정에서 '동양'과 '동양사'라는 새로운 개념이 등장하고, 이것이 일본의 제국주의적 팽창과 함께 조선과 만주에 대한 연구로 이어지면서 일본 만주학의 기원인 '만선사'가 형성되었음을 설명할 것이다. 한편 같은 시기 중국에서는 만주족과 청에 대한 비판과 계승을 통해 근대를 모색해갔다. 이 글에서는 19세기 말에는 만주족과 청으로부터 '중국'을 분리시켰던 중국의 민족주의 혹은 애국주의가 21세기에 이르러 중화인민공화국과 대청제국을 다시 일치시켜가는 과정을 설명할 것이다. 나아가 중국의 만학은 오늘날 중국에서 청대사가 새롭게 해석되는 시대적 흐름과 무관할 수 없음을 지적하게 될 것이다. 이를 통해 이 글은 일본의 '만선'과 '만몽' 개념의 형성과정이 일본 만주학의 발전과정과 일치했으며, 중국의 "동북"의 등장과정 역시 오늘날 중국의 만주학 속에서 분명한 흔적을 남기고 있음을 설명할 것이다.

맺음말에서는 일본의 만선사와 중국의 만학에 내재된 근대 동아시

---

10  성근제, 「'東北'인가, '滿洲'인가 : 근대 동북 지역연구과제 설정의 가능성」, 『중국현대문학』 56호, 2011, 130 · 140쪽.

아의 민족주의를 비판적으로 검토하기 위한 하나의 대안으로 변경사적 관점을 제시하고자 한다. 이를 위해 먼저 한국의 조선시대 한중관계사 연구경향을 검토하고, 이 가운데 특히 김한규의 '요동사'와 이를 둘러싼 논란을 소개할 것이다. 나아가 요동사에 나타난 변경에 대한 관심을 더욱 확장시켜 변경사적 관점의 만주학으로 발전시킬 수 있는지 검토할 것이다. 또한 『琿春副都統衙門檔』이라는 새로운 자료를 바탕으로 근대 동아시아의 정치세력이 교류하고 경쟁했던 훈춘이라는 변경지역에 주목함으로써 새로운 만주학의 가능성을 탐색할 것이다.

## 2. 일본 제국주의와 만선사

일본의 만주학[11] 연구의 역사는 19세기 말에 등장한 '동양사'의 발전 과정 속에서 검토될 수 있다. 일본의 근대적 학문체계는 메이지 유신 이후 유럽의 학문을 부분적·선택적으로 수입하면서 수립되어 갔다. 당시 유럽의 고등연구기관에서 역사연구의 대상이 된 것은 유럽의 역사에 국한되었고 아시아는 여기에 포함되지 않았다. 유럽의 아시아 연구, 즉 '동양학Oriental Studies'은 문헌자료에 대한 분석과 고증을 중심으

---

11  구스노키 요시미치楠木賢道의 설명에 따르면 일본에는 滿學 혹은 滿洲學이라는 용어가 정착되어 있지 않은데, 이는 만문 사료를 이용한 역사·언어·문학연구가 만주족을 대상으로 하는 역사학·인류학과 일찍부터 방법론적으로 분화되었기 때문이다. 楠木賢道, 「일본에서 만학연구의 전통과 현황」, 『만주학 연구의 현황과 과제』, 고려대 민족문화연구원 학술대회, 2011.4.15. 그러나 이 글에서 앞으로 설명하듯이, 이러한 구분이 처음부터 뚜렷했던 것은 아니었고 일본의 동양사 연구가 발전하면서 점차 분화되어 간 것이었다. 따라서 이 글에서는 일본에서 이루어진 '만문 사료를 이용한 역사연구'와 '만주족을 대상으로 하는 역사학 연구'를 모두 총칭하여 '일본의 만주학'이라고 부르고자 한다.

로 해당 지역의 역사, 문화, 종교, 민족 등을 종합적으로 연구하는 것이 었다. 1877년 일본 최초의 대학인 동경대학이 창설되었을 당시에 사학 과 개설교과목에는 유럽사만 포함되어 있었고 일본사는 和漢文學科에 서 가르쳤다. 처음 사학과는 교수를 초빙하지 못하여 폐지되었다가 1887년 독일인 루드비히 리스Ludwig Riess가 부임하면서 부활되었다. 이 후 1889년 국사학과가 신설되어 일본사를 가르치기 시작했다. 일본의 근대적 대학제도에서는 유럽사를 가르치는 사학과에 대응하여 국사 학과가 설치되었던 것이다.[12]

한편 和漢文學科는 和文學科와 漢文學科로 분리되었다가, 국사학과 가 설치되면서 화문학과는 국문과로, 한문학과는 한학과로 개칭되었 다. 일본의 한학과와 유럽의 동양학은 명칭은 비슷하지만 내용은 달랐 다. 유럽의 동양학이 산스크리트어와 인도학을 중심으로 하는 반면 일 본의 한학과는 중국과 일본을 포함한 지금의 한자문화권을 대상으로 했다. 1904년에 이르러 동경대학 문학부가 철학, 사학, 문학으로 삼분 되면서 중국철학, 중국역사, 한문을 가르치던 기존의 한학과는 지나철 학과, 지나사학과, 지나문학과로 나뉘었다. 지나사학과가 동양사학과 로 개칭된 것은 1909~1910년이었지만, '동양사'라는 개념은 이미 1890 년대부터 등장하고 있었다. 당시 동양사는 "중국을 중심으로 동양 각 국의 治亂興亡의 대세를 설명하는 것"으로, 일본사는 여기에서 제외되 어 있었다.[13]

---

12 나카미 타쓰오中見立夫, 「日本的「東洋學」の形成と構圖」, 岸本美緒 編, 『「帝國」日本の學 知』 3권, 『東洋學の磁場』, 東京 : 岩波書店, 2006, 17~19쪽. 1889년에는 또한 사학회가 설 립되고 기관지인 『史學會雜誌』가 발간되었는데, 1892년에 『史學雜誌』로 개칭되었다.
13 中見立夫, 앞의 글(2006), 26~27쪽.

스테판 다나카Stefan Tanaka에 따르면 일본에서 '동양사'의 등장은 19
세기 말 일본의 자아인식, 특히 세계 속에서 일본이 차지하는 위치에
대한 인식을 잘 보여준다. '동양'이라는 개념과 관점의 등장은 메이지
시기 일본의 역사연구자들이 서양과 대비되는 동양이라는 지리적·문
화적 구분을 수용하고 더욱 강화시켰음을 의미한다. 이들은 나아가 동
양에서 일본을 분리시킴으로써 아시아에서 가장 선진적인 일본을 '서
양'인 유럽과 대등하게 설정하고 동시에 '동양'의 중국과 일본을 차별
화시킨다. '동양'에 속한 중국과 분리됨으로써 일본은 문화적으로나
구조적으로 중국보다 더 우월해질 수 있게 된 것이다. "서양으로서 유
럽은 일본의 타자가 되고 또한 일본과 비교되는 대상인 반면, 중국(지
나)은 대상화된 또 다른 타자로서 일본이 발전해온 시간과 공간을 대변
하는 존재였다."**14** 일본에서 동양사의 등장은 처음부터 일본의 근대화
과정에서 형성된 서양과 동양, 일본과 아시아 이웃과의 위계적인 국제
질서에 대한 인식을 전제로 한 것이었고, 이후의 발전과정 역시 이러
한 인식을 더욱 강화시키는 방향으로 전개되어 갔다.

　일본의 동양사를 학계에 제도적으로 정착시킨 것은 시라토리 구라키
치白鳥庫吉(1865~1934)이었다. 동경제국대학 사학과의 제1회 졸업생인 시
라토리는 1890년 학습원에 교수로 부임하여 '동양 각국의 역사'를 가르
치기 시작했다. 이 무렵 일본은 조선의 정치에 본격적으로 개입하고 있
었다. 당시 일본에는 조선 관련 문헌이 거의 없었기 때문에 조선사 연구

---

**14** Stefan Tanaka, *Japan's Orient : Rendering Pasts into History*, Berkeley : University of California
　　Press, 1993, pp. 12~13(스테판 다나카, 박영재·함동주 역, 『일본 동양학의 구조』, 문학과
　　지성사, 2004, 31~32쪽).

는 대개 일본의 고대사 자료를 이용할 수 있는 고대사 연구가 주류였고, 시라토리 역시 예외가 아니었다. 한편 1901년부터 2년 반 동안 시라토리는 독일과 헝가리에 유학하여 현지의 동양학을 직접 접하게 되었다. 유럽유학의 경험은 시라토리의 동양사 인식에 큰 영향을 끼쳤는데, 이는 그가 쓴 「유럽유학중의 소감(歐洲留學中の所感)」에서 잘 나타난다.

> 우리들은 동양의 것을 연구할 때 먼저 구미 동양학자의 성과를 배우고 그것에 의해 인도되지 않으면 안 되는 상태가 되었다. 동양인이 동양의 것을 알기 위해 서양인에게 배움을 청하지 않으면 안 되는 것이다. 그러나 이는 일본인으로서 아무래도 유감스러운 일이다. 서양의 것을 서양인에게 배우는 것은 이상할 것이 없지만 동양의 것을 서양인에게 배우지 않으면 안 된다는 것은 심히 유감스러운 일이다.[15]

1903년 시라토리가 유럽에서 귀국했을 때 일본 동양사 연구의 주요 관심은 이미 조선을 벗어나고 있었다. 1905년 러일전쟁을 거치면서 일본은 조선에서의 입지를 확고하게 구축하고 중국 본토 및 만주지역으로 세력을 확대시켜 나갔다. 일본 제국주의의 팽창에 따라 동양사 연구자들의 관심도 조선에서 만주지방, 중국, 몽골로 옮겨가게 되었던 것이다. 일본으로 돌아온 시라토리 역시 장차 만주와 한반도가 일본의 세력권이 될 것을 예견하고 이 지역의 연구에 착수했다. 그는 동양사 연구는 동양인이 솔선해야 한다는 신념을 갖고 있었는데, 서양인들이

---

15  中見立夫, 「日本の東洋史學黎明期のおける史料への探求」, 『神田信夫先生古稀記念論集 : 淸朝と東アジア』, 山川出版社, 1992, 114~115쪽.

동양사 연구의 대부분을 이미 선점하여 일본인이 새롭게 시작할 부분이 없다는 점을 통탄스럽게 여겼다. "그러나 한 가지 남겨진 부분이 있다. 그것은 현재 전쟁이 벌어지고 있는 곳, 전쟁의 동기가 형성된 곳, 그리고 앞으로 일본의 세력 하에 귀속되어야 할 곳인 滿韓지방이다."[16] 시라토리에게 만주와 한반도 연구는 일본의 동양사가 서양의 동양학을 뛰어넘어 세계적인 수준에 이를 수 있는 영역이었던 것이다. 이에 따라 그의 연구는 조선 고대사에서 점차 만주, 몽골, 중앙아시아 역사로 확대되었고, 마침내 일본을 기점으로 동북아시아와 중앙유라시아 전역의 고대사를 포괄하는 이른바 '시라토리 역사학白鳥史學'을 구축했다. 이와 동시에 시라토리는 동양사 연구자의 조직화, 연구기관의 설립 및 기초자료의 축적에 주력했다. 1905년 그가 설립한 亞細亞學會는 2년 후 東洋協會와 통합되었고, 1909년에 창간한 학회지 『東洋協會調査部學術報告』는 1911년 『東洋學報』로 개칭되어 오늘날 일본의 대표적인 동양학 연구 잡지로 이어지고 있다.[17]

일본 만주학의 역사에서 시라토리의 위상은 남만주철도주식회사와의 관계에서 가장 잘 드러난다. 1905년 러일전쟁에서 승리한 일본은 러시아로부터 장춘 이남의 동청철도와 부속 이권을 양도받고, 이를 바탕으로 1906년 남만주철도주식회사를 설립했다. 남만주철도주식회사의 공식적인 설립목표는 철도와 부속지의 탄광을 경영하는 것이었지만, 실제 역할은 만주에서 각종 식민정책을 실시하는 것이었다. 초대

---

16 白鳥庫吉, 「後藤伯の學問上の功績」, 『白鳥庫吉全集』 10卷, 東京 : 岩波書店, 1970(寺內威太郞, 「「滿鮮史」研究と稻葉岩吉」, 『植民地主義と歷史學 : そのまなざしか殘したもの』, 東京 : 刀水書房, 2004, 28쪽에서 재인용).
17 中見立夫, 앞의 글(2006), 27~37쪽.

총재 고토 신페이後藤新平는 타이완 총독부에서 민정국장을 역임하면서 토지조사사업, 타이베이 도시건설, 화폐정리 사업, 항만 건설, 제당업 정책 확립 등 일본의 대만 식민통치의 기초를 구축한 인물이었다. 그는 독일 유학에서 얻은 의학적 지식과 타이완 통치의 경험을 결합하여 '文裝的武備'라는 만주 경영 정책을 발전시켰다. 이는 文事, 즉 학문적·예술적 시설로 장래의 침략에 대비하되, 일단 급한 일이 있으면 군사적 행동도 동시에 강구하는 것이었다. 결국 식민지 지배는 단순히 무력에 의존할 것이 아니라 교육, 위생, 학술이라는 넓은 의미의 문사를 통해 실시되어야 한다는 것이었다. 그에게 '文事'의 핵심은 과학적 조사활동이었다. 고토는 식민지경영에 있어서 영국의 동인도 회사를 모방하여 면밀하게 현지를 조사하여 데이터를 축적하고 이를 분석·정리한 후 이에 기초하여 서서히 간접적으로 일본 식민지정책을 침투시켜 나가는 것을 목표로 삼았다.[18]

남만주철도주식회사의 총재인 고토의 이러한 식민지 경영철학은 동경대학 사학과 교수가 된 시라토리의 역사의식과 정확히 일치했다. 고토는 "동양에 대한 일본의 특수한 운명과 동양인들을 향한 활동을 명확히 하기 위해서는 역사적 관행을 조사하는 것이 식민 정책에 매우 중요하다"고 강조했다. 시라토리 역시 일본이 정확한 지리적·역사적 정보를 확보하지 않는 한 집단의 성격을 이해하고 발전 가능성을 파악하고 지역 전체를 통제하는 것은 불가능하다고 여겼다. 고토는 시라토리의 요청에 따라 1908년 남만주철도주식회사의 동경 지부에 만선역

---

18  고바야시 히데오, 임성모 역, 『만철 : 일본제국의 싱크탱크』, 산처럼, 2004, 47~49쪽.

사지리조사실을 설치했다.[19] 이 조사실의 목적에 대해 시라토리는 다음과 같이 말했다.

> 러시아 전쟁에 따라 남만주의 경제적 경영을 우리 국민이 착수하게 되었고 조선에 대해서 보호와 개발의 임부가 우리에게 떨어진 시점에서 우리들은 학술적으로 만한지방에 관한 근본적인 연구를 해야 하는 긴급한 임무가 생겼다. 여기에는 두 가지 의미가 있다. 하나는 만한경영에 관한 실제적인 필요에 의한 것이고, 또 하나는 순전히 학술적인 견지에서 본 것이다. 현재의 제반 사업이 확실한 학술적인 기초 위에 수립되어야 함은 말할 것도 없으니, 만한의 경영은 더욱 공고해져야 할 것이다.

그는 일본의 식민 지배를 위해서는 조선과 만주지역에 대한 학술적 연구가 필요함을 역설하고 이에 적극적으로 협조하기 위해 남만주철도주식회사와 손을 잡은 것이었다.[20]

남만주철도주식회사 역사지리조사실은 일본 만주학 연구자의 산실이었다. 주임인 시라토리 외에 야나이 와타리箭內亘(1875~1926), 마쓰이 히토시松井等(1877~1937), 이나바 이와키치稻葉岩吉(1876~1940), 와다 세이

---

19 남만주철도주식회사는 만주와 조선에 대한 연구를 세 곳의 지부에서 실시했는데, 역사연구와 당대조사로 구분하고 "지구적 관점에서 정치적·경제적 동향을 과학적으로 분석하는 것"을 목표로 삼았다. 1907년 4월에 세워진 대련 본부에는 舊慣調査班, 경제조사반, 러시아조사반이 설치되었다. 1908년 1월에는 동경지부에 만선역사지리조사부를 세우고 시라토리가 주임이 되었다. 1908년 11월에 설립된 동아경제조사부는 "세계 경제, 특히 아시아 경제와 관련된 자료를 수집 분류하며 이를 바탕으로 일본 및 만주와 몽고의 경제적 위치에 대해 보고함"을 목표로 했다. 초기에는 경제조사와 같은 "현실적인" 조사보다는 역사, 민속, 지리조사가 훨씬 강조되었다. Stefan Tanaka, *Japan's Orient*, pp. 241~243.

20 寺內威太郎, 앞의 글, 29쪽.

和田淸(1890~1963)이 만주를 담당하고, 이케우치 히로시池內宏(1878~1952), 쓰다 소키치津田左右吉(1873~1961), 세노 우마쿠마瀨野馬熊(1874~1934)가 조선 연구에 참가했다. 역사조사실은 회사의 규칙에 따르지도 않고 사원으로 여겨지지도 않는, 회사 내부에서도 특이한 조직이었다. 이는 고토의 개인적 후원에 의해 조사실이 유지되었음을 의미하는 것으로 결국 1915년 폐지되어 동경대학으로 인계되었다. 조사실의 성과는 『滿洲歷史地理』 2권(1913), 『朝鮮歷史地理』 2권(1913)으로 발행되었고, 동경대학으로 이전된 후에는 1915~1941년에 걸쳐 『滿鮮地理歷史硏究報告』 16책이 발행되었다. 이후 야나이 와타리, 이케우치 히로시, 와다 세이 세 사람은 동경대학의 교수가 되었고, 쓰다 소키치는 와세다대학 교수, 마쓰이 히토시는 국학원대학교수, 이나바 이와키치와 세노 우마쿠마 두 사람은 조선총독부 조선사편수회 편수관이 되었다.[21] 이들 대부분이 일본의 '滿鮮史'를 이끄는 주역이 되었다.

1905년에 발발한 러일전쟁은 일본 만주학 연구의 중요한 두 인물에게 각각 다른 종류의 기회를 안겨주었다. 시라토리가 러일전쟁의 산물인 남만주철도주식회사 역사지리조사실을 통해 만주학 연구의 제도화라는 기회를 얻었다면, 나이토 고난內藤湖南(1866~1934)은 전쟁 후 일본이 점령하게 된 심양을 방문하여 청대 만문사료를 획득하는 기회를 얻었다. 나이토는 시라토리와 달리 전문적인 연구자의 훈련을 받지 않았고, 『오사카 朝日新聞』에서 중국문제에 관한 논설을 담당한 저널리스트 출신이었다. 1905년 러일전쟁의 결과 일본이 심양(봉천)을 조령하

---

21  中見立夫, 앞의 글(2006), 37~38쪽.

게 되었을 때, 나이토는 일본 외무성의 촉탁으로 "만주에서 우리(일본) 군 점령지의 행정지를 조사"할 목적으로 7월부터 11월까지 심양을 방문했다. 그는 심양소재 문헌과 사료 가운데 특히 청조사, 혹은 만주와 몽골사 관련 사료에 주목하였다. 당시 나이토는 이미 『盛京典制備考』, 『盛京通鑑』 등을 통해 심양소재 문헌에 대한 예비지식을 갖추고 있었을 뿐만 아니라 이미 만문을 독해할 수 있었기 때문에 사료적 가치를 파악할 수 있었던 것이다. 1905년 방문에서 나이토는 翔鳳閣의 『蒙古原流』를 촬영하고, 崇謨閣의 『滿文老檔』과 翔鳳閣의 『五體淸文鑑』의 소재를 발견했다. 나이토는 1907년 京都帝國大學의 동양사학과로 부임한 후 1912년 다시 심양을 방문하여 『滿文老檔』과 『五體淸文鑑』을 촬영해 왔다.[22] 모두 세 차례에 걸친 심양방문에서 나이토가 수집한 각종 자료는 이후 일본의 만주학에 결정적인 영향을 끼쳤다. 스기야마가 지적하듯이 만문사료를 적극적으로 이용하고 청을 만주왕조로 파악하는 것을 주요 특징으로 하는 일본의 만주사와 청조사 연구 경향은 나이토에 의해 시작되었다고 보아야 할 것이다.[23]

그러나 나이토가 일본 만주학에 남긴 영향은 만문 사료의 활용에만 국한되지는 않았다. 시라토리와 마찬가지로 나이토 역시 일본의 만주 진출을 적극적으로 옹호했다. 그에 따르면 일본의 天職은 정치적·경제적으로는 대륙에 진출하고 아시아를 경영하는 것이며, 문화적으로는 동서문화를 융합하여 새로운 동방학술을 창조하는 것이었다. 즉 일

---

22 나이토의 심양고궁 사료 수집과정과 의의에 대해서는 中見立夫, 「日本の東洋史學黎明期のおける史料への探求」, 105~114쪽에 자세하다.
23 杉山淸彦, 「大淸帝國史硏究の現在 : 日本における槪況と展望」, 350~351쪽.

본의 진출은 중국의 경제를 개혁하고 동시에 새로운 동양문화 형성에 이바지하는 길이었다. 데라우치 이타로가 지적하듯이 "나이토의 학문적 업적은 높이 평가되어야 하겠지만, 적극적인 일본의 대륙침략을 지지하고 결과적으로 자신의 역사학 연구를 통해 이를 정당화하였다는 점도 분명히 인식할 필요가 있다."[24]

일본의 만주학 연구에 대한 시라토리와 나이토의 영향은 이나바 이와키치로 대표되는 '만선사' 연구에서 다시 한 번 확인된다. 나이토와 마찬가지로 이나바 역시 주류 학계 출신이 아니었다. 그는 1900년부터 2년간 중국에 유학하면서 당시 청이 직면하고 있던 열강의 위협을 직접 목격했다. 1905년 러일전쟁이 발발하자 육군통역에 지원하여 종군했고, 이때 누르하치 조상의 능과 청조의 발상지를 답사했다. 귀국 후 이나바는 1907년 남만주철도주식회사에 역사지리조사실이 설치되자 여기에 합류했다. 1908년부터 1914년까지 만선지리역사조사실에서 만주의 역사지리서를 편찬할 때 이나바는 漢代, 明代, 淸 초기의 만주를 담당했고, 그 성과는 『滿洲歷史地理』 2권에 수록되었다. 1914년 조사실이 폐지된 후에는 육군대학교 교관을 역임하며 중국근대사를 강의했고, 1922년 나이토의 추천으로 조선총독부에 설치된 조선사편찬위원회에 참여했다. 1925년에는 편찬위원회가 조선사편수회가 되어 조선총독부수사관에 임명되었다. 시라토리의 만선역사지리조사실에 참여하면서 연구자로서의 경력을 시작하고 나이토의 학풍이 일생이 지침이 되었음을 스스로 밝혔다는 점에서 이나바는 일본 만주학의 전

---

24 寺內威太郎, 앞의 글, 50~52쪽.

통을 가장 전형적으로 체현하고 있다고 보인다.[25]

이나바에 따르면 만주와 조선은 일체이며 불가분이었다. 1922년에 발표한 「滿鮮不可分の史的考察」에서 그는 조선과 만주의 일체적 성격을 세 가지로 논증한다. 첫째, 조선의 왕통은 대부분 만주계이며, 가끔 중국계와 혼합된 경우도 있지만 조선인으로 왕이 된 자는 없다. 또한 이른바 '半島的 조건'으로 인해 조선의 역사는 자주적 역량이 아니라 대륙으로부터의 외압에 의해 결정되었다. 둘째, 압록강과 두만강을 조선과 중국의 국경으로 보는 것은 불합리하다. 고조선, 한, 고구려, 당, 원이 지배하던 시기에 두 강은 경계가 아니었으며, 고대부터 만주와 조선은 지리적으로 일체였다. 셋째, 경제적으로도 만주와 조선은 일체였다. 조선인이 만주로 들어가 채취하고 농사짓는 일이나 여진족이 조선에 이주하는 것은 자연스러운 일이었으며 상호 왕래와 이주가 빈번했다.[26]

이나바의 만선일체론에는 당시 일본의 조선사 연구에서 나타나는 정체론과 타율성론이 잘 드러난다. 조선사가 하나의 독립적인 조선민족의 역사로 연구되는 것이 아니라 만주의 일부로 다루어지고 있는 것이다. 하타다 다카시旗田巍(1908~1994)가 지적하듯이 이러한 시각은 "조선사를 만들어낸 조선민족의 존재에 대한 경시"를 보여준다. 하타다는 또한 만선일체론이 조선과 만주를 포함한 역사적 세계의 존재를 전제로 하면서도 정작 그것이 다른 동아시아 국가와의 관계에서 어떤 특수

---

25  위의 글, 47~49쪽. 이나바의 이력과 그의 만선사 체계는 정상우, 「稻葉岩吉의 '滿鮮史' 체계와 '朝鮮'의 재구성」, 『역사교육』 116, 2010에 잘 설명되어 있다.

26  寺內威太郎, 앞의 글, 53~54쪽. 데라우치는 또한 이 논문이 1919년 조선의 삼일운동 직후에 쓰였다는 점에서 이나바에게 정치적 의도가 있었다고 지적한다. 만선불가론을 강조함으로써 조선인의 민족의식이 고양되는 것을 억제하고자 했다는 것이다.

한 독자성을 갖고 있는지 고려하지 않는다고 지적한다.

> 만선사라는 이름으로 연구한 사람들의 연구내용은 실제로는 조선과 만
> 주의 각각의 역사를 모은 것이지 양자를 포함한 하나의 세계를 연구한 것
> 은 아니다. 물론 양자 사이에 전쟁이나 교섭의 역사는 연구되었다. 그러나
> 그것만으로는 하나의 세계의 존재를 논증할 수 없다. 이것을 몇 가지 모아
> 둔 것으로 만선사가 되는 것은 아니다.[27]

이런 점에서 만선사는 데라우치가 설명하듯이 "일본의 대륙진출에
대응하여 역사학자가 의도적으로 만들어낸 연구영역"이라고 할 수 있
을 것이다.[28]

이나바를 비롯한 만선사학자들이 조선에 대해, 나아가 만주에 대해
이처럼 정태적이고 수동적인 역사상을 수립했다는 것은 이들이 만주
와 조선을 국가countries나 민족nations이 아닌 지역regions으로 간주했음
을 보여준다. 스테판 다나카가 지적하듯이 만선사학자들의 이러한 역
사인식은 일본의 동양사에 깔린 역사적 위계질서를 보여준다. 일본의
동양사 연구에서 중국은 비록 지위는 일본보다 낮지만 언제나 주된 관
심의 대상이었다. 그러나 조선과 만주는 주변부에 속하면서 중국보다
낮은 위치를 차지하고 있었다. 중국에서는 국가가 등장하고 발전하리
라는 것을 전제했지만, 조선이나 만주는 다만 하나의 지리적인 공간으
로 여길 뿐, 어떤 역사적 주체가 활동하는 장소로 간주되지 않았다. 조

---

27  旗田巍, 『滿鮮史の虛像』(寺內威太郎, 앞의 글, 31~32쪽에서 재인용).
28  寺內威太郎, 앞의 글, 42쪽.

선이 중국의 영향권에 종속되어 있었던 것처럼, 만주 역시 북방 이민족이 중국을 침략하기 위한 발판에 불과했다. 이곳에서는 민족국가에 준하는 것이 세워진 적이 없었고 다만 경쟁관계에 있는 세력들 사이에 존재하는 '중립지대'일 뿐이었다. 여기에서 만주와 조선의 가장 중요한 의미와 역할은 일본을 위한 방어막이라는 점이었다. 13세기에 조선과 만주가 몽골의 침입으로부터 일본을 보호했던 것처럼, 이 지역은 20세기에도 러시아의 침입으로부터 일본을 보호해야만 했다. 그러나 20세기의 조선과 만주는 취약하고 분열된 지역이 되었기 때문에 일본이 앞장서서 만선을 방어하는데 주도적인 역할을 해야 한다는 논리였다.[29]

만선사에서 나타난 만주의 독자적 역사성에 대한 부정은 1930년대 일본의 본격적인 만주진출을 학술적 · 이론적으로 뒷받침하면서 만주를 중국으로부터 분리할 수 있다는 주장으로 발전해갔다. 만주와 몽골에 대한 일본의 '특수권익'은 흔히 관동군 작전주임참모였던 이시하라 간지石原莞爾(1889~1949)의 '滿蒙領有論'으로 요약된다. 만주와 몽고라는 중국 대륙의 일부를 일본이 영유할 수 있다는 이시하라의 주장의 근거는 이 지역이 중국 고유의 영토가 아니라는 가설이었다. "만주와 몽고는 만주족과 몽고인의 것이고, 만주인과 몽고인은 한족보다 오히려 야마토大和 민족에 가깝다"는 주장은 이미 일본의 여러 동양사 연구자들에 의해 거론되고 있었다.[30] 이시하라의 육군대학 교관이었던 이나바 이와키치는 만주의 독립성과 원시성을 강조하면서, 만주의 원시인들은 중국 문화와 정기적으로 접촉하기는 했으나 언제나 원시림과 산으

---

29  Stefan Tanaka, 앞의 책, 246~248쪽(스테판 다나카, 앞의 책, 351~352쪽).
30  야마무로 신이치, 윤대석 역, 『키메라 : 만주국의 초상』, 소명출판, 2009, 77쪽.

로 돌아왔다고 주장했다. 한편 시라토리 구라키치는 만주를 중국과 분리시키기 위해 "우랄-알타이론"에 의지했다. 그는 아시아의 알타이인들, 특히 몽골인들을 세계사의 주역으로 묘사하고 일본인을 투르크, 퉁구스, 몽골과 연결시켰다. 일본과 동북아시아를 연결시킴으로써 시라토리가 추구하고자 했던 것은 일본을 중국으로부터 분리시키고 나아가 일본과 만주국의 원주민을 연계시키는 것이었다.[31]

'만몽영유론'에 입각한 일본 관동군의 만주 인식은 결국 만주사변을 촉발시켰고 이어 1931년에 세워진 만주국 성립의 인식론적 토대가 되었다. 만주국의 승인을 둘러싸고 국제연맹에서 벌어진 논의에서 일본 대표 마쓰오카 요스케松岡洋右는 만주가 역사적으로 중국과 불가분하다는 주장을 반박하며, 만주와 중국의 결합은 임시적이며 우연한 것이라고 강조했다. 그에 따르면 중국 제국을 정복한 것은 만주족 가문이었기 때문에 만주는 결코 중국의 封土가 아니었다는 것이다. 또한 청 제국은 개인적 동맹의 소산이므로 만주에 대한 중국의 권리문제로 간주될 수 없으며, 만주 황실이 소멸한 이상 중국과 만주의 재결합을 주장하기 위해서는 별도의 법적 근거가 필요하다고 주장했다.[32]

일본의 제국주의적 팽창과 함께 성장해간 일본의 만주학 연구는 1930년대 정점에 이르렀다. 1920년대까지 주로 고대사를 중심으로 만주의 역사지리에 집중했던 일본의 만주학 연구는 1930년대에 이르러 여진족과 만주족의 역사 및 팔기제도가 본격적으로 연구되면서 청조사와 만주학 연구가 결합하기 시작했다. 여기에는 일본의 만주 점령에

---

31  프래신짓트 두아라, 한석정 역, 『주권과 순수성』, 나남, 2006, 327~331쪽.
32  위의 책, 113~117쪽.

따라 청조 및 만주 관련 사료에 접근하는 것이 훨씬 용이해졌다는 점, 또한 사회전반에서 만주에 대한 관심이 더욱 고조되었다는 점이 배경으로 작용했다. 만주와 일본의 각종 학술기관 및 관련단체가 여러 가지 연구사업을 진행하면서 많은 연구자들이 만주학에 종사하게 되어 "동양사 연구자의 절반이 만주사를 한다"는 말이 나올 정도였다.[33]

1945년 이후 일본의 만주학 연구는 크게 변화했다. 전쟁의 종결과 함께 대륙에서 후퇴하면서 만주학과 관련된 국가적 지원이나 국민적 관심이 사라지고 현지에 대한 접근도 불가능해졌다. 특히나 만주학은 다른 지역보다 일본의 제국주의적 팽창과 불가분의 영역이었기 때문에 학계에서 일종의 금기가 된 반면, 마르크스주의 역사학이 강해지면서 명청시대 사회경제사 연구가 활발해졌다. 이 과정에서 일본의 청대 및 만주족 연구는 만문 사료를 중시하는 '淸朝史' 연구와 한문사료에 의존하여 청을 중국사의 한 왕조시대로 이해하는 '淸代史' 연구의 두 흐름으로 나뉘게 되었다. 1945년 이후 발전한 청조사와 관련하여 스기야마는 "만주, 즉 만주인, 만주지역, 만주어를 중시하는 시대와 문제를 다룬다는 점에서 청조·만주사라고 부를 수 있다"고 지적한다. 또한 1945년 이전의 일본 만주학이 만주어보다는 만주라는 지리적 공간에 대한 주목한 것이었음을 고려할 때, "만주어는 청조사와 청대사 연구를 구분할 뿐만 아니라 일본의 만주학 역사를 시기 구분하는 것"이기도 했다.[34]

일본의 만주학 연구자들은 1986년 '滿族史硏究會The Japanese Association

---

**33** 杉山淸彦, 앞의 글, 352쪽.
**34** 위의 글, 354쪽.

for Manchu and Qing Studies'를 설립하여 의도적으로 '만주'라는 이름을 피하고 있다. 일본의 만족사연구회는 "청조를 건국한 만주족의 역사와 언어를 중심으로 동북 유라시아 여러 민족의 문화와 청조사에 관한 연구"를 목표로 하고 있으며 "만추리아Manchuria를 대상으로 하는 지역연구가 아님"을 분명히 밝히고 있다.[35] 만족사연구회의 명칭과 목표는 오늘날 일본의 만주학이 선대로부터 물려받은 거대한 유산의 빛과 그림자를 잘 보여준다. 전후 세대의 일본 연구자들은 19세기 말 일본에서 동양사 연구가 시작된 이래 1945년까지 선배 연구자들이 제국주의의 팽창을 위해 충실히 복무해왔다는 부담으로부터 자신들을 차별화시키기 위해 부득이 '만족사'라는 중국식 용어를 사용하고 있다. 동시에 과거의 우수한 연구성과와 전통을 계승하기 위해 오늘날 일본의 만주학은 만문 사료의 중요성을 더욱 강조하고 만주라는 지역과 만주학 연구의 직접적인 연결을 피하고자 하는 것이다. 20세기 초 만선사의 유산이 21세기 초 만족사의 등장을 가져왔다고 할 수 있을 것이다.

## 3. 중국 민족주의와 만주학

일본의 동양사와 만주학이 일본의 근대적 자아인식이 형성되는 과정에서 발전했듯이, 중국의 滿學(만주학) 역시 근대적 '중국'의 형성, 그리고 이 과정에서 나타난 한족의 자아인식과 밀접하게 관련되어 발전

---

35　楠木賢道, 「일본에서 만학연구의 전통과 현황」.

했다. 그러나 만주학이 본격적으로 등장하기까지 중국은 일본보다 훨씬 길고 어려운 과정을 거쳐야 했다. 앞서 살펴보았듯이, 일본의 만주학은 근대의 일본이 동양, 특히 중국을 자신과 분리시키고, 중국의 문명을 타자화하고, 나아가 중국의 영토를 팽창대상으로 여기면서 발전했다. 반면 근대 중국은 자신의 모체인 청으로부터 스스로를 분리하고 대상화시키면서 등장한 것이었다. 따라서 만주학이라는 학문영역 역시 근대 중국이 청과 만주족을 대상화시킬 때에만 성립이 가능한 것이었다. 다시 말해 중국의 만주학은 청이 붕괴하고 그 자리에 새롭게 등장한 중국이 주체가 되어서 청과 만주족을 연구의 대상으로 삼으면서 발전한 학문이었던 것이다. 그러나 중국의 만주학이 등장하기 위한 전제, 즉 청과 근대 중국의 분리, 그리고 연구 주체와 연구 대상의 분리는 간단히 이루어질 수 있는 작업이 아니었다. 앞으로 설명하듯이, 그 과정은 여전히 현재진행형이라고 볼 수 있다.[36]

청제국이 지배하던 시기에는 만주족, 한족, 그리고 비한족들 간에 분명하게 서로 인정하고 이해하는 "중국"은 아직 존재하지 않았다. 근대 이전의 "중국"은 대략 중원, 수도, 혹은 황실을 가리킬 뿐이었고, 중

---

36  이와 관련하여 윌리엄 커비는 '중국'의 형성을 여전히 현재 진행형의 과정으로 묘사한다. "'중국'은 영토적으로는 성공적이었지만 지속적인 정치 프로젝트로서는 그렇지 못했다. 국가와 문화를 정의하려는 노력이 계속되고 있다는 점에서 '중국'은 현재 진행형이다." William C. Kirby, "When Did China Become China? Thoughts on the Twentieth Century", Joshua A. Fogel, *The Teleology of the Modern Nation-State : Japan and China*, Philadelphia : University of Pennsylvania Press, 2005, p.114. 중국의 근대 역사학의 발전과 관련하여 오병수 역시 이와 비슷한 지적을 하고 있다. 중국의 근대 역사학은 "태생적으로 청제국의 신민과 강역을 계승하면서도 인종, 강역, 문화를 매개로 한 새로운 정체성 창안을 과제로 한 것이었다. (…중략…) 동북공정과 청사의 편찬은 이것이 미완의 진행 과정임을 역설적으로 표현하고 있다." 오병수, 「중국 국민사학의 인종·강역문제 : 梁啓超·章炳麟의 만주 인식을 중심으로」, 『동북아역사논총』 14호, 2006, 41쪽.

원에 거주하는 사람들과 그곳의 정치집단을 가리키는 용어는 華·夏·漢·唐·중국 등 다양했다.[37] 그러나 20세기 전환기 청의 지식인들 사이에서 '중국'에 대한 인식, 특히 하나의 일체적이고 통일된 존재로서의 중국이라는 인식이 등장하기 시작했다. 이러한 새로운 인식의 등장은 열강의 침탈에 따른 해체, 즉 瓜分에 대한 우려에서 비롯되었고 중국의 영토적 일체성은 반드시 지켜야 할 것이라는 인식도 확산되어 갔다. '중국'과 '중국의 영토'라는 개념은 청의 몰락에 임박하여 새롭게 등장한 개념이었던 것이다. 근대적인 '중국'의 등장은 또한 청과 만주족에 대한 비판과 함께 이루어졌다. 태평천국운동은 청과 만주족에 대한 부정적 인식, 즉 이들은 정통성이 없는 부패한 이민족에 불과하며 외세로부터 중국을 지킬 능력이 없다는 한족중심주의를 공식적으로 선언했다. 이후 한족의 민족성과 비한족과의 관계는 청말 엘리트들 사이에서 핵심적인 논쟁의 대상이 되었다.[38]

이처럼 20세기 초에 새롭게 형성되기 시작한 "중국"에서 등장한 근대적 역사학은 서구 제국주의의 침탈을 극복하고 이민족인 청조와 만주족을 비판하는 움직임의 일환으로 나타났다. 중국 근대 역사학의 창시자로 여겨지는 梁啓超는 일본에서 망명하는 동안 서구 근대사학과 진화론을 접하여 새로운 개념을 흡수하고, 「中國史序論」(1901)과 「新史學」(1902)을 통해 새로운 역사학을 주창했다.[39] 그가 구상한 중국사는

---

37  Victor Mair, "The North(west)ern Peoples and the Recurrent Origins of the "Chinese" State", Joshua A. Fogel, *The Teleology of the Modern Nation-State : Japan and China*, Philadelphia : University of Pennsylvania Press, 2005, pp.52~53.

38  요시자와 세이치로, 정지호 역, 『내셔널리즘으로 본 근대 중국 : 애국주의의 형성』, 논형, 2006, 118~123쪽; 사카모토 히로코, 양일모·조경란 역, 『중국 민족주의의 신화 : 인종·신체·젠더로 본 중국의 근대』, 지식의풍경, 2004, 43~109쪽.

"중화민족의 형성 과정을 추적하고 중국이 제국과 같은 강대한 국가로 발전할 수 있는 가능성을 증명하는 것"이었다.[40] 다시 말해 梁啓超에 의해 시작된 중국의 근대적 역사학은 처음부터 한족을 중심으로 하는 것이었고, 만주족과 같은 비한족은 동화의 대상으로 설명되었다. 梁啓超보다 더 철저한 인종주의자였던 章炳麟과 같은 사람에게 역사란 한족 고유의 문화와 정체성을 복원하는 것이었음은 말할 나위가 없었다. 章炳麟은 중화민국의 강역을 漢代 華人이 활동한 범위로 제한하고 동삼성과 신강에 대해서는 이민과 개발의 기간을 두고 점진적으로 동화시킴으로써 국민국가를 이루어갈 것을 주장했다.[41] 梁啓超의 신사학 이후 傅斯年에 이르기까지 중국의 역사서술은 더욱 세련되어 갔지만, 동시에 국민이나 종족사의 지속성을 유지하고 강조하려는 노력은 더욱 강해졌다.[42]

두아라에 따르면 1912년 청제국을 무너뜨리고 등장한 중화민국은 동시기 다른 모든 국민국가와 마찬가지로 자원과 시장을 획득하기 위한 국가의 영토적 통제, 침략과 방위의 경계를 구분하기 어려운 군사체계의 구축, 그리고 영토와 사람들에 대한 제국주의를 방불케하는 민족주의적 영유권의 주장이라는 세 가지 명제에 직면해 있었다. 이 시기 지배적 민족집단인 한족은 과거의 유산, 즉 청제국의 경계를 상속

---

**39**  梁啓超의 신사학에 대해서는 오병수, 앞의 글; 신승하, 『중국사학사』, 고려대 출판부, 2000, 339~345쪽; 汪榮祖, 「梁啓超의 新史學論」, 민두기 편, 『中國의 歷史認識』 하, 창작과비평사, 1985, 651~667쪽.

**40**  오병수, 위의 글, 46쪽.

**41**  위의 글, 51~63쪽.

**42**  프라센짓 두아라, 「민족의 지구적, 지역적 구성 : 동아시아로부터의 관점」, 심재훈 편, 『화이부동의 동아시아학 : 민족사와 고대 중국 연구 자료 성찰』, 푸른역사, 2012, 38쪽.

한다는 원칙에 따라 과거 제국의 영토에 대한 소유권을 주장했다. 그러나 민족주의자들의 이러한 주장이 수용되기란 쉬운 일이 아니었다. 제국에 대한 통합은 하나의 영토적 민족에 절대적으로 속한다는 근대적 관념에 기반을 둔 것이 아니라, 공통의 종교나 여러 가지 문화적 상징들에 근거한 것이었기 때문이었다. 다시 말해 어떤 영토 혹은 세력은 하나의 국가에만 소속되어야 한다는 민국시기 국민당의 민족주의적 주장은 과거 청제국의 복수적 연계와 유연한 편입이라는 관행과 배치되는 것이었다.[43]

근대의 중화민국이 청제국의 영토적·민족적 유산을 계승하기 위해서는 어떤 방식을 택할 것인가? 크로슬리에 따르면 국민당 정부가 취한 입장은 다름 아닌 '민족적 제국주의national imperialism'였다. 국민당의 중국이 만주족의 청의 영토를 지배하는 것이 정당하다는 주장은 만주족이 한화되었다는 전제 위에서만 가능한 것이었다. 이런 주장이 이민족이 지배하는 청을 무너뜨린 국민당의 혁명논리와 배치된다는 것은 당시에 고민거리가 아니었다. 몽골과 내륙 아시아 영토에 대한 소유권 주장의 근거는 몽고는 청에 복속했고, 티베트는 원과 청의 지배를 받았으며, 타이완은 청군에 정복되었다는 것이었다. 청의 역사를 중국과 한족 통치자의 역사로 흡수하는 것은 청의 멸망 이후 이 지역에 대한 정치적 통합을 주장하는 데 유용했다. 따라서 20세기 초 국민당은 청의 만주족이 한화되었음을 강력하게 주장했다.[44]

---

**43** 프래신짓트 두아라, 한석정 역, 『주권과 순수성』, 나남, 2008, 53~56쪽.

**44** Pamela Kyle Crossley, "Nationality and Difference in China : The Post-Imperial Dilemma", Joshua A. Fogel, *The Teleology of the Modern Nation-State : Japan and China*, Philadelphia : University of Pennsylvania Press, 2005, p.148.

한족중심주의와 민족주의에 근거한 국민당 정부가 청을 무너뜨리고 만주족의 한화를 주장하던 시기에 진정한 의미의 만주학 연구란 사실상 불가능했다. 근대의 중화민국이 과거 청의 영토적·민족적 유산을 어떻게 계승할 것인가를 고민하던 20세기 초에 만주족의 언어와 역사에 대한 연구는 오히려 부정되거나 비판되어야 할 것이었다. 키청거 Kicengge, 承志가 지적하듯이 당시 '청사'가 '만주역사'로 불리지 못한 것은 중국의 청사 연구가 근대적 민족국가 건설이라는 시대적 과업과 밀접한 관계 속에서 출발했기 때문이었다. 민국시기의 청사 연구는 '중국'을 정의하기 위한 것이었고, 지배층인 만주족은 부패하고 타락한 이적으로 여겨졌던 것이다.[45] 결국 민국시기의 중국은 만주학이 발전하기에 매우 어려운 환경이었다.

만주족에 대한 부정적인 평가는 공산혁명 후에도 지속되었다. 대표적인 민족혁명사가인 李洵의 『明淸史』(인민출판사, 1965)는 華夷史觀을 바탕으로 '만족침략세력'인 만주족왕조를 비판한다. 그는 청조가 "중국의 자본주의 경제의 발전을 한 세기 후퇴시켰으며 중국 사회의 진보를 저애했다"고 결론짓고 있다. 여기에서 '청조', 즉 '滿族'의 역사는 중국과는 다른 별개의 국가의 역사로 인식되고 있다. 이러한 초기의 청사 연구는 대체로 한문사료를 중심으로 이루어졌다. 한문사료를 중심으로 하는 청사연구는 『大淸實錄』이나 『東華錄』과 같은 2·3차 자료인 한적·필기류·지방지를 중심으로 하는데, 키청거는 이러한 한문자료를 통해서는 청대의 윤곽을 이해할 수는 있지만 의도적인 편찬과 개정을 거치

---

**45** 키청거承志, 「中國における「滿族史」研究」, 『東洋文化研究』10號, 2008, 328~329쪽.

지 않은 일차자료가 아니라는 근본적인 한계가 있다고 지적한다.[46]

만주족에 대한 부정적이고 민족주의적인 평가가 지배적인 상황에서 만주어, 만주족의 종교, 혹은 문학에 관심을 기울이는 사람은 극히 드물었다. 중국의 초기 청사 연구자 가운데 만문 사료에 주목한 사람들로는 '國學大師'로 유명한 陳寅恪, 國立北平圖書館에 근무했던 李德啓, 「淸史語解」을 발표한 鄭天挺(1899~1981) 등이 있었다. 이후 만주학 연구를 주도한 인물 가운데 孟森(1869~1937)은 일본에서 수학한 후 북경대에 재직하면서 '滿洲開國史'를 강의했고 1936년 출판된 『八旗制度考實』에서 팔기조직을 체계적으로 검토했다. 이외에도 謝國楨(1900~1982), 金毓黻(1887~1962) 등이 초기 청사연구자에 속한다고 할 수 있다.[47]

1980년대에 이르러 중국의 만주학은 새로운 연구 환경을 맞게 되었다. 중국사회과학원 민족연구서에서 1988년에 출판한 『滿族史研究集』에 따르면 "만족은 모두 민족대가정의 일원이 되어 중국의 장기적인 발전과정에서 중요한 역할을 담당했다"라고 하여 과거와 달리 만주족에 대한 평가가 높아졌음을 보여준다. 이와 관련하여 키청거는 "중국의 근대사에서 내셔널리즘과 언제나 표리일체의 관계에서 만족사를 적대시하던 관점에서 벗어나 당당하게 청사를 언급하게 되었음"을 보여준다고 설명한다.[48] 그러나 키청거의 주장과는 달리, 중국의 청사와 만주학 연구는 여전히 민족주의의 틀 속에서 이루어지고 있다고 보인다.

한편 현재 중국학계에서 중국 만주학의 시조로 여겨지는 王鍾翰은

---

46 위의 글, 335~336쪽.
47 마크 엘리엇, 「중심으로서의 주변 : 만주학의 미래를 위한 서언」.
48 承志, 앞의 글, 339쪽.

2004년 중국의 청사·만족사 연구에 대한 회고에서 청사와 만족사 연구의 불가분성을 강조한다. 그에 따르면 "만족사를 연구하지 않으면 청사에서의 여러 가지 관련 문제를 제대로 이해할 수 없고, 또한 청사를 연구하지 않으면 만족사의 의의 역시 전면적으로 드러나지 못한다."[49] 그러나 王鍾翰이 이해하는 청사와 중국사, 만주족과 중국의 관계는 다소 모호하다. 그에 따르면 "20세기 초 청조통치가 쇠퇴하면서 '國史'연구의 환경에도 여유가 생겼고, 1912년 청조가 사라지면서 청사 연구와 편찬이 더욱 절박해졌다."[50] 여기에서 王鍾翰이 말하는 '국사'란 분명 "중국의 역사"를 의미하는 것으로 보이는데, 그렇다면 만주족의 청조가 쇠퇴하면서 비로소 중국의 역사의 연구가 가능하게 되었다는 뜻으로 해석할 수 있을 것이다. 적어도 王鍾翰은 만주족의 청조와 중국사를 완전히 일치시키지는 않는 것으로 보이지만, 이 점에 대해서는 다소 모호하게 암시하고 있을 뿐이다. 王鍾翰은 또한 청사·만족사 연구에서 만문사료의 중요성을 강조한다. "청사와 만족사를 전공하려 하면서 만문을 이해하지 못하고 만문 자료를 이용하지 못한다면 문제의 핵심을 파악하지 못하게 된다"고 지적하고, 만문을 포함하여 다양한 언어를 습득해야 한다고 역설한다.[51]

청사와 만주족의 관계, 혹은 청사에서 만주족의 위상에 대한 현재 중국 학계의 시각은 王鍾翰의 제자이자 현재 중국학계의 가장 권위있는 만학연구자인 劉小萌의 연구에서 잘 드러난다. 王鍾翰의 제자로서

**49** 王鍾翰,「淸史滿族史硏究百年回顧及未來展望」, 趙志强 主編『滿學論叢』1輯, 潘陽 : 遼寧民族出版社, 2011, 1쪽.
**50** 위의 글, 1쪽.
**51** 위의 글, 4쪽.

중앙민족대학에서 수학한 劉小萌은 주로 한문 자료나 한어로 번역된 만문노당에 의존하여 만주족의 역사를 탐색한다. 그의 연구 대상은 만주족이고 그들은 분명 청대사의 주인공으로 설정되어 있으며, 몽골을 비롯한 내륙아시아의 비한족과의 교류 역시 중요한 부분으로 상세히 설명되어 있다. 그러나 劉小萌이 묘사하는 만주족 흥기의 역사는 만주족 자신이 주도한 것이라기보다 주변 세력, 특히 명과의 교류와 접촉에 따른 불가피한, 하나의 예정된 결과로 서술되고 있다. 만주족은 명의 우월한 정치·문화적 역량에 이끌려 그 힘에 의지하여 성장했고, 중원으로 진입한 후에는 전통적인 중국왕조의 하나로서 역할을 다했다는 것이다. 한족의 정치적·문화적 우월성, 그리고 만주족의 궁극적 한화에 대한 劉小萌의 이해는 그의 저서의 마지막 단락에 다음과 같이 정리되어 있다.

　　각 민족의 역사적 발전과정에서 그들의 지리환경, 문화전통, 경제유형 등 역사적 조건은 다양했고 발전과정도 서로 달랐다. 그러나 이들은 모두 야만적인 상태에서 문명의 단계로 발전했고 혈연조직에서 지연조직으로 변화했으며, 원시적인 집단소유제에서 사유제로 변화했고 혈연관계에서 계급관계로 나아갔다. 각 민족의 발전의 기본적 방향은 모두 일치하였던 것이다.[52]

중국 만주학 연구자들의 이처럼 청사를 만주족의 역사로 파악하기

---

[52] 劉小萌, 『滿族從部落到國家的發展』(3판), 北京 : 中國社會科學出版社, 2006, 316쪽.

보다는 중국사의 일부로 여기고 있다는 사실은 청과 중국의 분리라는 20세기 초 근대 중국의 과제가 아직도 현재진행형이라는 앞 절의 지적을 입증한다. 중화민국 시기에 성립된 다민족국가라는 개념은 20세기를 거치면서 점차 발전하였고 오늘날 중국 연구에서 흔히 발견되는 목적론과 국민국가 중심주의의 바탕이 되었다. 목적론적 역사인식과 민족주의적 관점에 따르면, 중국이란 역사 초기의 핵심적인 요소가 부단히 진화하여 일관성을 갖추게 된 하나의 실체이며 오늘날 중국의 영토 안에서 최초의 국가가 수립된 이래 중국 역사의 모든 시기에는 오직 단 하나의 합법적인 통치권력만이 존재했다고 여겨진다.[53]

이와 같은 목적론적 역사인식의 가장 전형적인 사례는 아마도 '동북공정'일 것이다. 이미 여러 차례 지적되었듯이, 동북공정은 중국사회과학원의 中國邊疆史地研究中心에서 2002년부터 5년간 진행한 연구사업을 가리킨다.[54] 윤휘탁이 지적하듯이 동북공정은 "주로 소수민족문제와 그들이 거주하고 있는 땅(영토)과 관련"되어 있을 뿐만 아니라 중국의 '민족관과 영토관', 나아가 "역사관과 통치 이데올로기"와 밀접하

---

[53] Victor Mair, "The North(west)ern Peoples and the Recurrent Origins of the "Chinese" State", pp. 48~49.

[54] 1983년에 설립된 변강사지연구중심은 1999년에 '中國邊疆地區歷史與社會研究東北工作站'을 조직하고, 이후 중국 공산당 중앙과 흑룡강, 길림, 요녕 3성의 비준을 얻어 '東北邊疆歷史與現狀系列研究工程'에 착수했다. 동북공정의 주요 연구과제는 고대 중국 강역이론, 동북지방사, 동북민족사, 고조선·고구려·발해사, 중-조관계사中朝關係史, 동북변강 사회안정 전략, 한반도 정세변화 및 동북변강 안정에 대한 영향, 중국 동북변강과 러시아 원동遠東지구의 정치경제 관계사 및 중-러 민족문제 등이 포함되어 있다. 동북공정에 대해서는 그동안 동북아역사재단(구 고구려연구재단)에서 다양한 연구성과를 출판하였다. 대표적인 저서로는 『중국의 '동북공정', 그 실체와 허구성』, 2004; 『중국의 동북변강 연구 동향분석』, 2004; 조인성 외, 『중국 '동북공정' 고구려사 연구논저 분석』, 2010 등이 있다.

게 연결되어 있다. 중국의 '민족관과 영토관'에서 핵심적인 개념인 '중화민족'은 "현재 중국의 영토 내에 존재하는 한족 및 소수민족뿐만 아니라 과거 중국의 영토 내에 살았던 고대의 모든 민족집단"을 가리킨다. 이 '중화민족'은 '통일적 다민족국가'를 형성해 왔다고 설명되는데, 이에 따르면 "오늘날 중국의 영토 안에 존재했거나 존재하는 모든 민족은 '중국'이라는 역사공동체를 형성하는데 일정한 역할을 해왔으며, 이들은 모두 중화민족이고 그들이 세운 왕조는 모두 중국의 왕조"로 여겨진다.[55]

한편 최근 학계에서 관심을 끌고 있는 '청사공정'은 목적론적 역사인식의 또 다른 사례로 지적될 수 있을 것이다. 중국에서는 새로운 왕조가 흥기하면 전대의 역사를 기록 편찬하는 "歷代修史"의 전통이 이어져 왔음은 주지의 사실이다. 그러나 청대 역사에 대한 편찬은 1912년 왕조 멸망 후 중국 내부의 혼란한 상황으로 인해 순탄하게 진행되지 못했고, 1928년에 가까스로 출판된 『淸史稿』는 그 내용과 편찬과정의 정당성과 권위에 대한 문제제기가 끊이지 않았다. 『淸史稿』의 출판 직후부터, 그리고 중화인민공화국의 성립 이래, 청대의 역사를 다시 기록해야 한다는 요구가 계속 제기되어 오다가, 2002년에 마침내 중국

---

55  윤휘탁, 「'동북공정'이란 무엇인가」, 한석정 · 노기식 편, 『만주, 동아시아 융합의 공간』, 소명출판, 2008, 277~278쪽. '동북공정'을 둘러싼 논란에 대한 국내 역사학계의 일반적인 해석은 '중국의 영토주권과 한국의 역사주권의 대립'이다. 한편 정치학자인 이희옥은 "동북공정에 대한 우리사회의 비판은 과도한 민족주의적 정서에 기대고 있으며" 또한 "중국의 복잡하고 타산적인 의도를 지나치게 단순한 잣대로 재단하고 있다"고 지적한다. 동북공정을 진행하는 중국 정부의 주된 관심은 고구려 역사에 대한 평가가 아니라 국경지역의 안정이기 때문에 "동북아에서의 영향력 확대나 패권추구(를) 곧바로 동북공정의 전략적 배경으로 보는 것은 논리적 비약"이라는 것이다. 이희옥, 「동북공정의 정치적 논란에 대한 비판적 해석」, 『동아연구』 53, 2007, 19 · 21쪽. 동북공정에 대해 그동안 한국 역사학계가 보인 과도한 관심을 성찰해 볼 필요가 있다고 생각된다.

공산당 중앙의 비준을 거쳐 國家淸史編纂委員會가 정식으로 설립되었다. 戴逸(인민대학), 馬大正(중국사회과학원), 朱誠如(북경대학), 成崇德(인민대학) 등 중국의 대표적 청사 연구자들이 참여하는 '청사공정'은 2003년부터 10년 사업을 목표로 진행되고 있다.[56]

중국의 청사공정은 『淸史稿』를 대신할 수 있는 새로운 청사를 편찬하고 이를 중국 전통의 正史의 하나로 포함시키는 것을 목표로 한다. 청사공정의 역사적 의의는 다음의 글에서 잘 드러난다.

　　　최근 600년간 국사가 편찬된 것은 단 네 차례 뿐이었다. 첫 번째는 홍무 원년 주원장이 元史를 편찬한 것이고, 두 번째는 순치 2년 푸린(순치제)이 明史의 편찬을 명하여 옹정-건륭 연간에 비로소 완성된 것이고, 세 번째는 北洋政府 시기에 淸史의 편찬을 명하여 14년간 『淸史稿』를 집필한 것이다. 네 번째가 바로 纂修淸史工程이니 백 년만의 대사업百年不遇的盛擧이라 할 것이다.[57]

청사공정의 주임을 맡고 있는 戴逸 역시 2001년 "왕조가 바뀌면 다음 왕조가 역사를 편찬하는 것은 중국의 전통임"을 지적하고 "국가가 강성해졌으니 성세에는 역사를 편찬해야 함"을 강조한 바 있다.[58] 결

---

[56] 청사공정의 배경과 내용에 대한 분석은 이미 동북아역사재단에서 세 권의 책으로 정리되어 나왔다. 정혜중 외, 『중국의 청사공정 연구』, 2008; 유장근 외, 『중국 역사학계의 청사연구 동향 : 한국 관련 분야를 중심으로』, 2009; 김형종 외, 『중국의 청사 편찬과 청사 연구』, 2010.

[57] 國家淸史編纂會 홈페이지 '文華文史網(http://www.qinghistory.cn/qszx/index.shtml, 최종 방문일 : 2012.6.27)' 참조.

[58] 당시 부총리 李嵐淸 역시 "중화민족의 우수한 문화가 전승될 수 있게 하는 동시에 애국심을 고양시키고 중화민족의 응집력을 강화시키는 데 중요한 정신적 원천이 될 수 있다"고

국 청사공정은 중국 역대 왕조의 관찬 정사 편찬의 전통을 명백히 계승하고 있을 뿐만 아니라 중화민족에 대한 자긍심과 국가에 대한 충성심을 고취시키겠다는 정치적 목표를 공개적으로 표명한 것이다. 김형종이 지적하듯이 학술적으로는 국가주도의 역사 편찬의 전통을 계승하고 정치적으로는 역사 편찬의 지원을 통해 현재 중국의 강성함을 대내외에 과시하는 기회로 삼은 것이다. 이런 점에서 청사공정은 단순히 "학문과 정치의 가운데에서 위험한 줄다리기를 할 가능성을 내포"[53]할 뿐만 아니라, 현재의 정치적 욕망 혹은 이데올로기를 과거의 역사 서술 속에 투영시켜온 정사 편찬의 전통을 충실히 따르는 것이라고 보아야 할 것이다.[60]

청사공정은 사업의 추진배경에 정치적 목표가 있다는 점 외에도 청대사에 대한 중국학계의 평가를 가늠할 수 있다는 점에서도 주목할 만하다. 청의 역사적 위상에 대해서 혹자는 "중국은 명대에 세계 선진국가의 대열에 속했으나 19세기 중기에는 식민지·반식민지가 되었다"고 여기는 반면, 혹자는 "청조가 역대의 큰 성과를 집대성하여 여러 방면에서 이미 앞 시대를 초월하였다"고 평가한다.[61] 또한 혹자는 청이 다민족국가로서의 정체성을 형성하는 데 기여한 역할을 높게 평가하

---

언명하여 청사 찬수를 국가적 사업으로 추진하겠다는 뜻을 분명히 밝혔다. 戴逸과 李嵐淸의 언급은 각각 김형종, 「중화인민공화국에서의 청사편수 : '신청사' 편찬토론에 나타난 중국 학계의 반응 분석」(정혜중 외, 『중국의 청사공정 연구』, 동북아역사재단, 2008, 70·80쪽에서 재인용).

59 김형종, 앞의 글, 70쪽.
60 중국 정사의 역사서술과 그 속에 투영된 정치적 이데올로기에 대한 분석으로는 고병익, 「中國歷代正史의 外國列傳 : 朝鮮傳을 중심으로」, 『대동문화연구』 2, 1965; 김선민, 「'外國'과 '屬國'의 사이 : 正史를 통해 본 청의 조선 인식」, 『史林』 41, 2012.
61 김형종, 앞의 글, 111~112쪽.

면서도 동시에 만한관계의 모순이 존재했고 一國多體制의 특징을 지녔음을 강조하는 학자도 있다.[62] 다시 청의 대외관계에서 토사·번부·속국 등의 분류에 대해 학자 간에 이견이 존재하는 것이다.[63] 그러나 앞서 언급한 애국주의적 역사관과 국가 주도의 학술사업이라는 점을 고려할 때 청사공정이 청의 역사적 위상을 긍정적으로 평가하리라는 것은 어렵지 않게 짐작할 수 있다. 이 점은 강희·옹정·건륭 연간에 "경제가 번영하고 정치가 안정되고 국력이 강대하고 국가가 통일되고 판도가 공고"해졌다는 점에서 "청조는 중국역사 발전의 최고봉"이라는 戴逸의 언급에서도 확인된다.[64] 청이 중국 역사상 최대의 영토와 다양한 민족집단을 통치하였고 그 영토적·민족적 유산을 현대 중국이 모두 계승하고자 하는 이상, 청의 역사적 위상은 높게 평가될 수밖에 없는 것이다.

21세기 초 중국의 만주학은 백 년 전과 비교하여 극적으로 다른 연구 환경을 맞이하고 있다. 민국시기의 중국에게는 청을 정치적·이데올로기적으로 극복하는 것이 가장 큰 과제였다. 따라서 이 시기 만주족에 대한 관심이나 연구 역시 이러한 과제를 수행하기 위한 목적에서 이루어졌다. 반면 현재의 중국에게 청은 계승해야 할 대상이 되었다. 청과 만주족을 연구 대상으로 하는 만주학 역시 청의 긍정적 유산을 강조하는 방향으로 나갈 수밖에 없다. 그러나 20세기 초의 만주학과

<hr/>

62 김형종, 「청대 후기 정치사 연구동향과 쟁점 분석」, 김형종 외, 『중국의 청사 편찬과 청사 연구』, 동북아역사재단, 2010, 165쪽.
63 김형종, 「중화인민공화국에서의 청사편수 : '신청사' 편찬토론에 나타난 중국 학계의 반응 분석」, 정혜중 외, 『중국의 청사공정 연구』, 동북아역사재단, 2008, 103~107쪽.
64 戴逸의 언급은 김형종, 「청대 후기 정치사 연구동향과 쟁점 분석」(김형종 외, 『중국의 청사 편찬과 청사 연구』, 동북아역사재단, 2010, 189쪽에서 재인용).

21세기 초의 만주학 모두 민족주의적·애국주의적 관점에 바탕을 두고 있다는 점에서는 공통적이다. 지난 백여 년간 중국학계에서 청과 만주족에 대한 평가는 극적으로 달라졌지만, 평가의 주체인 중국의 자아인식은 여전히 민족주의에 기반을 두고 있다는 점에서 동일하다고 할 수 있다.


## 4. 맺음말: 변경사로서의 만주학

일본의 만선사와 중국의 만학이 근대 동아시아에서 형성된 만주학과 민족주의의 상관관계를 잘 보여준다면, 한국의 만주학은 어떠한가? 한국학계에서 만주지역 및 만주족의 역사에 대한 연구는 대체로 조선시대 한중관계사의 영역에서 다루어졌다고 할 수 있다. 정다함이 지적하듯이 조선과 명·청, 그리고 '나머지 이웃들'과의 관계에 대한 한국학계의 이해는 "해방과 한국전쟁 이후 '한국사'라는 학문체계가 출발했던 지점이 당대의 맥락에서 조선의 역사를 재구성한 것이 아니라 서구 혹은 일본을 통해서 들어온 근대성을 보편적 기준으로 삼아 그와 비슷한 것을 '한국사' 속에 설정하려는 근대 국민국가의 시선과 기획에 따라 만들어진 것"과 밀접하게 관련되어 있다. 조선이 중원왕조와 조공관계를 유지한 것은 선진문물을 수용하고 국가를 보전하기 위한 불가피한 선택이었다는 한국학계의 일반적인 주장은 서구적 근대성이 신봉하는 "중심과 주변을 철저하게 구별하는 이분법적인 논리를 내면화"한 결과였다. 한편 조선과 여진의 관계는 "조선을 노략질하는 오랑캐"와 "오랑캐에게 선진문물을 전파하는 조선"으로 표현되었다. 그러나 이러한 시각은 "다양한 역사적 주체들 사이에서 상호작용을 통해 형성되는 역동적이고 다원적인 관계를 자기중심적으로 영토화시켜 파악하는 일국사적 시각"이었다.[65] 한국의 조선시대 한중관계사 연구 역시 일본의 만선사와 중국의 만학에서 보이는 근대 민족주의, 그리고 그 틀 속에서 형성된 학문체계에서 자유롭지 못했던 것이다.

한국의 조선시대 한중관계사 연구 가운데 김한규의 '요동사'는 만주 지역과 그곳의 사람들을 연구의 대상으로 삼고 있다는 점에서 본문에서 분석한 만주학의 범주에 가장 가깝다고 볼 수 있다. 뿐만 아니라 '요동'이 하나의 자의적인 지역개념으로서 '만선'이나 '동북'과 같이 정치성을 띠고 있다는 점에서 김한규의 '요동사'와 그를 둘러싼 논란은 한국의 만주학과 민족주의의 관계를 이해하는 데 매우 좋은 사례를 제공한다.

김한규의 '요동사'에서 '요동'은 두 가지 다른 개념과 범위를 가리킨다. 협의의 '요동'은 요하 유역이나 요동반도를 가리키지만 광의의 '요동'은 산해관 동쪽에서 한반도의 북부를 가리킨다. 즉 역사적으로 '요동'의 위치와 범위는 시대와 상황에 따라 일정하지 않았던 것이다. 예를 들어 명대의 '요동'은 요동도사의 관할범위를 가리켰지만 청대의 '요동'은 지칭 범위가 확대되어 지금의 東三省과 대략 일치했다고 여겨진다.[66] 나아가 김한규는 '요동'의 독자성을 강조한다.

---

65 정다함, 「'한국사'상의 조선시대상 : 조선 전기를 중심으로」, 『사이間SAI』 8호, 2010, 10·46·53쪽; 정다함, 「'사대'와 '교린'과 '소중화'라는 틀의 초시간적인 그리고 초공간적인 맥락」, 『한국사학보』 42호, 2011.

66 김한규, 『요동사』, 문학과지성사, 2004, 49~61쪽.

역사상의 '요동'은 그 자체로 고유한 범주를 갖는 하나의 독립된 역사공
동체임과 동시에, 중국과 한국이라는 두 개의 서로 다른 역사공동체에게는
또 다른 존재 의미를 갖고 있었다. (…중략…) 요동에는 중원의 한인이나
한반도의 한인과는 다른, 별개의 공동체 성원들이 혹은 공존하고 혹은 서
로 융합하면서 중원이나 한반도에서 성립되는 국가들과 성격이 다른 일련
의 국가들을 창출했다.[67]

김한규의 '요동사'에 대한 비판은 "고구려사를 한국사에서 제외시켰
다"는 민족주의적 이유에서 비롯된 것이 많았지만, '요동' 개념과 '역사
공동체'의 개념에 대한 문제제기가 보다 근본적인 것이었다. 이삼성에
따르면 김한규의 '요동'은 세계학계에서 일반적으로 통용되는 개념에
혼란을 야기하고 있다. 우선 요동이라는 명칭은 남만주를 가리키는 것
이 일반적임에도 불구하고 김한규의 '요동'은 동만주와 북만주를 포함
한 만주 전체를 가리킨다는 것이다. 뿐만 아니라 몽골과 만주의 지리
적 차이를 무시하고 이를 하나의 개념으로 묶어버리고, 대신 세계학계
에서 널리 사용되는 '내륙 아시아'라는 개념을 저버리고 있다고 지적한
다.[68] 이삼성은 또한 김한규의 '역사공동체'는 민족집단과 정치체를 동
시에 가리키기 때문에 개념적인 혼란을 야기했다고 지적하고, 나아가
다양한 '역사공동체'가 공유했다고 여겨지는 역사의 내용과 수준을 증
명할 수 있는지에 대해서도 의문을 제기한다.[69]

---

**67**  위의 책, 70쪽.
**68**  이삼성, 『동아시아의 전쟁과 평화 : 전통시대 동아시아 2천 년과 한반도』, 한길사, 2009,
116~122쪽.
**69**  위의 책, 127~135쪽. 이욱진 역시 『요동사』에 대한 서평에서 "중국이나 한국과는 구별되

일본의 '만선'이나 중국의 '동북'과 마찬가지로 한국의 '요동'은 지역 개념의 자의성과 정치성을 잘 보여준다. 김한규가 자세히 설명하듯이, 요동이라는 지역 역시 명청시대와 조선시대의 사료에서 발견되는 지명이기도 하지만, 그 지명이 가리키는 범위와 함의는 시대적으로 다양했다. 그러나 '요동' 개념이 지닌 모호성과 자의성은 20세기 초 만주에서 전개되었던 제국주의와 민족주의의 충돌과 결부되면서 요동의 지역개념, 나아가 요동에 대한 연구 그 자체를 매우 정치적인 것으로 만들어버렸다. 20세기 초 일본 만주학의 발전이 '만선'의 정치성과 강하게 결부되어 있었던 것처럼, 21세기 초 중국의 만학은 '동북'의 정치성에, 한국의 만주학은 '요동'의 정치성에 함몰되어 있는 것이다. 동아시아 만주학에 담긴 이 정치성의 무게는 바로 20세기의 민족주의와 국민국가의 유산의 무게와 정확히 일치한다.

김한규의 '요동사'는 '요동'을 중국과 한국으로부터 독립된 하나의 독자적인 역사공동체로 간주함으로써 논란을 일으켰지만, 동시에 '요동'이라는 지역과 그곳에 거주했던 다양한 집단의 사람들을 전면에 부각시켰다는 점에서 높이 평가할 만하다. 중국과 한국이라는 '중심'에 주목하는 기존 연구와 달리 요동이라는 '주변'에 주목하고 이 지역의 독자적인 역사성을 강조함으로써 고구려사나 한중관계사 뿐만 아니라 변경사에도 새로운 시각을 제시한 것이다. 또한 김한규는 '요동역사공동체'를 설정함으로써 영토의 점유를 중심으로 역사를 해석하는

---

는 별개의 역사공동체가 존재했다고 단정할 수 있는지, 또한 요동에 거주했던 여러 민족들 사이에 그러한 의식적 자각이 있었는지" 의문을 제기한다. 이욱진, 「김한규『요동사』 서평」, 『중국사연구』 34, 2005, 423~424쪽.

일국사적 시각에서 벗어나 그 지역의 다양한 거주민 집단과 그들 사이에 발생한 접촉과 교류의 양상에 주목한다. 이처럼 지역이 아니라 사람을 연구 대상으로 삼는 '요동사'의 관점은 영토 중심적 관점에 매몰된 동아시아의 근대 역사학을 비판적으로 검토하는 데 매우 유용하다고 할 수 있다.

그렇다면 '요동사'는 만주학에 어떻게 기여할 수 있을까? '요동사'는 일본의 '만선사'나 중국의 '만학'과 어떤 차별성을 가질 수 있을까? '요동'을 '역사공동체'라는 보편적이지 않은 개념으로 추상화시키는 대신, 일반적으로 통용되는 '변경'과 '변경의 거주민'이라는 시각에서 접근한다면 김한규의 '요동사'는 그 의미가 새롭게 평가될 수 있을 것이다. 다시 말해 '요동'을 복수의 정치집단이 만나고 접촉하는 공간인 '변경'으로 파악하는 변경사적 관점을 적용한다면, '요동사'는 민족주의의 정치성에 함몰되는 대신 동아시아에서 민족주의가 등장하고 발전한 바로 그 공간을 대상화하는 하나의 유용한 시각이 될 수 있을 것이다.

변경사적 관점이란 인접하는 두 정치세력, 혹은 사회집단이나 문화 사이에 존재하는 경계가 모호한 공간을 인정하고, 이곳에서 발생하는 빈번한 접촉의 양상에 주목하는 것이라 할 수 있다. 또한 변경사적 관점은 이 접촉의 공간이 시기에 따라, 혹은 두 세력의 관계에 따라 변경, 국경지대, 국경으로 성격이 변화했다고 여긴다. 일반적으로 전근대 사회에서 흔히 발견되는 변경은 경계가 모호한 공간인 반면, 근대사회에서 형성된 국경은 인접하는 두 세력이 서로의 영토적 경계를 명확하게 구분하여 설정한 선을 뜻한다. 한편 두 세력 사이의 공간이 변경에서 국경으로 변화하기 전에 일종의 전환기인 국경지대의 단계를 거치게 되는데, 이때 중간단계로서 국경지대는 변경의 성격과 국경의 성격을 모두 지니게 된다고 보아야 할 것이다. 국경지대는 변경과 같은 모호한 경계를 둘러싸고 빈번한 접촉이 발생하는 공간이지만 동시에 인접하는 두 국가가 서로의 세력을 인정하고 타협하는 지점이라고 볼 수 있을 것이다.

변경사적 관점의 만주학을 가능하게 할 자료로 『琿春副都統衙門檔』을 들 수 있다.[70] 훈춘은 중국 길림성 동부에 위치한 국경도시로서, 동남으로는 러시아, 서남으로는 북한과 접경한다. 1714년부터 1909년까지 훈춘 일대를 관할한 청대의 팔기 관리들은 군정 · 민정 · 사법과 관련한 다량의 공문서를 작성했는데, 이곳에 보관되어 있던 문서들은 1900년 러시아에 의해 약탈되었다가 1956년 소련정부에 의해 반환되어 현재 중국제일역사당안관에 보존되어 있다. 이 가운데 초기의 문서는 주로 만문으로 작성되다가 중기에는 만문과 한문이 겸용되었고 후기에는 한문이 주로 사용되었다. 『훈춘부도통아문당』은 238책에 달하며 그 방대한 수량만큼 내용도 매우 다양하다. 가장 눈에 띄는 내용은 역시 훈춘 일대 병사를 관리하고 파견 · 교대하는 일 등 군사관련 업무이다. 그러나 변경사적 관점에서 주목할 부분은 조선과 관련된 내용이라 할 수 있다. 훈춘은 두만강에 인접한 국경도시로 조선인과의 접촉이 매우 빈번했기 때문에 양국 간의 범인 인도 문제, 회령 개시 문제, 범월자와 밀무역자 검거, 외국물자의 밀매 금지, 변경의 토지개간이나 목재채취 단속 등이 자주 거론되었다. 후기에는 러시아와 관련된 내용

---

70  中國邊疆史地研究中心 · 中國第一歷史檔案館 合編, 『琿春副都統衙門檔』(전 238冊), 桂林 : 廣西師範大學出版社, 2007.

도 등장하여 러시아와 중국의 국경조사와 경계비 설치, 범월 및 밀무역 단속 등이 주요 현안으로 등장했다.

훈춘의 변경적 특징은 시간성temporality, 공간성spatiality, 언어language, 그리고 사람들의 활동human agency이라는 네 가지 측면에서 분석될 수 있을 것이다. 『훈춘부도통아문당』은 18세기 초 청의 세력이 동북아시아를 넘어 중앙유라시아까지 미치던 시기에서 20세기 초 청이 쇠퇴하여 멸망할 때까지 특정한 하나의 장소에서 나타나는 시대적 특징과 변화를 통시적으로 보여준다. 다시 말해 이 자료를 통해 18세기에서 20세기까지의 시간적 변화를 한 장소에서 조망할 수 있는 것이다. 또한 훈춘이라는 국경도시가 가진 공간적 특징은 청제국의 특징을 파악하는 데 매우 유리한 지점을 제공한다. 훈춘을 포함한 동북지역은 청 황실의 신성한 발상지로서 19세기 중반까지 일반 민간인의 접근이 금지된 곳이었고, 청제국을 지키는 만주족의 근거지이자 훈련소로 여겨져 왔다. 그러나 19세기 후반 러시아를 포함한 서양 열강의 압력으로 제국의 변경이 위태로워지자 청 정부는 민간인의 변경 이주와 개발을 허용하고 이를 통해 외세를 방어하고자 했다. 1880년대 훈춘이 개발되고 漢人 뿐만 아니라 조선인 이주자들이 모여들게 된 것은 바로 이러한 시대적 흐름이 특정 지역에 대한 청 정부의 정책에 변화를 가져왔기 때문이었다.

시간성과 공간성뿐만 아니라 이 자료의 작성에 사용된 언어 역시 훈춘이 지닌 변경적 특징을 잘 보여준다. 만주어는 언어적으로 알타이어에 속하며 만주문자는 몽골문자를 차용하여 만들어진 것이지만, 만주족이 중원을 정복하기 이전부터 만주어는 한어의 영향을 크게 받기 시작했다. 청의 국경도시이자 만주족의 고향인 훈춘에서 작성된 공문서가 초기에는 대부분 만문으로 쓰였지만 후대로 갈수록 한문이 점차 지배적인 언어가 되었다는 사실은 만주족의 문화변용이 언어 사용면에서 단적으로 드러난다는 사실을 극적으로 보여준다. 또한 만주족, 한인, 조선인, 그리고 나중에는 러시아인들까지 이 국경도시를 공유하며 서로 접촉하고 융합하여 명확한 국경선을 설정하고자 하는 국가의 시도를 무력화하고 독특한 변경적 공간을 만들어냈다. 변경에서 활동한 사람들human agency의 모습, 그리고 변경과 중앙의 관계를 이해하는 데 훈춘보다 더 적절한 사례는 없을 것이다. 동아시아의 다양한 정치세력이 교류하고 경쟁하는 과정을 훈춘이라는 변경을 통해 확인함으로써 만주학의 지평이 새롭게 확대될 수 있으리라 기대한다.

# 참고문헌

마크 엘리엇, 「중심으로서의 주변 : 만주학의 미래를 위한 서언」, 고려대 민족문화연구원 초청강연, 2010.8.23.

趙志强, 「중국의 만주학 연구 현황과 평가」, 『만주학 연구의 현황과 과제』, 고려대 민족문화연구원 학술대회, 2011.4.15.

고동호, 「한국의 만주어 연구 현황과 과제」, 『만주학 연구의 현황과 과제』, 고려대 민족문화연구원 학술대회, 2011.4.15.

홍성구, 「만주 역사를 바라보는 한국적 시각의 한 모색」, 『역사와 담론』 55, 2010.

프라센짓 두아라, 「민족의 지구적, 지역적 구성 : 동아시아로부터의 관점」, 심재훈 편, 『화이부동의 동아시아학- 민족사와 고대 중국 연구 자료 성찰』, 푸른역사, 2012.

_____, 한석정 역, 『주권과 순수성』, 나남, 2006.

윤휘탁, 「'동북공정'이란 무엇인가」, 한석정·노기식 편, 『만주, 동아시아 융합의 공간』, 소명출판, 2008.

이희옥, 「동북공정의 정치적 논란에 대한 비판적 해석」, 『동아연구』 53, 2007.

정혜중 외, 『중국의 청사공정 연구』, 동북아역사재단, 2008

유장근 외, 『중국 역사학계의 청사연구 동향 : 한국 관련 분야를 중심으로』, 동북아역사재단, 2009.

김형종 외, 『중국의 청사 편찬과 청사 연구』, 동북아역사재단, 2010.

고병익, 「中國歷代正史의 外國列傳 : 朝鮮傳을 중심으로-」, 『대동문화연구』 2, 1965.

김선민, 「'外國'과 '屬國'의 사이 : 正史를 통해 본 청의 조선 인식」, 『史林』 41, 2012.

정다함, 「'한국사' 상의 조선시대상 : 조선전기를 중심으로」, 『사이間SAI』 8, 2010.

_____, 「'사대'와 '교린'과 '소중화'라는 틀의 초시간적인 그리고 초공간적인 맥락」, 『한국사학보』 42, 2011.

김한규, 『요동사』, 문학과지성사, 2004.

이삼성, 『동아시아의 전쟁과 평화 : 전통시대 동아시아 2천 년과 한반도』, 한길사, 2009.

이욱진, 「김한규 『요동사』 서평」, 『중국사연구』 34, 2005.

스테판 다나카, 박영재·함동주 역, 『일본 동양학의 구조』, 문학과지성사, 2004.

성근제, 「'東北'인가, '滿洲'인가 : 근대 동북 지역연구과제 설정의 가능성」, 『중국현대문학』 56, 2011.

신승하, 『중국사학사』, 고려대 출판부, 2000.

汪榮祖, 「梁啓超의 新史學論」, 민두기 편, 『中國의 歷史認識』 하, 창작과비평사, 1985.

오병수, 「중국 국민사학의 인종·강역문제 : 梁啓超·章炳麟의 만주 인식을 중심으로」, 『동북아역사논총』 14, 2006.

정상우, 「稻葉岩吉의 '滿鮮史' 체계와 '朝鮮'의 재구성」, 『역사교육』 116, 2010.

고바야시 히데오, 임성모 역, 『만철 : 일본제국의 싱크탱크』, 산처럼, 2004.

야마무로 신이치, 윤대석 역, 『키메라 : 만주국의 초상』, 소명출판, 2009.

요시자와 세이치로, 정지호 역, 『내셔널리즘으로 본 근대 중국 : 애국주의의 형성』, 논형, 2006

사카모토 히로코, 양일모·조경란 역, 『중국 민족주의의 신화 : 인종·신체·젠더로 본 중국의 근대』, 지식의풍경, 2004

나카미 다츠오中見立夫, 「地域槪念의 政治性」, 『アジアから考える-交錯するアジア, 東京 : 東京大學出版會, 1993(나카미 다츠오中見立夫, 김준영 역, 「地域槪念의 政治性」 『만주연구』 9, 2009).


中見立夫, 「日本的「東洋學」の形成と構圖」, 岸本美緒 編, 『「帝國」日本の學知』 제3권, 『東洋學の磁場』, 東京 : 岩波書店, 2006.

_____, 「日本の東洋史學黎明期のおける史料への探求」, 『神田信夫先生古稀記念論集 : 淸朝と東アジア』, 山川出版社, 1992.

杉山淸彦, 「大淸帝國史硏究の現在 : 日本における槪況と展望」, 『東洋文化硏究』 10, 2008.

白鳥庫吉, 「後藤伯の學問上の功績」, 『白鳥庫吉全集』 10卷, 東京 : 岩波書店, 1970.

寺內威太郎, 「「滿鮮史」硏究と稻葉岩吉」, 『植民地主義と歷史學-そのまなさしか殘したもの』, 東京 : 刀水書房, 2004.

矢野暢, 『冷戰と東南アジア』, 東京 : 中央公論社, 1986.

承 志, 「中國における「滿族史」硏究」, 『東洋文化硏究』 10號, 2008.

王鍾翰, 「淸史滿族史硏究百年回顧及未來展望」, 趙志强 主編 『滿學論叢』 第1輯, 瀋陽 : 遼寧民族出版社, 2011.

劉小萌, 『滿族從部落到國家的發展』, 北京 : 中國社會科學出版社, 2006.

William C. Kirby, "When Did China Become China? Thoughts on the Twentieth Century", Joshua A. Fogel, *The Teleology of the Modern Nation-State : Japan and China*, University of Pennsylvania Press.

Victor Mair, "The North(west)ern Peoples and the Recurrent Origins of the 'Chinese' State", Joshua A. Fogel, *The Teleology of the Modern Nation-State : Japan and China*, University of Pennsylvania Press, 2005.

Pamela Kyle Crossley, "Nationality and Difference in China : The Post-Imperial Dilemma", Joshua A. Fogel, *The Teleology of the Modern Nation-State : Japan and China*, University of Pennsylvania Press, 2005.

# 20세기 초 중국의 인류학과 묘족 신화연구 *

홍윤희

## 1. 머리말

풍경 하나

1998년 하북성河北省 회래현懷來縣의 탁록涿鹿에 위치한 중화삼조당中華三祖堂이 문을 열자, 이 날 묘족苗族 천여 명이 귀주성貴州省에서 이곳까지 참배를 오는 사건이 벌어졌다. 황제, 염제와 나란히 중화삼조로 모셔진 자신들의 조상신 치우蚩尤를 배알하기 위해서였다.

치우는 월드컵에서 붉은 악마의 깃발이 곳곳에 펄럭이면서 우리에게도 낯설지 않은 신이 되었다. 우리나라에서는 주로 재야 사학자들에 의해 동이족의 위대한 조상 치우천황蚩尤天皇으로 알려져 있다. 하지만 중

---

\* 이 글은 『中國語文學論集』 44호(중국어문학연구회, 2007)의 「1930년대 중국의 인류학과 苗族신화연구에 있어서의 '민족'표상」을 수정 · 보완한 것이다.

국에서 치우는 대표적인 남방 소수민족 중 하나인 묘족들이 자신들의 조상으로 여기는 신이다. 그런데 정작 치우는 묘족들의 조상으로서가 아니라 중국 역대로 가장 위협적이고 흉악했던 반란군의 우두머리로, 중화민족의 위대한 시조 황제黃帝에게 반항한 못된 신으로 더 유명하다. 구리로 만들어진 머리에 이마는 쇠, 머리에는 소뿔이 달려 있었다고 하며, 모래나 돌, 쇳덩이 같은 것을 주식으로 삼았고, 잔혹한 성격에, 갖가지 무기를 잘 만들었다고 한다. 거의 괴물에 가깝게 그려지는 그 무시무시한 신, 하지만 결국 탁록에서 황제에게 죽임을 당했다고 하는 신이 바로 치우이다. 중심부의 문헌기록이 승자의 입장을 대변하게 되고, 주변부로 밀려난 패자는 처참할 정도로 부정적 이미지가 덧씌워지곤 하는 경향을 가장 극명하게 보여주는 예가 바로 황제와 치우의 신화라고 할 수 있다.[1]

그런데 한족漢族의 전통시기 문헌에서 흉악하기 짝이 없던 치우가 '황제의 자손' 또는 '염황炎黃의 자손'으로 자처하는 중화민족의 시조를 모시는 거룩한 전당에 황제 · 염제와 나란히, 그것도 국가에서 '탁록'이라고 지정한 자신의 패배의 현장에 모셔지게 된 것은 도대체 어찌된 일일까?

---

[1] 예를 들어 다음과 같은 기록이 있다. "치우가 처음으로 난을 일으키니 그 영향이 일반 백성에게까지 미쳐, 도덕질하고 남을 해치지 않는 자가 없게 되고, 경솔히 사악한 행동을 하고 도처에서 난을 일으키며 남의 것을 강탈하고 사기를 쳐댔다. 苗民이 정령을 따르지 않고 형벌로 다스리며, 다섯 가지 잔혹한 형벌을 제정하고는 법이라고 하였다. 무고한 사람을 죽이고 귀를 베는 형벌刵, 코를 베는 형벌劓, 궁형椓, 묵형黥 등을 함부로 행하여, 죄 없는 자를 함부로 살육하며 항변의 기회도 주지 않았다. 백성도 점차 악에 물들어 무리를 지어 악행을 저지르니, 신의가 없어지고 신에 대한 맹세도 자주 번복했다. 잔학하게 백성들을 살육하니, 백성들은 그들의 무고함을 하늘에 호소했다. 상제께서 사람들을 살펴보니 향기로운 덕행은 없고 형벌로 인한 피비린내뿐이었다. 상제께서는 살육당하는 자들의 무고함을 가엾게 여기시어, 위엄으로 잔학함을 보복하고 묘민을 멸절시켜 땅 위에서 대를 잇지 못하게 했다."『尙書』「周書 · 呂刑」.

# 풍경 둘

1933년 5월 초, 30대 초·중반의 패기 넘치는 중국인 인류학자 두 사람 링춘성凌純聲과 뤼이푸芮逸夫가 상서湘西지역의 봉황鳳凰, 건성乾城, 영계永溪(지금의 화원현花垣縣) 등 묘족지역으로 현지조사를 떠난다. 몇 달 동안 링춘성은 묘족지역의 지리와 묘족의 생활, 습속, 가무 등을 조사하였고, 뤼이푸는 언어, 가요와 민담 등을 수집하고 연구하였다. 뤼이푸는 자신이 조사한 묘족들의 민담을 바탕으로 1936년 12월 한 편의 논문을 썼고 이 논문은 1938년 『인류학집간人類學集刊』 제1권 제1기에 실리는데, 그것이 바로 이후 묘족신화 연구와 복희·여와 신화연구에 지대한 영향을 끼치게 된 「묘족의 홍수이야기와 복희·여와의 전설苗族的洪水故事與伏羲女媧的傳說」이었다. 이후 1930년대 말 우쩌린吳澤霖, 추투난楚圖南, 창런샤常任俠, 마창서우馬長壽, 천궈쥔陳國鈞 등에 의해 묘족의 기원과 조상 신화에 대한 연구논문들이 이어지고, 결국 1940년대에 원이둬聞一多의 유명한 『복희고伏羲考』가 쓰였다.

놀랍게도 이들이 소개하는 묘족 신화 그 어디에도 치우는 없다. 링춘성과 뤼이푸가 1939년에 써낸 『상서묘족조사보고湘西苗族調查報告』[2]의 제 10장 '고사故事'의 신화, 전설, 우언 그 어떤 이름으로도 치우의 이야기는 없다. 묘족이 자신들의 위대한 시조로 여기고, 한족의 문헌에서도 대단한 악당으로 심심찮게 등장하던 그 치우의 이야기가 정작 현지조사 기록에서는 전혀 찾아볼 수가 없다니 이것은 어떻게 이해해야

---

2  1939년에 탈고했지만 일본의 침략으로 정국이 혼란스러워 이 책은 1947년에 가서야 商務印書館의 『중앙연구원 역사언어연구소 단행본 甲種 18』으로 출판되었다.

할 것인가?

이 글은 이상의 두 가지 기묘한 풍경에서 출발하여, 1930년대 후반 중국 서남부를 중심으로 왕성하게 일어났던 소수민족에 대한 인류학적 조사와 그 속에서 다뤄진 묘족신화담론을 살펴보고자 한다. 즉 이 시기에 어떻게 해서 인류학적 조사가 활발하게 일어나게 되었는지, 그들은 왜 특히 묘족에 집중하였는지, 그들은 왜 홍수남매혼 신화에 그토록 치중하였는지, 왜 치우에 대해서는 일언반구도 없었는지, 그것을 통해 항전기抗戰期(1937~1945) 중국인들이 표상한 민족은 어떤 모습을 하고 있는지에 대한 실마리를 잡아가고자 한다.


## 2. 20세기 초 중국의 인류학과 신화담론

중국인의 문헌에 처음 '신화神話'라는 말이 쓰이기 시작한 1903년은, 중국의 인류학 역사에 있어서도 중요한 해이다. 이때 하버랜드Michael Haberland의 *Ethnology*가 린수林紓와 웨이이魏易에 의해 『민종학民種學』이라는 제목으로 번역되면서 민족학·인류학적 지식이 중국에 유입되기 시작했다. 엄복이 스펜서의 *The Study of Sociology*를 번역한 『군학이언群學肄言』이 출간된 것도 1903년이었고, 일본인 도리이 류조鳥居龍藏가 현지조사 후 쓴 『귀주 묘족의 상황조사調査貴州苗族之情形』등의 책이 출판된 것도 1903년이었다. 중화민국이 성립된 후에는 1913년 북양 정부 교육부 대학에 '인류학과 인종학' 과정이 포함되었고, 북경대학에 처음으로 인류학과가 설치되었다. 1918년에는 중국인이 저술한 최초의 인류학교과서로 체질 인류학의 색채를 띤 천잉황陳映璜의 『인류학人類學』이 출판된다.

하지만 중국에서 인류학이 본격적으로 독립된 학과로 서게 된 것은 1928년 중앙연구원 사회과학연구소 민족학조가 성립되면서부터라고 할 수 있다. 그 움직임의 중심에 서 있던 사람은 역시 북경대학 학장 차이위안페이蔡元培이다. 1927년 남경 정부가 성립한 뒤, 1928년 차이위안페이 등을 중심으로 민족, 사회, 농촌 조사 및 민족학 박물관 건설을 목적으로 한 중앙연구원 사회과학연구소가 상하이에 설립된 것이다. 차이위안페이를 소장으로 링춘성, 독일인 예거F. Jaeger, 상청쭈商承祖, 린후이샹林惠祥 등이 중심 연구원이 되었다. 차이위안페이는 1926년 "민족학이란 각 민족의 문화를 고찰하여 기록하거나 비교하는 학문이다"라고 정의하고, 기록 중심은 민족지학ethnography, 비교 중심은 민족학ethnology으로 간주하였다. 그의 '민족지학'이라는 개념이 보여주듯, 채원배는 1920년대 말, 중국내의 필드워크를 장려하여 중국 민족학과 인류학 초창기에 큰 영향을 미친다.

한편 1920년대 후반에는 북양군벌의 압박을 피해 북경에서 새로운 혁명의 중심지였던 광주廣州로 학자들이 대거 이동함에 따라 인류학의 중심도 광주로 이동한다. 1927년 중산대학中山大學에서는 구제강顧頡剛이 주축이 되어 중국 최초의 민속학회를 설립하고 기관지인 『민속주간民俗週刊』을 발행하였고, 이런 움직임은 항주杭州·하문厦門을 거쳐 전국 각지로 퍼져 나가, 민속학과 민간문예에 관련된 글들이 관련 잡지에 실리고 단행본으로 나오기도 했다.[3] 또한 중산대학에서는 1928년 언어역사연구소가 세워져 푸쓰녠傅斯年, 구제강 등이 중심이 되었고, 민국 초부터 동북지방에서 연구를 시작했던 러시아인 시로코고로 프S. M. Shirokogorov도 중산대학으로 옮겨오면서 이곳은 서남 변경 소수민족 연구의 중심이 되었다.

그런데 이들의 민족연구나 인류학적 활동은 신화 연구와는 거의 직접적 관련이 없이 이루어졌다. 가요, 전설, 동화, 속담 등의 이름으로 수집된 민간문학 자료들은 적지 않았지만, '신화'라는 이름으로 수집된 자료들은 1920년대까지는 거의 전무하다시피 했다. 『민속주간』만 보아도 정간되기 전까지 '신화'라는 이름으로 수집된 것들은 11~14기에 '민간신화' 7편, 31기에 '조주潮州의 민간신화' 2편, '신화적 전설' 2편뿐이다. 그리고 이후 110회가 넘게 발행되는 동안 '신화'라는 이름으로 수집된 민간고사는 없었다.

오히려 인류학이 중국 신화연구에 직접적으로 영향을 미친 것은 문학가이자 대표적 신화연구자였던 마오둔茅盾의 신화연구에서 찾아 볼 수 있는데, 그것은 현지조사와 관련 없이 주로 한족 중심의 문헌신화 연구에 적용된 것이었고, 거의 타일러와 랭의 이론에 집중되어 있었다.[4] 1920년대 중국의 가장 뛰어난 신화연구자인 마오둔은 자신의 대표작 『중국신화연구ABC』의 저술 목적이 "앤드류 랭의 이른바 인류학적 방법과 유형이라고 말한 이론에 근거하여 잡다한 중국신화자료를

---

**3** 홍윤희, 「중국근대 신화담론 형성 연구」, 연세대 박사논문, 102쪽.

**4** 馬昌儀는 인류학파의 신화학은 유럽과 일본에서 성행하다가 20세기 초, 중국으로 전파되어 새로운 사조를 추구하던 진보적 지식인들에게 받아들여져 5·4 전후 중국의 신화 연구가 탄생하는데 깊은 영향을 끼쳤다고 한다(馬昌儀, 「人類學派與中國近代神話學」, 『二十世紀民俗學經典 : 學術史卷』 78쪽). 1920~30년대에는 周作人, 茅盾, 鍾敬文, 趙景深, 楊成志 등에 의해 인류학과 신화학 이론이 번역되고 소개되었는데, 1920년대에는 그중에서도 타일러E. B. Tylor와 랭Andrew Lang의 이론에 집중되었다.

측정하고 분석하는 것"이라고 밝힐 정도였고, 1928년 『문학주보文學週報』에 「인류학파의 신화기원에 대한 해석人類學派神話起源的解釋」이라는 글로 랭의 신화이론을 전반적으로 다루기도 하였다.

타일러와 랭의 관점은 기본적으로 19세기 후반 영국과 유럽 대륙에서 본격적으로 떠오른 진화론적 인류학의 경향을 보여준다.[5] 그런데 여기서 염두에 두어야 할 것은 진화론이 지닌 양가성이다. 진화론은 문명과 야만이라는 대립적 발상과 맞물려 있지만, 현대의 문명인이 야만인으로부터 진화해 온 것이며 이것이 모든 인류에게 공통적이라는 사고는 이 양자 사이에 넘어설 수 없는 큰 격차가 있는 것이 아님을 반증해주기도 한다. 단지 진화의 속도가 달랐을 뿐, 현존하는 야만인은 문명인의 기원을 비춰주는 거울이 된다. 다른 한편, 진화론이 인종의 차이를 강조하는 논의로 향하게 되면, 인종론이 기본적으로 '피'와 '풍토'에 근거하는 분류이니만큼 인종 사이의 격차라는 것은 결코 뛰어넘을 수 없는 고질적인 것으로 간주되기도 한다. 그리고 이런 양가성은 마오둔의 신화담론에 있어서도 은연중에 드러나고 있다.

---

5  예컨대 랭의 대표적 저서인 *Myth, Ritual and Religion*(1887)의 이론적 요지는 다음과 같다. 인류의 생활·사상·신앙이라는 것은 진화론적으로 발달해 왔던 것이므로, 현존하는 미개민족의 상태는 우리 문명인들도 한번은 통과한 상태이다. 그렇기 때문에 미개인의 입장에서 보면, 그들의 생활·사상·신앙을 구성하고 있는 것은 모두 합리적인 요소일 뿐, 조금도 불합리할 것이 없다. 그러나 이 상태를 통과한 문명인의 입장에서 보면 불합리한 요소가 나타나게 되는 것이다. 이와 같이 신화도 그 발생시기에는 그 민족에게 있어 합리적 요소였던 것이, 문화의 진화에 따라 그 생활·사상·신앙에 변화가 생기고 신화의 기원이 잊히면서 차차 불합리한 것으로 여겨지게 된 것이다. 문명인의 신화에 풀 수 없는 요소가 있는 것은 그 민족이 현존하는 미개민족과 같은 문화단계에 있었던 시대로부터의 잔재일 뿐이다. 그러므로 현존 미개인의 신화를 찾아 문명인의 선조의 신화와 비교 고찰하면 해석의 시사를 얻을 수 있을 것이다. 大林太良, 兒玉仁夫·권태효 역, 『신화학 입문』, 새문사, 1996, 27쪽.

그가 중국신화연구에 있어서 가장 주력한 것은 중국신화의 복원과 중국신화의 체계를 재구再構해 내는 것, 그리하여 중국신화를 문명민족의 아름다운 신화로 만들어내는 것이었다. 그런데 그가 중국 신화를 복원하는 데 있어서 기본 원칙은 랭의 제시한 인류학적 신화론의 기본 전제, 즉 "원시신앙과 원시생활에 부합하는 것", 즉 신화의 '원시성'이었다. 그리고 이렇게 하여 복원되는 신화는 문명민족의 미화된 신화가 아닌 야만민족의 "여전히 원시적인 형식"의 신화가 되어야 한다. 그가 복원해내는 것이 이미 '문명화' 과정을 거친 신화라면[6] 이것은 그가 역설한 신화의 가치와도 배치된다.[7] 하지만 그가 복원하고자 하는 중국신화의 모범은 그리스 로마에 있었다. 그는 『산해경山海經』과 『초사楚辭』에서 『신통기』를 찾고, 『일리아드』・『오딧세이』를 찾고자 했다.

신화복원의 문제에서 도출되는 이런 갈등의 지점은 오랜 역사와 문화를 가진 중국이 문명국이어야 한다는 자존의식과, "노란 머리에 파란 눈을 하고 무장을 한" "그들의 눈"에 중국인은 "누런 얼굴에 검은 머리, 낮은 코를 가진" "열등한 민족"으로 비춰질 뿐이라는 절망감[8]이 마오둔

---

6 실제로 마오둔은 중국신화에서 제우스에 해당하는 신을 찾고자 하고, 중국의 『신통기』를 이루어내며, 『산해경』과 『초사』 등을 중국신화의 『일리아드』 『오딧세이』라고 하며 문명화된 체계신화에 대한 욕망을 끊임없이 드러내고 있다.

7 자세한 내용은 홍윤희, 「인류학과 茅盾의 신화연구」, 『중국어문학논집』 31호, 중국어문학연구회, 2005 참조.

8 이상 따옴표 인용부분은 마오둔이 1925년 5・30사건에 대해 기록한 산문, 「五月三十日的下午」(『茅盾全集』 11, 『散文1集』, 人民文學出版社, 1984, 16쪽)에서 따온 것이다. 1925년 초, 상하이와 칭다오 등지에서 일본방적공장 노동자들의 대규모 파업이 진압당하고, 5월 15일 노동자 구정홍顧正紅이 공장 대표와의 상호 교섭 중 총에 맞아 숨지는 사건이 일어난다. 이에 시내 노동자들과 학생, 시민들이 크게 분노하여 5월 30일 상하이 학생들과 시민 1만여 명이 난징루의 공공조계에서 노동자들을 지지하며 조계의 반환을 호소했다. 이때 영국 경찰의 발포로 10여 명이 죽고, 무수히 많은 사람들이 부상을 당했다. 전국을 놀라게 하고 반제국주의 운동의 기폭제가 된 5・30참사는 이렇게 발생했고, 당시 상하이

에게서 교차하고 있었음을 보여주며, 이것은 1920년대 중반까지만 해도 중국에서 진화론이 던져준 문제의 중심이 '백인종 : 황인종 = 문명 : 야만'이라는 구도에서 벗어나는데 있었음과 무관하지 않다. 하지만 20년대 말부터 30년대 후반 항전시기로 들어서는 시점에는 (같은 황인종인) 일본군의 침략과 그 시기 독특한 변강의식 등으로 인해 '문명 : 야만'의 관념의 중심이 '한족 : 소수민족'으로 점차 옮겨가게 된 것으로 보인다.

## 3. 1930년대 서남부 민족에 대한 인류학적 조사

앞서 언급한 중앙연구원 사회과학연구소는 차이위안페이를 중심으로 1928년에 설립된 후 그 아래 법제학, 경제학, 사회학, 민족학의 네 조를 두었는데, 그중 민족학조는 다음과 같은 과제를 맡았다. ① 광서廣西 능운凌雲 요족瑤族의 조사와 연구 ② 대만 고산족高山族의 조사와 연구 ③ 송화강松花江 하류 혁철족赫哲族의 조사와 연구 ④ 세계 각 민족의 결승結繩 기록과 원시문자의 연구 ⑤ 외국 민족 명칭의 한역漢譯 ⑥ 서남 소수민족 연구자료 수집.

차이위안페이의 주관하에 중앙연구원의 연구원들은 차례로 광서 요족, 대만 고산족, 송화강 혁철족, 상서 묘족 등에 대한 현지 조사를 하였고, 그 성과로 『광서능운요인조사보고廣西凌雲瑤人調査報告』(예거, 상청쭈), 『대만번족조사보고제요臺灣番族調査報告撮要』(린후이샹), 『대만번족의 원

---

에 머물던 마오둔은 백인 무장경찰들이 '華人'들에게 가하는 폭력을 목도한 것이다.

시문화臺灣番族之原始文化』(린후이샹),『송화강 하류의 혁철족松花江下游的赫哲族』(링춘성)과『광서요족노래의 음 표기廣西瑤歌記音』(자오위안런),『항양가착정가會洋嘉錯情歌』(위다오취안) 등이 쏟아져 나왔다. 그리고 링춘성과 뤼이푸의『상서묘족조사보고』도 그 일환으로 이루어진 대표적 성과였다. 이런 성과들은 1920년대 북경대 가요연구회나 고사변신화학파와는 다른 인류학파의 탄생을 선포하는 것이었다. 1920년대 북경대 가요연구회에서 주도한 민가수집운동이 주로 지인을 통하거나 독자의 투고 형식으로 이루어졌다면, 1933년 링춘성과 뤼이푸의 상서 묘족 조사는 중국 최초의 계획적이고 체계적인 현지조사였다고 할 수 있다.

여기에는 1920년대 말부터 1930년대에 중국에 유입된 새로운 인류학 유파의 영향을 간과할 수 없다. 래드클리프 브라운과 말리노프스키로 대표되는 기능주의 인류학이 중국에 유입된 것이다. 예를 들어 하버드대학과 밀접한 관계를 가지고 서구학문의 성과를 적극적으로 받아들였던 연경대학燕京大學에는 1919년 사회학과를 신설하였는데, 교원들의 반은 외국인이었고 나머지 대다수는 해외유학을 마치고 온 중국인이었다. 이 시기 대표적 인류학자인 우원짜오吳文藻는 1925년 뉴욕 콜롬비아대학에 가서 보아스에게 인류학을 배우고 귀국하여 연경대학 사회학과 주임을 맡는다. 그가 주임으로 있는 동안 시카고대학에서는 이 과에 우수한 방문학자들을 상당수 파견했는데 그중에는 르버트 파크(1931~1932년 방중)나 래드클리프 브라운(1935년 방중)도 있었다. 『중화민족다원일체구조中華民族多元一體格局』라는 책으로 현 중국의 민족주의의 이론틀을 제공한 페이샤오퉁費孝通 역시 그 당시 우원짜오의 지도 아래 사회학을 배웠고, 방문학자였던 로버트 파크의 지도를 받았다.

그는 연경대 졸업 후 다시 청화대학 사회학 · 인류학 대학원에서 인류학을 연구했는데 이때 청화대학의 집중 강의에 소개된 래드클리프 브라운의 사회인류학적 구조 기능주의에도 공감하게 되었다. 이후 아내와 함께 떠난 현지조사에서 아내를 잃고 실의에 빠진 그는 1936~1938년 사이 런던대학에 유학하게 되는데 이때 기능학파의 태두 브로니슬라우 말리노프스키에게서 다시 인류학을 배운다.[9]

우원짜오도 1936년에 유럽과 미국을 방문했는데, 그때 프랑스 민족학파의 마르셀 모스나 말리노프스키를 만난다. 모스나 말리노프스키 모두 필드워크를 중시했던 것으로 유명한데, 이들의 영향은 우원짜오에 그치지 않고 중산대학의 양성즈나 중앙연구원의 링춘성 등에게도 깊은 영향을 끼쳤다고 한다.

한편 7 · 7사변 후 중국 국토의 반이 일본 제국주의에 짓밟히자 북방과 연해의 많은 대학들이 전란을 피해 서남으로 옮겨왔다. 중앙연구원도 사천四川 남계현南溪縣으로 옮겨왔고, 북경대학 · 청화대학 · 천진天津 남개대학南開大學은 운남성雲南省 곤명昆明으로 옮겨와 함께 서남연합대학西南聯合大學을 이루었다. 서남지역은 중국 학술의 중심지가 되었고, 이러한 새로운 형국에서 민족학자, 고고학자, 인류학자, 사회학자, 역사학자, 민속학자 할 것 없이 너도나도 서남 변강의 소수민족에 주의를 기울였다.

그런데 그 많은 소수민족들 중에서도 가장 주목받은 것은 묘족이었

---

9  페이샤오퉁은 1930년대 인류학이 지닌 지적 폭력성을 일찌감치 감지하고 진화론적 사고의 문명 / 야만의 이분법에 대해 비판적 시각을 가지고 있었다고 하는데, 그러한 그의 시각과 연관선상에서 중화인민공화국 성립 이후 그의 삶의 여정이나 민족적 관점을 이해하기는 쉽지 않다.

다. 그 이유는 무엇이었을까? 물론 1927년 이후 북경에서 광주로 딘속학 운동의 중심이 옮겨졌고, 1930년대 중반 이후 많은 지식인들이 대거 서남부로 은신한 상황에서 그만큼 접근이 용이했다는 현실적인 원인을 첫 번째로 꼽을 수 있을 것이다. 또한 앞서 언급했듯 서남부가 중국에서 가장 다양한 소수민족이 남아 있는 지역이라는 점도[10] 그들의 관심을 끌기에 충분한 원인제공을 했을 것이다. 또한 당시에는 지금처럼 소수민족에 대한 이해가 심화되지 않았기 때문에 '묘족'이라는 말은 서남부 민족을 통칭하는 경우에도 쓰이곤 했다. 하지만 '묘족'은 다른 민족과 구분되는 하나의 민족을 지칭하는 것이기도 했다. 그렇기에 서남부 민족 중에서도 왜 그토록 묘족에 집중했는가 하는 질문에는 지리적인 접근 용이성 등의 정황만으로는 설명이 부족하다.

묘족이 주목받은 것은 우선 20세기 초 혁명파와 개량파 등에 의해 공통적으로 제기되었던 한족서래설漢族西來說, 그리고 그와 더불어 원래 중국 본토에 살고 있던 원주민을 묘족이라고 보았던 것과 무관하지 않을 것이다. 예를 들어 장관윈張觀雲은 묘족에 대해 이렇게 말한 바 있다.

우리 종족에 앞서 중국의 주인공은 누구였을까? 바로 묘족이다. 묘족은 처음에는 중국의 내지에 살았지만 그 후 패퇴하고 쇠락하여 중국 남부의 한 구석에 살게 되었다.

묘족이 동남양東南洋 각 종족과 관련이 있는지의 여부와, 우리 종족과 혈통적으로 섞임이 있었는지의 여부는 인류학에서 연구해볼 문제이다. 즉

---

10  현재 서남부를 중심으로 거주하는 소수민족으로는 苗族, 彝族, 白族, 布依族, 侗族, 哈尼族, 瑤族 등으로 중국에서 가장 다양한 소수민족들이 살고 있는 지역이라고 할 수 있다.

옛 민족을 고찰하고자 하면 우선 묘족의 유래와 그들이 분산되고 이동한 곳을 연구해야만 한다. 어쩌면 이로 인해 동방 인류학에 있어 일대 발명이 이루어질지도 모르는 일 아닌가.[11]

즉 화하족이 중원을 차지하기 전 중원에 살던 토착민이 바로 묘족이었다는 것이고, 그런 점에서 묘족은 중국에서 한족 다음으로 중요한 민족적 구성으로 부각된 것이라고 할 수 있다. 이런 입장은 항전기 묘족신화를 연구한 학자들에게서도 유사하게 드러난다. 예컨대 우쩌린도 "묘족은 처음에 화중 지역에 분포해 있다가 나중에 한족의 압박을 받아 점차 남쪽으로 이동했다"고 보았고, 추투난은 이들이 바로 "중국의 옛 주인"이며, "서남민족은 대부분 한족이 동쪽으로 이동하여 남쪽으로 내려오기 이전 중국의 원시적 토착민, 또는 원시민족"이라고 하였다. 그래서 "묘이苗夷가 도망간 곳이나 귀착지는 그들의 독특한 문화와 전통을 가지고" 있으며, "그들에 대한 객관적인 연구와 정확한 이해가 과거 문헌상의 많은 착오를 바로잡아줄 수 있을 뿐 아니라 종족간의 많은 편견과 오해를 없애줌과 동시에 중국 문화의 연원과 혈연의 일부를 추적할 수 있게 해 준다"고 보았다.[12] 이렇듯 서남지역은 민족적으로 이질적 타자가 많은 변강으로, 묘족은 중국의 민족적 정체성을 밝히는데 반드시 고려해야 할 참조항으로 간주되었다고 할 수 있다.

---

11  蔣觀雲, 「中國上古舊民族之史影」, 『新民叢報』 31, 馮紫珊, 1904, 29쪽.
12  楚圖南, 「中國西南民族神話之硏究」, 『西南邊疆』, 447~449쪽 참조.

## 4. 항전抗戰 전후 묘족 신화연구에서 한漢 · 묘苗관계론
### : 문화교류설, 민족동화설, 그리고 동일기원설

서남부 소수민족에 대한 인류학적 조사가 활발하게 일어나고 그중에서도 서남부의 가장 대표적 민족이었던 묘족에 관심이 집중되면서 1930년대, 특히 항전시기를 전후한 30년대 후반에 들어서 묘족신화에 대한 연구 열풍이 일어난다. 20세기 중국 신화학을 총결산한 대표 논문집 『중국신화학문론선췌中國神話學文論選萃』에는 항전시기에 쓰인 논고 중 대표적인 20편을 선정하여 싣고 있는데 그중 적어도 10편 이상의 글이 서남 소수민족 신화와 관련된 논문이고, 그중 7~8편이 직접적으로 묘족신화에 관련된 논문이다. 논문을 선정한 사람의 개인적 취향이 반영되었다고 해도, 이 정도면 묘족신화 연구 열풍이라고 해도 지나친 말은 아닐 것이다. 그 대표적인 논고들을 발표된 시기순으로 열거해 보면 다음과 같다.

① 芮逸夫, 「苗族的洪水故事與伏羲女媧的傳說」, 『人類學集刊』 第1卷 第1期, 1938.

② 吳澤霖, 「苗族中祖先來歷的傳說」, 『革命日報 · 社會旬刊』 第4~5期, 1938.

③ 楚圖南, 「中國西南民族神話之硏究」, 『西南邊疆』 1 · 2 · 7 · 9期, 1938~1939.

④ 常任俠, 「重慶沙坪壩出土之石棺畫像硏究」, 『時事新報 · 學燈』 第41~42期, 1939(『說文月刊』 第1卷 第10~11期 合刊, 1940).

⑤ 馬長壽, 「苗瑤之起源神話」, 『民俗學硏究集刊』 第2期, 1940.

⑥ 陳國鈞, 「生苗的人祖神話」, 『社會硏究』 第20期, 1941.

⑦ 聞一多, 『伏羲考』(이 글은 40년대 초부터 원이둬가 쓴 신화논문들, 「인

수사신상을 통해 용과 토템을 논하다從人首蛇身像談到龍與圖騰」,『人文科學學報』제1권 제2기, 1942;「전쟁과 홍수戰爭與洪水」;「한족과 묘족의 종족관계漢苗的種族關係」;「복희와 조롱박伏羲與葫蘆」,『文藝復興·中國文學研究專號』, 1948 등을 모은 것이다. 원이둬가 세상을 떠난 후, 1948년 주쯔칭朱自淸이『원이둬전집聞一多全集』을 펴낼 때 이상의 원고들을 모아 '복희고伏羲考'라고 이름하였다.)

글의 서두에서 언급했지만 신기하게도 이 7편의 논문은 대부분 묘족 신화 중 홍수남매혼 신화를 다루고 있으며, 그 남매가 한족 신화에서의 복희伏羲·여와女媧에 상응하거나 동일하다는 주장을 펼치고 있다. 그 표면적 목적은 복희·여와 신화를 복원하고자 하는 것이지만, 그 이면에는 분명 항전기 지식인들의 민족관계에 대한 고민이 자리 잡고 있다. 그러므로 묘족 홍수신화의 남매와 복희·여와, 양자 간의 상관관계를 설명하는데 있어서 논자마다 조금씩 다른 입장을 보이고 있는데, 이것은 이들 각자가 지니고 있던 민족의식과 입장을 대변한다고 할 수 있다. 그 입장은 크게 ① 묘족과 한족 간의 문화교류설 ② 묘족과 한족 간의 동화설 ③ 묘족과 한족의 동일기원설의 세 가지고 나누어 볼 수 있다.


1) 문화교류설 : 뤼이푸와 마창서우의 경우

1930년대 말 묘족의 홍수남매혼 신화와 복희·여와의 상관관계에 대한 연구 경향에 기점이 된 것은 분명 뤼이푸의 논문「묘족의 홍수고

사와 복희·여와의 전설苗族的洪水故事與伏羲女媧的傳說」일 것이다. 1933
년 봄·여름, 약 50여 일에 걸친 현지조사를 통해 수집한 고사와 민가
등을 바탕으로 1936년에 쓰이고, 1938년에 발표된 이 글에서 그는 우
선 자신이 묘족 현지조사를 하면서 묘족 우원샹과 우량쭤吳良佐에게 직
접 들은 홍수고사 두 편(이하 「상술고사祥述故事」과 「좌술고사佐述故事」 약칭)
과, 자신이 북경으로 돌아온 후 묘족 현지인 우량쭤와 스치구이石啓貴
가 보내 준 홍수고사 「나공나모가儺公儺母歌」과 「나신기원가儺神起源歌」
을 소개하고 그 주요내용을 다음과 같은 표로 정리하였다.

| | 祥述故事 | 佐述故事 | 儺公儺母歌 | 儺神起源歌 |
|---|---|---|---|---|
| 오빠<br>(儺公) | ─ | ko⁺peŋ⁺의 아들 | 복희伏羲 | 화벽禾璧의 아들 |
| 누이<br>(儺母) | ─ | ko⁺peŋ⁺의 딸 | ─ | 화벽의 딸 |
| 뇌공 | ko⁺so⁺ | ko⁺so⁺ | ko⁺so⁺ | 화용禾聳 |
| 뇌공의 적 | a⁺p'ey⁺ko⁺p'ei⁺ | ko⁺peŋ⁺ | 장량張良(?) | 화벽 |
| 홍수 | 뇌공이 화가 나서 수십일 동안 홍수를 일으킨다 | 뇌공이 화가 나서 칠일낮밤 홍수를 일으킨다 | 옥황상제가 화가 나서 칠일낮밤 홍수를 일으킨다 | 뇌공이 화가 나서 칠일낮밤 홍수를 일으킨다 |
| 피신 | 남매가 각각 오이 속에 들어가 홍수를 피한다 | 남매가 함께 표주박 속에 들어가 홍수를 피한다 | 남매가 함께 표주박 속에 들어가 홍수를 피한다 | 남매가 함께 선과 속에 들어가 홍수를 피한다 |
| 짝짓기 | 맷돌을 던지기, 동서로 나뉘어 달리기 | 금어金魚도사가 중매하여 결혼한다 | 동산과 남산에서 각각 향을 피웠는데 연기가 합쳐진다 | 대나무 조각 던지기, 맷돌 던지기 |
| 인류 낳기 | 고기덩어리를 낳아, 조각내어 버렸더니 사람이 되었다 | 미상 | 고기덩어리를 낳아, 조각 내었는데 나중에 열 두명의 동남동녀를 발견 | 괴상한 태아를 낳아 조각내어 버렸더니 사람이 되었다 |

이 네 가지 고사의 비교를 통해 그는 그 중심모티프가 "현대 인류가
홍수유민인 남매의 짝짓기를 통해 전해 내려온 자손"이라고 하고, 「나
공나모가」의 오빠 이름이 '복희'라는 것에 착안, 청대 육차운陸次雲의
『동계견지洞溪纖志』에 나온 기록[13]과 패청교貝靑喬의 『묘속기苗俗記』 등

의 관련기록[14]을 들며, 묘족이 받드는 나공과 나모는 바로 기존의 고대문헌에 전승되어 왔으며 한대 화상석 등에 보이는 복희·여와라고 주장하고 이 관점에 대해 수많은 논증을 펼쳤다. 결국 그의 입장은 "남매배우형의 홍수고사는 아마 중국 서남부에서 기원하여, 사방으로 전파되었으리라"는 것이고, "묘족에서 기원했을 가능성"이 크다고 하였다. 사실 이런 고사들의 대부분은 단지 '남매'라고만 언급하고 있으며, 복희·여와와 유사한 이름이 나오는 고사는 극히 소수이다. 또한 이런 유사한 이름들이 발음에 있어서 실제로 복희·여와와 관련이 있다고 해서, 그것이 이 고사들에 나오는 남매가 바로 복희·여와라는 증거가 되지는 못한다. 많은 논자들이 지적했듯이 서남지역 홍수남매혼설화의 남매를 한족 문헌의 복희·여와로 해석하는 그의 주장에는 분명히 많은 문제점이 있고 무리가 따른다. 문제는 왜 뤼이푸가 무리를 해가며 굳이 그런 주장을 펼쳤는가 하는 것이다. 이 점에 대해서는 후에 링춘성과 함께 정리한 『상서묘족조사보고』의 다음과 같은 언급에서 단서를 찾아볼 수 있다.

이 고사들은 완전히 묘족이 구술한 것이다. 우리는 모든 고사 뒤에 강술講述한 사람의 이름과 본적을 달았다. 하지만 그런 고사들 모두가 꼭 묘족의 고사는 아니다. 아마 상당 부분 묘족이 한족의 고사를 강술하기도 했을

---

13 "묘인은 납제를 보초라고 하는데, 무사를 써서 제사를 올리고 복희·여와의 위를 세운다(苗人臘祭曰'報草', 祭用巫, 設女媧伏羲位)."
14 "부인이 아이를 가지면 우선 빙부에게 알리고, 사무를 부르고 꽃을 엮어 누대를 만들고 성모에게 제사지내는데 성모는 여와씨이다(婦有子始告知聘父, 延師巫, 結花樓, 祀聖母, 聖母者, 女媧氏也)."

것이다. 왜냐하면 상서 일대에는 한족과 묘족이 섞여 살게 된 유래가 이미 오래 되었기 때문이다. 또한 묘족의 우수한 구성원들의 상당수가 근 백 년 동안 한화漢化 교육을 받아 한족의 고사를 익히 들어왔다. 그래서 그들이 강술하는 고사들에는 한족의 요소가 섞이거나 한족에게서 기원한 것들이 없을 수 없다.[15]

복희·여와 신화가 원래 묘족의 홍수고사에서 유래했건, 묘족이 한족의 고사를 강술한 것이건 간에 뤼이푸의 의도는 묘족과 한족의 교류가 오래되었음을 강조하려는 것이라고 볼 수 있다. 그래도 뤼이푸에서는 두 민족의 원류가 같다는 식의 극단적 주장을 찾아보기는 힘들다. 문제는 뤼이푸의 이 논문이 이후 1930년대 말부터 1940년대에 이르기까지, 심지어는 오늘날까지도 묘족신화연구에 지대한 영향을 미쳤다는 데 있다.

한편 1940년대 마창서우의 「묘족과 요족의 기원신화苗瑤之起源神話」도 상당히 객관적 태도를 견지한 편이다. "묘족은 한족의 위세에 밀려 버티지 못하고 남쪽으로 옮겨간 민족"[16]이라고 하는 것으로 보아 적어도 두 민족의 기원이 하나라는 주장을 펼치고 있는 것은 아니다. 하지만 그 역시 『동계견지』의 기록을 바탕으로 묘족이 여러 신들 중 복희·여와에게 제사를 지낸 것은 복희·여와가 묘족의 창세시조라는 증거라고 하였다. 그 또한 이것을 뤼이푸처럼 한족과 묘족의 문화 교류의

---

15 凌純聲·芮逸夫, 『湘西苗族調查報告』, 164쪽.
16 馬長壽, 「苗瑤之起源神話」, 『民俗學研究集刊』 第2期, 1940(『中國神話學文論選萃』, 494쪽에서 재인용).

흔적으로 파악하고, 복희·여와는 묘족의 시조로 한족이 그 신들을 빌어왔지만 오랜 세월이 지나 그 원류가 잊힌 것이라고 주장하였다.[17] 하지만 마창서우 이외의 다른 논자들의 경우는 점차 묘족과 한족 간의 동화나 동일기원을 주장하는 방향으로 나아가는 추세였다.


### 2) 민족동화설 : 우쩌린과 추투난의 경우

뤼이푸가 「묘족의 홍수고사와 복희·여와의 전설」을 발표한 1938년, 우쩌린 역시 「묘족 중 조상내력의 전설苗族中祖先來歷的傳說」(이하 「吳文」으로 약칭)이라는 글을 발표한다. 우쩌린은 대하대학大夏大學 사회학과에서 자신의 학생이자 동료였던 천궈쥔, 리즈런李植人 등과 함께 귀주貴州의 소수민족 지역을 현지조사하고, 민간문학을 채록하였다. 그런데 「묘족 중 조상내력의 전설」에서 들고 있는 고사들도 역시 홍수남매혼 신화들에 집중되어 있다. 그는 묘족 중에서 화묘花苗, 탈채흑묘八寨黑苗, 단군흑묘短裙黑苗의 신화를 들고 있는데, 화묘의 신화로 「홍수도천가洪水滔天歌」를, 팔채흑묘의 신화로 역시 노암老岩과의 싸움에서 잡힌 뇌공을 이웃의 남매가 살려주고, 뇌공이 홍수를 일으켜 남매만이 구원받는 이야기를 실었다. 마지막으로 단군흑묘의 신화는 앞의 이야기들과 조금 다르긴 하지만 역시 천지가 개벽할 무렵 가오자량高加良과 후자슈胡加修 남매가 일남 일녀를 낳는 이야기로 시작한다. 이러한 유

---

17  馬長壽, 앞의 글, 511쪽.

형의 홍수남매혼 신화들을 통해 그는 내리는 결론은 이렇다.

그들 신화 중 홍수는 대우大禹 시대의 홍수일 수 있다. 그들의 조상이 꼭 홍수 유역 내에 산 것은 아니라 해도, 적어도 한인漢人과 접경하고 있었으니 아마 한인의 전설 중에서 전파되었을 것이다. 고사 중 쇠칼, 철괴, 침 등의 금속품을 언급하고 있는 것으로 보아 철기 사용이 이르게 잡아도 춘추시대에야 시작되었으니 이런 전설의 기원은 결국 춘추시대 이후일 것이다.[18]

뤼이푸가 묘족에서 기원한 것이라고 하는 홍수남매혼 신화의 '홍수'가 우쩌린에게 와서는 한족의 위대한 성왕이며 치수의 신 '대의大禹' 시대의 홍수로 간주되고, 홍수신화는 한족 전설에서 전파된 것으로 파악된다. 한편, 묘족의 고사에 철기가 등장하는 것은 누가 보아도 쇠붙이를 먹고, 무기를 잘 만들었다는 치우를 떠올리게 하는 대목이다.[19] 그리고 철기와 관련된 치우의 기록들에 대해서도 치우의 부족들이 일찍부터 철기를 사용하고 잘 다룰 줄 알았으리라는 것이 일반적 해석이다. 하지만 그는 '치우'에 대해서는 전혀 언급을 하고 있지 않을뿐더러 철기에 대한 기록도 치우가 황제와 전쟁을 벌였다는 시대로 거슬러 올라가지 않는다. 그에게 묘족의 철기 사용 시기는 어쨌거나 중원 한족의 철기 사용보다 앞설 수 없는 것. 그래서 이 전설의 기원은 다시 춘추시대 이후로 간주된다.

---

18 吳澤霖, 「苗族中祖先來歷的傳說」, 『中國神話學文論選萃』, 443쪽.
19 지금도 묘족의 복식을 보면 금속 장식이 매우 발달해 있고, 특히 여자들의 머리 장식에는 치우의 머리에 있었다는 쇠뿔 모양의 은제 장식이 빛나고 있다.

이어서 1938년부터 1939년까지 추후난은 「중국서남민족신화의 연구中國西南民族神話的研究」라는 글을 『서남변강西南邊疆』에 발표하면서 소수민족 문화에 대해 기본적으로 다음과 같은 입장을 밝힌다.

중국에서는 유구한 역사와 광대한 토지, 복잡한 지형과 종족으로 인해 자연스레 많은 문화 구역들이 형성되었고 서로 다른 많은 문화단위가 있다. 다만 나중에 한족문화가 절대 우위를 차지하게 되면서 이런 모든 소수민족, 소구역의 문화는 점차 동화·정복되거나, 소멸·망각되기도 하였다.[20]

이 논문에서 그가 언급하고 있는 묘족들의 조상신화도 치우신화는 아니다. 그는 단지 20세기 초 일본인 도리이 류조가 조사한 묘족의 조상신화 두 가지를 들고 있는데 하나는 태고에 바위가 깨지면서 태어난 남녀가 신의 말씀에 따라 부부가 되고 자손을 낳아 묘족의 조상이 되었다는 내용이고, 또 다른 하나 역시 태고의 남매가 부부가 되어 나무를 낳고, 그 나무로부터 묘족이 생겨났다는 내용이다. 홍수와는 관계가 없지만 역시 남매혼에 관련된 신화뿐이다.

추후난의 민족동화론적 입장에는 분명히 소수민족이 한족에 비해 문명화의 단계에서 뒤진다는 시각이 자리 잡고 있다. 그 점은 "현재 남아 있는 묘이苗夷 등 소수민족의 사회상황이나 생활습관을 보면, 그들의 문화수준 역시 먼 옛날 신화시대의 단계에 있는 듯하다"[21]는 언급에서도 잘 드러난다. 그러므로 동화에 있어서 모범은 좀 더 문명화된

---

20  楚圖南,「中國西南民族神話的研究」,『中國神話學文論選萃』, 446쪽.
21  위의 글, 449쪽.

한족이어야 하고 원시적 단계에 머물러 있는 묘족은 여전히 한화漢化되어야 할 대상으로 간주되고 있음을 알 수 있다.


## 3) 동일기원설 : 창런샤와 천궈쥔의 경우

뤼이푸의 견해를 지지하면서 더욱 비약적인 주장까지 나아가는 것은 창런샤의 「중경 사평파에서 출토된 석관 화상 연구重慶沙坪壩出土之石棺畵像硏究」이다. 사실 이 글은 사평파에서 나온 석관 도상과는 별 관련이 없고, 대부분의 편폭을 화상석에 나오는 인수사신화상이 복희·여와라는 것, 그리고 예부터 전해지는 문헌 속 복희와 여와가 묘족과 요족 전설 속에 나오는 복희·여와 남매라는 주장에 할애하고 있다. 게다가 그는 복희가 묘족과 요족의 또 다른 조상으로 알려진 반호槃瓠와 음이 통하고 반호는 곧 한족의 신 반고盤古로서 한족과 묘족 할 것 없이 모두 반고의 후예라는 민족동원론民族同源論으로까지 비약하고 있다.

묘족과 요족은 반호의 후예라고 전해지며『후한서後漢書』「남만전南蠻傳」과 간보干寶의『수신기搜神記』에 상당히 상세하게 나와 있다. 하지만 반호는 또한 반고이기도 하다.『적아赤雅』에 실린 유우석劉禹錫의 시에는 "때에 맞춰 반호에게 제사 지낸다(時節祀槃瓠)"라고 했는데 이것은 묘족 사람들이 그 조상을 제사지냄을 일컫는 것이다. (…중략…)『동계견지洞溪纖志』에서는 묘족 사람들의 풍속을 기록하여 "묘족 사람들은 복희·여와에게 제사 지낸다(苗人祀伏羲女媧)"라고 했다. 복희라는 이름은 옛날에는 확

정된 표기법이 없어서 복희伏戲, 포희庖犧, 복희宓義, 복희虙義 등 소리가 같
은 것으로 서로 가차하여 썼다. 복희伏義와 반호槃瓠는 쌍성雙聲[22]이다(이것
은 후샤오스胡小石의 견해를 따른다). 복희伏戲, 포희庖犧, 반고盤古, 반호槃瓠
는 성훈聲訓이 서로 통하므로 거의 한 단어에 속한다고 할 수 있고 한족과
묘족 할 것 없이 모두 반고를 계승한 후예라고 할 수 있다. 양자의 신화도
아마 하나의 기원에서 나왔을 것이다.[23]


　창런샤의 비약이 심한 민족동원론적 주장에 비하면 천궈쥔의 「생묘
의 인류조상신화生苗的人祖神話」은 상당히 신중한 편이다. 동화론자였
던 우쭤린과 함께 항전抗戰시기에 귀주 묘족지역에서 현지조사를 실시
한[24] 그는, 이 글에서 묘족의 여러 분파 중에서도 가장 원시적이라고
알려진 생묘生苗의 인류조상신화를 통해 묘족의 가장 오래되고 중요한
인류조상신화를 고찰하고자 했다.[25] 그는 세 가지 신화를 예로 들고,
그 신화들을 통해 몇 가지 추론을 하고 있는데 그 신화의 주요 줄거리
역시 전형적인 홍수남매혼 신화와 크게 다르지 않다. 즉 '옛날에 큰 홍
수가 나서 세상 사람들이 모두 빠져 죽었는데, 남매 두 사람만이 살아
남았다. 나중에 홍수가 물러가자 이 남매는 할 수 없이 부부가 되어 박
처럼 생긴 아이를 낳았다. 이 박을 잘라서 사방에 흩뿌렸는데, 이 조각
들이 각종의 사람이 되었다'[26]는 이야기이다. 그리고 그는 이런 신화

22 '쌍성'이라는 것은 성모聲母, 즉 자음이 서로 같음을 뜻한다.
23 常任俠, 「重慶沙坪坝出土之石棺畵像硏究」, 『中國神話學文論選萃』, 465~466쪽.
24 吳澤霖과 陳國鈞 등의 현지조사 작업은 1942년에 『貴州苗夷社會硏究』로 출간되었다.
25 陳國鈞, 「生苗的人祖神話」, 『中國神話學文論選萃』, 527쪽.
26 위의 글, 529쪽.

가 생묘에게만 있는 것이 아니라 많은 분파의 묘족들에게 공통적인 인류조상신화라고 한다. 여기까지는 별로 이상할 것이 없다. 또한 그는 이 남매를 무리하게 복희·여와와 연관 지으려 하지 않는다. 문제는 그다음 주장이다.

첫 번째 신화에서는 그냥 남매라고 하고, 두 번째와 세 번째 신화에서는 오빠의 이름이 은恩, 누이의 이름이 미媚이다. 천궈쥔은 이 둘이 바로 인류의 시조로서 "오늘날 각 민족의 사람들 ― 한漢, 묘苗, 동侗, 수동水僮, 요瑤 등 ― 이 모두 이 공통의 부모에서 나왔을 것"이라고 하고, 이러한 생묘의 신화를 이른바 '인류동원설人類同源說'로까지 연관 짓고 있다.

이상과 같은 묘족신화연구의 경향은 결국 1940년대 말 원이둬의 『복희고』로 집대성된다. 김선자는 원이둬의 『복희고』에 대해 "치밀한 자료수집과 독창적 이론 전개에도 불구하고 그 역시 당시 중국 지식인들을 사로잡고 있던 애국주의, 민족주의의 덫에서 놓여나지 못하고 있었"[27]다고 평가한 바 있는데, 이처럼 원이둬의 『복희고』에 대한 주장과 그 논리의 불합리성이나 이념적 편향에 대한 비판은 왕샤오롄王孝廉을 비롯하여 많은 논자들에 의해 충분히 이루어진 편이다. 또한 이 글에서 다루고 있는 시기와는 다소의 거리가 있으므로 이 글에서 그 논지전개의 면면을 논하지는 않겠다. 하지만 김선자도 지적하고 있듯이, 주목할 점은 원이둬가 "각각 다른 지역에서 다르게 전승되던 이야기들, 남매·부부·인류창조·홍수 등의 모티프들을 '하나의 완정한 이야기'로 만들어냈다"는 사실로서, 묘족의 홍수남매혼 설화를 복희·여

---

27  김선자, 「도상해석학적 관점에서 본 漢代의 화상석(2) : 복희와 여와의 도상을 중심으로」, 『중국어문학논집』 22호, 중국어문학연구회, 2003, 453쪽.

와 신화와 한데 합쳐 "그것이 고대로부터 중원의 한족들에게 전승되어 온 것이라는 식의 일원론적 결론을 이끌어낸 것"[28]이다. 그리고 이것은 원이둬가 밝히고 있듯 "민족의 단결의식을 고취시키"기 위해서였다. 그는 그것이 "이야기의 사회적 기능과 교육적 의미"라고 믿었다.

이렇듯 1930년대 서구 인류학의 주류를 이루었던 기능주의학파의 현지조사 방법은 중국 내 민족통합의식이 강하게 자극되던 시기에 중국소수민족 신화연구에 지대한 영향을 미쳤고, 그것은 서남소수민족 중에서도 한족과의 연관성을 논의하기 가장 적합한 묘족에게로 관심이 집중되었다고 할 수 있다. 여기에서 한족과 묘족 사이에는 관찰자와 대상, 주체와 타자, 문명과 야만의 구도가 민족지학ethnography이 지닐 수밖에 없는 식민적 구도와 맞물려 작용하고 있었다고 할 수 있다.


## 5. 맺음말: '중화민족'이라는 표상

항전시기 중국인들이 묘족의 홍수신화에, 그중에서도 특히 복희·여와와의 관련성에 그토록 주목한 것도 이해 못할 바는 아니다. 그들의 논리에 있어서 무리가 있긴 하지만, 그렇다고 이 글에서 묘족 홍수신화와 복희·여와의 연관성이 전혀 없다는 것을 주장하려는 것도 아니다. 한족과 묘족 양자 간에 다소간 문화교류의 흔적을 보여주는 것이라고 이해하면 이건 그리 큰 문제가 아닐 수도 있다. 문제가 생기는

---

28  위의 글, 454쪽.

지점은 그 연관성이 '민족동원론'을 뒷받침하는 증거로 해석되는 맥락이고, 그 안에서 무엇이 배제되었는가 하는 점이다. 치우의 배제에는 항전시기 민족 표상화의 일단이 놓여있다.

항전시기의 민족 표상을 이해하기 위해서는 1930~40년대 중국의 '변강'[29]의식에 대한 고찰이 병행되어야 한다. 청말민초, 전통적 천하관념에 균열이 생기고 하나의 민족국가이자 영토국가로서의 중국으로 재편해야 할 시기에 등장한 '변강'이라는 개념은 1930년대 전반 일본의 만주분할과 뒤이은 중일전면전의 발발로 더욱 그 위기에 대한 인식이 심각해졌다. 즉 변강에 대한 주목은 19세기 후반 제국주의 침략으로 인한 번부 상실의 위기감에서 촉발되었지만, 인류학과 같은 근대학문의 방법을 동원한 본격적 연구는 중화민국이 성립한 이후의 일이었고, 변강연구를 위한 정부 기구 및 학회와 간행물 등이 쏟아져 나온 것은 1930년대부터였다. 현재 확인되는 이 시기 변강관련 잡지의 수도

---

29  현대 중국의 '변강'의 함의는 지리적으로 중심부와 구변되는 주변부이자, 문화적으로 '한문화'와 다른 다양한 이질적 문화가 공존하고 있는 지역이며, 정치적으로 중앙정부로부터 원심력이 상존하는, 그리고 지역적으로 이른바 한족 이외의 다양한 에스닉 집단이 거주하는 지역이다. 따라서 변강이란 국경선이 아니라 국가의 영토적 경계선에 인접한 특수한 지대라는 의미를 지닌다. 이렇게 다양한 측면에서 중심부와 구분되는 이질적이고 특수한 지대를 표현하면서도, '변강'은 분명 중국의 배타적 영토주권이 미치는 범위내의 공간을 일컫는다. '변강'이라는 용어는 청말민초에 이르러 종래의 邊緣, 邊塞, 邊方, 邊陲, 藩部 등의 용어를 대체하게 되었는데, 이것은 분명 근대 민족국가체제의 도래와 밀접한 관련이 있다. 근대 민족국가체제는 배타적인 분명한 영토적 경계를 갖는 정치구성체로서 민족국가들에 의해 구성된다. 중국은 청말 이래 서구가 주도하는 민족국가체제에 적응해야 했고, 그러한 과정에서 기존의 "공인된 國界가 없었던" 불분명한 "習慣邊界"[1]는 새롭게 확정되어야 했다. 여기서 원심력이 상존하던 변연·번부 지역에 대해 그것이 배타적 영토임을 표현하기 위해 '변'과 '강'(강역, 영토)의 조합으로서 '변강'이라는 용어가 탄생했던 것이다. 이 조합어에서 의미의 중심은 어디까지나 후자 즉 '강역'에 있다. 결국 '변강'의 내우외환은 곧 영토주권의 침해라는 민족주의적 담론을 형성시켰다. 박상수, 「중국 근대 '민족국가nation-state'의 창조와 '변강' 문제」, 『중국학보』 52집, 한국중국학회, 2005, 291~293쪽 참조.

『우공禹貢』, 『변정공론邊政公論』, 『신아세아新亞細亞』를 포함하여 약 20 여 종에 이른다.[30]

이런 잡지들에서는 "민족의 자립을 추구하려면 먼저 변방을 확고히 해야" 한다는 점과, "중심지에 사는 사람들로 하여금 변강의 사정을 알게 하고, 현지조사를 꾀하여 그 문화를 소통시키고 그 감정을 융합시킴으로써 숨겨진 병폐를 점차 제거하여 변경을 공고히 하는 것"이 바로 자기 보존의 길이라는[31] 의식을 분명히 내걸었다. 『신아세아』라는 월간지도 자신들의 사명이 "전체 중국의 건설을 위해 변강문제를 연구하는 것"[32]이라고 했다.

흥미로운 점은 이 당시 대표적 인류학자들이 대거 이 변강연구 잡지에 참여하고 있다는 사실이다. 예컨대 마창서우는 항전기에 중앙대학中央大學 변강 정치학과에서 교편을 잡았고, 우원짜오는 『변정공론』에 참여하면서 "하나의 민족국가를 건설하는 것이 우리들 현 단계의 이상이다. (…중략…) 이 위대한 사업은 부분적으로 변정학의 공헌에 달려있다"[33]고 천명하기도 했다. 우쩌린 역시 『변정공론』에 글을 실어 자신의 민족적 이상이었던 한족 중심의 동화론을 전개하기도 했다. 그는 "우리가 추구하는 바는 통일이지 획일은 아니다. 대동을 이루면 작은 차이는 그대로 존속하게 한다. 이 동화정책을 실시하면 피차간의 충돌을 감소시킬 수 있고, 각 민족의 특성과 고유한 미덕을 보존할 수 있으며, 전체 국가의 문화도 이로부터 더 충실하고 풍부하게 된다"고 주장

---

30  박상수, 앞의 글, 307쪽. 주52 참조.
31  「邊疆叢書刊印緣起」, 『禹貢』 6권 6기, 1936.11.16. 90쪽.
32  「新亞細亞之使命」, 『新亞細亞』(月刊).
33  吳文藻, 「邊政學發凡」, 『邊政公論』 1권 5~6기, 1942.1.10.

하면서도, 다른 한편 "동화의 최후목적은 각 민족이 혈통상 하나로 융화되는 것", "문화적으로 중심 민족의 언어·문자·사회제도·풍속습관·도덕표준을 채택함으로써 각 민족이 하나의 중심민족의 거대한 흐름 속에 회합되어 하나의 통일된 민족을 형성하는 것"이라고 정의했다. 그리고 이러한 동화야말로 "중화민족의 하나의 이상"이라고 역설하기도 했다.[34]

뤼이푸와 함께 상서묘족지역으로 현지조사를 떠났던 링춘성 역시 변강의 분리경향을 억제하기 위해 고심했던 학자 중 하나인데, 서로 다른 에스닉 집단의 동화를 목표로 했던 동화론과 달리 그는 그 에스닉 집단들이 본래 동일한 원류로부터 출발했다는 민족동원론의 대표주자였다. 그는 중국 내의 각 소수민족과 한족의 기원이 하나라는 논리를 통해 이른바 "민족 통일의 심리적 기초"를 다지고자 했다.[35]

그 당시 민족통합에 대한 열망이 얼마나 컸는가는 1939년 8월 국민정부의 투자渝字 제470호 훈령에 단적으로 드러난다. 이 훈령은 전국 각 소수민족의 옛 명칭을 일률적으로 폐기하고, 그 출신 소재지에 따라 몽골인, 서장인, 귀주인 등으로 부를 것을 하달하고 있는데, 이것은 항전을 위한 민족 단결의 필요성이 변강 소수민족 존재의 부정이라는

---

34 吳澤霖, 「邊疆的社會建設」, 『변정공론』 2권 1~2기, 1943.
35 민족동원론을 주장한 대표주자로 岑家梧도 꼽을 수 있다. 그는 "과거에 사람들은 중국이 하나의 다민족국가라고 생각하면서 크게 한 만 몽 회 장으로 구별하거나, 또는 세분하여 묘족·과라 등이 있다고 보았는데, 항전 이후 국내 학자들이 변강에 대한 현지 조사가 점차 늘어나고 변강 각 민족에 대한 인식도 정확해지기 시작하여 그러한 잘못된 관념은 비로소 타파되기 시작했다"고 보고 "중국 경내의 인민은 비록 각기 특이한 명칭을 가지고 있지만 상세히 분석해보면 (…중략…) 중원 한인과 밀접한 관계를 맺어왔고, 현자 이미 한인과 융화되어 하나의 방대한 중화민족이 되었다"고 서술하였다. 「論民族與宗敎」, 『邊政公論』 3권 4기, 1944.

방향으로까지 나아간 극단적인 예라고 할 수 있다.

이쯤 되면 항전시기 묘족신화연구에서 치우가 등장하지 않는 이유를 짐작하기는 어렵지 않다. 그들에게는 한족과 소수민족을 한데 엮어줄 연결고리가 필요했지, 한족에 맞선 위협적인 반항자, 그것도 깊은 뿌리를 가지고 있는 중국 본토의 토착민으로서 상당한 세력의 타자, 그 정신적 지주로서 위대한 반항자는 필요 없었다. 아니 필요 없는 정도가 아니라 그것은 어떻게든 의식의 지평에 떠올리지 말아야 할 위험요소였다. 치우의 서사가 현지조사 기록에 남아 있지 않은 것이 단지 관찰자의 입장 때문인지, 아니면 현지 강술자들의 자기 검열 때문인지는 알 수 없는 일이다. 하지만 한족의 문헌에 천여 년 전부터 등장했던 묘족 관련 기록들을 볼 때, 묘족들의 심중은 물론이고 현지조사자들의 심중에도 치우라는 존재가 자리 잡고 있지 않았을 리 없다. 이것은 분명 항전시기 민족적 위기감에 근거한 '중화민족'의 표상화 과정에서 나타난 배제의 흔적이다.

현실에서의 중국이 그러하듯 중국신화에는 수많은 특이점들이 존재한다. 민족적, 지역적, 언어적으로 그것은 하나의 중심이 아닌 다수의 중심을 지닌다. 하지만 표상은 늘 동일성에 기대어 이루어지며, 구성됨과 동시에 일종의 권력으로 작동한다. 그래서 그것은 실천계와의 불일치를 그냥 놓아두지 않는다. 표상은 서서히 실천계를 잠식하며 불일치를 제거해 나간다. 하나 된 '중화민족'이라는 표상은 중국 여러 민족의 신화가 지닌 수많은 특이성singularity들을 제거하거나, 그것을 중국신화의 고유성priority이나 특수성speciality으로 수렴시키고자 한 것이다.[36] 이미 대상으로 설정된 '소수민족'이라는 의식과 그것을 둘러싼 지식인의 내러티브에 은폐된 언어수행은 이른바 '민족지학'이 지닌 본래적 식민성에서 자유롭지 않다. 이 표상의 세계에서는 오히려 말해지지 않은 것이 특이성을 대변한다. '치우'라는 이름의 특이성.

　그렇다면 1998년 중화삼조당 사건은 어떻게 이해해야 할까? 일본이 패전한 후 공산당이 국민당 정부를 대만으로 몰아내고 중화인민공화국이 성립한 이후, 즉 변강이 확고한 영토성(疆)을 띤 이후의 민족정책은 변강의 영토성이 위협당하던 시대의 민족정책과는 분명 다를 수밖에 없을 것이다. 현대 중국의 민족정책은 이른바 페이샤오퉁의 '중화민족 다원일체론'으로 대변된다. 2008년 올림픽을 앞두고 중국 정부가 택한 민족정책의 슬로건은 '조화(和)'이다. '다원多元'의 민족들이 조화롭게(和) 일체를 이루는 '중화민족'이라는 이상. 이해하기 어려운 것은 묘족들의 태도이다. 그 머나먼 귀주성에서 탁록까지 참배길을 떠난 천여 명, 그 천여 명의 동족을 지지하는 묘족들의 심중이 궁금하다.[37] 묘족들의 움직임은 소수자가 소수자로서 자신을 대변하는 것으로 보이지 않는다. 중화삼조당에 모셔진 치우에 대한 그들의 환호는 다수성에 균열을 내기보다는, 오히려 끊임없이 다수자와 같은 방식으로 다수성에로 편입되려는 것으로, 그래서 결국 영토화의 길로 한발 더 나아가

---

36　홍윤희, 「중국근대 신화담론형성 연구」, 연세대 박사논문, 2006, 184쪽.
37　중화삼조당이 지어질 무렵 CCTV에서는 1997년 하남TV에서 제작한 역사드라마 〈炎黃二帝〉의 판권을 사서 방영했다. 이 드라마에서 치우는 난폭하고 우매하고 세상 나쁜 놈으로 그려졌고, 묘족 대표들과 귀주성 묘족학회 등의 강력 항의가 이어졌다. 중화삼조당이 문을 열고 1년 후에도 같은 패턴의 일이 벌어진다. 이번에는 호남TV에서 역사드라마 〈釜山大結盟〉을 방영하는데 이번에도 주인공은 황제, 염제, 그리고 악당 치우였다. 중국 각계각층의 묘족들은 이번에도 강력히 항의했다. 유명한 묘족출신 홍군작가 陳靖은 이것이 중국 헌법에도 위배되는 것이라는 항의서를 작성하기도 했다. 여전히 묘족들은 치우에 대한 각별한 민족적 정서와 자기 정체성을 지니고 있고, 여전히 중국에는 치우에 대한 안티세력이 적지 않다는 사실을 보여주는 단적인 예이다.

는 것으로 보인다.

앞으로 또 반세기쯤 지나고 나면 치우는 어떻게 변해 있을까? 묘족들은 그를 어떻게 기억할까? 치우는 여전히 위대한 악당일까? 아니면 위대한 중화민족의 시조일까? 아니면 또 다시 미심쩍은 침묵 속에 묻힐까?

# 참고문헌

顧定國(Gregory E. Guldin), 胡鴻保 · 周燕 譯, 『中國人類學逸事 : 從馬林諾斯基到莫斯科到毛澤東』, 社會科學文獻出版社, 2000.

김선자, 「圖象解釋學的 관점에서 본 漢代의 畫像石(2) : 伏羲와 女媧의 圖象을 중심으로」, 『中國語文學論集』 22, 2003.

_____, 「黃帝神話와 國家主義 : 중국신화 역사화 작업의 배경 탐색 : 何新의 『論政治國家主義』」, 『中國語文學論集』 31, 2005.

凌純聲 · 芮逸夫, 『湘西苗族調查報告』, 民族出版社, 2003.

馬長壽, 「苗瑤之起源神話」, 『民俗學研究集刊』 第2期, 1940.

馬昌儀, 「人類學派與中國近代神話學」, 『二十世紀中國民俗學經典 : 學術史卷』, 社會科學文獻出版社, 2002.

사카모토 히로코, 양일모 · 조경란 역, 『중국민족주의의 신화 : 인종 · 신체 · 젠더로 본 중국의 근대』, 지식의풍경, 2006.

常任俠, 「重慶沙坪壩出土之石棺畫像研究」, 『時事新報 · 學燈』 第41-42期, 1939. 『說文月刊』 第1卷 第10-11期 合刊, 1940.

앨런 바너드, 김우영 역, 『인류학의 역사와 이론』, 한길사, 2003.

芮逸夫, 「苗族的洪水故事與伏羲女媧的傳說」, 『人類學集刊』 第1卷 第1期, 1938.

伍新福, 『中國苗族通史』, 貴州民族出版社, 1999.

吳澤霖, 「苗族中祖先來歷的傳說」, 『革命日報 · 社會旬刊』 第4-5期, 1938.

_____, 陳國鈞 等 著, 『貴州苗夷社會研究』, 民族出版社,

王建民, 『中國民族學史』, 雲南教育出版社, 1997.

劉錫誠, 「民間文藝學史上的社會-民族學派 : 0世紀中國民間文藝學流派論」, 『民族藝術研究』, 2003.

李德方, 「三四十年代我國社會學者的西南民間文藝學研究」, 『二十世紀中國民俗學經典 : 學術史卷』, 社會科學文獻出版社, 2002.

李紹明, 「民族學研究在湘西的開創與發展」, 四川省社會科學院 民族研究所, 『吉首大學學報』(社會科學版) 第2期, 2001.

陳國鈞, 「生苗的人祖神話」, 『社會研究』 第20期, 1941(이상은 馬昌儀 編, 『中國神話學文論選萃』, 中國廣播電視出版社, 1994에 수록).

陳泳超,「關於"神話復原"的學理分析-以伏羲女媧與"洪水後兄妹配偶再殖人類"神話爲
　　　例」,『民俗研究』第3期, 2002.
楚圖南,「中國西南民族神話之研究」,『西南邊疆』1·2·7·9期, 1938~1939.
홍윤희,「중국근대 신화담론형성 연구」, 연세대학교 박사논문, 2006.

# 원이둬聞一多『복희고伏羲考』의 화행話行과 항전기抗戰期 신화담론의 민족표상 *

홍윤희

## 1. 머리말

환난의 시대에도 학문은 개화할 수 있을까? 포성 속의 불안과 생존에의 집념이 피어내는 꽃은 어떤 빛깔일까? 2008년 베이징에서 올림픽이 열렸을 때, '중국인의 100년의 꿈이 이루어졌다', '중국은 100년 동안이 올림픽을 준비해왔다'는 말이 곳곳에서 흘러나왔다. 지난 100년 중국의 역사는 그야말로 치욕과 환난의 역사였다. 청 말부터 서구열강과 일본 등에 유린당했음은 물론이고 내전, 항전, 혁명과 탄압, 민족분쟁 등을 겪어온 중국에게 올림픽은 그야말로 중국의 찬란한 부흥을 세계에 알릴 수 있는 기회였다. 특히 20세기 전반의 중국은 국난國難의 연속

---

* 이 글은『中國語文學論集』55호(중국어문학연구회, 2009)의「聞一多『伏羲考』의 話行과 抗戰期 신화담론의 민족표상」을 수정 · 보완한 것이다.

이었고, 1930년대와 40년대는 국민당과 공산당의 내전과 일본의 침략까지 겹쳐진 혼돈의 시기였다. 많은 지식인들이 그 혼돈의 한복판에서 시를 쓰고, 연구에 매진했으며 원이둬聞一多도 그들 중 하나였다.

원이둬(1899~1946)[1]는 중국의 저명한 시인이자, 문학과 역사학 방면에서 뛰어난 학자이다. 또한 항전시기 중국 신화학의 대표주자이기도 한데, 『복희고伏羲考』는 그 대표적 논저로 오늘날까지도 중국의 신화 연구에 큰 영향을 미치고 있다. 그렇기에 『복희고』에 대한 연구는 근현대 중국신화담론을 조망하는 데 있어 상당히 중요한 부분이라고 할 수 있다.

20세기 전반 중국의 신화학은 대체로 20세기 초부터 5·4운동 이전까지의 맹아단계, 5·4운동 이후 항전 이전까지의 기초단계, 항전시기의 발전단계로 구분하여 보는 것이 일반적이다. 물론 학문분야의 맥락을 이런 역사적, 정치사회적 대사건을 기준으로 구분한다는 것이 무리가 따를 수 있을 것이다. 하지만 역사적 격변기에는 학술·문화의 전 분야가 강하게 그 시대적 콘텍스트와 상응하게 마련이다. 20세기 전반 중국의 학술계도 예외는 아니었다. 특히 신화담론의 경우는 신화가 늘

---

1   聞一多는 저명한 시인이자 문학연구자이자 신화학자이다. 湖北省 浠水縣에서 태어났다. 어려서부터 남달리 총명했던 그는 13세에 북경 淸華學校에 입학했고, 5·4운동이 발발하자 淸華학생 대표로 上海에서 열린 學生聯合會成立大會에 참가하기도 했다. 1922년 미국으로 유학을 떠나 미술을 전공하였고, 1925년에 귀국하여 南京第四中山大學, 武漢大學, 靑島大學 등에서 교편을 잡는다. 1932년 가을 淸華大學으로 돌아와 고전문학, 唐詩와 『楚辭』에서 『莊子』, 『詩經』, 『周易』, 신화에 이르기까지 연구하였고, 나아가 금석학과 갑골문 연구에까지 매진하여 『天問疏證』, 『九歌解詁』, 『九章解詁』, 『離騷解詁』, 『詩經新義』 등의 저술을 발표하기도 했다. 항전 폭발 후 대학을 따라 昆明으로 피신하는데 이 과정에서 서남부 소수민족들을 접하고 동료의 현지조사를 적극적으로 돕는다. 서남연합대학에서 교수직에 있으며 1940년대 伏羲·女媧 신화에 관한 여러 편의 글을 집필했던 그는 1946년 7월 15일 국민당 스파이에게 암살당한다. 대표작으로는 시집 『紅燭』, 『死水』가 있고, 학술 저작으로는 『伏羲考』가 실려 있는 『神話與詩』와 『唐詩雜論』, 『古典新義』, 『楚辭校補』 등이 있다. 聞一多의 사후 朱自淸은 그의 저술들과 논고를 모아 1948년에 『聞一多全集』 4권을 펴냈다.

집단의 '기억'이나 '기원'과 관련된다는 점에서 시대적 흐름과 긴밀하게 연동하는 법이다.

신화학의 경우 항전기 이전과 이후를 구분하는 데에는 단지 '항전'이라는 사건과 그 정서만으로 가름하는 것이 아니다. 주지하다시피 이 시기에는 많은 대학과 학자들이 서남부로 피신하여 서남연합대학을 형성한 뒤였다. 그런데 그것은 단지 대학과 학자들의 이동만이 아니라 새로운 학문대상이 포착되는 계기이기도 했다. 특히 1920년대부터 활발히 소개되기 시작한 인류학의 현지조사field-work 방법론은 그 대상이 현실 속의 장field인 만큼 물리적 장field이 바뀌면 관찰자의 시선도 이동할 수밖에 없었다. 물론 관찰자의 시선에 따라 대상으로서의 장field도 절단·채취될 수 있지만, 항전기의 이동은 달랐다. 그것은 관찰자의 시선을 따라간 이동이 아니라, 객관적 현실의 압박으로 추동된 이동이었다.[2] 그리고 그 장에서 대상으로 포착된 것은 바로 서남부에 터전을 잡고 있던 묘족苗族·요족瑤族·사족畲族 등의 소수민족들과 그들의 서사였다.

따라서 항전기 신화학은 중국의 신화연구사에 있어서 그 자체로 특이성을 지닌다고 할 수 있다. 이 글은 원이뒈聞一多의 『복희고』를 통해 항전기抗戰期 중국이 그린 민족 표상의 일단을 파악하고자 한다.

---

2   1920년대 후반부터 북양군벌의 압박을 피해 북경에서 새로운 혁명의 중심지인 광주로 학자들이 대거 이동하였고, 7·7사변 후 북방과 연해의 많은 대학들이 전란을 피해 서남부로 옮겨오자, 서남부는 중국 학술의 중심지가 되었다. 이러한 새로운 형국에서 민족학자, 고고학자, 인류학자, 사회학자, 역사학자, 민속학자 할 것 없이 너도나도 서남 변강의 소수민족에 주의를 기울였다. 그리고 특히 주목받은 것이 苗族이었다. 여기에는 접근의 용이성도 원인이 되었지만, 20세기 초부터 苗族이 원래 중국 본토에 살고 있던 원주민이며 漢族에게 밀려 남하하게 되었다는 주장 등에서 드러나는 苗族에 대한 특별한 인식도 그 원인이 되었으리라 생각된다. 즉 서남지역은 민족적으로 이질적 타자가 많은 변강으로, 苗族은 중국의 민족적 정체성을 밝히는데 반드시 고려해야 할 참조항으로 간주되었다고 할 수 있다.

## 2. 항전기의 신화학적 컨텍스트

항전기 신화학은 1920년대와 1930년대 전반의 신화학과는 다소 다른 인식의 지반을 구축하고 있었던 것으로 보이는데, 그 점은 두 가지로 설명할 수 있다. 즉 기능주의 인류학의 도입으로 인한 연구방법의 일대 전환과, 일본의 제국주의적 침략으로 인한 세계 인식의 변화이다. 우선 1920년대부터 서구의 인류학계에는 말리노프스키와 래드-클리프 브라운 등을 위시한 기능주의 학파의 현지조사 방법론이 주류를 이루었는데, 이 시기 미국과 유럽 등지에서 유학했던 우원짜오吳文藻, 차이위안페이蔡元培 등이 귀국 후 중국에서 기능주의 인류학의 방법론을 열성적으로 소개하고, 민족학·민속학 방면에서 현지조사를 장려함에 따라 중국 신화학에도 이 새로운 유파의 인류학적 방법이 적용되기 시작했다.

한편 20년대 말부터 중국의 지식인들이 서남부로 대거 이동함에 따라 민속학, 민족학, 신화학의 중심도 서남부로 이동하였다. 그리하여 서남부에서 현지조사에 근거한 '민족지학'이 활발하게 이루어졌고, 그것은 30~40년대 변강에 대한 논의와 연구 열풍과 맞물려 당시 중국의 민족관념과 밀접한 관련성을 지니게 되었다. 그런데 '민족지학'이라는 것이 기본적으로 관찰자와 피관찰자, 문명의 시선과 야만이라는 자료 사이에서 이루어지는 것이다 보니, 중국내 소수민족에 대한 현지조사가 본격적으로 이루어지기 시작했다는 것은 단지 학적 관심이나 민족 통합 정책에서 그치는 것이 아니라 관찰자의 시선에 의해 채취되거나 배제되는 내부 식민주의적 활동이었다는 점을 주목할 필요가 있다.[3]

또한 진화론의 도입 후 1920년대까지 중국 지식인들에게 '문명 : 야만'의 문제가 주로 '서양 : 동양'에 적용되는 경향에 대한 고민에 집중되었다면, 같은 황인종의 나라인 일본의 침략을 받은 항전시기에는 이 구도의 중심이 '한족漢族 : 소수민족'으로 이동한 것으로 보인다. 중국 내 소수민족들에 대한 현지조사의 시행은 한족이라는 관찰자의 시선(문명)이 소수민족이라는 대상을 살아있는 원시성(야만)으로 가해진 것의 방증일 것이다.

이렇게 서로 다른 인식의 지반은 항전기 신화학이 이전의 신화학과 성격을 달리하는 결정적 원인이 된다. 두 시기의 신화학 모두 중국신화의 복원이 지상목표이긴 했지만, 20년대가 주로 한족의 전통시기 문헌에서 그리스 로마의 신화와 같은 체계신화를 재구하려는 시도가 이루어졌다면, 항전기에는 소수민족 신화와 한족 신화의 일원론을 뒷받침할 만한 상관관계를 찾는 시도가 많이 이루어졌고, 그것을 통해 민족 간의 상관관계나 민족동화론, 민족 동일기원론 등의 방증으로 삼고자 하는 논고들이 주로 발표된 것이다. 그중에서도 서남 묘족 홍수 후 남매혼 신화가 가장 주목을 받았는데, 그중 가장 대표적 업적으로서 후대에 막대한 영향을 미친 것이 바로 원이둬의 『복희고』였다.

『복희고』를 하나의 화행話行(Speech-Act)으로 파악할 때, 그 발화행위가 이루어진 콘텍스트로는 앞서 다룬 것처럼 크게는 세계인식의 변화도 있었겠지만 좀 더 구체적 단서를 제공한 선행연구들이 있었다. 『복

---

3   이상은 홍윤희, 「1930년대 중국의 인류학과 苗族신화연구에 있어서의 '민족 표상」(『中國語文學論集』 44호, 중국어문학연구회, 2007)의 3장 '1930년대 인류학과 서남부 소수민족 현지조사' 참조.

희고』는 원이뒤의 독창적 착상에서 비롯된 것이 아니었다. 물론 원이 뒤 생애와 대강의 지적 편력들을 볼 때, 중국 고대 문헌과 미술 대한 지식, 언어학적 소양, 문학자로서의 감수성 등은 그가 『복희고』를 집필하는 데 있어 방법론적으로 큰 영향을 미쳤을 것이다. 하지만 무엇보다 『복희고』에 직접적 영향을 미친 것은 1933년부터 링춘성凌純聲, 뤼이푸芮逸夫 두 사람의 상서湘西 지역 묘족苗族지구 현지조사의 결과로 쓰여진 뤼이푸의 「묘족의 홍수고사와 복희・여와의 전설苗族的洪水故事與伏羲女媧的傳說」이었다. 뤼이푸의 이 글은 이후 항전기의 많은 학자들을 묘족 홍수남매혼 신화 연구로 이끄는 기폭제가 되었다.

이후 1930~1940년대에는 인류학적 방법[4]을 활용한 신화연구가 성행하면서 중국 서남부 소수민족, 그중에서도 가장 대표적 민족이라고 할 수 있는 묘족에 대한 관심이 집중되었다. 특히 묘족의 홍수남매혼 신화에 대한 연구가 집중되었는데, 원이뒤가 『복희고』 집필을 시작하기 직전인 몇 년간 앞에서 언급한 뤼이푸의 논문을 신호탄으로 우쩌린吳澤霖(1938), 추투난楚圖南(1938~1939), 창런샤常任俠(1940), 마창서우馬長壽(1940), 천궈쥔陳國鈞(1941) 등의 묘족의 홍수남매혼 신화에 대한 논문들이 쏟아져 나왔다.[5] 홍수남매혼 신화는 중국 서남부뿐만 아니라 동남

---

4  중국에서 인류학이 본격적으로 독립된 학과로 서게 된 것은 1928년 蔡元培를 중심으로 중앙연구원 사회과학연구소 민족학조가 성립되면서부터이다. 蔡元培는 1920년대 말부터 중국 내의 필드워크를 장려하여 중국 민족학과 인류학 초창기에 큰 영향을 미친다. 그리하여 1920년대까지 에드워드 타일러와 앤드류 랭의 인류학 이론에 편중되어 있던 중국의 신화연구는 1930년대부터 그 방법과 시각을 달리하게 된다. (홍윤희, 위의 글, 2장. '20세기 초 중국의 인류학과 신화담론' 참조)

5  각 논문의 제목은 다음과 같다. 芮逸夫, 「苗族的洪水故事與伏羲女媧的傳說」, 『人類學集刊』第1卷 第1期, 1938; 吳澤霖, 「苗族中祖先來歷的傳說」, 『革命日報・社會旬刊』第4-5期, 1938; 楚圖南, 「中國西南民族神話之研究」, 『西南邊疆』1・2・7・9期, 1938~1939; 常任俠, 「重慶沙坪坝出土之石棺畫像研究」, 『時事新報・學燈』第41-42期, 1939; 『說文月刊』第1卷

아시아와 한국에까지도 널리 분포하고 있는 신화이다. 기본적인 줄거리는 다음과 같다.

한 아버지가 남매를 데리고 살고 있다. 하루는 아버지가 뇌공雷公(우레신)과 싸워 뇌공을 잡아 가둬두고 외출을 한다. 뇌공은 남매의 도움으로 탈출을 하게 되는데, 그때 남매에게 조롱박의 씨앗 따위를 주고 하늘로 올라간다. 하늘로 올라간 뇌공은 폭우를 내려 온 땅이 홍수로 잠기게 한다. 하지만 남매는 뇌공이 준 씨앗에서 자라난 커다란 조롱박 속에 숨어 홍수를 피한다. 결국 지구상에 두 사람만 남게 되자 신의 뜻을 묻고 남매는 혼인하여 다시 태어난 인류의 조상이 된다.

그런데 이들의 논문은 단지 이러한 홍수남매혼 신화만 다룬 것이 아니라, 이 신화 속의 남매가 한족 신화에서의 복희·여와에 상응하거나 동일함을 입증하고자 한다.[6]

이들의 논의 중 특히 뤼이푸와 창런샤의 연구는 원이둬 스스로가 밝히고 있듯이 『복희고』 집필의 직접적 기반이 되었다. 뤼이푸는 「묘족의 홍수고사와 복희·여와의 전설」에서 묘족이 받드는 나공儺公과 나

---

第10-11期 合刊, 1940; 馬長壽, 「苗瑤之起源神話」, 『民俗學研究集刊』 第2期, 1940; 陳國鈞, 「生苗的人祖神話」, 『社會研究』 第20期, 1941.

6  "그 표면적 목적은 伏羲·女媧 신화를 복원하고자 하는 것이지만, 그 이면에는 분명 항전기 지식인들의 민족관계에 대한 고민이 자리 잡고 있다. 그러므로 苗族 홍수신화의 남매와 伏羲·女媧, 양자 간의 상관관계를 설명하는데 있어서 논자마다 조금씩 다른 입장을 보이고 있는데, 이것은 이들 각자가 지니고 있던 민족의식과 입장을 대변한다고 할 수 있다. 그 입장은 크게 ① 苗族과 漢族 간의 문화교류설 ② 苗族과 漢族 간의 동화설 ③ 苗族과 漢族의 동일기원설의 세 가지로 나누어 볼 수 있다." (이 책 '20세기 초 중국의 인류학과 묘족 신화연구', 343~354쪽 '4. 항전 전후 묘족 신화연구에서 한·묘 관계론' 참조.

모雕母가 바로 한대漢代 화상석에 보이는 복희·여와라고 주장하고, 이 것이 묘족과 한족의 교류가 오래되었음을 보여주는 증거로 삼았다. 창 런샤은 거기서 더 나아가 복희가 묘족과 요족瑤族의 또 다른 조상으로 알려진 반호槃瓠와 음이 통하고, 반호는 곧 한족의 신 반고盤古로서 한 족과 요족할 것 없이 모두 반고의 후예라는 비약적인 동일기원설로 나 아간다. 그리고 미리 밝혀 두자면, 『복희고』는 이 일련의 연구에 대한 집대성이자 심화·확장의 작업이었다고 할 수 있다.

## 3. 원이둬 신화학에 대한 기존의 평가

원이둬 신화학에 대한 기존의 평가를 살펴보는 것은 단순한 선행연 구 검토를 위한 것이 아니다. 『복희고』가 현재 중국의 신화담론에 실 제로 어떤 작용을 하였는지, 즉 원이둬의 화행話行이 양산한 관념의 실 체화나 고정화의 흔적을 살피고자 하는 것이다.

일반적으로 중국에서 원이둬 신화학에 대한 평가는 두 가지 정도로 특징지어질 수 있다. 하나는 원이둬가 중국신화연구에 있어서 방법론 적에 있어서나 관점에 있어서 큰 진전을 가져왔다는 그의 공헌에 대한 평가이다. 즉 원이둬가 전통문학·훈고학적 방법에 정통하여 현대 인 류학과 민속학 이론과 자료에 결합시키고 선진전적을 새롭게 해석했 으며, 『복희고』는 중국 20세기 신화연구에 있어서 경전과도 같은 작품 으로, 중국민족의 '용 토템'의 확립에 가장 주요한 학술적 기반을 제공 했다는 평가이다.

또 다른 하나는 그런 공헌에도 불구하고 원이둬의 논지 전개상에서 발견되는 근거의 취약함이나 논리의 비약 등에 대한 비판이다. 이런 비판은 왕샤오롄王孝廉으로부터 시작되어 현재에 이르기까지 계속되고 있는데, 문제는 그 비판이 원이둬의 기본 전제들, 연구대상의 설정과 호명이 불러오는 효과 등의 '화행'의 문제로까지는 나아가지 못하고 있다는 점이다. 즉 원이둬가 추구했던 일원론적 신화복원의 대의에 대한 이의제기는 찾아보기 힘들다. 이것은 아마도 중국의 지식인들이 중국적 국가주의에서 의식적으로거나 무의식적으로거나 완전히 자유롭지 못한 이유에서라고 생각된다. 그중 몇 가지 대표적 논의를 소개하자면 다음과 같다.

왕샤오롄은 『중국의 신화세계 : 각 민족의 창세신화와 신앙中國的神話世界 : 各民族的創世神話與信仰』(臺北時報文化出判企業有限公司, 1987)의 「서남민족창세신화연구西南民族創世神話研究」장에서 원이둬의 『복희고』에 대해 신랄한 비판을 가한 바 있다. 왕샤오롄의 주장은 고대 문헌에 등장하는 공공共工과 서남소수민족신화의 우레신雷神은 다르다는 것, 남대혼신화에 나오는 남매는 한족문헌의 복희 · 여와가 아니라는 것, 소수민족신화에서 남매가 홍수를 피할 때 사용했던 조롱박은 서남소수민족의 신앙과 관련 있는 것이지 복희 · 여와의 신 이름에서 생겨난 것이 아니라는 것이다.

논지 전개에 대한 치밀한 비판에도 불구하고 그의 중점은 결국 한족신화의 복희 · 여와가 결코 서남 소수민족에서 기원한 것이 아니라는 데 있다. 즉 한족신화가 소수민족신화에서 영향 받았을 가능성에 대해서는 언급을 피하고 있다.

챈밍쯔潛明玆는『신화학의 역정神話學的歷程』(北方文藝出版社, 1989)에서 루쉰魯迅, 마오둔茅盾, 구제강顧頡剛, 위안커袁珂와 함께 원이둬를 중국신 화학사의 대표학자로 꼽고 있다. 그는 현대신화학에 있어서 원이둬의 공헌에 대해, "『복희고』를 통해 복희와 여와라는 두 신과 용ㆍ뱀의 연 원관계를 통해 중화민족의 먼 옛날의 문화에 대해 매우 의미 있는 순 례를 하였다"고 평가하였다. 그는 주로 중국의 민족적 아이콘이 된 용 에 대한 원이둬의 논의에 집중하여 높은 평가를 하고 있다. 그는 "원이 둬의 신화연구가 옛 신화의 본래 면모를 복원하는 데 중점을 두었고, 그 목적은 옛 문화로부터 중화민족문화의 공통적 원류를 추적해내어 각 민족의 긴밀한 단결을 촉진하는 것"이었다고 하면서 이 점을 높이 평가하고 있다.

양리후이楊利慧는『여와의 신화와 신앙女媧的神話與信仰』(中國社會科學出 版社, 1997)에서『복희고』에 대해 "여와신화연구에 있어서 두드러진 성 과의 하나로, 시인의 예민함과 투사의 대담함과 학자의 정밀함이 결합 되어 글이 참신한 견해로 가득했다"고 평가한다. 하지만 '공공이 즉 뇌 공'이라는 견해 등은 뇌공의 형상이 남방 소수민족에게는 용이나 뱀의 모양으로 나타나는 일이 드물기 때문에 설득력이 떨어진다고 지적했 다. 또한 많은 이들이 지적했듯, 인수사신상人首蛇身像이 어떻게 조롱박 葫蘆의 정령이 되는지에 대해 원이둬는 확실히 언급하지 않고 있음을 지적했다.

톈자오위안田兆元은「신화의상의 계통연상과 논증 : 원이둬 선생의 신화화학 연구에 대한 비평神話意象的系統聯想與論證 : 評聞一多先生的神話學研 究」(『文藝理論研究』2期, 2005)에서 원이둬의 큰 성과는 이론과 방법상의 독특한 탐색에 있다고 하면서, 화하華夏와 용, 한족과 묘족이 모두 복희·여와로 통일되어 하나의 통일체를 이루었고, 그럼으로써 『복희고』는 중요한 중화민족 역사문화 연구의 경전이 되었다고 평가했다. 한편 당시 현지조사 지역의 한계로 서북지역이나 기타 지역의 복희·여와 자료를 접하지 못했다는 점은 부족하다고 할 수 있지만, 복희·여와 연구와 중국신화의 본토언어의 탐색에 있어서 『복희고』는 현재까지도 여전히 의의가 크다고 보았다.

천융차오陳泳超는 「'신화복원'에 관한 이론 분석 — 복희·여와와 '홍수 후 남매혼 인류 재창조' 신화를 일례로關於'神話復原'的學理分析 : 以伏羲女媧與"洪水後兄妹配偶再殖人類"神話爲例」(『民俗硏究』 3期, 2002)와 「원이둬신화연구해석聞一多神話硏究解析」(『文化硏究』, 2003) 등의 글에서 『복희고』에 대해 비평하였다. 그는 『복희고』를 이루고 있는 각 편의 글, 즉 「인수사신상人首蛇身像으로 용과 토템을 논하다」, 「전쟁과 홍수」, 「여와와 조롱박」 등에 대해 논지전개상의 문제점들을 조목조목 들었다. 하지만 그가 지적한 문제점들은 기존의 왕샤오롄 등이 지적한 문제점들에서 크게 벗어나지 않는다. 또한 그가 보기에 『복희고』의 이런 논지상의 결함들은 과연 원이둬가 그가 추구했던 "신화복원"에 성공했느냐를 판단하는 기준이 된다. 그러므로 천융차오가 『복희고』 비판을 위해 추구하는 것도 결국 원이둬와 다르지 않다. 20세기 초부터 제기되었던 중국신화의 복원문제, 그리고 그 바탕에 자리 잡은 중국신화 원전주의가 21세기 초에도 지속되고 있음을 알 수 있다.

이렇게 볼 때 중국적 국가주의의 자장으로부터 자유로운 제3자의 시각에서 원이둬의 『복희고』를 통한 담론 분석과 해체가 이루어질 필요가 있다고 생각된다. 한국에서는 원이둬 연구가 주로 그의 시 창작에 집중되어 있어 『복희고』에 대한 연구를 찾아보기 힘들지만, 다행히 『복희고』에 대한 상당히 심도 있는 비평을 가한 논문이 나온 바 있다. 바로 김선자의 「도상해석학적 관점에서 본 한대의 화상석畵像石(2) : 복희와 여와의 도상을 중심으로」(2003, 『中國語文學論集』, 第22號)이다. 그는 이 글에서 복희와 여와의 도상에 대한 기존 학자들의 견해와 문제점을 짚고 있는데, 그중 원이둬의 『복희고』에 대한 평가가 담겨있다. 그는 『복희고』가 "치밀한 자료수집과 독창적 이론 전개에도 불구하고 그(원이둬) 역시 당시 중국 지식인들을 사로잡고 있던 애국주의, 민족주의의 덫에서 놓여나지 못하고 있었음을 알 수 있다"고 말한다. 그는 『복희고』의 가장 큰 문제점으로 각기 다른 지역에서 다르게 전승되던 이야기들, 남매·부부·인류창조·홍수 등 개별적으로 존재하던 모티프들을 '하나의 완정된 이야기'로 만들어냈다는 점을 든다. 이것은 다름 아닌 원이둬가 『복희고』를 통해 궁극적으로 추구했던 점이다.

그는 "서구와 일본 제국주의의 침입 앞에서 상처받은 중국인의 자존심은 체계신화에 대한 갈망으로 표출되었고, 완벽한 서사구조를 갖춘 신화전설 계통에 대한 중국 근대 지식인들의 갈망이 홍수남매혼 설화와 복희·여와 신화를 한데 합치게 한 것"이라고 한다. 그는 원이둬의 논지전개상의 문제점들도 몇 가지 지적하고 있는데, 예를 들어 원이둬가 인수사신상에서 단인상單人像보다 쌍인상雙人像이 더 중요하다고 말한 점, 복희와 여와의 교미상을 머리 둘 달린 뱀으로 보고, 머리 둘 달린 뱀을 교미 중인 뱀의 모습에 대한 곡해라고 주장한 점, 복희와 여와 전설의 유행시기를 서한 말부터 동한 말까지라고 보고 그 증거로 위진

시기의 작품인『박물지博物志』의 몽쌍민蒙雙民 이야기를 든 점, 인수사
신상의 존재 자체를 가지고 고대부터 한족에게 남매배후형 홍수고사
가 전승되고 있었다는 증거로 삼을 수 없다는 점 등이다.[7]

　그는 그 원인으로 원이둬가 1930년대와 40년대 문화계 전반을 휩쓸
고 있던 리얼리즘과 애국주의의 조류에서 자유롭지 못했던 것을 들고
있다. 리얼리즘과 애국주의만으로는 1930~40년대 중국 신화담론이 다
른 시기와 구분되는 특징을 설명하기에 부족한 감이 있지만『복희
고』가 발 딛고 있는 이데올로기적 콘텍스트의 핵심적인 면을 짚어냈
다는 점에서 매우 고무적이다. 이런 시각을 발판으로 삼아,『복희
고』에서 원이둬가 추구했던 일원론적 중국신화 복원의 맥락에서 서남
부 묘족의 홍수신화가 당시 신화담론의 중심소재로 떠올랐다는 점과
그 원인에 대한 고찰이 이루어진다면 더욱 진전된 논의가 가능할 것이
라 생각한다.[8]

　이 글에서는 원이둬의『복희고』의 화행話行(Speech-Act) 분석을 통해
항전기의 민족표상의 일단을 파악고자 한다. 담론 연구에서는 지식인

---

[7]　이상은 김선자의「圖象解釋學的 관점에서 본 漢代의 畵像石(2) : 伏羲와 女媧의 圖象을
　　중심으로」,『中國語文學論集』22호, 중국어문학연구회, 2003, 453~454쪽 참조.

[8]　그 밖에도 러시아 학자 리프틴李福淸은「從比較神話學角度看聞一多『伏羲考』」(『岱宗學
　　刊』1期, 2001)에서 중국고대신화를 연구함에 있어 고적문헌을 다양하게 참조하면서도
　　국외 자료와 살아있는 민간문학, 특히 소수민족신화에 주목한 점을 聞一多의 중요한 특
　　징으로 꼽고 있다. 또한 미국의 마크 에드워드 루이스Mark Edward Lewis의『고대 중국의 홍
　　수 신화(The Flood Myths of Early China)』(State University of New York Press, 2006)의 제4장
　　치수, 부부, 그리고 시신(Flood Taming, Couples, and the Body)에서의 논의도 현재 영미
　　권의『伏羲考』에 관한 시각을 보여주는 좋은 예로서 참조할 만하다. 그는 "앤드류 플락
　　스Andrew Plaks와 노먼 지라도Norman Girardot와 같은 서양 학자들은 聞一多의 논문을 수용
　　하고 정교화 해왔다"고 하였고, 그 역시 홍수남매혼 신화의 남매를 伏羲·女媧로 보는 聞
　　一多의 기본적 관점을 수용하면서 자신의 논지를 전개하고 있다

의 내러티브에 은폐된 화행을 통한 개념의 기정사실화나 표상화, 그에 따른 배제의 문제가 고려되어야 할 것이다. 그리고 이 작업은 현재 중국의 신화학 담론 연구에 있어서 여전히 중요 관건으로 남아있는 소수민족신화와 한족신화와의 상관관계에 대한 인식을 조망하는 데 일조할 수 있기를 기대한다.

## 4. 『복희고』의 주요 논점

원이둬가 처음부터 '복희고'라는 제목을 걸고 논문을 집필한 것은 아니었다. 『복희고』는 1940년대 초부터 聞一多가 쓴 일련의 논문들을 원이둬 사후 주쯔칭朱自淸이 『원이둬전집聞一多全集』을 펴내면서 『복희고』라는 제목으로 묶어낸 것이다. 『복희고』는 서론을 비롯해 4편의 독립적인 논문으로 구성되어 있다.

1. 서론 (2의 서론에 해당)
2. 「인수사신상을 통해 용과 토템을 논하다(從人首蛇身像談到龍與圖騰)」 (『人文科學學報』 제1권, 제2기, 1942년 발표)
3. 「전쟁과 홍수(戰爭與洪水)」 (생전 미발표 원고)
4. 「한족과 묘족의 종족관계(漢苗的種族關係)」 (생전 미발표 원고, 미완원고)
5. 「복희와 조롱박(伏羲與葫蘆)」 (『文藝復興·中國文學研究專號』, 1948년 9월 발표)

우선 이 각각의 논문의 구성과 주요 주장들을 살펴보자. 1은 2의 도입부에 해당하므로 하나로 묶어 살펴보도록 하겠다.


## 1) 인수사신상을 통해 용과 토템을 논하다

『복희고』에서 가장 중심을 이루는 논문은 「인수사신상을 통해 용과 토템을 논하다」이다. 표와 삽도 등을 제외하면 분량으로 보아도 『복희고』 전체의 약 70% 정도를 차지하여 나머지 세 편을 합친 것의 두 배가 넘는다.

서론에서는 우선 한족의 여러 문헌을 통해 볼 때 복희·여와가 원래는 형제였다가 나중에 오누이가 되었고, 그 후 부부로 등장한다고 하면서, 오누이면서 동시에 부부로 등장하는 경우는 없는데 최근 인류학적 성과로 변방 인접 민족들의 전설 속에 복희와 여와는 '오누이이면서 부부가 된 인류의 시조'로 등장하는 것이 발견되었음을 소개한다. 그리고 무량사 석실 화상武梁祠石室畫像을 비롯한 복희·여와에 관한 고고학 자료들과 뤼이푸의 「묘족의 홍수고사와 복희·여와의 전설苗族的洪水故事與伏羲女媧的傳說」과 창런샤의 「사평파에서 출토된 석관화상연구沙坪壩出土之石棺畫像研究」 두 글에서 제공하는 인류학 자료들에 대해 소개한다. 총 25개 항목이고, 원이둬가 그중에서 다시 추출해서 다시 독립적 고사로 분류한 것은 총 49조이다.

그 25개 항목을 보면 다음과 같다.

1. 상서湘西[9] 봉황鳳凰 묘족苗族 우원샹吳文祥이 서술한 홍수이야기 (뤼이 푸의 논문, 『인류학집간』1권 1기, 156~158쪽)

2. 상서 봉황 묘족 우줘량吳佐良이 서술한 홍수이야기 (위의 글, 158~160쪽)

3. 상서 봉황 묘족의 「나공나모가難公儺母歌」[10] (위의 글, 160~161쪽)

4. 상서 건성乾城 묘족의 「나신기원가難神起源歌」 (위의 글, 161~163쪽)

5. 그라함David. C. Graham이 서술한 사천四川 남부 묘족의 홍수이야기 (위의 글, 174쪽)

6. 귀주貴州 귀양貴陽 남부 아작묘족鴉雀苗族의 홍수이야기 (위의 글, 174쪽에서 인용한 사무엘 클라크Samuel R. Clarke의 「Among the Tribes in South-west China」, 54~55쪽)

7. 귀주 안순安順 청묘족靑苗族 이야기 (위의 글, 169~170쪽에서 토리 류조鳥居龍藏의 「묘족조사보고苗族調查報告」국립편역관본國立編譯館本, 49쪽)

8. 7과 같은 또 하나의 이야기 (위의 글, 170쪽에서 인용한 위의 책, 48쪽)

9. 묘족의 홍수이야기 (위의 글, 170~171쪽에서 인용한 사비나(F. M. Savina)의 「Histoire des Miao」, 245~246쪽)

10. 흑묘의 「홍수가洪水歌」본론 (위의 글, 173~174쪽에서 인용한 사무엘 클라크의 「Among the Tribes in South-west China」, 43~46쪽)

11. 휴이트H. J. Hewitt가 서술한 화묘의 홍수이야기 (위의 글, 171~173쪽에서 인용한 위의 책, 50~54쪽)

12. 광서廣西 융현融縣 나성羅城 요족傜族의 홍수이야기 (창현샤의 논문,

---

9  [역주] '상湘'은 호남성湖南省의 다른 이름으로, '상서湘西'는 호남성 서부 지역을 가리킨다.
10 [역주] 나공과 나모는 호남湖南, 호북湖北, 사천四川, 귀주貴州, 운남雲南 등지에서 모시는 한 쌍의 신이며 함께 나신儺神이라고 부른다. 종종 목조 두상으로 만들어지며, 나례儺禮 또는 나제儺祭라고 하는 제사의식에서는 이들의 탈을 쓰고 역귀를 쫓곤 한다.

『설문월간説文月刊』1권 10 · 11기 합간, 714~715쪽)

13. 광서廣西 무선武宣과 수인修仁 요족의 홍수이야기 (위의 글, 717쪽)

14. 묘족의 「반왕가서盤王歌書 호로효가葫蘆曉歌」의 한역본漢譯本 (위의 글, 715~716쪽)

15. 운남雲南 뤄뤄족㑩㑩族 홍수이야기 (뤼이푸의 논문,『인류학집간』1권 1기 189쪽에서 인용한 폴 비알Paul Vial의 「Les Lolos」, 8~9쪽)

16. 운남 경마耿馬 대평석두채大平石斗寨 리수족栗粟族 홍수이야기 (위의 글, 189쪽)

17. 운남 경마 봉룡채蜂隆寨 로항인老亢人 홍수이야기 (위의 글, 189쪽)

18. 루네 드 라용귀에르Lunnet de Lajonguiere가 기록한 프랑스령 동경東京 만족蠻族(Man) 홍수이야기 (위의 글, 290쪽에서 인용한 사비나의 「Histoire des Miao」, 105쪽)

19. 코친차이나[11] 바-나르족Ba-hnars의 홍수이야기 (앞의 글에서 인용한 게를라흐Guerlach의 『바-나르족의 생활과 미신Moeuts et sperstitions de Souvages Ba-hnars, Les Mission Catholigue』 xix, 479쪽)

20. 인도 중부 브힐족Bhils의 홍수이야기 (위의 글, 190쪽에서 인용한 루알드C. E. Luard의 「The Jungle Tribes of Malwa」, 17쪽)

21. 인도 중부 카마르족Kammars의 홍수이야기 (위의 글, 190~191쪽에서 인용한 러셀R. V. Russell의 『인도 중부의 원주민과 사회계급The Tribes and Castes of the Central Provinces of India』 iii, 326-327쪽)

22. 북 보르네오 파간족Pagans의 홍수이야기 (위의 글, 190쪽에서 인용한 오

---

11  오늘날의 베트남 남부에 해당한다.

웬 버터Owen Butter의 『북 보르네오 파간족The Pagans of North Borneo』, 248~249쪽)

23. 22와 같은 또 하나의 이야기 (위의 글, 19쪽에서 인용한 위의 책, 같은 곳 인용)

24. 해남도海南島 가차동加釵峒 려인黎人 홍수이야기 (위의 글, 189쪽에서 인용한 류한劉咸의 「해남도 려인 문신 연구海南島黎人文身之硏究」, 『민족학연구집간民族學硏究集刊』 1기, 201쪽)

25. 대만臺灣 아미족阿眉族의 세 가지 홍수이야기 (위의 글, 189~190쪽에서 인용한 이시이 신지石井信次의 『대만과 그 원시주민The Island of formosa and its Primitive Inhabitants』, 13쪽)

원이둬는 뤼이푸가 홍수유민 고사를 중심으로 인수사신 도상을 덧붙여 논했다면, 창런샤은 인수사신 도상을 중심으로 홍수유민 고사를 덧붙여 논했다고 하면서, 전자는 인류학적 방법이고, 후자는 고고학적 방법이라고 본다.[12] 즉 복희·여와에 관한 한족의 자료는 고고학 자료, 변방 소수민족들의 자료는 인류학 자료인 셈이다. 이 점을 지적하는 것은 자신이 근거로 하는 자료도 역시 고고학과 인류학 자료이며, 이것은 자신의 주요 접근방법도 고고학적 방법과 인류학적 방법임을 알리는 것이라 할 수 있다. 하지만 여기에 원이둬는 자신의 기호가 "신화에 치우쳐 있고, 넓은 의미의 언어학과 역사에도 흥미가 많다"고 덧붙인다. 그러므로 이 글이 뤼이푸와 창런샤 두 사람의 성과 위에 좀 더 심

---

12  聞一多, 『伏羲考』, 『神話硏究』, 巴蜀書社, 59쪽.

화・확장된 글이 될 것임을 예고하는 것이다.

본문은 다시 ① 인수사신의 신, ② 두 마리 용의 전설, ③ 토템의 변천, ④ 용 토템의 우세한 지위, 이렇게 네 부분으로 나뉜다. 차례로 그 주요 논지를 살펴보면 다음과 같다.

### ① 인수사신의 신

여기서는 인수사신 교미상에 주목하여, 인수사신의 복희・여와상은 서한西漢 초부터 건축 장식에 쓰였으므로 그 연원은 매우 오래되었을 것이라고 한다. 그리고 그 연원을 『산해경山海經』에 나오는 연유延維와 『장자莊子』에 나오는 위사委蛇에서 찾는다. "사람의 머리에 뱀의 몸을 하고(人首蛇身)" "좌우에 머리가 달린(左右有首)"인 연유의 모습과 "자주빛 옷을 입고 붉은 관을 쓰고 있는(紫衣而朱冠)" 위사의 모습이 복희・여와 인수사신 교미상과 부합한다고 본다. 좌우에 머리가 달렸다는 것은 암수가 교미하는 상태를 잘못 해석한 것이라는 것이다.

흥미로운 건 『산해경』 「해내경海內經」에서 연유에 대한 기록은 "남방의 묘민들(南方 苗民)"의 신으로 등장한다는 점이다. 그러므로 연유와 관련짓기는 원이둬가 원래 의도했던 한족의 복희・여와가 묘족의 조상이기도 하다는 주장을 위한 포석인 셈이다. 또한 『장자』에서 위사가 "우레 소리를 들으면 목을 쳐들고 일어섰다(聞雷車之聲, 則捧其首而立)"이라는 구절을 단서로 삼아, 묘족의 홍수신화에 나오는 복희・여와의 아버지는 우레신雷神과 싸우고 그 결과 홍수가 일어났으므로 복희가 우레를 무서워하는 것은 매우 자연스럽다고 하며 위사와 복희를 동일시한다. 복희・여와의 아버지가 뇌신과 싸웠다고 해서 뇌신의 도움을 받아

살아난 복희가 꼭 무서워하리라는 법도 없지만, 어쨌거나 원이돼는 이것을 복희·여와가 묘족의 조상신이라는 확실한 증거로 제시했다. 그 이유는 분명하다. 한족의 복희·여와 인수사신 교미상과 묘족의 홍수 남매혼 고사를 동일시하려 할 때 문제가 되는 것은, 전자에는 '홍수'라는 요소가 결여되어 있고 후자에는 '인수사신'이라는 형상이 결여되어 있다는 점이다. 따라서 묘족과 인수사신을 연관지어주는 연유와 한족을 (복희를 통해) 홍수(우레)와 관련지어주는 위사가 필요했던 것이다.[13]

### ② 두 마리 용의 전설

여기서는 인수사신 이전단계에 분명히 전수형全獸型의 사신蛇神 단계가 있었을 것이라고 상정하고, 『국어國語』「정어鄭語」에서 나오는 하夏나라 말기에 왕궁 뜰에 '포襃'국의 시조가 되는 두 마리 용이 나타난 사건을 인용하고, 거기서 "同于王庭"을 왕궁 뜰에서 '교합'한 것이라고 해석한다. 그리고 이것이 좌우에 머리가 달린 인수사신의 교미상을 연상시킨다고 보았다. 이건 분명히 복희와 여와를 염두에 둔 것이며 따라서 복희를 포희包羲라고도 하고 포包는 포襃와 동음同音이기에 두 마리 용의 전설은 인수사신의 두 신에 대한 이야기와 함께 하나의 전설이 변천하는 과정의 전후 두 단계라고 파악한다. 이 두 마리 용의 전설에 관련된 예로 교룡蛟龍, 등사螣蛇, 쌍두사雙頭蛇, 그 밖에 일반적인 두 마리 용에 대한 기록들을 들며, 이런 전설들은 다 공통적 근원을 지니며, 인수사신의 복희·여와의 기원이자 그들의 화신인 연유와 위사의

---

13  여기서 더 나아가 聞一多는 머리가 둘인 도깨비, 머리가 둘인 기형아, 머리가 둘에 손은 네 개인 蒙雙民에 대한 기록까지 끌어온다.

기원이 된다고 보았다.

　용의 일종으로 알려져 있는 교룡蛟龍의 경우 원이뒤는 '교룡交龍' 즉 '교미하는 용'이라고 해석하고, 발이 없는 용의 일종이라고 알려진 등사騰蛇도 성운학적 분석을 통해 등騰의 성부聲部인 짐朕에 '둘二'이라는 뜻이 많다고 하며 역시 '교미하는 두 마리 뱀'이며 교룡과 동의어라고 보았다. 게다가 쌍두사에 대해서는 두 마리 뱀이 교미하고 있는 것을 오해했거나 왜곡한 표현이라고 해석했다. 쌍두사가 그만큼 비현실적이라그 파악하여 나름대로 현실적 해석을 한 것이라 보이는데, 사실 오늘날에도 지구촌 곳곳에서 쌍두사는 심심찮게 발견되고 있는 '현실'이다.[14]

　오히려 쌍두사에 관한 기록보다 더 비현실적인 것은 인수사신의 복희・여와, 즉 사람 머리에 뱀의 몸을 한 남녀가 교합을 하고 있는 상황이 아닌가? 원이뒤의 이런 해석은 얼핏 보면 매우 현실주의적 설명 같지만, 사실 무엇을 중심에 둘 것인가, 무엇을 현실 / 비현실을 가르는 잣대로 삼을 것이냐에 따라 '현실적'인 것의 내용도 구성된다. 교룡이건, 등사이건, 쌍두사이건, 인수사신신이건 이들 모두가 신화적 존재들이라는 점을 간과하고 무리하게 이들을 단일한 기원으로 연결하려는 원이뒤의 의도가 다분히 드러나는 부분이다.

### ③ 토템의 변천

　그렇다면 인수사신신에 대한 신화는 어떻게 생겨났는가? 그것에 대

---

**14** 사실 쌍두사 뿐만 아니라 쌍두 거북이나 쌍두 돼지 등이 발견되었다는 기사는 상당히 자주 접할 수 있다. 우리나라에서도 2006년 10월 30일 수원에서 주식회사 기린의 공장 증축 공사 현장에서 19cm의 쌍두사가 발견되기도 하였다. (「'머리 둘 달린 뱀' 발견」, 『스포츠 경향』, 2006.10.31(최종 방문일 : 2003.4.19) 참조)

한 원이뒤의 대답은 바로 '토테미즘'이다. 여기서는 우선 용과 뱀의 관계에 대해 질문을 던진다. 그리고 그것은 용龍이란 도대체 무엇인가에 대한 물음으로 이어진다. 그리고 용에 관한 여러 문헌 자료들을 들어 그것은 말, 개, 물고기, 새, 사슴, 각종 파충류 등과의 연관성 속에서 언급된다는 점을 지적하고, 결국 "용은 일종의 토템으로, 토템으로만 존재하고 생물계에는 존재하지 않는 일종의 허구적 생물", "수많은 다른 토템이 혼합되어 이루어진 일종의 종합체"라고 정의한다. 그런데 이런 혼합 토템은 단순히 혼합만 이룬 '혼합식 토템'(예, 현무玄武)과, 융화작용을 거쳐 새로운 큰 단위를 형성한 '화합식 토템'으로 나눌 수 있다고 하며, 용은 바로 후자에 해당한다고 본다. 즉 용은 부분적으로 말도 닮고, 개도 닮고, 물고기도 닮고, 새도 닮고, 사슴도 닮을 수 있지만 그 중심 부분과 기본 형태를 이루는 것은 '뱀'으로, 이러한 여러 토템의 합병과 융화는 가장 강대한 뱀 토템이 수많은 약속토템들을 겸병하고 동화시킨 결과라고 보았다. 즉 합병 이전의 용은 그냥 큰 뱀이었다는 것이다.

이어서 그는 토테미즘에서 토템의 형상을 따라하는 풍습에 관해 언급하며 용의 형상을 따라하는 장식으로는 "단발과 문신"이 있었음을 『회남자淮南子』, 『설원說苑』, 『한서漢書』 등의 기록을 예로 들어 설명한다. 여기에는 토템조상이 그 장식을 보고 자신을 해치지 않기를 바라는 '재해방지설'의 차원과, 장식으로서 스스로를 토템조상과 동일시하는 '존영설'의 차원이 있다고 보았는데 이를 바탕으로 그는 토테미즘의 변천과정을 3단계로 논한다. 첫 번째는 인간이 토템짐승을 따라하는 '인간의 의수화擬獸化'단계이다. 두 번째는 짐승형 토템이 반인반수형의 시조로 변하는 '짐승의 의인화'단계이다. 세 번째는 시조의 모습이 완전히 '인간화'되는 단계이다.

그런데 이런 단계가 단절적으로 이어지는 것이 아니라, 병존하는 경우가 있을 수 있다고 본다. 그 예로 드는 것이 우禹의 치수신화이다. 즉 「천문天問」에서 "응룡은 무엇을 그렸는가? 강과 바다는 어떻게 흐르게 된 것일까?"라는 구절에 왕일王逸이 "우가 홍수를 다스릴 때, 신룡이 꼬리로 땅에 그림을 그려 물길이 흘러가도록 터주어야 하는 곳을 알려주어, 그것에 따라 홍수를 다스릴 수 있었다"고 한 부분이다. 원이둬는 이 기록에 대해 우는 원래 용이고, 땅에 그림을 그려주었다는 용은 사실 우 자신인데, 용 토템인 우가 인간인 우와 병존하는 모순이 생기게 되니, 그 해결책으로 둘을 분리하여 우가 용에게 치수법을 배웠다고 말했다는 것이다.[15] 토테미즘이 과연 원이둬가 말한 대로의 연속적 변천과정을 겪는다고 할 수 있을지도 의문이거니와, 응룡과 우가 함께 등장하는 문장에서 그 둘이 동일하다고 파악하는 것에 어떤 근거가 있는지도 불확실하다.

게다가 이런 논지는 용을 뱀을 위주로 하는 혼합토템이라는 전제하에 전개가 가능하다. 하지만 용을 혼합토템이라고 한다면 서양의 드래곤도 그렇게 설명 가능한 걸까? 혹은 『산해경』과 같은 중국 문헌에 등장하는 그 수많은 신기한 동물들이나 사람, 신들도 혼합토템의 형상화라고 볼 수 있단 말인가? 올빼미의 몸에 사람의 손을 가지고 암메추리 소리를 낸다는 새 '주鴸'(『산해경』 「남차이경南次二經」)는 올빼미 토템과 암메추리 토템과 사람 토템의 혼합인가? 이것은 단순한 혼합식인가 융합

---

15 聞一多, 앞의 글, 80~81쪽.

을 이룬 화합식인가?

하지만 그의 논지전개에서는 이 부분이 가장 중요하다. 원이둬는 이미 머리속으로 우가 용이고 그래서 제하諸夏가 용 토템이었고 용 토템인 변방의 민족들은 화하華夏에서 갈라져 나왔다는 결론을 구상하고 있기 때문이다. 그리고 그가 굳이 이것을 토테미즘으로 설명하는 이유는 분명하다. 여러 공동체를 토템 중심으로 한데 묶고, 일반적으로 종교발전사에서 설명하는 토테미즘의 다음 단계인 조상숭배로 넘어가기 위해서이다. 즉 용을 여러 민족을 아우르며 형성된 중화민족의 '시조'로서 자리매김하기 위함이다.

### ④ 용 토템의 우세한 지위

토테미즘에 대한 논의를 하면서 원이둬는 뤼이푸와 창런샤의 기존 연구에 대한 단순한 심화를 넘어 논의를 확장시킨다. 어찌 보면 『복희고』의 논의의 핵심이 이 '용 토템'에 놓여 있다고도 볼 수 있을 것이다. 여기서 원이둬는 우선 이렇게 말한다.

이 종합식 용 토템부족이 포괄한 하부단위는 아마 고대에 소위 '제하諸夏'와 적어도 그들과 동성인 몇몇 이적夷狄이었을 것이다. 그들은 처음에는 모두 황하유역 상류, 즉 고대중원의 서부에서 살았다가 나중에 아마도 동방 새 토템인 상 민족의 압박을 받아 일부분이 북쪽으로 천도하였는데 이가 바로 후대의 흉노이고, 일부는 남쪽으로 옮겨왔는데 이가 바로 주초 남방의 형초·오월의 각 만족蠻族으로 현재의 묘족은 그 일부 후예이다. (…중략…) 비록 동방 상 민족의 중국고대문화에 대한 공헌이 크긴 하지만, 중국의 문화는 결국 용 토템부족(아래에서는 용족으로 약칭한다)의 제하를 기초로 삼는다. 용족龍族의 제하문화라야 중국의 진정한 본위문화인 것이다. 그래서 수천 년 동안 중국은 스스로를 '화하華夏'라 불러왔고, 역대 제왕은 모두 용의 화신이라 했으며, 용을 그 상징 부적으로 삼아, 그들의 깃발, 궁실, 수레와 복식, 기물 등 일체의 것들에 모두 용의 무늬가 조각되거나 그려졌다. 결국 용은 중국인들의 건국 상징이다. 민국 성립에 이르러 군주제가 소멸됨에 따라 (…중략…) 종전에 제왕의 상징이었던 용이 현재는 모든 중국인의 상징으로 변했다.[16]

이어서 그는 풍성風姓의 복희씨伏羲氏, 고대 인수사신의 신, 복희·여와를 나공·나모로 받들어 모신 묘족, 하夏와 동성인 포국褒國 등 이미 언급한 민족이나 영웅들이 용족에 속하며, '단발에 문신'을 했던 월인越人들도 용족에 속한다고 하고, 이밖에 몇 가지 용 토템의 거대 부족들과 인물을 덧붙인다. 그가 용 토템이라고 본 부족들은 ① 하夏, ② 공공共工, ③ 축융祝融, ④ 황제黃帝, ⑤ 흉노匈奴 등이다. 이 과정에서 그는 하나라 사람들의 성인 '사姒'가 '사巳'와 같은 자이며, 사巳와 사蛇의 옛 자가 같다는 등의 언어학적 논증을 통해 우와 복희, 도산 씨와 여와를 모두 용 토템에서 비롯된 것으로, "우와 복희는 원래 한 집안사람"이라고 주장하는 등 다소 무리한 해석을 감행한다. 그가 이렇게 논리의 티약이 생길만한 부분마다 언어학적 방법론을 적용하는 이유는 분명하다. "중국 역사와 문화에서 용의 의의는 진실로 너무나 중대"[17]하기 때문이다.

---

16  위의 글, 81~82쪽.
17  위의 글, 94쪽.

이 논문은 항일 전쟁이 한창 진행되고 있던 1942년 11월에 씌어 그해 바로 『인문과학학보人文科學學報』에 발표되었다.


## 2) 전쟁과 홍수

「전쟁과 홍수」은 우선 여러 홍수유민고사의 중심모티브에서 전반부에 해당하는 '① 오누이의 아버지와 뇌공의 싸움 ② 뇌공이 홍수를 일으킴'을 '전쟁'이라는 요소로 귀납시키고, 전쟁에 관해 집중적으로 논한다.

우선 그는 한족의 문헌 중 『회남자』 「남명훈覽冥訓」에서 여와보천女媧補天 고사를 인용하고, 이 고사가 공공共工과 관계가 있다고 논증한다.[18] 즉 공공이 일으킨 홍수와 난을 여와가 구제하고 다스렸다는 것이다.

이어서 한족 문헌에서는 공공이 홍수를 일으켰고, 묘족 전설에서는 뇌공이 홍수를 일으켰으니 뇌공이 공공이라는 가설을 세우고 이를 다음과 같이 증명한다. 우선 옛 전적에서 뇌공은 '용의 몸에 사람의 머리(龍身人頭)'를 하고 있고, 공공은 '사람의 얼굴에 뱀의 몸(人面蛇身)'이라 하니 그 모습이 서로 비슷하다. 또한 옛 글자의 회回는 뢰雷와 통하며, 「천문」에서 공공을 강회康回라고 했으니 강회는 강회康雷로서 공공은 곧 뇌신雷神이다.

---

[18] 그 근거로는 다음의 세 가지를 든다. 첫째, 기주를 구제하기 위해 죽인 黑龍은 바로 공공이다. 둘째, "네 기둥이 무너지고, 구주가 갈라져 하늘은 두루 널리 가리지 못하고, 땅은 두루 널리 싣지 못했다"는 것은 『楚辭』와 『淮南子』에 근거할 때 공공이 산을 들이받은 결과이다. 셋째, 홍수는 공공이 일으킨 것이다.

이어서 원이뒤는 한족의 문헌에서 공공이 매우 부정적 이미지도 등장하지만, 묘족 전설에서는 그렇지 않다고 하면서 전자는 이지적이라면 후자는 감정적이라는 차이점 등이 있지만, 양자 모두 고사 가운데 오랜 원한관계가 자리 잡고 있음을 공통점으로 든다.

흥미로운 것은 이어지는 논의이다. 이렇게 공공과 홍수와의 관련성을 중심으로 한족의 공공이 묘족의 뇌신임을 주장하다가, 이번에는 홍수 부분을 이 전체의 전쟁 이야기에서 분리시킨다. 그래서 전쟁고사가 중심이고, 홍수고사는 따로 전해지던 것이 나중에 전쟁고사에 덧붙여진 것이라고 주장한다. 그런데 그 의도는 요족傜族과 사족畬族이 모시는 반호槃瓠와 묘족 고사의 복희를 연결시키기 위함이다.

이 고사에서 전쟁이 차지하는 중요성이 홍수보다 높다는 것을 분명히 하기 위해 우리는 다른 고사를 끌어와 비교해 볼 수 있다. 반호를 받드는 요족과 사족이 복희를 받드는 묘족과는 다른 종족이지만, 같은 계열의 두 종족이라는 것에는 문제가 없다. 그리고 '반호槃瓠'와 '복희伏羲'는 같은 소리가 전변한 것으로 같은 근원에서 나왔음이 명확하며, 두 이야기 가운데 상통하는 점도 매우 많다. 이 문제들은 뒤에 다시 상세히 토론하겠다. 지금 우리가 제기하고자 하는 것은 반호 고사에는 홍수는 전혀 없고, 전쟁이 고사의 매우 중요한 성분이라는 점이다. 이것은 또한 복희 고사에도 반영되어 홍수는 본래 전쟁에 포함된 일부가 아니고, 또 다른 하나의 독립된 사실로서 전쟁과 우연히 마주쳐서 풀리지 않는 인연을 맺게 된 것이다. 바꿔 말하면, 전쟁의 발생은 아마도 묘족과 요족·사족이 분리하여 살게 되기 이전 시대이며, 따라서 두 갈래 전설 가운데 모두 이 사건의 기억이 보존되어 있다.

홍수는 이미 갈라져 나와 살게 된 후의 묘족만이 갖고 있는 경험으로, 그것은 묘족 전설에만 보이며, 요족과 사족의 전설에서는 보이지 않는다.[19]

이 논문에서는 이 점에 대해 더 이상 자세히 논하지 않았지만, 원이둬가 그리고 있는 구도는 이렇다. 한족의 공공은 묘족의 뇌공이다. 묘족의 복희는 같은 계열인 요족·사족의 반호에 상응한다.


## 3) 한족과 묘족의 종족관계

「한족과 묘족의 종족관계」라는 의미심장한 제목의 논문은 아쉽게도 미완성 원고이다. 하지만 남아있는 원고만으로도 원이둬의 기획을 어느 정도 짐작할 수 있다. 우선 그는 복희와 여와가 묘족의 조상이라는 전제하에, 복희씨伏羲氏로 불리는 씨족(즉 묘족)이 서주 포국襃國의 후예들 중에서 남쪽으로 이주한 사람들일 것이라는 가설을 세운다. 그리고 포襃와 하후씨夏后氏는 사성姒姓으로 원래 용 토템의 종족이며, 따라서 복희씨 씨족과 하후씨 모두 용과 밀접한 관계가 있다고 보았다. 이어서 "한족의 공공이 묘족의 뇌신에 상당"하므로, "공공의 적수는 뇌신의 적수에 상당한다"[20]고 하며 한족 전적에서 공공의 적수들로 제곡帝嚳 고신씨高辛氏, 전욱顓頊, 제요帝堯 도당씨陶唐氏, 제순帝舜, 우禹를 들고 있다. 그런데 원이둬가 생각한 묘족의 뇌신의 적수는 다름 아닌 복희이다. 하

---

19  聞一多, 앞의 글, 99~100쪽.
20  위의 글, 102~103쪽.

지만 이 논문은 이들 중에서 전욱과 요, 순, 우가 서로 상통한다는 사실을 삼묘三苗를 멸하는 고사와 관련하여 논증하려다가 멈추고 만다.

어쨌거나 만약 이 논문이 계속 진행될 수 있었다면 원이둬는 '제곡, 전욱, 요, 순, 우'와 '복희'와의 관련성에 대해 논했을 것이라 짐작할 수 있다. 결국 묘족은 용 토템 종족인 하夏, 그리고 포襃에서 갈라져 나온 한족의 방계로 자리 잡았을 것이다.

### 4) 복희와 조롱박

「복희와 조롱박」은 『복희고』에서 원이둬가 「인수사신상을 통해 용과 토템을 논한다」 다음으로 심혈을 기울인 글이라고 할 수 있다. 아마도 그가 비극적으로 세상을 떠나기(1946) 얼마 전에 탈고한 것이라 생각되는데, 발표된 것은 사후 2년 뒤인 1948년이었다. 어쨌거나 이 글은 대단히 파격적인 주장을 담고 있다. 묘족의 복희 남매가 한족의 복희·여와라는 주장이나, 반호와 복희가 같다는 주장은 다른 글에서도 보이므로 차치하고라도, '복희와 여와가 조롱박葫蘆'[21]이라는 주장은 『복희고』에서도 가장 논란이 된 부분이다.

이 글은 ① 홍수조인고사 중의 조롱박 ② 복희伏羲·여와女媧와 포호匏瓠의 어음관계, 이렇게 두 부분으로 구성된다. ①에서 그는 중국 서남부(상서湘西·귀주貴州·광서廣西·운남雲南·서강西康을 포함)의 소수민족들과,

---

21  위의 글, 109쪽.

대만, 베트남, 인도 중부에 전해지는 '홍수유민 인류재창조 고사'(이하
'홍수조인洪水造人 고사') 49조를 대상으로 하여 그중 '인류의 기원'이라는
주제에 초점을 맞춘다. 그는 원시인류의 "모든 행위에는 일종의 실용
적 목적이 있다"[22]는 기능주의 인류학의 관점에서 '홍수'는 단지 인류창
조造人의 특수한 배경이 될 뿐, 중요한 것은 '인류의 기원' 즉 '조인造人'에
있다고 보기 때문이다. 그래서 이 신화들을 일반적으로 '홍수고사'라고
부르는 것과 달리, 그는 이것들을 '조인고사'라고 하는 것이 더 적절하
며 '홍수조인고사'라고 할 때, 홍수는 조인의 수식어일 뿐이라고 한다.
따라서 조롱박 역시 홍수를 피하는 도구로서보다는 '사람을 만드는 소
재'로서 의미가 있고, "사람을 만드는 소재로서의 조롱박이 없었다면
홍수를 피하는 도구로서의 조롱박도 없었을 것"[23]이라고 주장한다.

이렇게 원이되는 조롱박이 조인고사의 핵심요소라고 단언하지만
그가 분석한 49조의 고사들을 살펴보면 조롱박이 조인고사의 핵심이
라는 주장은 대단히 근거가 빈약하다는 것을 알 수 있다. 49조 중 홍수
를 피하는 도구가 등장하는 고사는 총 36조인데 그중 조롱박은 17조에
서 해당하는 반면(〈표 1〉 참조), 사람을 만드는 소재가 등장하는 고사는
총 33조이고 그중 조롱박은 단 한 조에(漢河傈儸故事) 등장할 뿐이다(〈표
2〉 참조). 그것도 홍수 중에 인류가 다 멸망하자 조롱박이 하늘에서 내
려와 남자와 여자가 한 명씩 그 안에서 나왔다는 이야기이다.

하지만 이런 불충분한 전제 위에 그는 복희·여와와 포과匏瓜의 어음
관계를 통해 "복희와 여와는 조롱박"이며, "복희와 여와는 이름은 서로

---

**22** 위의 글, 106쪽.
**23** 위의 글, 108쪽.

〈표 1〉 49조 고사 중 홍수 피하기 도구의 종류교정

| 홍수 피하기 도구 | 이야기 번호 | | 총계 |
|---|---|---|---|
| 조롱박류(瓠, 瓢瓜) | 2 · 3 · 6 · 7 · 12 · 20 · 24 · 25 · 26 · 2 7 · 28 · 32 · 33 · 36 · 37 · 41 · 43 | 17 | 자연물 52.2% |
| 박과 식물(仙瓜, 오이, 南瓜) | 1 · 4 · 13 · 15 · 29 · 30 · 31 · 34 · 36 | 9 | |
| 북(木鼓) | 5 · 9 · 11 · 19 · 21 · 22 · 23 | 7 | 인공물 41.8% |
| 항아리 | 25 | 1 | |
| 나무인형, 나무절구, 상자 | 39 · 40 · 47 · 48 · 49 | 5 | |
| 침대 | 42 | 1 | |
| 배(오동나무배, 삼나무배) | 10 · 14 · 38 · 44 · 45 | 5 | |

〈표 2〉 49條 故事 중 사람 만들기 소재의 종류

| 사람 만들기 소재 | | | | 故事 번호 | 총계 | |
|---|---|---|---|---|---|---|
| 제1조 | 사물 속에 사람이 숨음 | 조롱박 | 남녀가 조롱박에서 나옴 | 41 | 1 | 4 |
| | | 박瓜 | 남녀가 박꽃瓜花에서 열매 맺어 박 속에 들어감 | 30 | 1 | |
| | | 북 | 북을 만들고 인류가 그 속에 들어감 | 19 · 21 | 2 | |
| | 사물이 사람으로 변함 | 박瓜 | 박씨瓜子는 남자로, 박속은 여자로 변함 | 28 | 1 | 1 |
| | 사람이 사물을 낳고 사물이 다시 사람으로 변함 | 박瓜 | 박을 잘게 썰자 그 조각들이 사람으로 변함 | 13 · 18 · 42 | 3 | 4 |
| | | | 박씨를 파종하자 박씨가 사람으로 변함 | 46 | 1 | |
| 제2조 | 사물을 닮았거나 사람의 모습이 아닌 자식을 낳아 가르고 쪼개자 사람으로 변함 | 사물을 닮음 | 박瓜을 닮음 | 8 · 14 · 15 · 16 | 4 | 24 |
| | | | 계란을 닮음 | 5 | 1 | |
| | | | 숫돌새끼 | 29 · 34 · 36 | 3 | |
| | | 사람의 형태를 갖추지 못함 | 고기공, 고기경단(陀), 고기덩이 | 1 · 3 · 20 · 26 · 33 | 5 | |
| | | | 수족(팔다리), 머리와 꼬리(위아래의 구분), 이목구비가 없음(얼굴이 없음) | 6 · 9 · 11 · 12 · 16 · 31 · 32 · 35 · 37 | 9 | |
| | | | 괴상한 태반 | 4 | 1 | |
| | | | 피 담는 그릇 | 27 | 1 | |

다르지만 뜻은 사실상 하나"로서, "조롱박의 화신"이고, "묘족의 복희 남매가 곧 한족의 복희·여와"라고 주장한다. 그리고 여기서 더 나아가 "반호槃瓠는 포과匏瓜와 같은 낱말"이고, "반호槃瓠와 포희包羲는 글자는 다르지만 소리와 뜻은 같다"고 한다. 결국 처음에 한 사람이 두 민족의 공동 시조가 되었고, 따라서 두 민족은 동성同姓이라고, 묘족의 풍風성 은 반槃성과 동성으로 모두 박匏에서 나온 것이라는 주장에 이른다.[24]

## 5. 맺음말 : 『복희고』라는 화행話行

지금까지 살펴보았듯 원이둬의 주요 주장은 뤼이푸나 창런샤 등이 주장했던 것과 크게 벗어나지 않는다. 즉 복희·여와를 중심으로 한족 과 묘족이 같은 기원을 지니며, 묘족은 한족으로부터 비롯되었다는 것 이다. 원이둬의 작업은 이 주장에 힘을 싣기 위해 선행 연구들에서 부 족했던 언어학적 방법론을 쓰며 더 많은 자료들과 종족들을 연관 짓는 것이다.[25]

문제는 원이둬의 이런 일련의 작업들과 네 편의 논문들, 그리고 그 연관성이 원이둬의 심중에 있었던 것이건 아니건 간에, 그의 사후 편집 자인 주쯔칭에 의해서 『복희고』라는 제목의 한 편의 글로 묶였을 때의 효과이다. 이후 중국신화학계는 그의 『복희고』를 마오둔茅盾의 1920년

---

24  위의 글, 109~112쪽.
25  흥미롭게도 聞一多는 논의에 비약이 있을 때마다 언어학적 방법을 사용하고, 그 근거가 애매할 때마다 단정적 어휘를 즐겨 쓴다.

대의 『중국신화연구中國神話研究ABC』나 해방 후 위안커袁珂의 신화저작들과 같이 항전기 중국신화연구를 대표하는 저작으로 꼽고 있으며, 그 논지전개의 문제점들이 수없이 지적되었음에도 불구하고 상당수의 중국신화 관련 서적들에서는 원이둬의 논의를 근거로 한족과 묘족의 종족관계에 대해 논하고 복희와 여와에 관한 신화 연구를 계속하고 있다는 사실이다.

심지어 최근까지도 가장 논란이 되었던 복희와 조롱박의 관계에 대해서까지 이를 지지·확대하는 논문들이 발표되고 있다. 류즈이劉志一는 「복희신고伏羲新考」에서 원이둬의 『복희고』에서 복희가 조롱박이라는 견해를 따르는 이들이 매우 많다는 지적을 한다. 예컨대 류야오한劉堯漢은 "조롱박은 복희와 여와의 공동체이며, 일설에는 복희·여와가 '조롱박의 화신'"이라고 하며, 중국의 선사시기에는 "조롱박용기시대葫蘆容器時代"였다고 한다. 또 허광위에何光岳은 "반호槃瓠(복희伏羲)가 사실 처음 박으로 접시나 바가지 같은 기물을 만들 줄 알았던 사람인데, 그 첫 번째라는 공로로 반호라는 이름으로 알려진 것"이라고 하며, 우쩌순吳澤順은 "복희는 혼돈(즉 조롱박)의 아들로, 그는 천지개벽 후 천신이 되었다"고 주장한다.[26] 이 일련의 주장들은 분명 원이둬가 한 주장의 확대재생산이다. 이 점을 지적한 류즈이 자신도 복희는 이족彝族 노남路南 방언에서 조롱박을 이용해 도기를 굽던 원시적 수공예 방법과 관련된 '박을 붙이다(帖瓜)'라는 뜻인데 나중에 신화화된 것이라고 주장한다. 이 연구가 사용한 방언학적 방법론의 타당성은 차치하고라도, 이

---

26  劉志一, 「伏羲新考」, 『中南民族大學學報(人文社會科學版)』 22卷 3期, 2002, 70쪽.

연구가 지향하는 바는 명약관화하다. 복희라는 이름 아래 이족 역시한 가족이 되는 것이다.

원이둬의 『복희고』를 하나의 화행으로 파악할 때, 그 화행을 통해 발화자는 이미 방향성이 함축된 대상을 설정함으로써, 그 대상이 실체화되고, 해석에 선행하여 특정한 인식의 틀을 고정시킨다. 내전과 국가의 존망 위기에 놓였던 항전기 중국 지식인들에게 서남부에서 마주친 내안의 타자들은 이렇게 한 가족으로 끌어들여야 할 대상들이었다. 하지만 그들은 생소한 타자들, 내부에서 이른바 문명의 시선인 한족을 중심으로 포획되어야 할 타자들이었다. '민족 통합'과 그 중심에 한족이 놓인 동일 기원설의 방향에 원이둬와 항전기 신화연구자들은 동참하고 있었고, 그들이 설정한 방향성은 아직도 그 힘을 잃지 않고 있다.

# 참고문헌

高　峰,「論盤古與槃瓠」,『榆林學院學報』第14卷 第2期, 2004.

顧定國(Gregory E. Guldin), 胡鴻保・周燕 譯,『中國人類學逸事 : 從馬林諾斯基到莫斯科到毛澤東』, 社會科學文獻出版社, 2000.

김선자,「圖象解釋學的 관점에서 본 漢代의 畫像石(2) : 伏羲와 女媧의 圖象을 중심으로」,『中國語文學論集』제22호, 2003.

馬昌儀,「人類學派與中國近代神話學」,『二十世紀中國民俗學經典 : 學術史卷』, 社會科學文獻出版社, 2002.

聞一多,『聞一多全集』, 湖北人民出版社, 1993.

_____,『伏羲考』,『神話與詩』, 華東師範大學出版社, 1997.

박상수,「중국 근대 '民族國家(nation-state)'의 창조와 '邊疆' 문제 : 청말~민국ㅅ기 '邊疆'인식의 변천」,『中國學報』, 2005.

商金林,『聞一多研究述評』, 天津教育出版社, 1990.

常金倉,「伏羲女媧神話的歷史考察」,『陝西師範大學學報(哲學社會科學版)』, 2002. 11.

선정규,『중국신화연구』, 고려원, 1992.

楊利慧,『女媧的神話與信仰』, 中國社會科學出版社, 1997.

呂　微,『神話何爲 : 神聖敍事的傳承與闡釋』, 社會科學文獻出版社, 2001.

葉舒憲,『文學與人類學 : 知識全球化時代的文學研究』, 社會科學文獻出版社, 2003.

王建民,『中國民族學史』, 雲南教育出版社, 1997.

王文寶,『中國民俗研究史』, 黑龍江人民出版社, 2003.

王孝廉,「西南民族創世神話研究」,『中國神話學文論選萃』下.

龍文玲,「聞一多『伏羲考』與中國神話學研究的典型」,『文化研究』, 2004.4.

劉錫誠,「民間文藝學史上的社會-民族學派 : 20世紀中國民間文藝學流派論」,『民族藝術研究』, 2003.

劉志一,「伏羲新考」,『中南民族大學學報(人文社會科學版)』第22卷 第3期, 2002.

李德方,「三四十年代我國社會學者的西南民間文藝學研究」,『二十世紀中國民俗學經典 : 學術史卷』, 社會科學文獻出版社, 2002.

李福淸,「從比較神話學角度看聞一多『伏羲考』」,『岱宗學刊』第1期, 2001.

李紹明,「民族學研究在湘西的開創與發展」,『吉首大學學報』(社會科學版) 第2期, 2001,

四川省社會科學院 民族研究所.

潛明玆,『神話學的歷程』, 北方文藝出版社, 1989.

田兆元,「神話意象的系統聯想與論證 : 評聞一多先生的神話學研究」,『文藝理論研究』第2期, 2005.

鍾敬文,「洪水後兄妹再殖人類神話 : 對這類神話中二三問題的考察, 幷以之就商於伊藤清司, 大林太良兩敎授」,『中國與日本文化硏究』第1集, 中國大百科全書出版社, 1991.

周天游, 王子今 主編,『女媧文化硏究』, 三秦出版社, 2005.

陳泳超,「關於"神話復原"的學理分析-以伏羲女媧與"洪水後兄妹配偶再殖人類"神話爲例」,『民俗硏究』第3期, 2002.

陳泳超,「聞一多神話硏究解析」,『文化硏究』, 2003.3.

홍윤희,「중국 근대 신화담론 형성 연구」, 연세대 박사논문, 2006.

◎필자 소개

**김선민** 金宣旼 Kim, Seon-min

　고려대학교 동양사학과를 졸업하고 동 대학원에서 사학과에서 석사, 미국 듀크
대학에서 박사학위를 취득했다. 현재 고려대학교 민족문화연구원 HK교수이다.
대표 논저로는 「인삼과 강역 : 후금-청의 강역인식과 대외관계의 변화」, 「'외국'과
'속국'의 사이 : 正史를 통해 본 청의 조선 인식」, 「滿鮮史, 滿學, 그리고 滿洲學」,
『만주족의 청제국』(공역), 『여진부락에서 만주국가로』(공역) 외 다수가 있다.

**윤욱** 尹煜 Yoon, Wook

　단국대학교 사학과를 졸업하고 연세대학교에서 문학석사, 미국 예일대학고에서
박사학위를 취득했다. 현재 고려대학교 민족문화연구원 HK연구교수이다. 대표
논저로는 "Prosperity with the help of villains", 「淸末民初 琿春지역 旗人 엘리트의
향촌지배」, 「젊은 滿洲親貴 集團의 정치적 지향과 좌절, 1900~1911」(제8회 우호
동양사학논문상 수상) 외 다수가 있다.

**조성산** 趙成山 Cho, Sung-san

　고려대학교 한국사학과를 졸업하고 동 대학원에서 석사 · 박사학위를 취득했다.
현재 성균관대학교 사학과 조교수이다. 대표논저로는 「18세기 후반~19세기 중
반 朝鮮 세시풍속서 서술의 특징과 의의 : '中國' 인식의 문제를 중심으로」, 「18
세기 후반~19세기 전반 朝鮮의 歲時風俗書와 '일상'의 記述」, 「18세기 후반~19
세기 전반 '朝鮮學' 형성의 전제와 가능성」, 「조선후기 소론계의 古代史 연구와
中華主義의 변용」, 『조선후기 낙론계 학풍의 형성과 전개』 외 다수가 있다.

**홍윤희** 洪允姬, Hong, Yoon-hee

　연세대학교 중어중문학과를 졸업하고 동 대학원에서 석사 · 박사학위를 취득했
다. 중국 신화와 전통 문화의 교류 및 그 현대적 의의 등에 관심을 가지고 있다.
현재 고려대학교 민족문화연구원 HK연구교수이다. 대표 논저로는 「중국 근대
신화담론형성 연구」, 『이야기가 있는 중국 문화기행』, 『용과 중국인, 그리고 실
크로드』 등과 『신화의 이미지』, 『중국신화사』, 『신화 이론화하기』 외 다수의 번
역서가 있다.